中公文庫

ジョージ・F・ケナン回顧録III

ジョージ・F・ケナン
清水俊雄
奥畑　稔　訳

中央公論新社

MEMOIRS, Volume I, 1925-1950 MEMOIRS, Volume II, 1950-1963
by GEORGE F. KENNAN

This edition published by arrangement with Little, Brown and Company,
New York, New York, USA through Tuttle-Mori Agency, Inc., Tokyo.

著者序文

本書の目的は、これと対をなす上巻と同様に、公共の事柄全般およびとくに外交についての考え方の発展を記述することにある。

上巻でとり扱った期間については、話は必然的に、この間四半世紀にわたり私にとって唯一の職業生活であった外交官としての経験に基づくものであった。本巻は、政府の仕事にたずさわっていた残りの期間、モスクワ（一九五二年）およびユーゴスラビア（一九六一—六三年）での大使としての公務旅行や一九五三年私が外交官生活から引退する時の状況などが含まれるようにした。回顧録として筆を起こしながらそれが全く違ったものになってしまわないように、一九六三年以後にまでは筆を進めないことにしたわけである。しかしながら、一九五〇年から六三年にかけて公の問題に関するいろいろな考えにたいする刺激や、そうした考えの表明が、一学究としてまた一政治評論家としての私の新生活に大きな軌跡を残しているので、本書の中心的なテーマにとって意義があるように思える場合、この新生活の経験の一部をも含めることにしたのである。

これらさまざまな経験から導き出される見解をここで要約しようとはしなかった。そうすることは回顧録としての性格から全く逸脱し、今日私が抱く政治哲学についての論文を書くことになる。なぜならば一九六三年に抱いていた見解を今日の見解や偏見と完全に切り離してしまうことは全く不可能だからである。この政治哲学のあるものについては、それは今では遠い過去のものとなった幾つものエピソードの説明を通じてこれからも光りかがやくものと私は信ずる。そしてそのさまざまな要素は――少なくともこれは私の望むところであるが――それらの由来してきた、もしくは関連のあったいろんな経験との文脈において提示されることにより、生き生きとし力をえてくることになるかも知れない。

G・K

プリンストンにて、一九七一年十二月

ジョージ・F・ケナン回顧録 Ⅲ——目次

下巻

全巻目次

Ⅰ（上巻前篇）

Ⅱ（上巻後篇）

Ⅲ（本書）

本文ＤＴＰ　今井明子

ジョージ・F・ケナン回顧録 III

奥畑稔訳

第一章　過渡期

この回顧録の上巻を、最後まで忍耐強く読んで下さった読者は、次のことを想起されるであろう。すなわち一九五〇年春、国務省参事官として勤務していた当時、私は、国務長官をも含め国務省の同僚と私自身との間に、見解の相違の兆しが増大していることに懸念の度を深めていた。そしてこれらの問題点の多くは、現役の外交官生活において許されるよりも、もっと深くまたより組織的な思索を行うに値するものであることがわかったのである。そこで私は、ロバート・オッペンハイマーが親切にも招請してくれたプリンストン大学の高等学術研究所に入るため、長期の〝無給の賜暇〟を願い出て、許された。

読者は、すでにこの地位の変更が、朝鮮における戦闘行為の発生によって、五〇年の夏すぎまで遅れたことも想起されるであろう。そうした事態の発展が引き起こした政策をめぐる当初の危機が、すでに克服されるものと考えられていたためであるのか（もしそうならば、この見方は決定的に間違っていたのである）、あるいは朝鮮についても、広く他のすべての事象に関してと同様に、その頃すでに同僚と見解を異にするようになっていたせいなのか、思い起こすことはできない。しかしいずれにせよ、一九五〇年九月、朝鮮の事態に直面して、いささかなりとも私に残っていたかに思われた有用性は十分果たされたものとみなされ、国務省における任務を解かれ、プリンストンに行くことを許可された。依然として、公式には、第一クラスの外交官として政府の在籍者名簿には残っていたとはいえ、トルーマン大統領の指令で、一九五二年春、大使としてモスクワに赴任するまでは、現役ではなかったのである。

一つの学園から他の学園へと遍歴する際の他の多くの学究の家族と同じように、私の家族は、一九五〇年九月十日、後部座席に赤ん坊用の寝台を取りつけたステーション・ワゴンでプリンストンに到着した。赤ん坊は前年ワシントンで生まれた男の子のクリストファーだった。他には私と妻、グレースとジョーンの二人の娘で、上の方は新入学のためラドクリフに行くことになっていた。ほかに、当時私たちと一緒に住み、家事の負担を軽くするために手伝っていた亡命ロシア女性のジェーニヤさんがいた。

高等学術研究所は、とりあえず、今日のそれと比べればはるかに広々として田園的であったその広い敷地の端にある、小さな木造建てのアパートを割り当ててくれた。その施設は簡素なものであった。夕刻までには全部荷ほどきを終わり、居間の真ん中に赤ん坊の遊び場になる格子囲いを設けた。赤ん坊はその中に立ち、腕を伸ばし、いとものどかそうにその頭をかしげていた（いうならば、このおだやかなポーズの中に、後年のより激しい傾向が隠されていたのである）。戸外では、晩夏のもやが草原に立ち昇り、心を静めるような、夢を見るようなコオロギの鳴き声が聞こえていた。

その瞬間、私には平和と自由が二つながら見出されたかのように思われた。まさにこの二十四年間、私にとって、時間も行動も意思決定も国務省の言うがままであったのだ。いまやこの負担を解かれ、自由な日々と時間は、限りあるとは思えないほど遠くの将来にまで、ふんだんに延びていくかのように思えたのである。いまこそ何でもできる時が到来したかのように見え、いかなる好奇心でも、それを満たせないようなものはなかった。

この幸福感は翌日まで続いた。私は大学に出かけ、自由の幻想に酔いしれて、見慣れた建物の間の道を歩き回った。ようやく、閑暇《ひま》人になったのだ。足の赴くまま、心もまたどこへでも行けるように思えた。大学の書店に入り、ぎっしりと本のつまった書棚《だな》から全く気ままに、カルバンの『キリスト教綱要』の一巻を選んだ。これまで一度も読んだこともないこの本を買い、外に出てベンチに腰かけ、それを読むことで喜びを感じ教えを受けた。

いうまでもなく、いつまでもそういう風にことが運ぶわけにはいかなかった。もちろん使える時間も無限ではなかった。数日間というより数時間のうちに、現実の緊張がこの幻想を壊し始めた。この緊張というのは二つの種類があり、第一は精神的なものであった。

政府機関の中にいた時よりも、学園の中における方が、自らの欠点を認識する度合いが大きいとは言わない。しかし、そこには気ままにすごせるより多くの時間が、より多くの孤独の瞬間があった。

こうして私の日記は一段と、自責の形をとって、現在抱かれている懸念の空しさに対する嘆き、無目的な存在についての抗議、より大きな統一と真摯《しんし》な目的への熱望などを含むようになっていった。まぎれもなく、選択の自由が広がり、自らの意思決定を回避する口実としての政府による規律がなくなったことは、この種の自己内省をより大きく強いることとなったのである。

そうした状態がよくないことは言うまでもない。切望された目的の統一と真摯さは決して得られはしなかった。以前の私に可能だった積極的な自己集中は、政府の要求に答える形で実現したものである。それが今では、いささかでもそのような自己集中が生まれているとすれば、それは軽々しくも無分別に引き受けたさまざまなかかわり合いから生じているに過ぎなかった。そのかかわり合いとは、なんらかのシステムや、また定まった焦点から生み出されたものではなく、多くの場合なんら必然性のない、むしろ圧倒的な目標の欠如と〝ノー〟と言えないことを示すものだった。私のような人間の生活では、大小を問わず、多くの個人的な失敗と多くの失意、悔恨の瞬間をもつのは避け難いことだった——しかしそのすべては、余りにも皮相で真剣さに欠け、余りにもムードの虜《とりこ》になり、熱狂さにたいして弱く、外部からの刺激の圧力に左右されやすい気質からきたものだけに、長期にわたって打ちひしがれ、または反省的でいるわけではなかったのである。慎重な決意からではなく、不用意に何かを求めて自らをその渦中に投ずるような生活であった。

完全な自由と閑暇という幻想を打ち砕くに至った第二の緊張は、生活の機能上の問題——とりわけ時間と場所を長期の集中のために委ねるという自己調整であった。これはまさしく、高等学術研究所がなんの目的でそこにあるのかということだと言ってもよいだろう。しかし私に問題を起こさせたのは、絶対にこの研究所ではなく、それを包含した社会であり、私自身の意志の弱さとなかば公的な人間としての経験にたいする用意のなさによるものであった。

アメリカの社会は競争が激しく、また群集心理に駆られがちである。競争の対象についても例外ではない。アメリカでは誰でも——少なくともマスメディアと利害関係を共有するものにとっては——需要が適度ということはありえないように思われる。主要な公共問題に関する考え方にいささかでも貢献したいと思う人にとって、その問題は、適齢期の女性についての典型的な問題と似ているのである。誰も彼女に求婚しないか、それとも即座に千人もの者が求婚するかである。名前が全く世間に知られていないということは、大へんな努力と幸運があって初めて打ち破れる障壁と向き合っているようなものである。一方余り広範囲に知られていることは——とくに非常に多勢の人が欲する何かをもつ人として知られることは——危険な道に踏み出すようなもので、その道は努力の分散、過度の活動、そして——究極的には——不毛につながるのである。アメリカで名前が知られるようになることは、まず間違いなく自らを失うことである。

政府を去った当初の時期における私の立場はこのようなものであった。私は何か——個人的経験に基づくロシアについての専門的見解と全般的に国際問題について、興味深くしかも余り論争の的にならないように話をする能力——をもっていることで知られ、この点において求められることが多かった。戦時の当惑や感情過多から立ち直ろうと努め、アメリカの経験や政府声明のどこを探してもそれに備えるところの見出せなかった、ソ連とアメリカの関係の新しい状況に、自らを適応させようと懸命になっている数百の大学、学校、クラブ、研究会にとって、この私があたかも嘆願にたいする応答であるかのように見えたのである。

マスメディアは、一九四七年の「フォリン・アフェアズ」誌で公表されたいわゆる〝X—論文〟が次々に広まって、多大の注目を集め、少なからぬ人々に利益をもたらしていたことを知って、いろいろな申し出やしつこい依頼をもって私のもとに集まってきた。個人もまた多勢現れ、会見を要求してきた。仕事を求める人、原稿を読んでもらいたいという者、かつて私と話し合ったことがあると言いたがる人、それに私がプリンストンに来てしようとしていることとは違ったことを私にさせようとする人々などである。

こうした、またそれと同じような圧力は、その後の二十年間の大半を通じて、衰えることなく続き、事実、時には非常にその強さをましたこともあった。私はこうしたことに手際よく対処する術を知らなかった。が、やがて、このような申し出の九〇パーセントはことわることを会得した。

しかしその数が年に数百件に上ることもしばしばで、その九〇パーセントをことわるだけでも時間的に大きな負担であった。その他にことわれない一〇パーセントの問題があった。

それらはしばしば、友人、親戚やその子供、またはその子供の学校、重要人物、行政機関や議会の委員会、ないしは外国政府からのものであった。あるいはまた——名誉称号およびそれを受けるに当たっての演説の依頼のように——拒絶するのに戸惑うような名誉も含まれていたのである。一番扱い難いのは、明らかにきわめて立派な数々の申し出であった。悲しまずにはいられないような人々、援助を必要とし、またそれに値する人々、心をうつような主張を追求している人々からの申し出がそれである。そして最後に、真に自尊心を満足させるようなものがあった。もちろんこれらは、うぬぼれをくすぐるようなところもあったが、またその申し出を引き受けることによって、自らの発言力を強め、それをもって役に立ちうる可能性を高めることになることを認識させられたものである。

こうしたことが私ひとりだけの問題だという幻想を抱いていたわけではない。ずっと以前、イギリスの詩人スティーブン・スペンダーの書いたきわめて鋭い論文を読んだことを思い出すが、その中で彼は、次のように指摘している。アメリカの作家（この場合、彼の念頭には純文学の分野における作家——詩人、小説家、短編作家——があった）は、二つの大きな恐るべき危険に直面している。その一つは——失敗、いま一つは——成功である。というのは、アメリカにおいて失敗は容易には弁解は許されず、また成功はそれをかちえた人の頭上に恐るべき評価と商業上の圧力の洪水をもたらし、つまるところ彼は、海外に亡命して住むか、あるいは価値のある作品を二度と書かないか、の二つに一つであるからだと。私自身の経験からすると、このようなジレンマが生ずる恐れがあるのは純文学の分野には限らない。

私はかつて一度もこれについて満足すべき回答は見出せなかった。そして数年にもわたる経験を経た後においてさえ、それに伴う緊張をうまく処理したことはなかったのである。衝撃に対して、私は完全に無準備だった。私の思うままになる時間にはなにひとつ制約がないという幻想は、政府の外にいた最初の数年のうちに私を裏切り、何とか万事に時間の都合はつくものだという考えにおちいったのである。私のことを考えてくれていることに満足して、左右の申し出を喜んで受け容れ、その結果、たちまち自分の生活にいっさいのコントロールを失う危険にさらされる羽目となった。

私は、ボリショイ劇場の〝演出〟による「くるみ割り人形」のバレエの中のクリスマス・パーティーで演じられるゲームの犠牲者《いけにえ》のことを何度も何度も考えさせられた。そこでは子供たちが大きな輪をつくり、年をとった目隠しをされた踊りの名手が、輪の一方から他方へと押され、回転し、よろめき、押されるたびに新たな当惑と絶望感を示しながら、最後の一押しをうけて平衡を取り戻す以前に、目の回るようなスピンを踊らされるのである。

記憶によると、余り時間をおかずに、私はプリンストン大学の卒業生代表評議員、フォード財団顧問（当時これは定期的にパサデナに行くことを意味していた）、ニューヨークに設立されたソ連権力からの難民救済団体の共同創立者兼会長、さらにアーサー・シュレジンガー、マクジョージ・バンディ、ドン・プライス、そのほか気の合った友人とともに、ニューヨークのウッドロー・ウィルソン財団の研究グループの一員となった。

これに加えて、驚くべきほど軽々しく、数か所で特別講義を、二か所（ノースウェスタン大学とシカゴ大学）でシリーズになっている講義をすることに同意していたのである。また「フォリン・アフェアズ」誌には、第二の〝X―論文〟を書く約束もしていた。最後に私は、アメリカの外交政策の国内的背景についての研究（結局は、私の周りに研究の過程で私を助けてくれる少壮の学徒グループを集めたのである）に着手することにしていた。それは、アメリカ大陸の物資的資源がどうなろうとしているのか、アメリカはどのような種類の社会になろうとしているのか、来たるべき数十年間にわれわれは自らを取り巻く世界環境にどのような要求を課すべきなのか、などについてである。さまざまな時に、またさまざまな側面から私をさいなむかかわり合いの命ずるままに、私は目隠しをされた舞踊の名手さながら、絶望的かつ滑稽《こっけい》にも、その間を前後にゆれ動いていたのである。

高等学術研究所の仕事により熱心に打ち込もうとする場合、もう一つの緊張があった。突然、著述家としての完全な自由に直面した時に襲われることのある、恐慌と無力感がそれである。ロバート・オッペンハイマーを訪問した際、彼は私が到着するとすぐに、そのことについて警告した。「君の前に白紙のほか何もなく、最善をつくす以外に何ひとつ手だてがないという人生ほど困難なものはない。この事実を決して忘れないように」と私をいましめたのである。

私の場合、彼はそう言わずにすますこともできた。この種の恐慌に襲われたことがないからである。その理由は明確ではない。一部の人々のように、すべり出しに困難を感じたことはなかった。抑え難い知的な奔流、どこでどのように始めるかは実際上それほどの問題ではないといった感じ、さらにある種の生き生きとして人目をひくような文章への好みなどが、いつも最初の出だしをたやすくしてくれた。その後に来るものの方がむずかしく、時には華やかな出だしを台無しにすることもあった。しかしその時は、いつでも書き直しができるのである。

オッペンハイマーはもうひとつの忠告をした。それを守っていればさらによい成果をあげえたかもしれない。何かを書こうと試みる代わりに、最初の数か月は腰を落ち着けて、広くまた無計画に読書し、密度が高いとはいえ所詮狭い教育の経験にほかならぬものにたいして、より広範な知的、文化的な基盤を与えるようにした方がよい、と彼は言ったのである。この言葉にまさる忠告をいまだ一度も受けたことはない。

もちろん私はそれを受け容れなかった。研究や著作の具体的計画として取り組まねばならぬあれこれで、手が一杯だったのである。しかし外部でのかかわり合いをいっさい断って研究所にいるということは、たとえ知的なものであろうとも、公の生活に直接参加することを全面的に放棄することだとするだけの確固たる意思がない限り、いずれにせよこの忠告に従うことは私には不可能だったのである。

政府をやめたあとの初めの数年間はもとより、その後においても、私は学究としての生活が全くなおざりにされてしまったという印象を皆さんに与えるつもりはない。以下に見られる通り、まるで熱にうかされたような最初の数か月においてさえ、その後二十年たってもなお全米の数十にのぼる大学の教科で使用されつづけている著作を生み出すために、私は懸命に、歴史研究と取り組んでいたのである。モスクワへの新たな公務旅行から二、三年後、私はますます歴史に没頭した。

一九一七年から現在に至るソビエト、アメリカ関係の経緯について、腹案では八十ページから百ページ程度の専攻論文と考えていたものを、いざまとめる段になって、一九一七―一八年の期間だけでも非常に豊富な、興味をそそる、しかも余り利用されていない原資料を見出し、結局およそ四年後には、問題のテーマのうち最初の九か月（一九一七年十一月から一八年七月）だけで合計千六百ページにも上る二巻の部厚い書物の著者になってしまった。

その後、ソビエトの対外関係史について論文を書いたり、講演をするようにとのさまざまな依頼を気楽に引き受けることによって、私は研究と著作へのさらに大きな努力へと駆りたてられたのである。こうした仕事に加えて、これらの、またそれに関連のある主題についてのいろいろな論文、講演、教育課程、批評などのために、日々の残りの時間の多くは、古文書館や図書館の生活とそれほど違わないような生活にしばりつけられていたのである。

私としては、この仕事にいささかでも不平をもらすわけにはいかないのである。生きている過去をすでに生命を失った古文書の文字で補うこと――それは過ぎ去った時代の人物が生き返り、もっともらしく立ち上がってくるのを感じとることであり、同時に彼らの蘇った意志や想像力の生々しい感触に応えることである――は、新たな意義深い歴史的真実の発見のまっただ中にある自分を実感することである。たしかにこれらすべてのことは、こうしたことに関心をもっている限り、真に人のなしうる偉大な創造的な経験の一つにほかならない。

が、それは孤独な仕事である。経済史ないしは社会史の人々は、時に他の人々と協力して働くことも可能であろう。政治、文化史の学徒は、通常、その分野の性質上、単独で働くことを運命づけられている。そしてそれを伝達するために文章で整える必要（大抵の場合そうなる）がある場合には、とくにそういえるのである。とは言っても、遠い歴史上の人々や、研究の過程で出会った歴史上の人物に仲間を見出すことがある。彼らは私の生活の一部となり、あたかも生きていた当時の彼らを知っていたかのように、私はいま回想の中で彼らを眼のあたりにしているのである。

しかし彼らの方から、私を見たり、私の関心に反応することはない。私は蠟《ろう》人形の博物館の中を、衣裳や形やその凍りついた表情を観察しながら歩く孤独な訪問者のように、生命のない世界をさまよい歩いた。時には、後世のために文書で保存された言葉や文句が、連載漫画の人物が発する小さな輪で囲まれた言葉のように、彼らの唇《くちびる》から吐き出された。時には、歴史的記録の中で叙述されたその行動が想像の中で再現されることも可能であった。しかしそれは一方的な関係にすぎなかった。彼らにたいする私の関心は相互的に、彼らの側から私への関心となって現れることはなかった。

社会的存在としての人間が必要とする相互作用については、私はそれを他の場所で期待するほかなかった。それでもしかし、この過去とのかかわり合いは、挑戦、興奮、満足を伴ったのである。職業としては、ある種の純粋性と無害性をもっており、誰を犠牲にすることもなくやれたのである。しかしそれは、心と想像力の最高度の働きを呼び覚ました。その意味で、たとえ生活そのものではなくとも、それをライフワークとするには十分であった――もし私がもてる力をすべてそれに捧げることができていたなら、私は十分満足していただろう。

最後にこうした私の努力にたいして、いささかでも世間の評価に欠けるところがあったと不平をこぼすわけにはいかない。ソビエト－アメリカ関係に関する二巻のうち、最初の『ロシア、第一次大戦を離脱す』は、全米図書賞、ピュリツァー賞、および文学として、その年の歴史に関する最良の作品にたいするベンジャミン・フランクリン賞を含め、獲得しうる賞のほとんどすべてを授与された。

数週間にわたり毎日曜日の夜、BBCの国内向けサービスを通じて、ロンドンで生放送された一九五七年のリース講義は、終始、広く聴取者を引きつけ、一九四八年、故バートランド・ラッセルによる最初のレクチュアを除いては、この番組史上当時までのいかなる講演よりも聴取者を集めたと告げられたほどである。

同様にその後、『アメリカ外交政策の現実および、レーニン、スターリン時代のロシアと西方』などの著作を構成していくことになった数々の講演は、プリンストン、ハーバードで記録的な学生の聴講を集め、オックスフォードでもそれにきわめて近い状況であった。当然のことながら、こうしたことすべてがうれしかった。学究生活の間、もし私に一貫して中断されることのない歴史研究のほか、週末とか休暇にある程度自然や海にふれることができていたら、生活をエンジョイする点でも能力一杯にみたされたという感じを抱いたことであろう。不幸にしてそれはできなかった。そうすることを不可能にしつづけたのは、外部からの圧力——その時代の圧力や現在の世相に直接関連した貢献への要求——であった。

なぜこれらの圧力に抵抗しなかったのか。なぜこの圧力の一部に私が譲歩したのか。その理由のあるものについてはすでに触れておいた。しかしいずれの場合にせよ、こうする以外、私と同時代の出来事に自分の出番がないという考えには、終始、甘んずることができなかった。

私の生きているこの世界、それに私の子供たちの世界が重大な危険にさらされていることは、思慮あるすべての人と同じように私にとっても明白であった。それでは、それについて私にできることは何もないのか。私には政府部内での多年にわたる経験があった。事の成否はともかく、もし戦時中にロシアに関する私の見解に注意が払われていたなら、戦後に経験したわれわれの多くの問題や当惑はかなり軽減されていたに違いない。国務省の政策企画担当スタッフが、私がその責任者であった期間に、こうした問題のあるものの解決に果たした寄与には見るべきものがあったと思う。私はまだ四十六歳である。この私にこれ以上役に立つ何ものもないとは信じ難かった。私に発言が求められ、それに耳が傾けられる限り、そこにある種の義務が生まれているように思われた。それは、値うちのあるなしにかかわらずある種の資産であり、まぎれもなく資産そのものであった。それは誰にも所有されていないその人だけのものであり、それを所有しているからには、誰であろうとそれを無駄に浪費する権利はない。これら一連の考えに最後のしめくくりをつけたのは、友人の影響力であった。とくにイギリスの歴史学者ベロニカ・ウェジウッド――私は彼女の学究経験とすぐれた良識に最大の敬意を払っていた――が、歴史に夢中になる余り自分と同時代の諸問題から一切のかかわり合いを絶つような誤りを犯してはならないと、私をたしなめた時の印象は生涯忘れえぬもののひとつである。

こうして私は、政府内のポストを離れたあと数年間、過去と現在の間をどうにかやりくりし、そのいずれにもひたりきらぬよう努めたのである。なかば歴史家であり、なかばは討論家であった。時には、著述家兼歴史の教師であり、時には政府への助言者もしくは公共の問題や危機に関する討論の参加者であった。この二重生活から引き起こされた緊張と対立のため、不快さは絶望的なまでに高まったが、しかしだからといって、この生活のどちらの側面をも放棄できなかった。ただ後になって、表面的には対立するこの二つの魅力が、実際には相関関係にあり、相互依存的であることに（私の注意をそのことに向けたのは、長い間苦しみに耐えてきた私の秘書たちのうち、新任のジャネット・スミスであった）気づくようになってきたのである――外交史家としての私の力の一部は、現代の外交問題に責任ある立場からかかわり合ってきたというこれまでの事実に由来するものではあるが、また一方では、時事問題の評論家として、もし私になにほどかの価値があるとすれば、その一部は少なくとも、歴史について私が何かを知っていると見なす第三者の考えに由来しているのである。

さて、ここで私の活動の大半の根拠地であった高等学術研究所についてふれておくことが適切であろう。その後さらに二回にわたり（モスクワとベオグラード）挿話にみちた外交官としての赴任、および何年か後にオックスフォードで過ごした数学期を除いて、一九五〇年から今日に至るまで、この研究所は私にとって職業上の根拠地であり、活動の中心であるよう運命づけられているのである。一九五〇年から五六年にかけては、研究所の施設を利用する大半の学究と同じように、臨時の客員としての資格でここにいたのであるが、五六年以降は研究所に所属する正式な研究員のひとりとなった。

高等学術研究所は、アメリカにおける高度な学術研究所の中でも、学生がいないことと従って講義がない点や、客員ならびに所員全般の優秀性、さらには最高レベルの研究生活への没頭ぶりなどからして、とりわけユニークな存在である。静かで禁欲的で、気を散らすような活動はなく、もっぱら研究のための場所といってよい。実験施設はなく、最近までは高等数学、自然科学（主として理論物理）および歴史が、ここで扱われる三つの領域であった。それが最近になって社会科学に関連した分野の新たな課目が付け加えられることになった。

研究所での仕事の質は、所員を選ぶ際の配慮によって保証されている。いったん招請をうけ、それを受諾すれば、客員は自分の希望する仕事を追究する完全な自由をもつ。滅多にないことではあるが、もし彼が何もせずにいれば、研究員団の非難は彼ではなくて――その選択の不適切さのゆえに――研究所自体に向けられる。研究所員と客員が集合するのを妨げるものはない。もし彼らが講演や討論、あるいはセミナーなどのため集合しようとすれば、研究所は喜んで必要な施設を提供してくれる。しかしこうした活動を組織するために、研究所がイニシアチブをとることはない。かつてロバート・オッペンハイマーが私に語ったように、「彼らがいかなることをする目的でここに来たにせよ、それをしないためのいかなる口実をも彼らから奪い去る」ように配慮されているのである。

この研究所に私が負うところのものを、どのような言葉で言い現すべきか、私にはわからない。研究所は、学界のお墨付きもない、すでに中年の私を、事実上信用して引き受け、これから証明さるべき学究としての能力の存在に賭けたのである。さらに研究所は、これらの能力を発展させる可能性を与えてくれただけでなく、いくつかのお手本と、それなくしては能力を発展させえなかったような訓練をも、それとなく提供してくれたのである。

多くの客員との接触から、何年間にもわたって私は非常に多くのものを得られる立場にあったし、また事実、得たのである。しかし最も意味深く、最も永続的なものを得たのは、当然のことながら、研究所の真に偉大なメンバーとの持続性なつき合いからであった。この中に含めてしかるべき何人かはいまも健在であるが、現存者について語るのはさしひかえたい。しかし私としては言及しないわけにいかない、他の、もはや幽明境を異にしている人々がいる。

オッペンハイマーを除けば、他の誰にもまして私を当研究所に連れてくるにあたって力あったのは、厳格で多才な軍事外交史家のエドワード・ミード・アールであったと思う。私がここで初めて仕事をしたのも、巧みで力強い彼の導きによるものであった。彼は一九五四年六月に亡くなったのであるが、彼に申し訳ないのは、これまで一度も直接彼に向かって感謝の言葉をかえす機会をもたなかったことである。

家族内でと同様、学究生活においても、人が互いに影響し合うのは、教訓ではなくてお手本によるのである。学究としての成長の初期の段階において、エルビン・パノフスキーほど素晴らしいお手本はなかった。これまでの最も偉大な美術史家の一人である〝PAN〟は、測り知れない学識に加え、豊かな温かい、魅力的なユーモア、限りない好奇心と研究対象への愛着、それに惜しむことのない伝授という生まれながらの教師の指導となるべきものを併せ持っていた。他の多くの人々にとってそうであるように、私にとっても、残されたその印象は消し難いものであった。

パノフスキーは、アドルフ・ヒトラーからアメリカの学界に贈られた何ものにも替え難い人材のひとりであるが、とりわけ高等学術研究所にとってその価値は大きかった。他の一人は、偉大な中世史家エルンスト・カントーロビッツ——友人や同僚にはいつも〝EKA〟の名で知られていた——であった。独身で審美眼をそなえ、なんともいえない旧世界の魅力をもった男、そしてアレキサンダー・ストリートの小さな家に居心地よくおさまっていたEKAを初めて知ったのは、一九五〇年代のことである。そのときすでに彼は、一九五〇年代のプリンストンには欠かせぬ存在であった。そして彼の死が残したギャップをいまだに埋め尽くすことができないのである。

EKAのような人物への関心が、より若い一人の学徒にとって何を意味したのか、またその実際について、一例をあげてみたい。『ロシア、第一次大戦を離脱す』の草稿を書き終えた時、私はそれを通読してもらえないかと彼に頼んだ。これは要するに、第一次大戦の時期を取り扱ったものであるが、当時彼はドイツ軍に従軍していたので生々しい記憶を持ち、しばしば当時の諸問題や事件について話し合ったことがあった。私としては初めての大きな労作ではあったが、実際のところ書き上げたものについて確信がなかった。

タイプライターで打ったままの草稿を彼は自宅へ持ち帰り、少なくともその大半に目を通した上で、彼の家に一人で夕食に来るよう求めた。美食家であるばかりでなく、れっきとした料理人でもあった彼は、二人分の素晴らしい料理を整え、最上等のワインをふるまい、大いに歓待してくれた。それから居間に案内し、コーヒーとブランデーをのんでいるところで、草稿をとり出して「さて君の仕事について話をしよう」と言った。それから事実に基づく立場からでなく（というのは、対象の事柄について彼は精通しているとは言っていなかったから）、歴史叙述の技巧と好みの観点から、きわめて綿密かつ有益で、忘れえない批判を加えてくれたのであった。このことは単に偉大な学究であるだけでなく、偉大な紳士であることを示していると、私は思ったのである。

研究所に住んでいた年月の大半にわたって、私がその付き合いから得るところのあったもう一人の研究所の仲間は、元イギリス外務省史料官で、オックスフォード大学教授オール・ソールズの研究員、サー・ルーエリン・ウッドワードであった。

イギリス人であるだけに、くだけたところも気むずかしいところもあり、研究所の広い構内とその周辺を悠然と独り歩きする癖があったが、ウッドワードはたやすく知り合いになれる人ではなかった。通常イギリス人に見られるはにかみに加えて、彼は、どの分野でも秀れた働き手がもつ称賛すべき特色とともに、気むずかしさ、強い懐疑心、注意深さをもっていた。素晴らしい働き手といえば――きびしい骨身を削るような要求を自らの上に課していた――まさしく歴史家としての彼がそうであった。しかしこの学究としてのきびしさは、彼が共同編集者の一人となって公刊されたイギリス外交文書集の作成に欠かせないものであったが、それはあたかも生まれつきの内気さの形を変えた表現によるものであるかのように、彼が哲学者、審美家であり、評価こそされていないが純文学の分野でも第一級の作家であり、また彼の時代の鋭い評論家でもあったことを蔽いかくしていたのである。

妻も私も大いに敬愛していた彼のやさしい魅力的な夫人の死後、ウッドワードは失意の人となった。その悲しみはなぐさめようもなかった。彼はプリンストンに来るのをやめたが、その理由は――彼が私に語ったところでは――彼ら夫妻はここでの生活がほんとに幸福であったし、その結び付きは余りにも数多く、そのいたましさにはとても耐えられなかったからである。

ウッドワードは決して感情を強く表す人ではなかった。私の背景や、学究としての本筋から外れたところでのあらゆるかかわり合いなどを考え合わせて、当初、彼は学究としての私の潜在的能力をきわめて懐疑的に見ていたに違いないと思う。第一次大戦に関する私の見解もまた、彼のそれとはほど遠いものであった。それに第一次大戦については、当時彼自身が砲兵将校として西部戦線に従軍していただけに、深い感情を抱いていたのである。しかし彼は、私が彼を真に尊敬していること、学べることは何でも彼から学ぼうとする心構えであることを、徐々に認めるようになってきたと思う。そして彼が孤独であった終わりの何年間かは、友情の関係へと、さらには一種の愛情にまでも発展していったのである。

そしてまたそこに私が住んでいた最初の数年間、研究所にはもちろんアルバート・アインシュタインがいた。私が何者であるかも、私が研究所にいることも彼は知っていた。われわれは、親しみをこめた覚書を交換した。しかし会ったことはなかった。その理由を説明することはむずかしい。私は彼の科学的関心事については何も知らなかったし、また理解もしなかった。私には彼に会ってどうしようということもなかった。ただ彼が臨時の訪問客や彼に好意を持つ人々、彼を利用する意図のある人々、それにあらゆる種類の好奇心を満たしたいと思う人々から不断に加えられている圧力について、余りにもよく知っていた。私はその負担をさらに重くしたいとは思わなかったし、彼にたいする私の敬意を証明する最善の方法は、彼を独りにしておくことであると結論したのである。

振り返ってみて、これが正しかったかどうか、確信はもてない。しかしそれについては、言うべき多くのことがあった。彼は老齢であり、そのうえ疲れているように思われた。彼としては、ロシアについて多くのことを学びたいとは思っていなかったであろう。それに私も、儀礼的訪問によって、物理や数学について学ぶつもりがなかったことは確かである。

最後に、研究所研究員の一員であるだけでなく、私自身この施設とつながりのあった最初の十六年間、ここの所長であり、他の誰にもまして私のこの研究所とのつながりについて負うところのあった、すぐれた忘れ難い人物に言及しなければならない。それはロバート・オッペンハイマーである。

私の思うのに、果たして彼ほど描写し難い人が他にいるであろうか。ある点ではきわめて若く、他の点では非常に老けている。一面では科学者であり、一面では詩人でもある。時には誇り高く、時には謙虚である。ある面では、実際的な事柄に恐ろしく有能だが、他の面では情けないほど無力である。彼は驚くべき矛盾のかたまりであった。私の考えでは、彼の偉大さについては議論の余地はありえない。その知性は例外的なほどの力をもち、繊細さと素早い反応をもっていた。彼こそは、知的で美的感覚を備えた一人の人物の中に、膨大な科学知識、人間性に関する及びもつかない博識、そして自らの時代における国際政治への活発で、高度の関心を結合させうる数少ない人の、一人であった。

彼はしばしば、尊大だと評され、またそのゆえに非難もされた。恐らく、その通りだったかも知れない——ただその点についての証拠は、彼自身の個性の自然の現れというよりも、主として彼の周囲の人々の影響を反映しているように、私には見受けられたのである。彼自身の頭脳の働きの圧倒的な早さと批判力が彼をして、平凡で、わかり切った、そして陳腐な他の人との会話に我慢できなくさせたことは疑問の余地がない。しかしこの鋭いらだたしさの底では、最も自然な感情の一つ、友情と愛情への強い渇望、それに彼自ら考えていた高等学術の世界での友愛はどうあるべきかについての——他の誰にもかつて私が見たことのないような——感動的な信念が横たわっていたのである。

思うに、知的な友情は人間の友情の中でも最も深く、素晴らしいものであるという点で、彼はブハーリンと意見を同じくしたことであろう。そして彼の最も尊敬するような知的素質を持つ人々——たとえばニールス・ボア——にたいするその態度は、心からの献身と心づかいにみちたものであった。私はしばしば思うのだが、彼の生涯における最大の悲劇は、忠誠心の問題をめぐって彼が受けた試練——たとえこのこと自体（神のみぞ知る）よくないことであろうとも——ではなく、研究所のメンバーがお互いの学問的成果にたいして抱く敬意に付随するものとして、オッペンハイマー自身、当然そうあるべきものと考えていたような愛情と尊敬に近いものを、メンバー相互間にしばしばもたらしえなかったという事実にあったのではなかろうか。

彼が何よりも夢みていたのは、ある種の心温まる調和のとれた心のつながりであったと思う。彼は高等学術研究所でこれを作り出そうと期待していた。そしてそれはある程度まで、個々の領域の枠内では存在するようになっていた。しかし領域から領域にわたってそれが作り出されることはほとんどなかった。このような事実——数学者や歴史学者はそれぞれカフェテリアで自分たちだけのテーブルを求めつづけていた事実、またこうした人間の知性のまったく異なった働きに、単一の閉ざされた世界の中で橋渡しを試みたのが、依然として彼ひとりにとどまっていたこと——これこそが彼にとって深い当惑と失望の源であったと私は確信している。

忠誠心をめぐる問題に関連して、一九五〇年代の初期に、彼にたいして行われた告発と彼の受けた困惑については、とうてい私には我慢できないものであった。告発の口実となった彼の行動は、ほんの些細な過ちであった——彼自身すぐに認めたように馬鹿げた行動ではあるが、外国政府に情報を伝えるといったことが含まれているわけではなく、また反逆の疑惑を正当化するのに役立ちうるようなものでもなかった。それらは、政府が彼に科学諮問委員会の委員長を委嘱する数年も前に、合衆国政府にはわかっていたことなのである。そしてそれを一九五〇年代に蒸し返し、彼にたいして正式に告発を行ったことについては、個人的な報復と恥知らずの冷酷な政治的方便のほかにいかなる動機も、私には考えられない。もし偉大な国としてのアメリカの可能性を認めようとするのであれば、合衆国政府は、わが国においてさえ、これほど残忍に、無分別に、事を運べるほど人材に恵まれているわけではないことを学ぶべきであろう。

私は主として、われわれが互いに知り合ったいくつかのエピソードで、オッペンハイマーを思い出すのである。

何よりもまず、私は初めて彼を見た時のことを想起する。一九四六年秋のことであった。ウォー・カレッジへ講演に来たのである。彼はおずおずとほとんど謝らんばかりの格好で、足を引きずりながら演壇に上った。弱々しく、猫背で、ダブダブで長すぎるズボンに、重そうな褐色のツイードの服で身を包み、大きな足を外向きに開いていた。そしてその小さな頭と顔のため、時たま奇妙にも若い学生のように見えた。

　それから約一時間、メモも使わずに話を進めた――しかし話し方が余りにも驚くべきほど明快でその表現が余りにも精細で正確なため、話が終わった時に質問する者がなかったほどである――誰しもなんとなく、彼は考えられるすべての点に答えていたと確信したほどであった。私が〝なんとなく〟と言うのは、まるで奇妙なことなのだが、誰もが彼の言ったことを正確には思い出せなかったからである。彼の個性の発揮する魅惑、絶妙の話しぶり、それに表現の極度の精密さが、実際にはかえって彼のしゃべっていることの内容を聴衆が受けいれるのを妨げていたのである。これは彼の生涯を通じて、科学的専門知識を持たない人々を相手にしたとき、いつも彼につきまとった現象であった。

　ある雨の降る日曜の朝、彼の家でのシーンを私は改めて思い出す。その時、私は彼に（彼が科学諮問委員会の委員長を続けるのが適当かどうかについての聴聞会の試練のさ中であった）、このような困惑に直面しながら、一体どうしてこの国にとどまっているのかとたずねた。彼は世界の他の地域にもなじんでおり、オランダでは博士号をとり、ヨーロッパの学界には多勢の友人を持ち、地球上どこでも双手をあげて彼を歓迎しない大学は一つだってないと私は指摘した。

　すると彼は一瞬立ちすくみ、涙がその頬を流れた。それから、自らも気づいていたその朴訥《ぼくとつ》さをもって、しかし文字通り力なく、――それが彼の言葉の持つ力を強めたのであるが、――どもりながら言った。「なんといったって、私はこの国を愛するように生まれついているのさ」

その通りであった。民衆にたいするあらゆる失望にもかかわらず、自らの政府とアメリカの公衆の一部からするあらゆる誤解にもかかわらず、オッペンハイマーは心底からのアメリカ人であったし、常にそうでありつづけたのである。

最後に想起するのは、一九六三年十一月二十二日の彼であった。それはわれわれ二人が、最初の不完全な報道ながらジャック・（ジョン・F）ケネディ暗殺の報に叩きのめされ、研究所の彼のオフィスで立ったまま、ラジオでケネディの死を確認した時であった。彼は何も言わなかったし、私も同様だった――その必要はなかったのだ。しかし私は、彼の両眼に素早く、恐ろしく刺すような怒りと落胆が現れるのを見た――そして私も同じだった。二人とも、われわれのどちらもジャック・ケネディを親しく知っていたわけではなかった。二人とも、抹消されたのはケネディというただ一人の生命以上のものであり、われわれが気にかけている世界が、何かの点でそれに役立つわれわれの能力をも含め、悲しくも、縮小されていったことに気付いたのである。オッペンハイマーにとって、想像力に富む鋭い洞察力をもつだけに、それは恐ろしい打撃であった。そして私は、本能的にそう思いたくなるのだが、その瞬間をもって彼自身の死の始まりだとするのは果たして間違いだろうか、と思う。

これらのいまは亡き同僚のすべてに言及する事は、ただ彼らが私に多くのことを教えてくれたからという理由だけではない。それは今日、私が一人の著述家、一人の学究として、彼らが私によせた信頼にたいし一種の裏切りの罪を感ずることなしには、到底自らの能力以下のことはなしえないほど、私にたいして彼らが寛大であったがゆえである——その裏切りは、現在なお彼らが生存していた場合よりも死せる今日の方が一層、卑劣で良心にたいし痛みを感じさせるのである。

思うに、これこそが、孤独で純化された心の生活において人が互いに助け合う方法——恐らくは究極的に助け合うことのできる唯一の方法——なのである。惜しげもなく、よく教えてもらったという意識をもつ人々が、時にはまたなんらかの方法で、人に教える義務がある理由もここにある。

第二章　朝鮮

政府を離れてからの熱にうかれたような最初の数か月の間に、私のせいではないかかわり合いが一つあった。実際には、最近まで私が政府内で負っていた責任から持ち越されたものであった。朝鮮問題である。

一九五〇年六月二十五日に開始された、北朝鮮による南朝鮮への侵入に対して、武力をもって抵抗するというわれわれの決定には、最初から私は賛成していたのである。しかし私が賛成したのは、われわれの行動は次の限定された目的のためにほかならないという想定と了解に基づいてであった。すなわち、それは朝鮮半島における原状の回復、およびたとえ軍事的成功を見る場合においても、われわれの部隊は三十八度線に沿う既定の分割線を越えない、ということであった。

北朝鮮の攻撃の中に、このような限定的な目的のために軍事作戦を行う十分な理由を見出したのである。しかし、新たな世界大戦に巻き込まれるのを正当化するようなものを見出したわけではない。たとえわれわれの意思に反して、この限定された枠を越え、大戦になるやも知れぬ場合においてすら、大戦のためにわれわれが選ぶ戦場が朝鮮半島であるのかどうかという点については、まったくのところ私にはわからなかった。従って、南朝鮮における北朝鮮の侵略に抵抗するという決定が、知らず知らずのうちに、本来の意図を越えたものに発展するのをくいとめる保証について、私は大いに関心を寄せていたのであった。

すでに一九五〇年七月に、米政府内の討議の席上、私は三十八度線以北へのいかなる進攻にも反対する旨を、明確にしておいた。この見解が賛意を得るに至らなかったことは、ジョン・フォスター・ダレス氏が、これを政府の安全という立場から（最も不適切な形で）、私の方が危険でひねくれた意見であるという証拠として、あるジャーナリストに語った事実からも明らかであった。私はこの意見を、九月にワシントンを去る時まで押し通し続けた。たとえば八月八日、国務省の上司宛ての覚書の中で私はこう書いた。

ボーレンがワシントンに在職中、ずっと強調し続けたように、戦いの潮が変わり始めた場合、クレムリンは、われわれが三十八度線に到達するのを待たずに行動をとるであろう。われわれが軍事的に成功し始めた場合、それこそ注目すべき時になるであろう。

その場合いかなることが起きるか予断は許さない——ソ連軍の介入、中国共産軍の介入、国連による解決への新たな動き、あるいはこの三つを併せたもの。

それから二週間後、国務省を去る直前に、私はワシントンの多勢のジャーナリストとのオフレコの記者会見で、この見解を繰り返した。北朝鮮に敗色が見えた時、ロシアはどのような反応をするかという質問に対して、私は次のように信ずるところを表明した。

もしわれわれの部隊、あるいは国連軍が……再び三十八度線を越えてなんらかの形で北朝鮮に進出する……ならば、ソ連はそれを坐視しそうにない。彼らは……北朝鮮を再占領……するかも知れないし、あるいはまた他の部隊、名ざししていえば中国共産軍を導入することになるかもしれない……（彼らを真に統制しているのが誰かはわからない）……明らかに、われわれが朝鮮半島を席巻し、ウラジオストクから四、五十マイルにまで迫るのを放置するわけがない。

この問題全体に関する私の懸念は、北朝鮮東岸の羅津港に対する爆撃について、われわれ国務省のものがペンタゴンから満足のいくような説明をうるのが困難であったことにより、一層高まった。この結果、マッカーサー将軍が果してワシントンの誰かによってきわめて有効に統制されているのか、あるいはまた彼がしようとしていることを誰かが正確に知っているのかという点に、私は疑惑を抱かざるをえなかったのである。ワシントン当局は、国内的－政治的諸理由のゆえに、事実上わが国および世界平和の運命を、なんら有効な権限の管轄下におかれていない一つの機関、すなわちマッカーサー司令部に委ねているように思われた。八月二十一日、私はアチソン長官（彼にとっては意外なことではなかったと思われる）に対してこのように書き送った。

われわれは、マッカーサー将軍に対して、北アジアおよび西太平洋地域におけるわが国の政策を決定する上で、いま彼が享受している広範で、相対的には統制をうけることのない行動の自由の保持を許すことによって、われわれの名前において発せられる声明──さらにはとられる行動──について、なんら統制をもたない現状を黙認する結果となっている。

九月初旬、プリンストンに移った後も、単に信頼感や情熱の欠如などとは言っていられない気持ちで、私がその後の朝鮮戦争の推移を注視していたことは、以上のような背景からして理解いただけるであろう。十月早々にわが軍の三十八度線突破、十、十一月にかけて中国の介入準備に関する証拠が強まっていたこと、十一月二十一日中国東北部（満州）

国境地点へのわが軍の到達、十一月二十四日マッカーサー将軍による〝勝利〟攻勢の開始、その翌日、中国軍の大部隊による突然の介入、そして最後に——十一月二十六日から二十八日——優勢な中国軍によって鴨緑江沿岸でわが軍が圧倒され、退却が開始されたこと、などがそれである。

ワシントンから離れて住んでいたので、当然私は、中国東北部国境に向かったこの進撃についての私の懸念が、いまではワシントンの多くの高官、それにある程度までは統合参謀本部自体ですら、共感されるようになっていたことを知らなかったのである。またマッカーサー将軍が、一度はウェーク島で直接大統領に、さらに十一月初めにはワシントンからの直接の問い合わせに答え、重ねてロシアあるいは中国の介入は恐れるに当たらない*という保証を、二度にわたって与えていたことも知らなかった。

* Harry S. Truman, *Memoirs* Vol.2. *Years of Trial and Hope, 1946–1952*, chap.24 Garden City, Doubleday, 1956.

さらに私は、一九五〇年十月三日、北京駐在インド大使K・M・パニッカー氏に中国当局が、もしわが軍が三十八度線を越えて進撃すれば中国は参戦すると言明したことも、また合衆国政府がこのことを承知していた*ことも知らなかった。

＊ Dean Acheson, *Present at the Creation: My Years in the State Department*, p. 452, New York: Norton, 1969.

こうしたことを知っていたならば、私はもっと当惑していたことであろう。しかし新聞に出ていたことだけでも、私の心を重くするには十分であった。とくに十一月の終わりの何日かは、暗い日々であった。新聞はわれわれの上にふりかかってきた災厄記事で一杯であった。十二月一日、私は当時パリのアメリカ大使館に公使として勤務していたチャールズ・E・ボーレンから長距離電話をうけた。彼の言によれば、単に朝鮮からのニュースに当惑するだけでなく、これに関連して、当時ワシントンにいた国務省の上級顧問の中に、ロシアについて経験の豊かな、あるいはロシアの政策と心理に深く通じたものが一人もいないという印象を受けて非常に当惑していた。そこで「電話で君に懇請するのだが」と前置きしてから「ワシントンに行き、私の知るところでは君の考えを高く買っているマーシャル将軍、それに国務長官に是が非でも会って、君と僕とで終始意見が一致してきたロシアと中国の反応の背後にある真の考えが何であるかを説いてみてはくれないか」と言った。

そこで私は、国務省に――ワシントンの友人を介して――何かお役に立つことがあればと申し出た。翌日、私がワシントンに来ることを歓迎するという言葉が返ってきた。その結果、十二月三日、日曜日の午前十時に再び私は国務長官室に出向いたのである。その朝、マッカーサーから憂慮すべきニュースが届いたばかりであった。「最大規模の地上増援部隊が直ちに提供されない限り」今後の成功の見込みはなく、さらに――長期にわたる――効果的防衛の見込みすらほとんどない。*

* Harry Truman, *ibid.*, Vol. 2, p. 392.

ワシントンは、このような兵力を持たず、大戦に自らを巻き込む意図もなく、また国連軍を構成する同盟諸国との完全な決裂なしに、こうした規模で戦闘をエスカレートすることは不可能であった。当然のことながら、事態はすこぶる暗かった。

私が到着した時、国務長官自身は、軍の指導者や大統領とマッカーサーの電報に照らし、情勢を協議していたため、留守であった。それでまず私は、国務次官ジェームズ・ウェッブ氏に対する軍の説明に同席し、その後、同次官と直接話し合った。これらの話し合いから浮かび上がってきたのは、混乱した、しかも憂慮すべき局面であった。私の日記の記すところによれば、ウェッブ氏は、

明らかにかなり動揺した状態にあった。彼の説明によれば、軍の指導者たちは、朝鮮からの完全撤退こそが、事実上われわれの全地上兵力の喪失に対する唯一の代案だと感

じていた。彼らは、秩序ある撤退についての決定を下すまでには、おそらく三十六時間の余裕しかないと考えていたのである。もしその決定が下されなければ、その結果は文字通りの大惨事となり、全兵力を実質的に失うことになりかねない。ウェッブ氏によると、国連において、また翌朝到着することになっていたアトリー（イギリス首相）との会談で、われわれがとるべき態度について協議が行われているとのことであった。イギリスと話しあうまではいかなる進路も決められることはないだろう。

イギリスとの間で討議する腹案の一つは、朝鮮に停戦をもたらすためロシアに直接アプローチするということであった。私に聞きたいのはこの時点でこの問題に関するロシアとの交渉の見通しについての見解であると彼は言った。

昼食後、自室に帰った国務長官は、私のこの役割を確認した。私が求められているのは、われわれが陥っている軍事的窮地からの、一つの脱出策としてのロシアとの直接交渉に関する見通しについての意見であった。そこで私は退出し、ジョン・ペートン・デービスおよび故G・フレデリック・ラインハート（彼もまた古いモスクワ通で、後にローマ駐在大使として長期にわたり秀れた業績をあげた）の助力をえて、この点についての見解を書き上げることにとりかかった。

われわれが、一九五〇年十二月三日付の覚書として作り上げたものは、シングル・スペースで四ページの、国務省の文書の中でも最もそっけなく、味気ない文章であった。われわれとしては他にしようがなかったのである。

朝鮮の情勢に関して、ロシアとの外交的話し合いを可能にするような枠組みは二つしか考えられなかった。一つは、それを別個の問題として討議し、極東地域という、より広い問題にそれを関連させることを拒否することであった。いま一つは、それを極東問題全般の一部として取り上げ、対日平和条約や中国に対するわれわれの政策という微妙な問題も含めることであった。

後者については、明らかにアメリカは何ひとつ準備ができていなかった。あたかもマッカーシズムの病的興奮状態が頂点にある時で、とくにチャイナ・ロビーの全盛期であった。議会では極東政策をめぐって激しい意見の対立があった。極東政策について何らかの最終的な見解を定めようと試みることも、またわけてもロシアとの間でそれについて話し合うことも、国内の政治情勢を悪化させることなしには不可能であったのである。このように情勢がデリケートなので、アメリカは同盟国との間ですら、その問題について理性的に話し合うことが困難な状態にあった。

しかしいま一つの案——朝鮮情勢を、明らかにそれが影響するより広範な多くの問題と関連させることなく、別問題としてロシアと話し合おうとする試み——は一層悪かった。われわれは覚書の中でこのように記している。

〝ロシアへのいかなるアプローチも〟……単に朝鮮における即時停戦を求めるだけで、朝鮮の将来や他の極東問題についてのいかなる政治的協定とも結びつけられていない場合、それは、おそらくクレムリンの指導者たちから、平和さえ得られればいかなる条件にも服する用意があると受けとられるに相違ない。

彼らはこれをもって、われわれが降伏か、さもなければ完全な敗走ないしは軍事的破局のいずれかに直面していることを自ら確認したものとみなすであろう。こうした情勢においては彼らの主たる関心は、われわれの威信および非共産世界の団結に対する打撃という面で、最大限の利益をわれわれの苦境から引き出す工夫におかれよう。でなければ、彼らにとって軍事的破滅の屈辱からわれわれを回避させるいかなる理由も見当たるまい。軍事作戦の継続が十分に予想される時、少なくともわれわれの威信に打撃を与える条件に基づかない限り、彼らは停戦を促進することに関心を抱かないであろう。

現在の時点は、われわれとソ連との関係史上、その指導者たちと交渉するには最も具合の悪い時機と思われる。……朝鮮の現地情勢について満足のできる交渉をしようとするなら、その前提条件は、われわれがこの半島のどこかで戦線を安定させ、長期にわたって共産側の大軍と交戦する能力のあることを示すことである。もしこれができないならば、ロシアが窮地にあるわれわれを助けたいと思う理由はいささかも見出せないのである。……彼らに対するいかなるアプローチも、それが合意に達するのは彼ら自身の利益にもつながるとして圧力を加える上でなんらかの強いカードがこちらの手中にない限り、それは単にわれわれの弱みを浮き彫りにし、他の諸国民の目前で彼らの立場を一方的によくするという目的に利用されかねない。

政治交渉を成功させる前提条件は、われわれの側における団結と、自信、および集団的力の構えなのである。

私がこの文書をアチソン長官の部屋に持参した時すでに、夕刻の七時であった。そのころ彼には週末もなければ、閑暇の日々もなく、明らかに疲労しており、帰宅寸前であった。この、みじめで役に立ちそうもない書類で、疲れ切った日曜日をさらに長引かせる気にはなれなかった。そこで翌朝まで手渡すのを差し控えた。しかし彼は、親切にも自宅で夫妻と夕食をともにするよう声をかけてくれた。私は喜んでそれに応じた。*

＊　この数ページおよびこの本の中で、故ディーン・アチソンにふれた個所はすべて彼の死去する前に書かれたものである。私は、これらの文章を書く時、これが彼特有の批判的な反応のテストを受けることになるものと考えていたのだが、そのテストを受けられなかったのは残念である。私としては、読者に、アチソンの見解は確かに私のそれとは違っていたのだから、彼の記憶もまた私のそれとは異なっていてもおかしくはないことを心に留めておくよう

望みたい。

その晩、何について論じ合ったかについては記憶も、記録も私にはない。思い出すことは、アチソン夫人の大へんな魅力に加えて、国務長官の独特の気力とウイットだけであり、それはいかなる危機も疲労も決して消滅させることはないように思われた。それに、後年、世間と見解が対立するようになった時ですら、彼に対する私の同情と気遣いがうすれることはなかったことを思い出す。まさに彼は紳士で、名誉を尊ぶ気概にみち、怒りと混乱と誤解の渦巻くワシントンを背にしながら、国の利益に奉仕しようと努め、また自ら作り出したわけでもない恐るべき事態について、可能な限り最大限の責任を負わんとする人であった。しかも向こう見ずで、思慮の足りない鴨緑江進撃を主張してこの事態を作り出した連中――マッカーサー将軍の議会内の追従者たちと他の崇拝者たち――からの、きわめて悪意にみちた不当な個人攻撃に日々耐えねばならなかったのである。

私はしばしば彼と意見を異にした――またわれわれ二人の心も、実際には決して同じように動きはしなかった。だが一瞬といえども、私にはこのきびしい試練に耐えている彼の態度に、尊敬の念を欠いたことはない。それにこの夜はまさに――朝鮮におけるわが軍は全面的に撤退中であり、わが軍事指導者の多くはなかば恐慌状態にあり、イギリス首相は国連を構成する同盟国の名において、われわれに説明を要求するため明日到着するという

――試練と失意が決して珍しくはない彼の生涯においても、最も暗い瞬間の一つであったに違いないことを、私は知っていた。

その日、彼が終日かかり切った例の問題について、私はそれ以上話をせずにすませようとしたことを記憶している。かといってまた、マッカーサー将軍の明らかに危険な判断と行動、さらにはワシントンをあげての神経質な反応や乱暴な助言などについて、まるでしゃべらないわけにはいかないと思った。いずれにしろその夜、私を招いてくれたこの人が、翌日には間違いなく、自分の周囲に威厳と品位をもって敗北を収拾するに足る案を持った人物がいないことに気づくであろうという思いにうちひしがれ、退去したのである。翌早朝、彼がその日試練に直面した際、その立場をいかばかりでも補強できればと期待しながら、私は机の前に坐り、彼に宛てて次のような趣旨の手書きの覚書を書いた（彼自身それを彼の著者『創造に立ち会って』の中に含めているが、これは話の一部をなすのでここでもう一度再録することにする）。

昨夜の話し合いの続きとして、私はいま述べておきたいことが一つあります。個人の生活におけると同じように、国際的な場合においても、最も重要なことは、その人の身に何が起きたかではなくて、それにどう耐えるかということであります。それゆえに、われわれアメリカ人が、疑いもなく大失敗であり、かつわが国連にとっての難事であるこの事態に、この先どう耐えるか、事の成り行きはほとんどすべてその態度にかかっているのであります。もし私たちが、勇気と威厳をもち、その教訓をくみとり、これまでに増す断固たる努力をもって善処する決意――必要ならばパール・ハーバーの例にならって最初から出直す――で受けとめるのであれば、私たちはその自信、また同盟諸国を失う必要もなく、あるいはまた、究極的にはロシアと交渉する力をも失う必要はないことになりましょう。しかし、もし国民や同盟国の眼からこの不幸の真の大きさを隠し、軽薄さや、空威張りや、病的興奮などを頼りに気安めを求めるようなことがあれば、この危機は私たちの世界的立場と、自らへの信頼感を取り返しのつかぬほど悪化させるものと推察する次第であります。

朝会った時、前日にデービス、ラインハートと私とで書き上げた公式の書類とともに、これを彼に手渡した。この二つの文書は、午前の国務長官とその主要な助言者たちとの定例会議で討議された。公式文書の主旨について異論はなかった。現在の時点で朝鮮につき、これを個別化した問題としてロシアと交渉しようとするいかなる試みも有効ではないとして、全般的に受けいれられたのである。*

＊　アチソン氏は次の日、アトリー英首相に対し、自分にとっていまは「一九一七年以来ロシ

アとの交渉で最も悪い時機」のように思えると言った。さらにロシアは「自らカードを握っていると見ており、何も譲歩しないだろう」と付言した。(Dean Acheson, *ibid.*, p. 482)

しかしなお軍事政策の問題が残っていた。朝鮮半島から突如として全面的に撤退することが唯一の回答とは思えなかった。他の人の中でもディーン・ラスク(後年、国務長官になったが、当時は極東担当の国務次官補であった)はこれと同じ見解であった。私の覚書によると、

彼は、われわれは実際に朝鮮を全く放棄するほかないのかどうか、またわれわれにとってある種の橋頭堡《きょうとうほ》を保持することは、とくにロシアとの交渉についてすでに私が述べていたことに照らして、よいことではないのかという問題を持ち出した。その機をとらえ私は、彼が提起した点を補足した。多分、軍事指導者たちは、われわれの立場が過去においてイギリスが長い間占めていた立場といかに似かよってきているかを、そしてまた必要に応じ軍事的論理からは無益のように思える立場を、政治的な本能から頑強に保持することがわれわれにとっていかに必要であるかについて、十分に理解しているとは思えない、と言った。一般にこうした点について理解を欠いていた。

さきの戦争の際の北アフリカにおける戦闘、北アフリカ沿岸地域に沿って何百マイル

も戦線が行きつ戻りつし、そのため戦運が激しく反復的に変化したことに私は注意を促した。もしイギリスが、兵力の不均衡に直面しながらもカイロを望む陣地にしがみついていなかったならば、彼らは決して最後の勝利をかちとれなかったであろう。もしわれわれが朝鮮の中部あるいは南部に、ある種の戦線ないし橋頭堡を保持することができ、敵の大軍を釘付けにすることを実証できるなら、補給線を空から攻撃されながら、睨《にら》み合いを続けることが依然として彼らにとって好ましいかどうかは疑わしい、と私は述べた。

その日の朝の会合で、この見解に異論はなかったように記憶している。問題は国務省内にはなく、ポトマック川の向こう側にあった。そこでラスク、マシューズ（H・フリーマン・マシューズ、当時国務次官代理）と私は、国務長官の要請によりこの会合から、最近国防長官に就任したばかりのジョージ・マーシャル将軍に会うため国防総省へ車を駆った。そこでわれわれは確信通り、冷静で賢明で、堅実な一人の味方を見出した。私の記録によると、

将軍は原則においてわれわれと完全に同意見であることを表明した。彼によれば、現時点ではいかなる戦線または橋頭堡を確保できるかを決定することはできない。肝心な

のは指揮系統の安全であって、これを支離滅裂にするわけにはいかない。まずわれわれは、東海岸の部隊をいかなる条件で、またどのような装備で撤収しうるか見定めねばならぬ。次いで、京城―仁川地域の情勢がどうなっているか見極めなければならなかった。現在、情勢は戦闘の余塵で曖昧模糊《あいまいもこ》としており、手元に十分な情報がなかった。われわれが提起した原則の点に言及して将軍は、バターン、コレヒドール島の場合における過去の経験を想起し、これこそ、威信と士気のため頑強に執着することが良い一つの例であるとしたのである。

われわれがマーシャル将軍との話し合いを終える前に、当時国防長官代理をしていたロバート・A・ラベット氏が話に加わった。彼は下院軍委員会のメンバーに情勢の説明をし、それについて彼らと討議して議会から帰ってきたばかりであった。彼の報告によれば、そこでの支配的な空気は、われわれが朝鮮に全面的に介入したのは間違いであり、できるだけ早く引き揚げるべきだということであった。私はこの知らせに驚いた。が、将軍は気にもとめなかった。議会内の意見がこのように揺れ動くのは何も新しいことではないと彼は言った。現在のムードはそう長くは続かないかも知れない。*

＊　このマーシャル将軍の反応の要約は、ほとんど同じものがアチソン氏の回顧録にも出てい

るが、その出所は当時書かれた私自身の個人的な覚書なのである。

正午までに問題は片付いた。国務省に帰るとわれわれはアチソン長官と昼食をともにした。彼はトルーマン大統領と話し合ったばかりのところであった。大統領の決断は、大きな危機の際には常にそうであるように、明快で確固としてためらうところがなかった。彼は、われわれが朝鮮を放棄するという考え方には我慢できないという態度だったとアチソン氏が話した。われわれは踏み止まってできる限り長期間戦うであろう。

イギリス首相クレメント・アトリー氏はその日の午後到着した。そして彼と政府首脳との話し合いは翌朝、始まった。この話し合いに関して、私の助言は必要ではなかった。われわれとしては南朝鮮を放棄することも、戦闘を新たな世界大戦の点にまで押し進めることをも提案しないというアメリカの確約に、イギリスは満足したに違いなく、またそれ以上に話を進めて中国という厄介な問題について、当時の米英両国の見解を調整しようと試みる必要はないと感ずる点で、大統領、国務長官と私の間では意見が一致していたと思う。

こうして事態は一息ついたのである。そこで私は、国務省高官で熱狂的に国連を利用しようとする一部の人々が、今度は中国共産主義者を侵略者として非難する新たな国連決議案（これは中国をめぐるイギリスおよび他の国とアメリカとの見解の相違をいや応なしに問題にすることになる試みである）を成立させようとするのを阻止する努力（成功したように見えた）に必要な期間だけ、ワシントンに止まった後、休暇をとってプリンストンに帰った。

最大の危険――朝鮮におけるあらゆる努力をあわてふためいて放棄するという危険――は、大統領の断固たる態度と国務、国防両長官の良識によって一時的に乗り越えられたのである。しかし全般的な情勢は、その日の午後プリンストンに向かって、なかば絶望感にしめつけられながら列車に乗り込んだほどであった。ワシントンは最大の、そしてこの上もなく不名誉な混乱状態にあるように見受けられた。その日、私はボーレンにこう書き送った。

ワシントンには違った見方が必要であるという、君の苦悩にみちた確信は正しかった。しかし今日では時すでに余りにも遅く、あれやこれやの断片を拾い上げるほか何もできない状況である。われわれは、絶対に信じられないほど途方もない軍事的失策の犠牲者なのである。しかしそれでもなお、もしもこの数か月と数週間におけるわれわれの政治的方針の基礎が、法律的なものでなくて現実的なものであったならば、今日われわれがおかれているほど苦しいジレンマに陥ることはなかったであろう。

このような情勢をただすためさらに努力をしなかったことで、君は私を責めるかも知れない。しかし忘れないで欲しいのは、われわれの誰もがその有用性には実際限度があること、さらに自分の見解を余り執拗に主張すると、人は逆に敬意をもってそれに聞きいるのをやめる、ということである。最近の数週間、ワシントンを不在にしていたため私はそうはならなかったが、もし私が以前の資格で国務省内にとどまり続けていたならば、間違いなくそうなっていたであろう。もし私が引き続いて、かつて君が巧みに評したように〝迷子〟のような資格で余りにも長期間ふらふらしていたならば、すぐにもそうなったであろう。

朝鮮半島の中央部に沿って戦線を安定させることは、いうまでもなく可能な試みであることが証明された。中国軍はその地点に到達する頃までに、その補給線の長いことを感じ始めており、間もなく適正な兵力の均衡が回復された。一九五〇年十二月当時の好ましくない情勢の下では、私が異議を唱えた休戦のための交渉の土台は、これによって定められたのである。それにまた、わが政府がようやくのことで、北朝鮮全域を武力で解放するのが賢明でないことを認める用意をもつに至っただけでなく、マッカーサー将軍を司令官の地位から解任し、朝鮮に関するわれわれの政策を初めてワシントンの統制下におくといったトルーマン大統領の勇気によって、このような交渉の政治的基盤も与えられたのである。

しかし一九五一年の晩春には、次のような問題が出て来たのである。それは、屈辱的な拒絶を招いたり、またはそうした危険をおかすことなしに、ロシアが交渉に応じ、それを支持する気があるのかどうかを確認する方法であった。われわれの側で公のイニシアチブをとって、北朝鮮による侮辱的な拒絶を招くようなことだけに終わりでもすれば、それこそイニシアチブをとらない場合よりもはるかに悪い。

一九五一年五月六日、スチュアート・オルソップ氏は、「ニューヨーク・ヘラルド・トリビューン」紙上で、三十八度線を越えた進撃がもたらす結果に関する評論の中で、最近マッカーサー将軍が行ったいくつかの公の声明と比較して、こうした進撃がもつ危険性に関する私の周知の見解に賛意を示した。オルソップ氏の言葉によれば、マッカーサー将軍は「朝鮮ないしアジアで何が起ころうと、そのことのゆえに、それが朝鮮戦争に公然と介入するかどうかの（クレムリンの）基本的決定に影響を及ぼすとは信じていない」と言っている。言うまでもなく、このマッカーサーの見解は、極東および中国東北国境の安全にロシアは極度に敏感であり、われわれがこの地域に軍事的拠点をもつ以前に、間違いなく軍事的反応を見せるであろう、という私の考えと真っ向から対立するものである。

さらにオルソップ氏はこう付け加えている。「ケナンの信ずるところでは、もしわれわれが〝無条件降伏〟を要求するという致命的な誤りを二度と繰り返さないなら、朝鮮における真の政治的勝利は間もなく可能になるかも知れない。さもなければ、戦争は続行されるであろう。だが伝えられるところによればケナンは、裏口から徐々に世界大戦にはいり込んでいく前に、われわれは秘密の外交手続きによって、この情勢の真の主人公であるクレムリンの人々との間に、少なくともなんらかの暫定的解決に到達するよう最後の努力をすべきであると信じている」

この報道は不正確ではなかったし、またまったく効果がなかったわけでもなさそうだ。十二日後、私はワシントンに呼ばれ、国連安保理事会ソビエト代表ヤコブ・マリク氏と非公式に接触する努力をしてもらえないか、と頼まれたのである。彼と会ってアメリカ政府の立場や意向を説明し、できれば彼個人の見解を打診してほしいというものであった。私としては、われわれの話し合いはまったく非公式で瀬踏み的なものであること、いずれの政府も自らがその結果に拘束されるとはみなさないこと、われわれの会合の事実についても、話し合いの趣旨についても、いっさい公にしないことを明確にしておいた。ロシア語を知っている限りにおいて、他の大半の人がそうでないという点から、なるほど私はこの任務に適していたのだろう。私は通訳なしで、マリク氏と差しで話をすることができたし、そのため多くの外交的手続きがはぶけ、また安全の問題も単純化することができたのである。

ディーン・アチソン氏は、彼の回顧録の中で、この話し合いの背景およびそれがどの程度まで成功であったといえるかについて、旨くしかも正確に描写している。*

* Dean Acheson, *ibid.*, p. 532–533.

一九五一年六月一日と五日にこの話し合いは行われた。六月二十三日、マリク氏が国連放送のプログラムで行った声明の、当時一般には知られていなかった背景を提供したという点においては、この話し合いは成功であった。この声明は、ソビエト政府としては朝鮮戦争は解決できると信ずるものであり、その第一歩は交戦国（ソビエト政府は正式にはそうでない）間の話し合いであり、また「もし双方が真に戦闘の停止を欲しているのであれば」、このような第一歩が成功する可能性があるという趣旨のものであった。

ソビエトのイニシアチブに刺激されて、周知のように正式交渉が間もなく始められたのである。この交渉は長く退屈で、それに――アメリカおよび国連側の立場からすると――およそ信じ難いほど腹立たしいものであった。時には、アメリカ側の交渉者にとって、相手側は自分たちを交渉のテーブルから追い立て、いましも戦闘行為を再開しようとしているとしか映らなかったに違いない。アチソン氏が指摘するように、もしわれわれの側で三十八度線より多少北の線の代わりに、再び三十八度線に沿った分割線について話を進めていたなら、事態はもっと具合よく運んでいたかも知れない。しかしここでもまた、よかれ悪しかれ、軍事的考慮が政治的考慮を妨げる結果となった。このためかどうかは別として、話し合いは困難で、われわれの立場からすると、しばしば怒りを抑えかねるようなものがあった。もしこの交渉の実現を可能にした私の役割を知っていたなら、そうした努力をしたことで、私をののしる交渉者もいたことであろう。私には、およそ彼らを非難することなどできないことだった。

しかし実際には話し合いは行われたのであり、戦争はその大半が停止されていた。そして結局は、新しい分割線が設定された――それは朝鮮戦争が始まる前に存在していたものより事実上、南朝鮮側に有利なものであった。そしてこの分割線をその後維持していくことは、非共産側の誰にとっても決して愉快で容易な任務ではなかったが、しかし一九五〇―五一年の不幸な期間に記録された大量の、しかもおよそ無益な流血は、幸いなことに、二度と繰り返されることはなかったのである。

これらすべてを通じて、すでに見てきたように、私自身の役割は比較的に小さなものであった。マッカーサーの部隊が一九五〇年に三十八度線を越えて進撃するのに反対して聴き入れられなかった後に、この馬鹿げた行為が予知しえた結果を生み出した軍事情勢を落ち着かせるために、ささやかな、しかし無視しえない役割を果たした。またそれから、この不幸な事態がくいとめられ、情勢が安定したとき、公然たる戦闘行為から不安定で緊迫した、しかし全般的には実行可能な休戦に移行するプロセスを容易にするため、たまたま同じような役割が回ってきたといった感じである。この休戦は苦痛にみちた緊張を伴いながらも、今日まで続いている。あらゆる困難が伴ったにもかかわらず、当時われわれが直面していたいま一つの進路よりは望ましいものであったと思う。いま一つの進路とは、軍事的、政治的目的を追求し、朝鮮半島での戦闘行為を押し進めることであり、その目的の実現が近づけば、ほとんど間違いなく、ロシアを呼び込んで、われわれに敵対させたであろう。おそらくはその場合、第三次世界大戦の勃発《ぼっぱつ》を確定的にしたことであろう。

もしこの話に教訓が含まれているとすれば、それには二つある。第一は、アメリカ史におけるこの特定のエピソードを取り巻く諸文献から流れ出る一つの教訓、すなわち、国の政策を軍事的考慮だけで決めさせることの恐るべき危険を改めて強調することにほかならない。もし軍部に勝手気ままをさせていたら（そしてこれはマッカーサーとワシントンの統合参謀本部の全体について言うのだが）――もしもトルーマン大統領、アチソン国務長官、マーシャル将軍が前例のないほど激しい政治的反対をおかして行使した賢明な規律によって、彼らが抑制されていなかったなら――間違いなく、その結果として大きな不幸が到来していたであろう。

第二の教訓は、この点はアチソン氏の回顧録と私のそれだけが説明していることだが、政治的な対立者、また軍事的対立者の間においてさえ、国際外交の公然たる正式ルートの陰にある、極秘の非公式な瀬踏み的接触が――アメリカの政治家の場合これに留意することが少なく、またおそらく留意されにくいのだが――大きな、時には決定的な価値をもつということである。

第三章　極東

朝鮮戦争の主題を離れる前に、とくに、当時すでに現れていたアメリカの極東政策という より広範な問題とこの戦争との関連を説明するのに役立つという理由からして、朝鮮戦争にはふれておくべきいま一つの側面がある。それは戦闘行為の過程の出来事とか、またはわれわれの戦略というようなものではない。ソ連の指導者たちをして、まず第一に北朝鮮による攻撃を是認せしめ、それを支持させるに至った動機と計算の問題なのである。この回顧録の上巻で、私は、あえてスターリンをしてこの行動を認めさせるに至ったと思われる種々の考察の中に、「ロシアが当事者として加わらず、しかも日本領土にアメリカ駐留軍と軍事施設の無期限の維持を伴う、日本との単独平和条約のための交渉を、直ちに進めるというわれわれの最近の決定」を含めておいた（本文庫版、Ⅱ巻、二四二―二四三ページ参照）。

この点を評価するのに当たって、一九四八年私は（上巻・後篇参照）、「平和条約の締結後、日本にアメリカ軍を駐留させる問題に関しては、この時期に決定を下すべきではない」と要望したが、それは「いずれわれわれは北西太平洋の安全に関してロシアとなんらかの全般的了解に達しうるし、その了解はこのことを不必要にするであろう」との期待に基づいていたことを想起してもらいたい。ひとたび日本の国内情勢が安定し、破壊活動を防ぎ、国内の治安を保証するに足るだけの兵力が日本に与えられた暁には、われわれはロシアに対して、「朝鮮全域を共産化しない保証を与えるような解決と引き換えに、事実上われわれの武装兵力を日本列島（沖縄については確言できない）から撤退させることを申し出ることができるかも知れない」と私には思われた。これを念頭において私は、ロシアにたいしなんらかの取り決めをする意向があるかを打診する前に、日本との平和解決の問題、とくにアメリカ軍基地の無期限維持を含む単独解決の問題を推し進めないよう期待していたのである。

これらはマーシャル将軍が国務省にいた一九四八年に私が抱いていた期待であった。ディーン・アチソンが国務長官になった時、こうした点に同意しなかったというのは誤解を招くことになろう。彼はこれらについて何も聞いていなかったものと私は信じている。また国務省極東局の誰か一人でも、これに彼の注意を向けさせるように動いたかどうかは大いに疑問である。回顧録の上巻で私は、一九四九年から五〇年にかけての、まさに朝鮮戦争が始まろうとしていた多忙なころ、こうした型破りな考え方が、私以外の国務省の誰かの心中に果たして浮かんでいたかという疑問を提起した。そしてこの点に対してディーンは、彼自身の回顧録を書いた際（多分、目を輝かせて）心からこれに同意している。

アチソン氏が一九四九年秋、ロシアの反対にもかかわらず、また必要とあらばその同意と参加なしでも、日本との平和条約の早期締結を推し進めることが望ましく、かつ緊急であるとの結論に達したのは、私とではなく、国務省極東局の助言者たちおよびイギリスと相談した上でのことであった。統合参謀本部にこの試みを受諾させるのに一年近くかかったという事実は、一九四九年後半から一九五〇年初めにかけて、この方向に動くことが国務省の願望と政策であったという事実を少しも変えるものではないのである。

ディーン・アチソンはその回顧録の中で、上述したばかりの私の見解、とくに「日本を同盟国として勝ち取ることを目指した平和条約を進める」というわれわれの決定が、北朝鮮を攻撃に出させたロシアの姿勢とかかわり合いがありはしないか、という考え方についてきびしく私の責任を問うている。彼の指摘によれば、ワシントンでこのような条約を進めるという最終決定が下されたのは、朝鮮戦争勃発後三か月も後のことである。このような状況下で、いかにしてロシアはそれを予期しえたであろうか。それに私が暗黙のうちに勧めたような〝一方的譲歩〟によってロシアの政策に影響を与えることができたと一体どうして考えられるのか、と彼はさらに問うている。

これらいずれもが回答を求めているように思われる。が、遺憾なことに、これらに対する私の回答は、ディーン・アチソンの存命中に、彼の鋭い、懐疑的な眼と感銘深い筆力のテストをうけられなかった。しかしながらいま、これこそがそのテストであることを読者に要望しつつ、それらに対する回答を出さねばならない。

私は、ロシアが、対日平和条約に関するわれわれの新たなアプローチのタイミングをめぐる国務・国防両省の議論が最終的な一致点に達するのを見届けた上で、ワシントンで料理されつつあった問題に結論を下すつもりだったという見方には賛同できない。私としては遅くとも二月中旬までに（私はここで時間の要素を強調する）モスクワの責任あるすべての人にとって次の諸点はすでに明白であったと主張したい。

1 国務省が狙っている条約は、単独条約になることになっていた（ロシアが、自ら一度も承認したことがなく、またそれに加わるよう招かれてもいないものに加わることを希望しない限り）。

2 この条約は、日本を合衆国の恒久的な軍事同盟国に変える取り決めであることを示す、乃至《ないし》はそのような取り決めを伴うものである。

3 その取り決めは、アメリカ軍による日本列島の無期限にわたる継続的な使用を規定する。

4　この件についてアメリカ政府内に残っている見解の相違は、こうした計画の究極的な実現をせいぜい遅らせることはあっても、それを妨げるものではない。

一九五〇年初めの数か月間、日本の新聞には、まさに「ニッポン・タイムズ」のコラムが示すように、このことを明らかにする記事で一杯であった。それにナショナル・プレス・クラブの演説（一九五〇年一月十二日）でアチソン氏自身、次のように言っている。

日本の敗北と武装解除は、われわれの安全と全太平洋地域の安全のために、また徳義上から日本の安全のためにも、その必要がある限り、日本の軍事的防衛の責任が合衆国にあることを意味する。……日本の防衛をいかなる形にせよ放棄したり、弱めたりする意図はなく、また恒久的解決あるいはその他の解決によってどのような取り決めができようとも、その防衛は維持されねばならないし、維持されるであろう。（傍点は著者）

この言葉はいささかも不明確なところを残していない。またそれゆえに、これからロシアが警告を受けとったことを疑う理由はない。「プラウダ」は一九五〇年一月二十四日に、「具体的にいえば」アチソン氏のこれらの言葉は「アメリカの帝国主義者たちが日本に腰をすえ、そこから出て行く意図のない」ことを意味していると報告した。

この「プラウダ」の声明のあと一日かそこらのうちに、アメリカの統合参謀本部は視察団を編成して、在日米軍施設や基地の視察旅行に乗り出したのである。この訪問が、これら施設の多くを恒久的な基礎の下に置こうとする意図と関連したものであることは、広く新聞紙上で注目されており、モスクワでこれが無視されることはなかった。スターリン時代においては、何かそれが役立つ特別の目標がない限り、外国の新聞報道がソ連の新聞に現れることはなかった。従って二月四日、ロシアの新聞が統合参謀本部の訪問に関する東京電をのせ、とくにこの訪問の重要性を示す一例として、横須賀基地司令官デッカー提督の、米海軍はこの基地を恒久的に必要とするという趣旨の声明を引用しているのは偶然ではない。

一九五〇年二月中旬、「U・S・ニューズ・アンド・ワールド・リポート」誌は、在日米軍基地に関する二ページ見開きの記事を掲載した。その書き出しのところで、米軍参謀本部は「日本における恒久的な米軍基地に関する計画を携えて東京を発ったばかりである。少なくとも空軍基地三、海軍基地一、それに陸軍司令部が求められている」と報じている。

次いで問題の基地が詳しく描写され、その位置は大きな地図で説明され、たまたま、南朝鮮（アメリカ政府指導者によって繰り返し行われた声明に照らしてみれば——アチソン氏もその一人であった——理解されることだが）がアメリカの防衛線の外側に位置していることを示していた。

さらに同誌の述べるところによれば、吉田内閣は「恒久的な日米軍事協定と引き換えに、合衆国に対し基地譲渡の同意」を整えていた。この点において吉田は間違いなく国内で強い反対に直面するであろう。しかし「日本に何が期待されるか」は、結局のところ東京ではなく、ワシントンの問題であると指摘されている。*

* *U. S. News & World Report*, February 17, 1950, pp. 26–27.

またしても、ロシアは要点をつかむのに手間どりはしなかった。この記事が現れたのと二月十四日モスクワでの中ソ条約の締結とは、時間的に符節を合わせるかのようである。この条約は、ソビエト・ロシアと新たな革命中国との間における最初の基本的かつ正式な合意であり、交渉のための二か月にわたる毛沢東のロシア滞在による成果なのである。「日本もしくは、侵略的行為において直接、間接に日本と結びつくいかなる国の侵略的行動をも阻止する目的のために」あらゆる措置を講ずるべく両国を結んだという、本条約の第一条の言葉は、まさしく、日本との関係における合衆国の地位が、やがて占領国の地位から同盟国のそれに変わるという見通しに基づき起草されたものと信じてもよい理由がある。*

* ここで使われている言葉が、〝撃退する〟でなくて〝阻止する〟であることに注意された

い。この点は北朝鮮による攻撃の動機を判断するに際して見落としてはならない。

それはともかくとして、その二日後、「プラウダ」が一面の重要な社説で、中ソ条約の解釈に関するソビエトの公式の線を打ち出した際、いみじくも同じ日の報道欄にいま言及したばかりの「U・S・ニューズ・アンド・ワールド・リポート」誌の記事に関する詳しい報道を載せており、また中ソ条約に関する社説の中には、明らかにこの報道を説明の基礎として役立たせようと意図された一節が含まれていた。合衆国は、日本を自らの軍事目的のための舞台に変えようとしているという非難を繰り返しつつ、この社説は続けてこう言っている。

まさしくこのことを念頭において合衆国の支配階級は、対日平和条約の締結を遅らせているのであり、その反面、彼らは無期限にわたって占領を続け、より長期的にわたりその武装兵力を維持しつづける可能性のある単独条約をなんとか日本との間に結ぼうとして、その手段を探しているのである。*

＊ 「プラウダ」が、合衆国政府の条約締結を〝遅らせている〟と言っているのは、平和条約の交渉はソ連政府もその一員となる全面的な条約について行われるべきだと主張している、

外相理事会での結論の遅延を意味しているのである。

社説の中にこのように厳粛で重要な言い回しを含めたという事実それ自体、ソビエトの新聞の慣わしに通じている者にとっては、対日平和条約の問題と折しも討議された中ソ条約の規約とが無関係でないことの十分過ぎる証拠である。逆にわれわれにとっては確かに、中ソ条約の規約は、その後の決定的な数か月間におけるこれら両締約国の朝鮮政策に見られる一連の行動と無関係ではないと言えるかも知れない。

中ソ条約の締結から朝鮮戦争の勃発までの期間、ソビエトの読者は、合衆国が日本との軍事同盟に向かって動いていることをやすやすと忘れはしなかった。三月十九日、アチソン氏が最近行ったバークレーでの演説（三月十六日）で対日平和条約問題に言及した点、とくにこの条約の進展を妨げているのはソビエトであると非難した点を論評して、「プラウダ」は、アチソン氏にとって、対日平和条約が調印されようとされまいと、いずれにしろ合衆国は日本を去らないだろうという趣旨の最近の彼自らの声明を想起するのは、恐らく困難ではあるまいと指摘したのである。

このような主張に照らして見る時、合衆国政府が日本を軍事的展開の恒久的な舞台にしようとしていることにロシアが気づくのは、一九五〇年九月であるなどとなぜ言えるのか、まことに理解に苦しむのである。

さらにまた、北西太平洋の安全保障の問題について、ソビエトの合意の可能性を探るよう提案した際、私の念頭にあったものを〝一方的譲歩〟ときめつける点に同意することはむずかしい。大統領が、結局は締結されることになったこの平和解決を最終的に承認するより三週間前の一九五〇年八月二十一日のメモで、私はアチソン氏にこの点に関する見解を述べた（彼はその著書でこれに言及している）。私はこう書いたのである。

われわれが期待しうる最善のものは、ロシアとの間に真の外交的接触（これは昨年のマリク－ジェサップ会談の線に沿う接触を意味する）を樹立し、次のような状況に似通った状態の実現を目指すことである。すなわちわれわれは、日本の中立化と非軍事化（強力な国内警察力を除く）に同意し、一方ロシアは、北朝鮮軍およびわが軍の撤退も含めて朝鮮戦争の終結に同意する。朝鮮については少なくとも一、二年の間、国連による有効な管理期間を設け、この目的のために国連は他のアジア諸国の国民およびその兵力だけを利用することにする。

日本の中立化、非軍事化へわれわれが同意することへの代償として、この構想の下でロシアに要求されているものは、朝鮮戦争におけるわれわれの最大限の目的の実現にほかならないことが理解されるであろう。これが代償として、不十分だとみなされていたとしてもわからないではない。しかしそれを達成するためにわれわれの行ういかなる譲歩も、まさしく〝一方的〟と断定できる性質のものであり、これも無意味であるとみなすことには、賛成できない。

もしこれらを孤立した現象としてとらえるなら、今日ではすでにこのような見解の相違は意味のないものであり、この点については言及する価値もないであろう。しかしこれは、単なる二人の個人的見解を越えたはるかに重要な事柄を示していたのである。さらに、このような見解の相違と関連する米極東政策のより大きな問題点について検討を進めれば、そのことは容易に理解されるであろう。

私自身の、極東におけるアメリカの政策史についての評価は、最終的には政府を離れた後のシカゴにおける講義のための勉強と、とくにエール大学学長、故A・ホイットニー・グリズウォールド教授の名著『合衆国の極東政策』の研究で、かなり深められた。しかし政府を離れる前にもすでに、私は中国東北地方―朝鮮地域の国際関係史にいささか注意を向けていたのであり、すでにある種の見解を持っていた。その見解は、その後さらに洗練されることにはなかったが、本質的には変わることのないものであった。

十九世紀、それも一八八〇年代に至って、朝鮮の国際的地位とその保全は、日中間のまことに微妙な力の均衡の上に依存していたのであり、その均衡は、朝鮮の有効な中立化と孤立の中にその表現を見出していたのである。この国をアメリカの貿易に〝開放させる〟

（文字通りに）ことを強いることにより、この脆《もろ》い均衡状態を突き崩すのに大きな役割を果たしたのは、一人のアメリカ人ロバート・W・シュフェルト司令官であった。彼はその際、合衆国政府の祝福ではなくともひとりよがりの寛容さを背景に、そのような役割を演じたのである。そうすることによって、彼は外国の政治的浸透や陰謀に、少なからず道を開くことになった。

彼がその行動をとる以前、朝鮮にいた中国の役人はただの一人であり、日本側は一人もいなかったほど三国間の関係は微妙なものだった。彼はそれを破壊する手伝いをしたわけである。彼が道を開いたあと数年もたたないうちに、この国は政治的真空状態を呈することになり、それを取り巻く国々の野心と不安を引き起こし、あれやこれやの外国の政治工作員たちによって席巻されたのである。このうち当初人数が最も多かったのは日本人であった。しかし、十九世紀末までにはロシアもまた極東における強国として登場し、中国東北地方を横切ってウラジオストクに至る東清鉄道を建設しつつあった。そしてロシアが中国をおしのけて、朝鮮支配をめぐる日本の主要な競争相手の役割をもつに至ったのである。

その後の数十年間、このロシアと日本の争いは続くが、この間ロシアの立場がだんだんと弱まっていくのが目立つ。これは、日露戦争の結末がロシアにとって不首尾であったこと、第一次世界大戦の影響、さらにはロシア革命などの結果によるものであった。一九三〇年代までに、日本は絶大なる立場を占め、ロシアは競争者としては事実上追放されていたのである。しかし中国が弱くなった結果として、この地域で日本の勢力に代わりうるものは——第二次大戦に至るまで——ロシアの勢力であった。アメリカの政治家たちはこれを理解しようとはしなかった。彼らは形式主義者だったのだ。そして中国は、中国東北地方におけるその権力が虚構にすぎなかったとはいえ、法的には中国東北地方の所有者であった。

アメリカの政治家たちはまた、センチメンタリストであった。貧しいが高貴で、アメリカの庇護《ひご》に感謝し、アメリカの美徳を崇拝していると見なされていた中国は、彼らのお気に入りであった。従って彼らアメリカの政治家たちは、過去四十年間にわたって、日本の大陸における足場を掘り崩すために一生懸命になって努力した。日本がいなくなりさえすれば、情勢の支配者として中国がすわることになり、そうすればアメリカにとっては経済的浸透や貿易の機会拡大を容易にするものとかたくなに信じていたからである。その結果、日本を追い出すことは、ロシアを招きいれることだということを決して認めようとはしなかった。

第二次大戦前に先立ついく年もの間、これらの努力はもっぱら東北地方を含む中国の領土内における日本の立場に関連したものであった。しかし太平洋における戦争の熱気は——奇妙な理解力の弱さは、ひとたび戦争になるや、アメリカ人に連合国を理想化させ、敵対者を非人間的な悪魔と思い込ませて、なんらかの力の均衡が長期にわたって必要なことをまるで理解させなかった――われわれの勝利に乗じて否応なしに日本を朝鮮から排除するように仕向けたのである。

かくして、この不幸な国は、われわれがそれを自ら保護しない限り、ロシアの、そして――三、四年後には――ロシアと中国とを併せたものの、思うがままの状態に放置されることとなったのである。まったくひとりよがりに、朝鮮における日本の地位を剝奪したために、戦後になってわれわれは、日本がこの半島において大陸の対立勢力――かつてはロシアであり、今度はロシア、中国共産主義者の連合勢力――を封じ込めるため長い間担ってきた負担を、自ら肩代わりする事態に直面することとなった。

しばしば考えることだが、わが方が持ちこたえるように試みることを私が望んでいた線――三十八度線――がまさしく、一八九六年ロシア最後の皇帝ニコライ二世の戴冠《たいかん》式に出席した日本の特別代表が、ロシアと日本のこの半島における勢力圏の分割線としてロシア側に提案した線であったことは、皮肉でもあり、示唆的でもある。

一九五〇年、共産主義者の傀儡《かいらい》による軍事的挑戦をうけて、われわれは南朝鮮を共産主義者の手中に陥らないようにする負担を引き受け、それに耐えた。朝鮮戦争が進展するにつれて、われわれは、たとえきわどい非常に骨の折れる作業であろうとも、少なくとも差し当たりは、半島の中央部を横切る線の保持に成功する見込みが明らかとなった。しかし将来はどうか。われわれはそこに永久にとどまることができるか。またとどまらねばならぬのか。私はそうは考えなかった。それは不自然な努力であり、また——一九五〇年の出来事が示したように——絶えず危険が伴う。では一体、われわれは、何をなしうるのであろうか。

もちろん第一に思い出されることは、日本を再び引きいれることである。しかしこの案はもはや今日では不可能である。日本は非武装化されてしまった。日本は、ほかでもないわれわれ自身によって執拗に、他民族支配という以前の立場のすべてを悔い改めるように要望され、要求されたのである。朝鮮における日本への反感は非常に強く、たとえ同盟国としての役割においてであろうとも、彼らを復帰させることは考えられないことである。しかも朝鮮民族は、もし彼らのためにお膳立てがなされうるなら、自らの事柄を自ら管理するに値する民族なのである。

もちろん理想は、この地域を政治的、軍事的に、なんらかの形で中立化することであったであろう。とはいえ、完全な政治的中立は不可能に思われた。この点に関する限り、朝鮮の共産主義者は一つの政治的党派として余りにも強力であり、しかも十分過ぎるほどに組織化されていたからである。ボーレンや私の警告にもかかわらずマッカーサー将軍が企てたような、すなわちアメリカ軍によって鴨緑江に至るまでの全域を征服し、占領するというやり方でしか、彼らを北朝鮮から追い出すことはできないのである。しかしこれはすでに実証されている通り、ロシア、中国双方の死活的利益に影響を与え、そのいずれの国をも軍事的対立者の立場に追い込まずにはおかないのである。

従って、残されていた可能性は、軍事的中立化である――すなわち、たとえその達成が武力行為の結果であったにせよ、それぞれの政治勢力が自ずと落ち着くところに落ち着くよう放置されうる状態である。しかしその場合、われわれをも含め外部勢力はすべて、その領域の一部を占領したり、または自らの軍事目的のためにその一部を利用したりはしないことに同意するのが前提である。もしこれが達成されうるなら、国の内部に共産政権が存在することがあっても――ユーゴスラビアの例が示すように――それが破滅的になる可能性はまずないであろう。

しかしこれは明らかに、われわれ自身が日本の占領状態を続けないという場合にはじめて、ロシアによって考慮されうるチャンスのあることであった。もしわれわれが、自らの軍事的展開の延長として、無期限に日本の保持を主張するならその場合、ロシアが朝鮮を軍事的に利用しないと予期するのは、無益もはなはだしい。朝鮮の軍事的中立化に関するいかなる了解も、当然、日本の同じような中立化を含まねばならないであろう。

これが突拍子もない考えであったであろうか。表面的には、それはアメリカの政策とされていたものである。以前マッカーサー将軍が常に求めていたのは、そのことだったのである。一九四八年、彼は私に対して、もし日本列島が引き続き非武装化され、われわれを仮想敵国化して武装されないという前提があるなら、日本に基地を持つ必要はないと語っている。もしその通りであるならば、そこに取引の可能性――少なくともわれわれ自身とロシアとの間に――がなかったであろうか。たとえ思い違いによるにせよ、不必要にそう思ったにせよ、ロシアが日本におけるアメリカ軍の存在を、彼らの脅威と真剣にみなしていることに疑問の余地はない。たしかに彼らは、われわれが日本列島から軍事的に離脱する保証を与えればなんらかの代価を喜んで払ったであろう。であるなら、われわれとしては彼らが払う代価の内容について、日本はもちろん朝鮮の非武装化を主軸にしたものか、あるいはそれらをも含めたより大きなものかを、少なくとも彼らに打診すべきではなかったであろうか。

ディーン・アチソンは疑いもなく、どうして君はロシアを信頼することができるのか、と言ったであろう。彼がその著書の中で見解を述べているように、彼らによる〝連合国間の協定に対する侵犯〟は、すでに始まっていたのである。どうして君は彼らが他日、再び朝鮮を急襲して占領し、またおそらくは日本をもそうすることがないと確信できるのか。

最も基本的な性格を秘めたこれらの問題は、やがて私を、単にアチソン氏とだけでなく、合衆国政府全体およびNATO諸国の大半との対立に、それも太平洋の諸問題をめぐってだけではなく、より重要なことであるが、ヨーロッパの問題についての対立へと投げ込むことになったのである。ここではこれらの論争点について、詳細にわたる議論は展開しない。しかし私としては、上に述べたような反論がなぜ私を納得させないのかという理由を説明することによって、多少これにふれておきたい。

(i) ロシアにとって、とくにスターリンにとっては、あたかも交渉にさまざまな交渉があったように、協定にもさまざまな協定があったのである。軍事的配置や領域支配に関連したきわめて具体的な協定の方が、次元の高い道義的原則を抽象的に支持したものよりも、尊重されやすいのである。明白で具体的なソビエトの利益を基礎にした、政治的、軍事的な性格をもつ協定の場合、国際関係における法的な規範や、多角的な国際機関の決定に対するアピールを基礎にしたものより、尊重され勝ちなのである。公の盟約上の義務より、むしろ現実的な政治的了解を反映し、しかもひそかに非公式の交渉の末でき上がった協定の方が、公の注視の下に行われる交渉(ロシア人はこれを明示的交渉と呼ぶ)で到達した協定より、他の当事者もまたそれを尊重する限りにおいて、尊重される傾向が強い。後者の場合、その目的は世界世論の前で他の当事者を悪く見せることにある、ないしはそう見える。

(ii) ソビエトが、第二次大戦の結果の一部としてその占領ないし支配下にはいった領域を越えて、さらに広範な地域に対する占領の重荷を担う野心を持っているとの証拠は、当時においてもまたそれ以後においても、私には見出せなかった。とくに極東の場合はそうであった。ただ傀儡軍の行使を是認することについては、とくにこれらの部隊の作戦が国際的な対立よりもむしろ内戦の枠内において行われる場合、別の問題である。

要するに、ロシアは自らの軍隊を朝鮮戦争に関与させないよう慎重に取り扱っていたのである。これは決して偶然のことではなかった。ソビエトの武装兵力と他の共産主義諸国のそれとの区別、および国際的紛争におけるソビエト軍の使用と内戦における傀儡軍のそれとの区別を彼らが認めているように、それを認識し尊重する用意がない限り、いかなる場合も、ソビエトの政策を理解することはできないのである。ソビエトの指導者たちはもし自らの政治的利益がそれによって推進されうると判断した場合、後者のやり方を許容乃至奨励するのをためらうであろうなどと、私はいまだかつて考えたことも、また主張したこともないのである。そして彼らが朝鮮でしたことは、原則的には私にとって驚くべきことではなかった。しかしこの観測の中には、ソビエトが突如として日本を武力攻撃するという悪夢は含まれていなかった。当時私には、そうしたことが起こりうる見込みはきわめて微々たるものと思えたし、それ以後もそうなのである。

(iii)　朝鮮へのソビエトの軍事的復帰に対する制裁は、わが軍が即時日本に復帰することによって、この種の動きに対応できるかどうかにかかっていると言ってよい。しかしこれは軍事的に不可能なことだったであろうか。われわれがそれを不可能と見なしたがらない限り、そうではないと思う。私はすでに一九四七年、「短時間のうちに、われわれ自身の海岸から遠く離れた、限定的な作戦舞台で有効な打撃を加えることができるような、小規模の緊密に編成された待機部隊の維持」を訴えたことがある。「きわめて短時間のうちに、他の……遠く離れた島嶼《とうしょ》の基地、ないし他の大陸の半島の基地を、それ以後の軍事的準備に必要な期間、他者にその使用を拒否するという目的のためだけに、占拠し保持する」ことが他日必要になるかも知れないと私は指摘したのである。*

＊　私は一九五〇年八月二十一日の国務長官宛てのメモの中で、これを繰り返し勧告した。

軍部はこの考えをひどく嫌った。彼らは限定戦争という考えを嫌い、きわめて大量に、重々しく、手際の悪いやり方で、事態を処理することばかり考えていた。しかしわれわれがもし、私のこの提案に従っていたなら、朝鮮で戦闘が勃発した際、それに対処する上ではるかによい立場に立っていたであろう。それにこのような部隊は、日本の非武装化と中立に関する協定の不可侵性に対する保証としても、効果があったに違いない。

日本における基地ならびに軍隊の無期限保持に私が反対したいま一つの理由は、それが結局は日米関係の上に緊張をおしつけることになると考えたことである。私は繰り返し、他の国にアメリカの大規模な軍事体制を設けることに嫌悪を感ずる旨、表明してきた。この嫌悪はたしかに誇張されてはいたが、海外にこの種の体制を維持することによる長期の影響についての懸念は、根拠のないことではなかった。私は日本の将来の問題に関連して、一九五〇年に再度この懸念を表明したのである。八月二十一日のメモで私はこう書いた。

われわれは無期限に、自分たちの力を主要な手段として、巧みに日本をソビエトの圧力に対抗させ続けることはできない。このための唯一適切なる〝主要な手段〟は、長い目で見て啓発された日本人の利己心であり、日本政府がそれを行動に移し変えることであろう。もしわれわれが日本に兵力を維持することを固執しつづけるならば、日本におけるこれら兵力の強化は、不可避的に政治的争いの一つの核心となると同時に、それを共産主義者が徹頭徹尾利用することになろう。

この主張を、その後二十一年間に生じた今日までの事態に照らして見ると、それが誇張されていたことは、私も認めるところである。われわれは日本の政治生活の均衡状態を、全面的ないし決定的に破ることなくアメリカ軍を維持し、日本との軍事同盟を保持しつづけているという意味においては、まさに辛うじて事態を切り抜けてきたことになる。しかし緊張は大きかった。われわれの軍事的存在は、日本における世論の分極化に、とりわけ若者を穏健で民主的な政治制度からきわめて重大な形で遠ざけるのに大きな役割を演じた。この軍事的存在が、その初期の試練の期間にあって、日本の民主主義にどのようなひずみをもたらしたかを理解するには、何度も繰り返された恐るべき街頭の混乱と、アイゼンハワーの訪日がやむなく取り消されたことを考えるだけで足りよう。こうした若者の民主主義からの疎外が、日本の政治生活の今後の発展の上でどのような結果をもたらすかを予言するのはむずかしいが、良い結果にはならないのではなかろうか。

朝鮮と日本について長々とふれたが、いずれにしろこれは、朝鮮戦争の時期に私の心を何よりも大きく占めていた相互にからみ合った問題なのであり、またこれは、アメリカ当局による決定に占める苦悩の原因の大半でもあった。しかし朝鮮や日本に関して抱いていた見解は、言うまでもなくアメリカと極東全般に関するより広範な見解の一部にすぎない。従って、当時白熱的に論議されていた中国および東南アジアの諸問題にも、当然一言ふれなければなるまい。

当時の中国は、共産主義者がその大陸で勝利をおさめてからまだ二、三年しかたっていなかった。そしてわれわれはといえば、この事態の発展がアメリカおよび国際社会に突きつけた政策上の諸問題となお苦闘している最中であった。私は上巻で、中国の共産主義者が国連にはいるのを熱烈に支持する気がないとは言え、その加入に反対するのはアメリカ政府にとって賢明ではないと考える理由について述べておいた。また友人のジョン・ペートン・デービスとともに、私は蔣介石政権が台湾に定着してしまうのを許すのは大きな誤りであるという感じをもっていた。その見解は、一九五一年九月国務省と私との見解の相違点を明確にしようとした（そして決して使われることはなかった）メモの中に要約されている。私はこう書いた。

私は中国における二つの政権のいずれも好きではない。その一つ蔣政権は、このアメリカにおいて自らに対してもわれわれに対すると同じ程度に恥ずべきやり方で策略を弄し、一方、他の政権はかつてわれわれが直面したどれにも劣らないほど粗野で尊大で、われわれに対して敵意のある計画の遂行を誓っている。

蔣政権との結び付きは致命的かつ不名誉なものであると私は考える。必要ならば文字通りに国内政治面での対決をおかしてでも、直ちに関係を切るべきだと思う。その上で、アメリカ人が中国とのかかわり合いを少なくすればするほど、事態はよくなるであろう。われわれには、いずれの政権の好意を乞い求める必要もなければ、その敵意を恐れる必要もない。中国は東洋の大国ではない。アメリカ人には中国に対してある種の主観的な弱味があるため、対中国政策を誤りがちである。まず……第一に、私はいまだかつて中国に台湾を返還することの正当性を見出したことはない。また中国が内戦に突入した当時、われわれの側にそれ以上のいかなる義務もなかった。それゆえに私は一九四九年、台湾に対するＳＣＡＰ（マッカーサー司令部）の権威を重ねて主張し、より満足のいく取り決めができるまでそこを保持するように勧告したことがある。

この見解は中国についてのある種の印象に基づくものであって、おそらくそれはさらに説明を要すると思われる。

第一に、私は中国を偉大で強力な国とは見なしていない。その工業力は真の大国のどれと比べてもきわめて小さい。その軍事力は国境の近くにおいてこそ恐るべきものがあるが、それ以上ではない。中国は水陸両用の能力をもっていない。資本蓄積能力も小さくその過剰人口の問題は恐るべきものである。その膨大な人口は弱さの源ではあっても力のそれではない。私はこれまで何度も同僚に、次に述べるようにその考えの変更を求めたことがある。すなわち、もしソビエトの指導者たちが、日本と中国のいずれかを同盟国として二者択一の選択に迫られるなら、彼らは即座に日本を選ぶだろうと。日本は、東洋において高度に複雑な近代兵器を大量に生産しうる唯一の場所であり、工業的に訓練され、教育程度の高い人的資源を多勢かかえている唯一の国なのである。

第二に、たとえ現在の政治的反目が克服されたとしても、米中間のより緊密な関係から何かよいことが生まれるとは期待していない。中国共産主義者の場合と同じように、蔣政権とわれわれの関係の発展についても私が熱意をもたない理由はここにあった。

この見解は中国人を尊敬していないことを意味するものではない。反対に、私は彼らを、一人一人の人間としてはおそらく世界でも最も聡明な民族とみなしてきたし、いまでも変わってはいない。私がこのような見解に傾いたのは、中国の国際関係史の研究を通じ、中国のナショナリズムと経国の才の伝統について学びえたことによる。

次の三つのことを論理的に明らかだと言えそうに思われる。まず中国人は民族として非常な外国嫌いで尊大であった。中国をもって〝中華〟とする考えに基づいた彼らの、外国人およびその世界に対する態度、外国人を野蛮人とするその見方は、本質的に他民族に対して礼を欠き、きわめてよそよそしい関係は別として、満足すべき国際関係の基礎を提供するものではなかった。

二番目に、中国人は通常その対外的行動は高度に洗練されているにもかかわらず、だまされたと思い込んだ時には途方もなく無慈悲になりうることが明白であった。その素質の多くは――勤勉さ、ビジネスでの誠実さ、実際面での抜け目のなさ、それに政治的明敏さ――称賛に値するが、私には、彼らが西洋的――キリスト教的心情の二つの属性に欠けているように思われる。それは憐みの心情と罪の意識である。これら二つのいずれも、西洋的人格においては力の源であるよりは、むしろ弱さを現すものであることを認めるのに私はやぶさかではない。多分、中国人はこれらを欠いているためにいよいよ手ごわいのであろう。これは、警戒心をもちながらも彼らを正しく尊敬しようとする理由にはなるが、しかし彼らを理想化したり、親しくなることを求める理由にはならないのである。

三番目に（ある意味でこれは外部の世界に対する中国の見解の問題に立ちもどることになるが）、私が観察し、考えてきたところでは、中国人はしばしば文書によらない実際的取り決めをする。しかし普通これらの取り決めは、そうする方が彼らの目的にかなうとなれば意のままにくつがえしうるようなものなのである。その反面、彼らは決して原則的な事柄について譲歩する用意を示さない。時に彼らはやむをえず、相手が実際上ある種のことをするのに同意することがあるが、それはあくまで、相手がそうしたことをする真の権利を持っているわけではないと、彼らが主張することが許される場合に限ってのことなのである。従って理論的には、彼らはいつも正しく、相手は間違っていることになる。この点もまた、外部勢力との間に、真に良好な関係をうちたてるのに悪い前兆をなす一種の尊大さのように見受けられるのである。

最後に、ここ何十年にもわたり中国人が、彼らとなんらかの関係にあったアメリカ人——とくに長期間中国に居住していたアメリカ人の大半を堕落させたその手腕と、それに成功した事実を見て、私は全く驚いた。この堕落ということが、常に、あるいは普通、金銭的なものを意味していると言うつもりはない。それよりもはるかに陰険なものであった。中国人は、外国からの訪問者や外国人の居住者、外交官でさえも人質にかえてしまうことにこの上もなく秀れており、その上で繊細さと無慈悲さとを巧みに結び合わせて、彼らに国を離れるか、それとも止まるか、いずれにせよその一番したいことを選ばせる特典を与えるという形の脅迫を通じて、最大限のものを得てきたのである。

蔣政権がアメリカ国内で激情的な政治的派閥を作り上げるのに成功したことは言うに及ばず、革命前の時期においてアメリカの伝道者や商人たちが直面した情勢を利用して、中国人はわれわれすべてを——何回となく——愚弄してきたのである。われわれのもつ感傷性、お人よしの善意、貿易と改宗者を求めるわれわれの熱望、政治的な素朴さ、さらには、衝立《ついたて》の陰でわれわれの勇気を憎悪しながらお追従を言う有能な召使いたちにちやほやされ、あっさりと誤り導かれてしまう他愛なさという点で、われわれは到底彼らの相手ではない。

前世紀および今世紀前半の中国とアメリカとの関係史を読んで、私は中国革命が中国から西洋の外国人の追放をもたらしたという結果のゆえにこれを歓迎する気になったのである。一世紀以上このかた、初めて中国はアメリカ人の人質を一人ももたないことになったのに、満足をおぼえたわけである。いまや彼らは、愚かにも自らの手中においたアメリカ人の堕落を通じてもはやわれわれを愚弄することも、またこれらのアメリカ人を虐待することによってわれわれに圧力を加えることもできない。

私は、中国の国連参加について、もし他の国が欲する場合それを妨害することには反対ではあるが、以上の理由からして合衆国と中国との間に正式な二国間の外交関係を結ぶことには賛成はしなかった。私としては、アメリカの外交官が北京でその使命を首尾よく果たすのに必要な配慮をもって所遇されるという保証を見出しえないのである。もし屈辱をうけることがなく、また〝面子〟と威信にたいする中国人のあくことのない渇望を満足させるための手段にされないという保証がないのならば、アメリカ人を中国の指導者たちの権力の下におくことによって、得るところがあるとは思わない。こうした考えを理解するには、いわゆる文化大革命の期間に何が起きたか――当時イギリスの代理大使は叫びたてる街頭の群衆の中に立たされ、髪の毛を引っ張って頭を下げさせられ、同志毛沢東の小さな赤い本の前で強制的にお辞儀の格好をさせられたのである――もしこのような時期に北京に一人のアメリカ代表がいたなら、彼にどのようなことが起きていたかを想像すれば足りよう。そうは言っても、いまだかつて私は中国の存在をアメリカが〝無視〟するのを望んだことはない。われわれが中国の指導者たちと折衝しなければならない時機と場合があることも十分承知している。後年のワルシャワは、私の目にはそうしたことをする絶好の場所として映ったのである。

中国の国連参加が台湾政権の問題を作り出すであろうことも認識していた。私は、大陸の中国人による攻撃からその島（政権ではなく）を保護するため、わが軍を使用することに賛成した。しかし蔣政権が中国の正統政府であるという見解に固執することに賛成したことはない。ずっと以前の時期においてすら私の立場は、台湾島民に大陸の政権に服従するか、日本に復帰するか、それとも独立か、の選択を与えるため適切に行われた人民投票の結果に従う用意のあることを表明すべきであるというものであった。しかもそれは、台湾が非武装化されたままであること、太平洋における水陸両用の戦力の舞台として武装されないこと、さらにどのような解決に達しようともそれに反対した人々に大赦を与え、もし彼らが望むなら海外移住の機会を与えることが保証されうる場合に限ってのことである。本質的には、これがそれ以来の私の立場なのである。

そこにはまだ東南アジアの問題が残っている。これもまた、一九五〇、五一年当時すでにわれわれの念頭にあった問題である。もっともそれは、一九六四年以降われわれ自身が戦う羽目となった同じ相手と当時同じような戦いを行っていたフランスに対しわれわれがどこまで支援するかの問題に関連し、意識されていたものであった。

ここでは少なくとも、私はウォルター・リップマンと全面的かつ無条件に同意見である。われわれとしては、東南アジア大陸の事柄に首を突っ込む必要はない、と私は感じていた。同じことはフランスにも言えた。彼らに前途はなく、出ていく方がよかったのである。

一九五〇年八月二十一日のメモで、私は国務長官にこう訴えた。

われわれはインドシナにおいて、フランスであろうがアメリカであろうが、あるいは双方が手を組もうと、勝つ見込みのない試みを続けているフランスに保証を与えるという立場に、落ち込みつつある。……われわれはシューマン（ロベール・シューマン仏外相）に事の次第を理解させるべきである……すなわち、過去数か月この地域におけるフランスの立場を支援する努力の過程で、この問題に関してより近似した見解を持つに至ったが、その見解とは、フランスの立場がその基盤から見て絶望的であることにほかならない。

従って、フランスを当面の困惑から回避させ、彼らが問題の清算を目指して妥当な進路をとるための支援は惜しまないと言うべきなのだ。しかし、彼らがインドシナに首尾よく残れるという希望については、正直なところ彼らに同意出来ない。従ってまた、われわれの感ずるところでは、武力によってその希望を押し通そうとする結果、高価で成功の見込みのない努力を続けた揚げ句に自分たちの弱さを実証してしまうより、たとえ究極的にはベトナムとベトミンとの間の取引という代価、おそらくはなんらかの修正された形でのベトミンの権威の全域にわたる拡充という代価を払ってでも、外国の軍隊や圧力に阻害されることなく、この国の騒然たる政治的潮流が落ち着くべきところに落ち着くのを許す方が望ましいと忠告すべきである。フランスの威信という観点からして、最も好ましい撤退の仕方は、この問題をなんらかの形でアジアの地域的責任の問題とすることであり、それによってフランスの撤退は具合よくぼかされうることになることも、われわれは併せて示唆したい。

ベトナム介入の愚かしさについてのこの判断は、たまたま一九五〇年にわれわれが直面していた情勢の特定の局面に基づいていただけでなく、原則に関する考慮にも基づいていたのである。その年の前年（五月三日）ミルウォーキーで行った講演の中で私は、今度はアメリカの中国に対する介入を求める主張に言及してこう言った。

このことが真に意味していることを皆さんのうち果たしてどのくらいの人が認識しているかはなはだ疑問である。他の大国の中に踏み込み、すでに自国民の信頼を明白に失っている政権を、われわれ自身の血と財宝で支持することほど途方もなく大きな、致命的誤りはないのである。またそうしたこと以上に、今日の世界を混乱させるものはない。それは敵を利する以外の何ものでもないのである……もしわが政府がこのような圧力に押し流されたならば……今日の欧州、アジアの双方における世界共産主義にたいする全般的な闘争は、絶望的なまでに妨げられ、危殆《きたい》にひんすることになると私は信じている。

こうしたことを綴ることによって、実は実際の事件の十五年前に、すでにベトナム戦争に関する私自身の立場を規定しつつあった事実には気付いていなかったのである。

第四章　アメリカとの再会

地球の向こう側のさまざまな地域や問題について、このように気を奪われている間にも私は、政府の職務を離れた最初の数年間を、コロンビア特別区以外のあらゆる地域での生活や旅行などに費やしたが、これは不慣れな楽しい経験であった。ウィスコンシンでの少年期、プリンストンでの大学生生活、ワシントンで過ごした自宅とオフィスとの毎日きまった往復を除けば、私はこの国をまだほとんど見ていなかったし、また過去四半世紀の大半にわたって故国を留守にしていた。それだけに、これらの印象は生き生きとしていた。そして海外で長く暮らしたものに共通した、自分を確認できる、何かを見つけ出したいという心の願いを、かなえてくれるものであった。

だが、そうした印象を一般化することも、またそれを圧縮して一つの系統だったものに分析することも困難であることに気がついた。日付も情景も、そして出来事も、その年代がはっきりしなくなり、ぼんやりと記憶の中を漂っている。当時浮かんだ考えや省察は、往々にして、その後年月が経つにつれてあたかも川の支流のように流れ、やがてそれらは個々の思慮あるアメリカ人の意識を支配している自国の状態についての好奇心や驚き、関心という広い流れの中に注ぎ込まれるものであった。それに、何か記録が残っている場合は別だが、当時の考えと今日の考えとを識別するのが不可能であることを知った。

従って私としては、特に印象的な記憶をなんの脈絡もなしに思い出すほかはない。印象的なのは珍しさのせいか、なんらかの記録が残っているためであろう。そんなわけで、それらの中から、いまのような環境の中でこの国のあれこれを再発見できそうなアイデアを煮つめられるかどうかは、読者に委ねるほかないのである。

こうしたエピソードに触れる前に、政府を引退したあとの私たちの一家が住んでいた場所について語っておかねばならないと思う。役人生活の間、私の家族は仮住居の連続であった。時には政府から提供され、時には自分で借りたものである。いま初めて私たちは自分たちの所有する場所に住めるようになった。これらの場所は長いつき合いの友人と同じように、私たちの生活に持続的な役割を果たすようになった。この場所は二か所あった。一つはプリンストンの住居で、もう一つはペンシルベニアの農場である。いずれも現在なお存続し、私たちの生活の中である種の役割を演じつづけている以上、これらについては現在形で語らねばなるまい。

プリンストンの家は、前世紀の末に、広い敷地内に建てられた頑丈な広い建築物で、かつては静かな、そしていまなお美しいプリンストンに特有の木の葉が陰を織りなす、すずかけの並木道の一つに沿っている。私たちが買い入れた時には使い古され、手入れもされていなかった。にもかかわらずこの家は長い年月にわたる住み手の心遣いをよく反映しており、快適で安心のできる心地よい避難場所を与えてくれたのである。過去七十余年の間、明らかに普通の家庭生活の移り変わりを経験しているだけなので、幽霊がでるわけもなく、また不吉な場所があるわけでもない。私たちにとってはなじみやすく、気楽に住めるのであるが、しかしまた、私たちがここで永久に住むことを期待していないかのように、いくぶんとり澄ましたところがあり、あたかもたまの来客に接する女主人のようでもある。

ペンシルベニアの方は、サスケハナの西方、プリンストンから百五十マイルの位置にあり、渓谷沿いの肥沃な大きな農場で、私たちが初めてそこへ行った時には、あたり一帯が汚れを知らない農村地域であった。この渓谷は、ほぼ一マイルにわたって、見るもすばらしいペンシルベニア・ダッチ農村地区の西側境界線の一部をなし、東に向かってフィラデルフィアの近くにまで延びているのである。そのすぐ西には、アパラチア山脈の麓の果樹地域が丘陵をなして広がりはじめるわけだが、東隣の地域ほど肥沃ではなく、良い土地がどこにあるかを心得ていたドイツ人も、もはやここには住んでいない。晴れた夏の日に、わが農場内の高台に立つと、はるか彼方に影のようにかすんだ山々の輪郭が見える。それらはいずれも、バージニア、メリーランドから迫っているブルー・リッジの北端の山々なのである。

かつてそこは立派な農場であった。いまもなおどうにかその体裁は保っている。そこへ行くには、舗装されていない二級道路を南へ向かい、遠くに丘陵や木立こそあるが、耕された農地の間を砂利道沿いにおよそ一マイルほど真っ直ぐに行かねばならない。すると小さな石橋がある。それを渡ると道は左へ折れ、こんどは片側に柳の木が、反対側には私の農園のすずかけの木が並ぶ間をぬけ、夏には水の枯れる小川沿いに百ヤード近く進む。そこでもう一度右へ折れ、農場用の建物が周りにある二つの家の間を大きな円を描いてやや上り勾配を上っていくことになる。右側の家は二十世紀のぶどう園に見られる、典型的な二階建ての木造農家である。そこには農夫とその家族が住んでいる。左側の建物はまったく違っている。三階建ての建築物で、バルコニーや、使用していない車寄せなどがあり、とくに来た方向から見るとまるでサマー・ホテルのように見える。

他には例を見ないような家で、不格好というわけではないが、この地域では大きな家で、部屋が十八、窓が八十余りもある。なんとも得体の知れない、魅力的な、馬鹿げた感じの家である。大分以前のことだが、ある冬の夕刻、土地の人が道で私を車に乗せてくれ、親切にも家まで送ってくれたことがある。そのとき、夕闇の中に突然大きな姿を現したこの建物を見て、驚きの余り、ほとんど車を停めてしまい、その時われわれがどこにいるかを知らなかったため、私の方をけげんそうに振り向き「一体全体、こんな家を誰が欲しがるのでしょうかね」と言った。

いやはや、欲しがったのは私たちであり、いまも気持ちに変わりはない。ぐるりと裏手に回ったところで到着というわけなのだが、柱廊玄関や円柱で飾り立ててはあっても普段こちらからは誰も出入りをせず、通用口は飾りのない横手のドアということになっている。このドアは——どういうわけか——食堂に直行しているといったあんばいで、まことに妙ちきりんな家なのだ。しかしこうした不調和の中にも、百六十年に及ぶ農家特有の機能が生かされているので、内部は快適で、ある種の調和がとれて親しみやすく、十分に使い込まれた家に固有の自然な気楽さが備わっている。私の感じでは、家族は誰もが、ここへ帰り着くといつも喜び勇んで部屋に入っていった。それに、冬のこの上もなく灰色で暗い雨の日でさえも、この家にいて〝なんと陰気なところだ〟とつぶやいたことはただの一度もなかったのである。

家から広場を横切ったところに、伝統的なペンシルベニア・ダッチ風に建てられた大きな納屋がある。この納屋には、南側に沿って納屋の庭の傍に煉瓦《れんが》が敷かれているが、それを蔽う庇《ひさし》が型通りについている。この建物の一階のうす暗い奥の方は、いくつもの側廊や畜舎に仕切られており、そこには家畜や野生の動物が非常にたくさん——たいていは仲よく——住んでいる。乳牛、食用牛、雄牛、猫、仔猫、二十日鼠、鼠、しばしば犬が一、二匹、時には馬、ポニー（かつてはここに十六頭の騾馬《らば》を飼っていた）、また、たまには妊娠中の大きな雌豚もいる。搾乳小屋の扉が開けっぱなしの時に、納屋を出たり入ったりしている燕については説明するまでもあるまい。納屋はその強い腕の中に、これらすべての生物を包みこんで保護しているのである。それに、新しい藁《わら》の深いクッションが納屋のどの階をも蔽い、バランスのとれた細菌の力によって、これら動物は心地よく、不快感なしに毎日の生活をさまざまに営んでいるのである。

この上が〝バーン・フロア〟と呼ばれる大きくて、天井の高いこの部屋は、両側に高々と土を盛りあげた自動車道からはいることになっている。ここもまた暗い。しかし目がうす暗さに慣れてくると、うず高く積まれた藁や干し草が、山のように高く天井にまで届いているのが見えてくる。その堆積の間の空間に、壁の割れ目や天井から射し込んでくる日の光がそそぎ、大聖堂の内部を思わせるような埃《ほこり》っぽい空気を浮かび上がらせる。干し草や肥料の鼻をつくような活気に充ちた匂いがたちこめ、下の階の畜舎から聞こえてくる家畜のガサガサという音や、足音や、草をはむ音に耳を傾けるのはなんとも心地よく、またゆったりとした気分を味わわせてくれるのである。

もちろんこれらの建物の周りには、畑が広がっている。夏の盛りになれば、穀物や草はたわわに色づき、真冬になるとあちこちに雪をかぶった湿地や休閑地が見渡される。夏の夜ともなれば、牧草地を舞う蛍、一定の音階で心を静めるようなコオロギの神秘的な鳴き声、付近の池や小川から聞こえてくる食用蛙の声、それにときたま聞こえてくる何かに驚いたような鋭いキジの声などが、いく重にもかさなり合って、あたかもページェントのような観を呈するのである。空に雪が舞う冬がやってくると、烏《からす》——それも何千という——が東北の空の彼方から西南へ向かって、終わりのない列をなして飛び、その羽ばたく姿が鉛色の空にシルエットを映し出すのである。

当時、この二か所が、私にとってさまざまな旅の出発点であり、また終着点でもあった。そしてすばらしく生き生きとした印象を私がえたのも、これらの旅行からであった。

一九五〇年の冬も終わりに近づいたころ、私はラテンアメリカへ旅をした。それは公務旅行だったが、政府の職務から離れる時期が迫っていたので、内心すでに、ワシントンから解放されていたのである。まず旅は、ワシントンからメキシコ市への汽車旅により始まった（汽車旅をする人は当時でもごく少数だった）。この時に書いた道中のノートがあるが、このノートの筆者を読者に描写させれば次のようになるだろう。その中年の男は、三年間にわたるワシントンでの役人生活にいくぶん疲れていた。こうした男の常だが、多少ホームシック気味で、自分の生まれ故郷の思い出にはひどく敏感であった。心のいこいと安堵《あんど》を求める彼は、渇きにさいなまれる砂漠の放浪者がふと出会った水をたちまち呑みほしてしまうように、ひとしずくの安堵感たりともむさぼるように呑みつくすのであった。しかし一寸した失意を経験するたびに、あたかも一撃を喰らったかのごとくにたじたじとなる。

一九五〇年二月十八日　土曜日

列車はユニオン・ステーションから二月の夕刻の薄闇の中へ、一人の旅行者を乗せて走り始めた。その旅行者は、彼の年齢でかくも長い大がかりな旅行に出かけること——国務省での毎日のきまった厳粛な生活を放棄すること——家族を長い間残しておくこと——旅先でまだ誰も見聞したことのない何かが学べると想像することに、自分でもいささかあきれていたのである。

二時間後には、列車はペンシルベニア州のヨークを通過していた。この旅行者の農場の家は、冬の暗闇のかなた、ここから西へわずか十六マイルのところにあるのだと彼は考えていた。いま頃あそこは静まりかえっているにちがいない。アニイとマールは夕刻の雑事を終えて夕食もすましたことであろう。土曜の宵なので多分連中は街へ出かけたことと思う。あの辺りには灯も見えない。晴れているので夜は寒いことだろう。家畜もみな外には出てはいまい。猫も心地よさを求めてそっと納屋へ入り込んでいることだろう。ただ年取ったアヒルだけが、納屋の庭の凍りついた水おけの中にじっと立ち、白いシルエットが闇の中で幽霊のように光って見えていることだろう。寒さを、また自分を無視した人間を、そしてまた人間の庇護の温かさにくるまる他の鳥や獣をあざけるかのような、その悲劇的で彫像のような姿は、人間と動物とを問わず、幸福への可能性をすら軽蔑しているように見える。そのアヒルは暗闇の中を何時間もそこに立っていることであろう。そして冬の夜の凍てつくような沈黙がすっぽりとあたりをおおいつくしているにちがいない。この沈黙をかろうじて破るものといえば、アヒルの背後の納屋にいる家畜たちのものを喰べたり足踏みをする音、牧草地にいる野生動物のうごめき、遠くから聞こえるトラックのうなり、それに、おそらく私の隣人Bさんの車が突然引き起こす大きな音だけであろう。実際にBさんの車は、下の渓谷にある隙間だらけの小さな板の橋を、大きな音をたてながら走るのである。

あいかわらず列車は走りつづけていた——一分毎に彼らとの距離を広げ、間もなくそれは途方もなく大きく広がるはずである。神よ、みなに平安を、心がひとりでにそうつぶやいた。

二月十九日　日曜日

朝早く目を覚まし、寝台車のカーテンをあげて外を見た。川を渡っているところで、安息日の夜明けが始まったばかりであった。淡い光が油のような水面に反射し、工場や燃えかす置き場や、川岸沿いの鉄道の軌条など、荒涼たる風景はみなうまい具合にかすんでいた。

だが頭上には、冷たい物言わぬ板のような高層ビルが意地の悪い光にとらえられ、ぬっと姿を見せていた。どこか工業都市のビジネス地区だったのである。ここがどこなのか私は知らなかった。が、どこであろうと問題ではなかった。都市の夜明けには何か邪悪で無情なものがあるという気がした。農村は謙遜《けんそん》さと従順さのゆえに安んじて夜明けを迎えいれることができる。まるで古い友人の帰還の時のように、喜んでそれを歓迎することができるのである。しかし都市は依然として眠りつづけ、とくに安息日の夜明けの下で不安げに縮こまっていた。この冷やかで静かな光の中にあるとき、都市は無力であり、ある意味では裸である。その夢は妨げられ、その仮面、そのみにくさ、そのはかなさは暴露され、その怠慢は記録され、判決が下される。暗黒は、ネオンサイン、エロチシズム、陶酔と相まって保護的で、寛容であり――夢や錯覚にも寛大である。夜明けはそれに対する無慈悲で冷静な判決なのである。

列車はミシシッピ川のすぐ東にあるセントルイスの入り口にさしかかっていた。交差する鉄路のおぞましい浪費、堤防、高架橋、廃品置き場、物資貯蔵所、屑《くず》の堆積、人間の住居のこの上もなくみじめな見本の数々。

気の利いた洋服を身につけ、長身で首の細い、耳の大きな、若々しい、しかも明らかに無遠慮な男が、私のスーツケースのラベルを静かに眺めてから、おおいかぶさるように質問の雨を降らせ始めた。「あのう、あなたは……の方ではありませんか」と切り出したのである。初めの間、全面的に否定するには余りに実際に近く、かと言ってそのまま認めるには実際とかけ離れた一連の団体名を口に出した。最後に自分の推測を満足させるに足るだけのものを私から引き出してから、彼は外交問題——とくに中国——について質問をし始めたのである。

私は逆に質問することで逃げ、彼が政治家であること、ミズーリ州議会の議員であることをつきとめた。彼はジェファーソン－ジャクソン・デーのディナーのため、ワシントンへ行ってきたばかりであった。彼は復員軍人で、復員してきた時、政界にはいるよう友人たちから勧められたのである。私は彼の見解や関心を知ろうと努めたが、彼が自分以外の特定の何を支持しているのか、また現在のミズーリ州での生き方とは別に、人生いかに生きるべきかについて何か特別の信念を持っているのかなどについては、ついにわからずじまいだった。何か戸惑いながらも自己満足にひたっているような印象、さらに新聞紙上に名前の出た人々に対し間断のない馬鹿げた好奇心を持った人という印象を得たに過ぎなかった。

私は地域計画について、彼が何を知っているかを見出そうと試みた。彼はミズーリ渓谷開発庁の計画を、政治問題として耳にはしていた。しかしミズーリ川はどこでミシシッピに合流するのかとたずねた時、彼は途方にくれていた。そして実際に、われわれの列車がいま渡ろうとしているのがミズーリ川だと考えていた。私は、ミシシッピより前にミズーリを横切ることがなぜ不可能かを、四苦八苦して説明した。すると彼はわかったような顔をして見せた。

セントルイス駅のフレッド・ハーベイ・レストランには、昔のミシシッピを描いた懐しい壁画がいくつもあった。レコード音楽（ザ・ラスティック・ウエディング）が皿のふれ合う音やウエートレスのかん高い叫び声と入りまじり、また中西部の生活をいろどり特色づける会話のふんだんな流れの一断面を示す次のような囁きもあった。「そう、われわれの会社の社長はわずか四十四歳……会社に好い女の子を五人雇った……彼らは大事な部門に彼をおいたが、彼の方はそこに一か月とはいなかった。そのあと他の者たちは偉くなったんだ。彼が言うには、自分が残っておれば彼らはみな、やめて行っただろう……私は今日は、軽い食事をするつもりだ……エリノアはきっと大統領に立候補するよ……ハブ・アイス燃料会社はいまでは大きな会社だ……あそこでは一生懸命に働かねばならんよ……猫を引っ張って歩いている女を初めて見たよ、猫の方はそれに慣れていないんだ。何を大事にしているか解ったものではない……ところで彼はあのナイト・ガウンでどうしようというんだろうか……」

駅の外では淡い冬の日が——日曜の午後の——駅前地区を照らしていた。ポップス・

プール・ホール、ホテル・ルームス一ドル五十セント以上、ダニーの酒場、すぐできるプレスとクリーニング、ジュリオの店。

私は川の方へ行くバスに乗った。ワシントンでの例にならって、車内にはレコード音楽が鳴っていた。

川までの最後の二、三ブロックは歩かねばならなかった。そこは酒場や貸し間業の家がぎっしり並び、閉じた店のウインドーの前にはみすぼらしい格好の人々が日にあたりながら壁によりかかり、前かがみになってじっと待っている（彼らは何を待っているのか、何を求めているのか、冬の日曜日の午後、セントルイスの下町の人気のない通りで、何か起こるのを彼らは期待しているのか。女の子でも通るのだろうか、それとも喧嘩《けんか》があるのだろうか。誰か呑んだくれが逮捕されるのであろうか。そうかも知れない、そうなのかも知れない……）。

ここには——大きな石と建物の外側に高い窓をつけた十九世紀中葉の様式の裁判所があった。その中の掲示にはドレッド・スコット事件の審理が行われたとあった。裁判所の向こうには——自動車置き場と川へ向かって玉石の敷かれた大きな斜面があった。その水辺に近いところは、一見乾いているようだが実際にはぬるぬるした泥で蔽われ、たまたま流木がころがっていた。

この日の午後、川岸には野良犬六匹、流木の一つに腰かけ自分の膝にこのうちの一匹の犬を縛っている乞食、ポプコーンの袋を持った黒人の子供二人、それに他の流木に腰かけて岸辺に係留されている四隻の棄てられた船をスケッチしているワシントンからの旅行者がいた。その船の一隻はガソリンのドラムカンをのせたはしけで、いま一隻は浚渫船《しゅんせつせん》、それに汚いモーターボートと本物の古いショーボートで、これはまだ使えるがやや人目をはばかるような代物である。黒人の子供たちは、私の肩越しにうろうろし、スケッチの進行を見ながら愉快そうにふざけ、私の首にポプコーンを落とした。弱い陽光が屋根ごしに、斜め方向からさしていた。列車が幾本も川の両岸を音をたてて走り、上流の高い橋を渡っていった。玉石の間のぬかるんだ水の中で羽ばたこうと、一羽のかもめが川辺に来ていた。川は物憂げに流れていた。大きな板のような汚れた灰色の水は、そこここで陽光を反射し、うねり、渦を巻き、そしてひそかにつぶやきながら流れていた。

私は歩いて古いビジネス地区に帰っていった。ここは狭い地域で、暗い通りや、すすけて要塞のような銀行の建物、それにかつては優美なホテルがいくつもあった（アメリカの都市にとっての問題は、余りにも急速に成長し、変化したことにある。古いものがなくなってしまわない間に新しいものが出てきてしまう。ある一つの時代においては機能的で、優美で、ハイカラだったものが、次の時代にはグロテスクで、荒廃したものとして生き残ることになる。それらを整理する時間的余裕がこれらの都市にはなかったうえに、死んだものを埋める時間もなかったのである。こうして、荒廃地域や、〝陽気な九十年代〟の廃墟となり果てたマンション、古い鉄道線路区や波止場、さらには〝鉄道線路沿いの家々〟などに見られる醜い骨組みをあちこちに散在させているのである)。

セントルイスからテキサスへ向かう列車の展望車は、天井のどこからか、音楽(〝アベ・マリア〟)を流していた。われわれは〝消費者は常に正しい〟と言うのが慣わしだが、しかし〝ザ・ラスティック・ウエディング〟にしろ〝ローズ・マリー〟にしろ、あるいは〝アベ・マリア〟にしろ、嫌いな人はどうすればいいのか。また聞きあきた人だっていようし、スピーカーによる音楽、いや音楽そのものが嫌いな人はどうなるのか。寝台車へ逃げ帰って、私は心の中でこの問題を提起した。いつもは心地よく、少年時代の汽車旅行に安堵感を与えてくれた車輪の響きが、〝おあつらえ向きだ。おあつらえ向きだ〟と言っているように思えた。

二月二十日　月曜日

サン・アントニオからメキシコ市へ向かう寝台車で私は、インジアナからの一人の紳士と向き合ってすわっていた。私自身中西部の出である自分に少しも忠実でないと感じながらも、この隣人のいずれの特徴にも快さを覚えることができなかった。とめどもないおしゃべりで、たえず車中に響き渡る耳ざわりな声、食事の時以外一度だって彼の口から離れることのない楊枝（眠っている時もそれをくわえていた）、他人に対する盛んな好奇心（なんだってこんなところまでインクを持ち歩いているんだろう）、仲間のインジアナの人々と故郷についての絶え間のない話（うん、覚えてるとも。ニューケンブリッジでは銀行をやってたよ。それに彼の叔父はレッド・シティで不動産業を営んでいた）、仲間との間でやりとりする結婚についての手のこんだ冗談（何をしたいと君が思っていたか教えよう。君と奥さんとが洋服を着たまま寝室に入り、彼女が君を部屋から蹴出した時には、こんな格好じゃなかったのかい、ヒ、ヒ、ヒ）これらの特徴は中西部出身という私の誇りをいささかも強めはしなかった。インジアナのことばかり話したいのなら、なぜ彼はメキシコに来たのだろうか、私は心の中でそうつぶやいてみた。それに、一般的に見ての話だが、人はなぜ自らにふさわしくその行為が戯画化されてしまうのであろうか。

このラテンアメリカ旅行から約一年後、私はシカゴで一連の講義を行うことになった。時あたかもダグラス・マッカーサー将軍の召還と解任の時であったことを思い出す――この出来事は、本来的に孤立主義、反ヨーロッパ的で、また当時の反共ヒステリーが強くしみこんでいたシカゴに、その日格別に衝撃的な影響を与えていた。私にとってこれらすべてのことは、きびしい経験をますばかりであった。

どうしてこのような講義をするようになったかを説明するためには、しばらくアメリカ外交政策のイデオロギーにからむ諸問題に筆を返さざるをえない。

政策企画本部の責任者として仕事をしていた際、私は、外交政策の樹立に当たって構想や原則の問題になると、いつもワシントンの官辺筋が混乱に支配されているのに出くわしたものである。われわれが何をなしとげようと努めているのか、ということについて二人のものが同じ考えをもったことはなかった。そしてこの点についてさまざまな人が抱く考え方は、表面的で、感情にいろどられ、自らの国と国際社会の長期的な必要にたいする真剣な関心よりも、むしろ他のアメリカ人の耳に印象的に響くようにしたいとの願望に動かされがちだったのである。まだ政府内にいる時、たまたまアメリカの外交史を読む機会があったが、その際私は、アメリカ初期の、連邦主義者の時代における政治家たちの明快かつ現実的な考え方と、後代の後継者たちの茫漠たる大言壮語とのコントラストに心を奪われた。そこで私はアメリカ外交史の年譜をめくり、外交に関連してさまざまな政治家が国益や国の義務に関しどのような考えを基に、それらの運営に当たっていたかを確かめようと思ったわけだ。

プリンストンでこの探究を続けているうちに、次のことを見出して驚いたのである。外交政策の基礎理論や修辞の点で、われわれの蓄積された知識のいかに多くが南北戦争から第二次大戦に至る時期の政治家から引き継いだものであるか。またこの素養のいかに多くが、ユートピア的な期待にみち、その方法論に関する考え方において法律尊重に偏し、他者に対しては道学者的な要求をおしつけ、高潔さと公正さについてはひとり自分だけのものとしている点などである。

そこで私は、こうした傾向が現れているさまざまな試みおよび創意を対象にした一連のエッセーの中で、これらのすべてを説明しつくそうとしたのである。とくに仲裁条約への過度の信頼、世界的軍縮への努力、ケロッグ条約という、単なる言葉の羅列によって戦争を非合法化しようとした試み、さらに国際連盟や国際連合へ寄せられた希望が明らかにしているように、国際的組織や多角的外交を通じての平和な世界の実現の可能性に関する幻想などがそれである。過去の政治家たちが相次いで、変わりゆく世界における国際関係の真の問題を対象にした本当の外交政策をもちえなかったことを、このような表面的には理想主義的で思い上がった試みの中に隠蔽しようとしてきたかを、言葉を替えれば、こうした虚栄心にみちたひとりよがりの目的の主張が、いかに国際問題の実体を処理するのに失敗し、実際にはその能力がないことの口実として無意識のうちに役立ってきたかを示そうと私は努めたのである。

これらの論文のおよその草案は、政府を離れた直後プリンストンで過ごした一年半の間に完了していた――これは今日も私のファイルの中で、きわめてつつましく〝エッセーのためのノート〟と記された厚手の黒い閉じ込みの中に眠っている。しかしこのようにして発展していった考えの多くは、講義の約束を引き受けることによって、ついにその表現の機会を見出したのである。講義をするためには、最終的に言うべきことを明確にしなければならなかったからである。私が外交政策における道義の役割について、長期にわたり、今日に至るもまだ終わることのない論争に乗り出したのは、この背景によっているのである。

政府を離れる約一年前に、シカゴ大学からチャールズ・B・ワルグリーン財団の後援の下で毎年行われる一連の講義を、一九五一年春に行うよう要請された。このようなアプローチをされたのは初めてのことであり、一九五一年春までには政府からの恩賜《おんし》休暇にはいることになっているのを知っていたので、私はこれを気楽に引き受けるとともに、何か月もの間このことを全く関心外においていたのである。

シカゴへ行く時期が迫り、話すべきテーマをしぼる段になって、私はアメリカ外交に関する未完成のエッセーのテーマを講義の基礎としながら、当時すでに到達していた結論のいくつかを説明できるように、米外交年譜の中の二、三のエピソードについて話をしようと決めたのであった。私は大急ぎで次の諸点について考えをまとめた。つまり考え方の浅薄さ、盲目的愛国主義の修辞、および戦争ヒステリーのもつ力の例として、米西戦争をあげ、またアメリカの政治家たちを一般がどのように理解していたかを示し、その理解と彼らの実際の業績との間にいかなるギャップが生じたかを、門戸開放政策のエピソードによって説明しようと考えた。また同時に、他民族に関して判断を下すに当たり、法律的道学者的な概念を適用した例として、わが国による今世紀前半の極東政策を引用しようと考えたのである。

さらに、外交政策における一貫した原則と目的の欠如の例として、あるいは戦時の感情論がわれわれの目的観に及ぼす恐れのある異常な影響の例として、第一次大戦におけるアメリカ外交に関する幾つかの予備的なノートを作ったのである。この最後の点に関するものを研究所の同僚である故エド・アールに見せた。問題へのアプローチの大胆さ、およびその結論のもつ含意の大きさ——私の臆測では、それらすべてが対象事項に必ずしも精通しているとは言えない人物の口から公にされようとしていること——のゆえに彼はちょっとたじろいだ。その結果、彼は私のためにアーサー・リンク、リチャード・レオポルドを含む小グループの非常に有能な外交史家を集め、この草案を厳密に検討する手はずを整えるという、大きな恩恵を与えてくれたのである。彼らはこの仕事を、穏やかに骨身をおしまずにやってくれた。確かに、彼らのうち誰一人として、この最終的な結論には全面的な同意を示さなかったのであるが、しかし、彼らのおかげでこの講義内容ははるかによくなったのである。

こうして三回分の講義内容と四回目に当てるノート（六回の講義を予定していたが、残りの分は現地で仕上げられると考えていた）を持ってシカゴへ向かったのである。その時私は、この問題とその後多年にわたり、またいかに深くかかわり合うことになるかについては、気づいていなかった。

ノートには、一九五一年四月上旬の日曜日の午後、例によって列車でシカゴに到着した時の模様を記した次のような記録がある。

列車は午後一時に着いた。車中にいた時から不快を覚えていたので、昼食はやめにした。そこには淡い日射しがあったが、東部と比べると春いまだしである。

使い古された汚いタクシーが、日曜の午後の、車の広い流れの中をアウター・ドライブに沿って南へ音をたてて走り、サウス・サイドの車道沿いにある大きなホテルに私を運んでくれた。車から降りてよく見ると、このホテルは大きな煉瓦の箱のようで、優美に見せるため地階にはある種の化粧石や金属による飾りがあった。それらは、あたかも石炭置き場や、交通の流れ、ガソリン・スタンドさらには一階建ての煉瓦づくりの酒場が長い通りにずらりと並ぶ混沌《こんとん》とした海の中から現れたキノコのように、垢抜《あか》けのしない愚劣な飾りといった印象を与えていた。

午後遅く私は散歩に出かけ、まず湖畔のある地点まで行った。そこには芝生のある小さな公園と、石造りの公園事務所、それに公衆便所があり、湖岸は湖の波に備えていく重にも層をなした大きなコンクリート・ブロックで支えられていた。

石造りの建物のところでは、二人の兵士が、青いジーパンの外にシャツの裾《すそ》をひらひらさせた二人の小さなティーンエージャーをつかまえようとしているところだった。十三歳以上には見えない少女たちは、壁にもたれてチューインガムをくちゃくちゃやりながら、その賛美者たちに汚い言葉を吐きつけていた。堤防の上の一人の少年は、下にいる他の少年に向かってこぶし程の大きさの石を次々に投げていた。もしそれが当たれば下の少年の頭蓋骨は割れるであろう。私はそれをやめさせようとしたが、こうした連中にかかわり合うことには家族が当惑するだろうと思い聞かせ、やめにした。公衆の面前で互いに殺し合うのは、とくにシカゴでは、疑いもなく若い世代の特権なのだと自分に言い聞かせたのである。

その南側では学生たちが堤防の階段に腰をおろして、日光浴をしながら本を読んでいた。一人は「ニューヨーカー」誌を読んでいた。彼らの上の方、芝生の上では一人の若者がその女友達と互いに写真を撮り合おうとしていたが、彼女はよろめいており、果たして浮かれ騒いでいるのか、酔っぱらっているのかわからなかった。

湖畔を離れて街中へ向かった。街路は汚くて、酒場、ドラッグストア、けばけばしく飾り立てた自動車販売店だけが店を開いていた。帽子をかぶらず、ブルーのオーバーを着て、ネクタイもせず髪も櫛《くしけず》らず、靴の紐を引きずっている男たちに出会った。彼らは皆、二日酔いのように見えた。通りの角には年取った三人の男が黙って立ったまま、じっと横町の方を見つめていた。私もその方向を見たが、彼らが見つめているものが何か、私には見ることはできなかった。

まだ昼食をとっていなかったので、何か食べねばと考えながら、とあるドラッグストアに入った。ソーダ・ファンテンのカウンターは濡れて汚かった。給仕をするものもいなかった。一人の男が幅の広い手押しのほうきで床のごみを掃除していた。小さな山となった紙製のコップ、セロファンの包み紙や煙草の吸い殻が私の足元を通りすぎるまで待った。

それから断念してホテルの方へ引き返した。途中、私はこれまで目にしてきたことや、ホテルの部屋で読んだ「シカゴ・トリビューン」のことについて考えた。その中にはハーバードでの共産主義に関する記事があった。それに私の祖父や母がこの街の出身であることを思い出していた。通りを少年たちが自転車で走りながら甲高い声をあげているのが耳に入ったが、言葉でさえも私には耳慣れないことがわかったのである。

こうして私は、空腹感と周囲に対する信頼感の欠如という圧倒的な感じによる憂鬱さにとらわれて、ホテルへ帰ってきた。心の中で小さな声が、大仰にもメロドラマ風に、「お前は自分に絶望しているのだ。その上こんどは自分の国にも」と、叫んでいた。

私は故郷の中西部との初めての出会いに、このような陰鬱なイメージを再現したことを申し訳ないと思う。これらは中西部の生活のほんの表面——旅行者が見る外面についての印象にすぎなかったことを明記しておかねばなるまい。もちろんこれらの点は、とくに事物を外からでなく内部から見る時、より肯定的なものによってバランスが保たれているのである。やがてわかることだが、シカゴでの講義それ自体が反発を受けたという感じはまるでなかった——少なくとも当時の若者たちによる反発はなかったのである。

中西部の生活の刺激に対するこうした絶望的な反応そのものは、私自身、真に自らの属する世界のほんの一部に——人はその成長した場所だけを愛することができるように、私も記憶の中で愛した世界の一部——帰ってきていることを意識している事実の一つの現れにほかならない。それに私は中西部を深く信じている。いまもなお、本質的には礼儀正しいこと、その道義的な真剣さ、その潜在的に無垢な感情を信じている。私はそれらをもって、合衆国の道義的な力の核心をなすものと信じてきた。中西部の欠点に私がかくも敏感なのも、いわばそのためである。

この時の印象と、その後のいくたびかにわたる訪問の印象によって、偉大ではあるが無精な母親にも似たこの生まれ故郷が、ひとりで気ままにしている時には不毛だが、ひとたび何かにふれられると、途方もなく生産的、創造的になることがわかった。しかし、これは何度も自問してみたのだが、フランス語の〝プロバンス〟という言葉のもつ意味に対応するような、いわば世界中のこうしたすべての土地に固有の性格や機能ではなかろうか。

そして時代と場所を問わず、〝プロバンス〟の退屈な感受性に対して疲れ切った都市の刺激を密着させるのに、結局のところ、実に多くの芸術的創造性が要求されてきたのである。

シカゴ大学での講義は、学生の娯楽室ともいうべき大きな、真四角の部屋で始められた。私の記憶するところでは、教壇らしきものもなかった。講義が始められた時すでにかなりの人数であったが、その後、聴講生は予期しないほど増えつづけた。三回目の講義になると、学生はすでに床の上や通路に群をなしてすわっており、廊下にまであふれていた。そこでやむをえず、数百人は収容できる大きな講堂へと移った。その結果、講義の音声的効果がはなはだしく損なわれてしまった。部屋が小さかったときは、対話をしているように、直接学生たちに語りかけることができた。ところが講堂では、彼らとの間に大きな隔たりが生じ、彼らにとって私は遠いシルエットのように見えただろうし、また声はレコードに吹き込まれたもののようになったかも知れない。しかし聴講生の数は減らなかった。この講義の成功に私は驚き、喜び、そしてある意味では厳粛な気持ちになった。生涯で初めて私は教えることの興奮と満足を経験し、またこの満足感が多くの教師にとって、人生を送るに値する報酬でありうることを理解しえたのである。

非常に準備不足だったので――というのは講義そのものを私は余りに何気なく考えていたからだ――私は懸命になって、最終回の日が訪れるまでは、どうにかこうにか毎回の講義内容の作成や仕上げを遅れないように頑張った。ところが最終回のものについては、講義当日の夜明けになってもまだ何も書いていなかったのである。出版社（シカゴ大学出版部）はこのことに気付き、私が講義のテキストを渡さずにシカゴを離れてしまうのではないかと懸念して、彼らの権利を主張するに至った。不名誉なことだが、その朝、私はその出版部に呼びつけられ、十二台ものタイプライターの音がしている大きな事務所の中で、それも非難がましく目の前に私の承諾書がおかれた状態で、私はなんとか出版できるような文書を作り出すために働くことになった。

講義時間が容赦なく迫ってくるにつれて、準備のできていない講義者をへとへとにしかねない特異な緊張と絶望感、その上、あと数時間のうちにそこで何かをしゃべらねばならぬのにいまだにしゃべるべきことの見当もつかないという思いが、怒濤のごとくに押し寄せてくる。この苦痛がわかるのは多勢の聴講者に接した人だけではないかと思う。この時に受けた精神の恐慌状態が余りにも強烈だったために、すでに過去となっている今日でも、なおその時の悪夢を繰り返し見つづけるといった有り様なのだ。いまだかつて、シカゴでのその日の朝ほど強烈な経験をしたことがない。しかしもし私が、この時の異常な舞台装置がかもし出す不協和音の中で草案した文章のあるものと、その後何十年にもわたり否応なしに、付き合わねばならぬことを知っていたなら、その動転はいかばかりであったろうか。

この講義で誕生し、一九五一年の秋に『アメリカの外交、一九〇〇―一九五〇』という標題の下に出版されたこのささやかな本は、たまたまそうなるように運命づけられていたのではあろうが、これまでに書いたどれよりもその売れ行きが長続きしているのである。少なくとも二十年以上も、厚表紙《ハードカバー》のものと普及版《ペーパーバック》で次々に版を重ねてきており、べらぼうとは言えないまでも少なからぬ印税が年々転がり込んでいる。驚きあきれている著者にとって、これは嬉しいことには違いないが、また面くらってもいる。思うに、内容が気楽に構想されたという理由で、今世紀の外交政策についての何か気楽な副読本をと、学生のために探していた何千ものアメリカ史の教師たちの期待にかなったのであろう。いずれにしろこれが学究者としての生涯の、本当の意味での始まりであった。

これまで話に出ていた年次のある時点で、公職に立候補するよう要請され、そうしかかるという、私にとっては異常とも言うべき経験をしたことがある。冬も終わり頃のある夜（たまたまワシントンから帰ってきたばかりのところであった）プリンストンのわが家の入り口のベルが鳴った。それはペンシルベニアのわれわれの地区から来た若い農夫とその妻であった。彼らは私に会えるかも知れないと思って百五十マイルも自動車を駆ってきたのであり、その夜帰る計画であった。彼らが語るには、彼らとその隣人のあるものたちは、連邦下院の予備選挙で恐らく指名されることになると見られている候補者たちに、不満を感じており、私に立候補を考えないかというわけであった。

私はこれまで民主、共和両党のいずれにも特にこれといってかかわり合いはなかった。実際問題として、これら両党の間に大きな相違を認めることができなかった。ただ私としては、彼らの念頭にあるのはどちらの政党であるのかをたずねないわけにはいかなかった。それは民主党であることが判明したが、もし共和党であったとしても私には変わりはなかったであろう。

私はその依頼が自発的で、真面目であることに大いに動かされ、考えてみようと言ったのである。客が帰ると、ゲティスバーグの郡都所在地の著名な弁護士である友人に電話をかけ、一部始終を話してみた。彼は驚いて聞いていたが、あとで電話をかけるからと言った。その夜彼は電話をしてきて、私が本気で関心を持っているのかと聞き、時間は切迫していると言った。

ちょっと不意をつかれたが、実際問題としてこのような形で立候補するように要請された場合、そうするのが市民としての義務だと考え、私は関心を持っていると言ったのである。「よろしい。日曜日の午後三時にゲティスバーグの私の事務所に来るように」というのが、彼の答えであった。

日曜日の午後、私は言われた通りに出向いた。およそ二、三十人の人たちが集まっていた――独自の考えを持っているヨークの民主党組織の人たちを除けば、すべて問題の議会選挙区の民主党の有力者たちであると告げられた。

私は簡単に、立候補の話がどうして出て来たか、また指名された場合の選挙運動についての考えを述べた。すると私をその場に置いたまま、彼らの間で、この冒険に私が適しているかどうかについての話し合いが行われた――この話し合いは終始、非友好的とはいえない率直さで行われ、大いに私を喜ばせた。それは、懐疑的で否定的な感触（「なぜ彼は民主党員として登録していないのか」「うん。だが彼の妻はそうしている」）から、熱狂的なまでに肯定的なもの（「なんだって。彼なら上院にだって出馬させることができるさ」）までさまざまであった。

結局、積極派の声が大勢を制し、私は候補者として登録手続きを進めるよう、出席者たちの祝福を与えられた。一両日後、手続きのため私は郡の党委員長とともにハリスバーグに行き、彼から大いに有益な助言をえたが、その中には単に下院議員の候補者に対してだけでなく、もっと広く適用できると思える一つの忠告が含まれていた。

われわれは登録をすませたあと、私が自動車を運転して帰路についた。停止信号のところで忠実に停止しながら彼に向かって、候補者ともなれば運転の仕方も大いに注意深くなければという趣旨のことを言った。彼は向きを変えて私の膝に手をおくと、おそろしく真剣に言った。「いいかね。あることを教えよう。もし酒呑みなら、そいつをやめることはないんだ。女遊びが好きなら、それで結構。どっちみちすぐわかることさ」

登録する前からすでに私は選挙運動の費用のことを心配していた。選挙運動の経費に関する州と連邦の関係法規を読んだ結果、なんとなく不安になっていたのだ。しかしそれはなんとか自分の金でまかなえるものと思っていた。ところがプリンストンに帰ってすぐ、プリンストンでの生活費と研究費をまかなってくれている二つの団体、つまり高等学術研究所とロックフェラー財団から、もし私が公職の候補者として留まるなら経費支給を打ち切ると知らされて仰天してしまった。この両団体は、政治活動に資金を出していると非難されることとそれによって免税の特典を失うことを恐れていたのである。両団体には登録に出かける前に私の意図を伝えてあったのだが、登録を終えてしまうまでどちらも最終的な決定に到達しえなかったのである。

これらすべてはまだ三月末の頃のことなのである。たとえ当選しても、来年の一月が来る以前に、議員としての俸給は支給されないだろう。これら二団体からのものを別にすれば、私にはほとんど収入はなかった。子供の一人はカレッジに、もう一人は私立の学校に行かせていた。選挙運動は言うに及ばず、この九か月もの間、生活費の出どころさえ見当をつけるあてがない。選挙区内の物知りに相談した結果、このような場合は、民主党員の大規模な酪農経営者か、または土地の有力者に頼り、選挙運動のための支援を懇請するのが普通である、という意見を引き出せたにすぎなかった。私にはそうしたことをする気には到底なれなかった。このような筋からの援助を受ければ、あらゆる意味で独立した私の地位は奪い去られることになろう。

従って不本意ながら、またそうしたことが恐ろしく馬鹿らしくなって、私は立候補を取り下げたのである。しかしこの教訓にはきびしいものがあった。それ以来、資産のない者が通常の収入源を失うことなく、また金策に没頭する必要もなしに公職に立候補できるような措置の取り決めが最善の策であると信じている。しかしこれが可能でない間は、人は私財のある者たちが公職につくことに感謝しなければならない。少なくとも彼らは、些細な汚職への誘惑に毅然《きぜん》としていられるし、公職の任期が教わったあとどうして生活をするかといった問題に気を配る必要もなく、その職務を遂行することができる。

外交官生活をしている間にしばしば考えたことだが、もし自らの良心の許す限度を越えた要求があった場合、政府に対して辞表を叩きつけられるような立場、財政的にもその他の点でもそのような立場にない人は外交にたずさわるべきではない。今度の経験を契機に政治の分野ではなおさらそうでなければならないと思うに至ったわけである。

フォード財団の非常勤顧問として、その頃の私は時々南カリフォルニアへ行かねばならなかった。一九四六年に一回短期間の講演旅行をしたのを除けば、これまでカリフォルニアに行ったことはなかった。第一印象はまたしても生き生きとしてはいたが、困惑させるようなものであった。

一九五一年十一月四日

パサデナ

今日の私はこの上もなくまれな贅沢《ぜいたく》を味わった。完全な休日である。家族からも、家事からも、手入れの悪い庭からもわずらわされることのないまったくの休日である。私は三日間の仕事でやってきて、友人のお客さんになっているのである。庭に囲まれた友人の家は、上方の丘やパサデナの木の茂みから見おろされる形になっている。きびしさを増していく東海岸の秋の中にその年が終わりに近づいていくのを見てきた私には、いまこうして庭の中に腰かけ、鳥のさえずりや噴水のささやきを耳にし、夏の微風にそよぐユーカリの木々の葉を眺め、首すじに暖かい陽光を感じるのは、奇妙でなんとなく気が抜けるような感じだった。

日曜日ではあり、いかようにも自分の気ままになれる状態におかれているようだ――これほどうれしいことはないはずであった。

ところが、急に抑圧を取り去られたからと言って、にわかにのんびりと冥想的になれるものではないことがわかった。反対に、いろんな考えが当てもなく、断片的に、心の中を往き来するのである。無意味な心の動きとでも言うべきであろう。あたかも家の中でいらいらした男が、なんの理由もないのにあちこちのものに触れるのに似て、神経が経験や印象の小部屋の周りを狂おしく飛び交うのである。心の平和や平穏というものは、他の人間の属性と同じく、習慣の問題らしい。

心は、眼下に見えるこの南カリフォルニアのことや、それに私自身のことで一杯だった。オルダス・ハックスリーやその他多くの知識人のように、それを嘲笑《ちょうしょう》するのはやさしい――しかしそうすることは馬鹿げているし、それは自責の一つの表れでもある。ここにいるのは普通の人間、それも何百万という人間なのである。彼らをこの南カリフォルニアに呼び寄せ、ここに引き留めているものは、深く人間性に根ざした現象にほかならない――そのことにつき、彼らに自慢をさせたり、弁明させたりするのもまた、不安のしからしめるところであり、いかにも人間的な現象である。人間的な現象であるからには、彼らもまたわれわれ自身の一部にほかならない。あたかもわれわれが完全に彼らの外にいるかのように、彼らを笑おうとするのであれば、笑うべきはわれわれ自身ということになる。

　私はこれらの人々に大きな不安を感じている。なぜなら彼ら自身が、どのようにのっ引きならぬ立場にあるかを知っているとは思わないからである。石油と水という二つの液体――誰も自らのエネルギーによってはもちろんのこと、家族や友人と一緒になっても容易には作り出すことのできない――に決定的に依存するという点で、この地域の生活もまた、自動車時代の大都市の過密が持つ生活のあらゆるもろさを持っていると思われる。

　しかしここでは、頼みの綱の補給線はとくに心細く、そのあり様は死活を意味しているように思われる。とりわけ問題は水にある。現在のところ何百マイルもの彼方から運んで来るほかないのであるが――間もなくそれは何千マイルとなるに違いない。

しかし同様に気がかりなことは、自動車と呼ばれる高価で非経済的な装置に、誕生してから教育、買い物、仕事、レクリエーションから求愛さらには埋葬の儀式に至るまで、事実上、生涯のあらゆる過程が全面的に依存していることである。モータリゼーションという革命的な力が生活のあらゆる型を一掃し、あらゆる競争にうち勝ってきたこの社会において、人は新式の足を持つことになった。私が当惑するのは単に、新式の足を使っているうちに、人間が悪影響におかされ、思考能力を徐々にマヒされ、その情緒的構造をゆがめられるということだけではない。こうしたことはさほど重大とは言えず、おそらく対応策もあるだろう。

最も私が当惑するのは、人がこの輸送手段に、またそれを実現化している複雑な過程に、みじめにも依存していることなのだ。事実、人間本来の足は、使わないため駄目になってしまったらしい。もしも、その人工的な足を奪い去られたら、みじめにも這いずり回るだけで、不具になった昆虫のように生きぬく能力もなく、やがては飢餓と渇きに襲われ、ついには滅亡を運命づけられているという感じがしているのである。

こうしたことを誇張するわけにはいくまい。まずあらゆる近代の都市社会は、物理的に見れば人工的である。脆くて弱いさまざまな装置に依存している。これは近代都市の神格化にほかならない。またここでは、無力感と思考力のなさが圧倒的である。思考力の欠如は無力感の一部なのである。

とは言っても、民衆を目のあたりにして抱くこうした不安感とは別に、これらの人々がアメリカの社会全体に対して与えようとしている影響や、彼らがアメリカ社会全体になにを貢献しようとしているかについての疑問もある。これらについても彼らは、いたってのんき気なのだ。しかし実際には、この地域の民衆とアメリカの他の地域における、本来あるべき姿の、そして今なお部分的にはそうであるアメリカ人との間には、微妙なしかし深い相違がある。この相違をどう定義すればよいか、私は戸惑っている。確かなことは、私がそれをごく不完全にしか理解していないことなのだ。

オーバーな表現によってその点を明らかにしてみたい。人が政治的批判およびその欠乏からの自由を与えられた場合（それは相対的に短い期間と例外的な環境においてのみ与えられうるのであるが）、彼が多くの点で子供じみてくることは容易に理解されるであろう。すなわち、娯楽愛好的で、笑いやすく、熱しやすく、非分析的かつ非理知的、外向的かつ肉体的な美や武勇に気を奪われやすく、衝動的であり、強度の大勢順応主義によって集団内における自らの地位を守るように絶えず駆りたてられるなどである――しかしそれでも不幸ではないのである。

その意味において南カリフォルニアは、それが象徴するアメリカの生活のこうしたあらゆる傾向と相まって、現在、成熟の見込みのない子供っぽい状態にある——前途には子供っぽい世界という印象がたえず広がり強まるだけなのだ。そして、おそらくやって来るに違いない審判と困難な日が訪れた時、それは——子供たちの間ではどこででも見られるように——この上もなく残忍で、非情な性格のものとなり、他のものを奴隷状態にすることで、自らの利益を守ろうとするであろう。それに他のものたちも、子供にすぎないのでやすやすと奴隷にされることであろう。

かくして、西ヨーロッパの政治的発展という今日に倍するきびしい経験の中で、徐々に、しかも苦心して形成されたさまざまな価値が、すでに失われてしまったことを、突然思い知らされるに違いない。

将来、政治的〝ラテン化〟現象に似た何かが起きるかもしれないと言ったとしても、私はなにもラテン文化圏の偉大な業績を侮辱するつもりは毛頭ない。南カリフォルニアは、現在すでに気候的にはそうだが、政治的にも、ラテンアメリカの一部となるであろう。そしてもし民主主義が生き残るとすれば、ラテンアメリカにおけると同様に、それは熱情的な民衆と、人の心を高揚させずにはおかない英雄的タイプの大衆指導者とによる相互作用を基盤とした、ロマンチックなガリバルディ型の民主主義となるであろう。多くのラテン系の国々におけるように、この種の政治制度は教会中心の偉大な市民的伝統の枠内で運営することが可能なのである。

従ってなおこの制度は、尊敬に値する文明と両立しうるのである。しかしながら、原始的な専制主義の混乱の中から法と慣習の骨組みをうち立てたローマ時代とは違って、それが間違った目的から出発し、自由の崩壊を意味する場合、いかなる結果がもたらされるであろう。それは、われわれの基本的な政治的伝統をくつがえすように働きはしないであろうか。それにもしそうならば、その場合、規格化と中央集権にきわめて弱い、都市化され工業化されたわれわれの社会全体にとって、何か起きるであろうか。

カリフォルニアについてのこのような考察は、本来私が意図するものよりも、一段と批判めいて響くに違いない。これらは、何回となく訪れているうちに私の頭の中で形づくられた、この偉大な州に関する見解のごく一部を伝えているだけなのである。私はすぐに、自然条件や人間環境がそれぞれ著しく異なっている一地域に関する事柄を一般化することの危険に気づいただけでない。私は常に、いかなるアメリカ人にとっても、それらの条件と切り離すことが不可能なことを意識していた。やがて頭に浮かんだことだが、カリフォルニアとは、アメリカに残された唯一のアメリカにほかならなかったのであり、しかも予想以上に早くその傾向を強めたのである。この国の他の地域から来た者にとって、カリフォルニアを眺めることは自分自身の成育したところを見ることだったのである――そう考えるに至ったのは十五年もたってからのことだった。

それに時にそう思えるのだが、もしそこに住むどの家族の祖先の中にも、より安楽な生活が約束されるものを見出そうとして、生まれた土地が抱える諸問題をふり捨てたという現実逃避者がいたとすれば、それはここに限ったことではあるまい。アメリカの白人家族の祖先には、新世界により大きな自由を求めようとして、ヨーロッパでの生活の拘束と責任から逃れてきた現実逃避者がいたはずである。これこそがまさしく、アメリカ人に共通した考え方として、逃げるにも逃れようのない、しかも人が溢れるばかりの政治的共同社会の一員として、苦境に立たされた人間にひそむジレンマといまだかつて真に妥協しようとしなかった理由だったのである。

カリフォルニアはその極端な例にすぎなかった。われわれの誰一人としてカリフォルニアを判断するに当たって、カリフォルニアの人々の本来の姿を忘れる権利はないし、カリフォルニアはまったくのところアメリカの姿にほかならなかったのである。もしそのすべてが私の気にいらなかったとすれば、それはアメリカ全体の在り方が気にいらないためだったのである。そしてこれは、アメリカの将来、この国の他のどこにもまして（多分、私の知らないテキサスを除いて）カリフォルニアの最も印象的で、意味深いシンボルのように見うけられた。

かつて私が冷戦の究極的な成り行きを決定する最も重要な要素は、われわれ自身の文明の質（不適切にも私はそれを〝精神的優秀性〟と述べたのであるが）であると言った時、その意味をたずねた人物に宛てて、一九五二年一月に書いた手紙の中で、私はこのアメリカとの再会の印象のあるものを要約したことがあるが、それに私はこう書いた。

わが国は欠点だらけであり——そのいくつかはきわめて重大な欠点——しかも、われわれのほとんどすべての人がそれに気付いてはいるのであるが、それを正そうとする決意と、市民としての活力に欠けているように思われる。ここに賭けられているのは、われわれ自身およびわれわれの国家的理想に対するわれわれの義務である。個々の市民がもはや単に人種や皮膚の色でこの国にいることが不幸だとは感じなくなった時、われわれの都市で収賄や不正のにおいがしなくなった時、大都市の多くでもはや犯罪分子が地方権力の中枢の近くにいなくなった時、スラムや不潔なもの、さらに荒廃地域を一掃した時、青少年非行の問題を取り上げ、この問題の主たる犯人である両親を罰する勇気を見出した時、共同社会および都市生活者一般の市民としての権利の意味が復活された時、われわれがインフレを克服した時、公共の責任を負うマス・メディアの教育的効果を認め、健全で発展的な社会の中でマス・メディアが正しく占めるべき場所を見出すための勇気を持つに至った時、われわれがわが国の土地の保全、地下水位の維持、森林の荒廃防止のため効果的な措置をとった時、——換言すれば、生存していくために神が与え給うた土地の美と健康を守り、アメリカにおける人間とその比類なき自然環境との調和と、安定した関係とを全般的に復活するための、実効的な措置を講じた時——以上をなしとげえた時こそ、われわれアメリカ人は精神的優秀性を達成したことになるであろう（なぜならそれがなければ、前述した諸々をなしとげる力を見出せなかったからである）。また世界もそのことを知るに至るであろう。

他の多くのアメリカ人と同様に私もまた、改めてアメリカの素顔に直面した最初の数年間、これまでに引用した日記風のメモが陰気に感じ取っている現象について考え続けていた。具体的に言えば、猛烈な人口増加、工業化、商業化、および都市化による衝撃の下で、アメリカの生活それ自体と自然環境のいずれの質も明白に悪化したことなどである。そしてこれらが提起するジレンマの前に、私はいつも立たされてきた。このような諸傾向がなんら抑制されることなく、いつまでも放置されるなら、それは必然的に失敗と不幸をもたらすだけである。と言って、どのような是正の手段が考えられるだろうか。これらの手段が効果を生む機会を持つには、政府の権限や社会に対して非常に思い切った、きわめて異例のしかも広範囲に及ぶ要求を課さざるをえなくなるのではないか。そしてそれらは、アメリカの有権者の知的水準、および合衆国憲法上、ならびに伝統的な政府の権限をはるかに超えるようなものではなかろうか。とすれば、民主的な有権者にとっては、とても受けいれ難い困苦と犠牲をはらむものではないのか。あるいは、商業上の利益とこの上もなく対立することにはならないか。それを実施するためには、二十世紀なかばの時点では明らかに存在しておらず、また今のところ誰も——とりわけ二大政党のいずれも——つくる意図をいささかも持っていないような政府の権限を必要とはしないのか。

ジレンマは苦悶を生む。この場合の苦悶は、一体アメリカの抱える問題は、わが国にとって伝統的な自由で民主的な制度や、企業の自由な制度の運営によっては真に解決されないのではないかという、最初は気の進まない、恐るべき苦痛の伴う疑惑となって現れてきた。しかしもしこうした疑惑が当然だということになった場合、それはどのような結論を導き出すことになるのか。このような近代の諸悪の対処に、ややもすれば成功の見通しを打ち消しかねないわれわれの伝統や制度および考え方は、いずれも共産主義諸国にはないものである。

共産諸国の指導者たちは現在なお、これらの悪を悪として認めるところまでには至っていないかも知れない——依然として彼らは工業化、自動車の普及、巨大化、それに軍事力というありふれた迷信の虜になっているのかも知れない。しかしこれらの指導者がやがてこうした評価を下すようになった時、少なくともわれわれとは対照的に、それを具体化していくに必要な、政治的権限と経済的統制を手中にしているのである。これは一体なにを意味するのか。彼らの方が基本的に正しく、われわれが間違っていることを意味しているのであろうか。近代人は全体として盲目の迷い子だと考えるべきなのか。大衆より高度な洞察力を持ち、彼らより多くの事柄を熟知していると思い込んでいる少数者、さらに大衆よりも民衆のために何がよいことであるかに精通していると称する、大胆非情で、自信にあふれた少数者によってのみ、盲目の迷い子は危険と困惑の中から導き出されうるのであろうか。

明らかにこれは、新たな形をとっているとは言え、ドストエフスキーの〝大法官〟に見られるあの古いジレンマにほかならない。だが、今日の過剰人口と環境の悪化の時代においては、ドストエフスキーの世代が決して知ることのなかった緊急性と残忍さをもって、それはわれわれに鋭く迫っているのである。

驚かされたのは、問題それ自体によってより、むしろソビエトの例によってであった。眼前に迫り来たった挑戦に応えるために、民主的な企業の自由制度を基本的に修正せざるをえないかも知れないということになれば、アメリカ国民に憲法修正の能力がさほどないだけに、当然厄介なことになる。既成の権益や考え方がその道をふさごうとするであろうし、過渡期の道程は明らかに容易なものではないだろう。しかしそれでも、これは絶望の理由にはなりえなかった。アメリカの民主主義は人間が生きうる唯一の方法ではなく、世界史の過程においては、他にも多くの社会的、政治的システムがあった。しかもそのすべてが悪いわけでも、また許し難いわけでもなかった。

しかしいまは時代が違う。ジャクソン後のアメリカ民主主義が持つ伝統的、自由主義的な原則と絶縁した場合、おぞましいソビエトの考え方や実践の仕方を全体として受けいれるまでは、とどまることのない何ものかが近代の空気の中にはあるのだろうか。近代の諸要求に対応するに十分なだけ政府権限を集中するためには、自ら少数派をもって任ずる連中に、権限の独占を委ねることが必要なのか。そしてそうなったとき、これら少数派にとっては、大衆に大がかりな嘘をつき、自らの不可《ふか》謬性《びゅうせい》を主張し、いまだかつて誤りをおかしたことがないと称し、存在しもしない架空の敵を作り出し、よって事実上の戒厳状態を維持する口実となし、あらゆる反対派の意見を沈黙させ、ダニエルやシニャフスキーのような人々を刑務所に送り、ソルジェニツィンの作品を抑圧する必要があったのだろうか。

私には、この結論を受け入れる必然性が認められない。それが受け入れられないのならば、他の何かを見出さねばならなかった。すなわちアメリカ民主主義の過度の許容性と、ソビエト共産主義の自信のなさ、偽善、冷酷さとの中間に立つ何かである。民衆の品位を落とすことなく、欺くこともなく、自由に感情と意見を表明させ、それらを適切に考慮するような民衆統治の方法である。しかも、政府権限の十分な集中、その行使に当たっての十分な安定性、その特権的立場に立つ人々の編成に十分な選択性が保証されること、社会と環境の変化について期待のもてる長期計画を策定、実施できる方法を見出さねばならない。

もちろんこれはわれわれだけの問題ではない。より広い角度からすれば、あらゆる近代社会の問題だったのである。世界の他の地域の人々は、われわれ以上にそのことを知っており、その解決策の探究については、西方の社会主義者、開発途上国の民族主義的指導者も、分派共産主義者も、少なくとも同じ方向を模索するという状況に立ち至っているのである。それぞれの国における解決策は、その慣習、地理的特殊性、およびその伝統に合わせて、いくらか違ったものにならざるをえないのは明白である。しかしいかなる国も、わが国ほどそれについて緊急に考える必要に迫られているところはないのである。

それにもかかわらず、一九五〇年代（もっと身近になってもそうではないが）においては、そのことにアメリカ人はおよそ考慮を払っていなかったと思う。大学や新聞の多くを支配していた自由主義的な意見は、新たな時代の環境その他より広範な要求に応えるために、現行制度の調整をはかることよりも、現行制度の枠内でより大きな社会正義の実現に専念していたのである。これらの自由主義的な動きに対して、〝保守的な〟意見は、常規を逸した愛国主義とおしつけがましく見さかいのない反共主義的観念の名において、それへの抵抗に専念していたのであった。

このいずれにも私は親しみを感じなかった。いずれも正しい方向に力を集中しているようには見えなかったのだ。そしてその結果として、アメリカの内政問題に関する限り、私の知的な孤独さが強まり始め、また現在の論議に有意義な貢献をなしえないという感じがして来たのである。友人に対してさえ、私の心中にあるものを伝えようと試みても、彼らは寛大な微笑に親切な意見をそえて、私が合衆国については何も知らないのであり、私の専門の外交問題に専念した方がよいというだけだった。

そこで私は、書物や論文や現代の問題に関する公の発言では、概して外交問題に専念したのである。だが日時の経過とともに、精神活動はいよいよ空虚なものになるように思えた。明らかに自らの内部でうまくいかなくなりつつある社会を、他の社会に対して守ろうとすることに一体どんな有用性があるのか、と自問せざるをえなかった。こうした冷酷な疑問の圧力の下で、年を追って、私の公共的有用性が低下していくのを認識していた。と同時に、趣味と願望に関する限り、現代の解釈については見出しえない有用性を、歴史の解釈の中に求めようとする傾向はますます強まるばかりであった。

第五章　ロシアと冷戦

長期休暇をとって、一介の無給外交官としてプリンストンにいた一九五〇年から五一年の間に、私が関心を払った外交問題の焦点はひきつづきロシアであった。それにまた周囲も、私に期待していたのは、何はともあれロシアという国とわが国との諸関係についての専門知識であった。

それより二年前の一九四八年、当時すでに私の得ていた印象では、官辺その他を問わず、アメリカの世論は第二次大戦終了当時の親ソ的な甘い感じから立ち直り、相対的に均衡を回復していた。まったくのところ、ペンタゴンがスターリンの中にいま一人のヒトラーを見つけ、新たな戦争計画をたて、もう一度戦おうとするのをやめさせるのは困難であった。国内に依然として過激な右翼勢力を抱え、彼らがロシアとの戦争を求めていたことも事実である。しかし概して穏健なマーシャル・プランのアプローチ——ソビエト内部の力を破壊することよりも、西方に力を作り上げることを目指したアプローチが、大勢を制していたように見えた。

〝ロシア専門家〟で通っている他の人たちと同じように、私もまたロシア問題に関するわれわれの見解が一般的に受け入れられていると感じていた。その見解とは、政治的レベルで見る限り、ロシア共産主義者の態度ならびに政策は、危険なものであるが、かと言ってそれにより戦争の可能性があるとか、あるいは戦争の必要があるとはみなしていない。また相手の軍事的水準にしても、その対策にわが国が懸命にならねばならないほどのものとはみなしていない、というものであった。

二年後には、これらすべてが急速に変化しつつあった。いまや不安を覚える多くの傾向が目についた。その結果、かねがね私が最も大きな影響力を持つと自負していた分野で、アメリカの世論ならびに政策がいよいよ懸念される傾向を深めていることに気づいたのである。

この点について話を進める前に、この懸念のいくつかについて注意しておく必要がある。

第一に朝鮮戦争が生み出した情勢があった。北朝鮮の攻撃をソビエトが是認し、支援したのは、それが厳密に北アジア地域に限定されているからで、より広範囲にわたる含みはないというのが当時の私の確信であった。これらについてはすでに第二章で触れておいた。

しかしワシントンでは、この見解が信頼されていなかったように思う。国務長官でさえ、この見方を十分に受けいれていたかどうか疑問である。依然としてドイツ・ナチ症候群が民衆の心を支配していたのである。たとえソビエトの軍隊は関与していなくとも、朝鮮における攻撃は新たな〝オーストリア〟とみなされ、世界征服の〝大構想〟の最初の動きだと見られていた。それゆえに事実は、北朝鮮による攻撃そのものよりも、むしろ、われわれの側におけるこの誤った印象が世界平和を真に、しかも不必要な危険に陥れていると、私は考えていたのである。

つまり、その理由は、ソビエトの指導者たちがそのような戦争を欲していないとか、意図的に挑発していないという、私の個人的観測によるものではない。そうではなくて、われわれの方が不注意にも、彼らにそうした戦争があたかも避けえないかのごとくに信じ込ませている可能性がある、と考えたからである。朝鮮戦争の前でさえ、アメリカの軍事計画立案者たちは――ある程度までは政治的立案者にも――私の苦痛にみちた反対を押しのけて、一九五二年をもって危険の〝頂点〟と想定する軍事計画目標を採択し、従って、これに対応できる準備を進めるべきだとしていたことを忘れるわけにはいかない。これらの人たちは自分たちの方から、その年に戦争を仕掛ける意図はなかった。ところが彼らは、ロシア側が進行中の軍事的準備計画を完了し次第、その危険が実現すると考えていたのである――それだからこそ、彼らには明らかに一九五二年が最も可能性の強い時期として映ったのである。

彼らは、ヒトラーとその征服の日程表の幻影にとりつかれていた。ソビエトの指導者たちが〝大計画〟――アメリカの力を早期に破壊し、世界征服を実現する計画――と呼ばれる何かの追求に専念しているものとみなしていたのである。私は人々に強く訴えた。これは幻想であって、現実のロシアとは異なること、彼らはわれわれが考えるよりは弱いこと、彼らはいま多くの国内問題を抱えていて、〝大計画〟どころではなく、ましてや全面戦争に訴えてわれわれと覇を争う意図など毛頭ないことを訴えたのであるが、徒労に終わってしまった。

われわれが直面しているのは、ソビエトの側から言わせれば、全面戦争に至らない手段によって、われわれに対抗し圧力を加えようとする長期の努力なのである、と私は主張した。従ってわれわれは、架空の危険の〝頂点〟に備えてではなく、長期にわたる着実で一貫した努力のための計画を作らねばならない。実際問題として、このような〝頂点〟といった考え方をするのは、われわれ自身にとって危険なことである。なぜなら軍事計画というものは、その準備対象である緊急事態そのものに現実性を与えることになるからである。

先に言ったように、これらは朝鮮戦争が始まる前からすでに行われていた議論なのである。いまや朝鮮は、極度に危険性を高めていた。その事実は、ロシアの重要な港、ウラジオストクに近い朝鮮東岸の羅津港に対して行われたアメリカ空軍の軽率かつ危険な爆撃を想起すれば足りよう。

さて一九五〇年の晩秋、北朝鮮内でわが軍がうけた敗北は、爆撃目標を中国東北部に設定しないという大統領禁止命令が、共産側に〝特権的な聖域〟を持たせることになるという軍部の側からの共通した主張を生み出し、共和党の議会筋も熱心にこれを支持するに至った。その含意は、もしわが軍が中国領土内の目標に爆撃を加えることができてさえいたら、鴨緑江沿いでの敗北は回避されていたであろうというものである。空軍にこの爆撃を許可せよと要求する声は、秋が深まるにつれて弱まるどころか、まさにその逆であった。*

＊　軍人というものは、伝統的に、その失敗の責めを転嫁する対象をすばやく見出すものである。しかし、われわれが中国東北部を爆撃できないために相手が何か不当に有利な立場を享受しているとみなし、その前提を突き崩していれば問題が解決していたという主張ほど、不合理な考えはない。一九五〇年の後半、半島の中央部で戦線が安定してからというもの、わが軍は戦線の彼方およそ二百マイルにわたって完全な制空権をもち、作戦や補給の面で敵を狭い回廊の中に局限し、この地域の中では思うままに爆撃しうる状態だったのである。しかも、わが後方基地に対しては、いかなる形での攻撃も加えられることはなかった。もし特権的な聖域を誰かが享受していたとすれば、それはわれわれ自身だったのである。

鴨緑江以北への空爆を許可せよという要求は、論理的に、朝鮮戦争をソビエト、中国双方を相手にした全面戦争へ拡大しろという要求に等しい。が、このようなことを一体誰が本気で考えるのか、私には不可解である。しかし事実は、在朝鮮軍司令官をはじめ、アメリカでも高名な重要人物によって求められ、しかも彼らの要求が、議会や新聞の強い支持を得ていたのである。こうした事実はまた、ロシアに、全面戦争が近く勃発する真の可能性、さらにはその蓋然性さえあるという結論をいとも容易に下させることとなろう。彼らがこのような結論に達すれば、その場合は明らかに、彼らは朝鮮—中国東北部だけでなく他の地域においても、その結論に応じた自らの行動をとり始めることになるであろう。そのことはまたも容易に、アメリカ側には彼らの侵略的意図として映るに違いない。あたかも第一次大戦の前夜と同様に、かくして誰もおしとどめることのできない事件が連動化されることになる。

公職を離れる前に、私は公式文書でこのような懸念を表明しておいた。一九五〇年八月の意見書で、依然としてソビエトの指導者は全面的な敵対行為の回避を望んではいるが、回避の可能性という点で、数か月前より恐らく楽観的ではなくなってきていると思う旨、上申した。

それから一週間後、新聞が羅津爆撃を明らかにした以後、可能性の評価はさらに悲観的な方向へと修正せざるをえなくなったのである。私はこの行為を、ソビエト当局者の目には必ずや、われわれが朝鮮戦争をこの地域におけるソビエトの戦略的能力の削減に利用しようとする意図の決定的な証拠として映るに違いないと、八月十四日のメモに書いた。もしそうであるならば、われわれとしても、彼らの極端な反応にいつ出会ってもそれに応えられるよう、準備せざるをえないのではあるまいか。

われわれは次のような可能性を排除するわけにはいかない。すなわち、この証拠が、大規模な敵対行為を回避する可能性についての彼らの評価、このような敵対行為が起こりそうな時期についての彼らの評価、また引き続きこうした事態を完全に回避するという期待に基づく静観政策とは対照的に、ソビエトの側からこのような行為を起こした場合の相対的利点に関する評価に影響を及ぼすであろう。

もちろんこれは全くの推測であったが、その後の証拠が示すように見当外れではなかった。われわれは今日、イタリアの共産主義指導者ルイジ・ロンゴの七十回誕生日に関連して一九七〇年前半に刊行されたいくつかの文書*から、スターリンが一九五〇年の末、事態はきわめて憂慮すべきで、敵対行為が近く十中八、九起きうると考えるに至った事実を知っている。

＊　さまざまの機会に、さまざまな出版物の中で公にされたこれらの文書は、一九七〇年十月

のドイツ月刊誌「オスト・オイローパ」誌十号で議論の対象になっており、その一部はドイツ語に訳されている。これらは、ソビエト、イタリア両共産党指導者間の関係にからむ一九五一年一月の危機に触れたものだが、この危機はスターリンがトリアッチに対し、コミンフォルムの指導性を受け入れるとともに、そのためその住居をロシア共産主義者の支配地域に移すことを説得しようとしたことから引き起こされたのである。スターリンはこの要求を正当化するために、国家情勢の緊迫をあげ、イタリアの同志たちに対して、全面戦争の危険性が差し迫っていることを明らかにした。

ロシアとの戦争という考えは、たとえ核兵器が使われなくとも（それはほとんど望めないことだが）、この戦争に伴う大量殺人と破壊という観点だけからしても、吐き気を催すほどである。とりわけ、アメリカがこの種の戦争に直面すると現実的で、限定された目的を見失いかねない（ウォー・カレッジでの一年とその後における外交史の研究でこのことが私にははっきりした）という理由から、とくにぞっとしたのである。

過去の例を振り返って見れば、われわれがまたしても戦時の感情本位の風潮にとらわれて、敵の全面的敗北、武装兵力の全面的破壊、無条件降伏、完全な占領、現存政権の排除と〝民主化〟というわれわれの考えに照応するような政権による交代、といったおきまりの目標に熱中することは間違いないであろう。限定戦争という考え――限定された目的のために遂行される戦争で、敵の現存政権との妥協によって目的が達成されれば完了する

――は、アメリカの軍事的政治的考え方にとって異質であるだけでなく、それと深く対立するものなのである。すでに朝鮮でその明白な事例を持っている（十五年から二十年後またもベトナムで例示されることになった）。もしこの支配的な考え方を変えるために何かがなされないならば、ソビエトとの戦争についても、アメリカ人はまたも周知の型にはまることになるだろう。

この可能性が私を恐怖でおし包むのには二つの理由がある。第一は、このアプローチがこれまでの二度の大戦でうまくいかなかったということである。敵の全面的敗北とそれに続く無条件降伏をあくまで求めることは、アメリカにとって戦争が遂行されている間に、政治的目標について真剣な考慮を払わない口実として役立ったのである。戦争目的の問題について、われわれの指導者が公然としゃべったことといえば、とかく漠然として、ひとりよがりで感情的で、しかも――彼らが満足するまで――ひどく懲罰的なものになり勝ちであった。その結果、事態の具体的な収拾策――いったん敵が降伏した暁には、旧敵にどのような政治目標を求めるかについて、なんら現実的な考えをもたないまま、これらの戦争を終わらせることになったのである。

こうした期待がいかに非現実的であるかを証明する何よりの証拠は、合衆国とソビエト連邦との戦争において、完全な軍事的勝利はありえないという事実である。これは私の熟知するところであり、またウォー・カレッジの学生に認識させようと私が試みた点でもある。いずれの国も一方の兵力によって占領されるということはありえない。双方ともに、とてつもなく大きい上に、異なり過ぎている。言語的にも文化的にも、また他のあらゆる点で余りにも異なっているのである。それに伝統やソビエトの指導者の心理から言っても、彼らの領土のかなりの部分を占領した敵に対して降伏するということはない。もし必要ならば（実際には恐らく必要になどならないだろうが）彼らはシベリアの最も遠隔の村落にまで撤退するであろう。しかしどのような地域であれ、それが残っている限り彼らはその権力を維持し続けるであろう。*

* 敵対勢力にその領域を委ねた場合のソビエトの行動様式の現れ方に疑いを抱く人々は、前大戦におけるレニングラードおよびロシア西北部の運命についての秀れた著作、ハリソン・ソールズベリーの『九百日』（Harrison Salisbury, *Nine Hundred Days*）を読むようお勧めしたい。

ここにおいてだけでなく広大なロシアの他の地域において——アメリカとその連合国が自分では占領していると考えているようなところにおいて——非情で、経験に富み、しかも慣れた土地で作戦のできるソビエトの指導者は、第二次大戦以来の例の抵抗運動とは桁違いに大きな抵抗運動に乗り出すであろう。従って結局は、戦争を終わらせようとすれば、彼らと何らかの条件で話をつけねばならなくなる。そしてこれらの条件は、対立する利害の妥協に基づかざるをえないであろう。しかしこのためには、ある時点で限定された目的

――つまり無条件降伏には至らない目標を明確に示さなければなるまい。と言って、もしこれまでの戦争の型をたどるならば、われわれはこの点に関する用意はまるで出来ていないことになる。

多くのアメリカ人は、ロシア領土の一部を占領しさえすれば、再び第二次大戦の型にならって、ロシアの民衆の中の〝民主的分子〟から成る申し分のない親米的な政府をすえられると考えるかも知れない。またこの政権は解放された人々に人気があり、アメリカの〝メッセージ〟が行き渡って、かくして選挙で広範な支持をとりつけ、共産主義者をそれにふさわしい政治的立場に追いやることになるだろうと考えるかも知れない。

ロシアについて私が学んだあらゆることからすれば、もし馬鹿げた白日夢というものがあるとすれば、これこそまさしくそうなのである。ロシアではこれといった〝民主的分子〟はすでにいない。三十年にわたる共産主義者の恐怖政治がそのようにしたのである。革命以前にはこうした人も――ほんの少しは――いたが、ほとんど例外なしに彼らは自然的な理由で死亡するか、殺されるか、亡命してしまった。ソビエトからの亡命者についてのわれわれの経験が示すところによれば、彼らはソビエトの支配者たちを憎んではいるものの、民主主義に関しての考え方は極度に幼稚で、しかもおそろしく変わっている。つまり彼らの考えとは、その冷酷さに反抗してきたと称する政敵を、われわれの許可と励ましの下で、それと何ら変わるところのない冷酷さをもって粛清し、その目的を達成した後は、われわれの援助をえて彼ら独自の独裁政治を続けるという期待である。もし参考にしたければ、これについての前例もある。一九一八年から二〇年にかけてのさまざまな干渉の際に、連合国側のロシア遠征軍とロシア側のその連合勢力との経験がそれである。

このような性格の戦争に対してアメリカの一般大衆には何の用意もないこと——従ってこの種の戦争が持つ可能な限りの目標に関しては、現実的な考えを完全に欠いていること——これこそ私が、朝鮮戦争の暗い時期にあって、ロシアとの戦争という考えそのものに深い懸念を抱きつづけた理由の一つなのである。

しかしこの懸念を格別深くさせた他の理由もあった。それはわが国に、ロシアとの戦争を欲するだけでなく、なんのためにこのような戦争をすべきかについて自らきわめて明確な考えを持ち、しかも有力でないとは言えない騒々しい一つの勢力が存在していたことである。私が念頭においているのは、その大半が最近やってきた人たちだが、戦後のソビエト連邦の非ロシア地域からの亡命者や移民、それに東ヨーロッパ衛星諸国の一部から渡ってきた人たちである。彼らが熱狂的に、しばしば非情なまでに執着しているその考えというのは、ただ彼らの利益のために、伝統的なロシア国家を最終的に解体し、さまざまな〝解放地域〟の政権の座に彼らをすえるべく、アメリカはロシア民衆に対して戦いを挑むべきであるというのである。

これらの分子の中でも目立っているのは、ウクライナ人である。特に多くのガリシア人、ルテアニア人がそうであった。今日、彼ら両民族にはこれ以外に政治活動の場がまったくなく、その可能性もないのであるが、彼らはかすかな、しかし必ずしもデッチあげとは言い切れない言語の類似性を基にして、ウクライナ人と自称しているのだ。多くの場合これらの人たちは、ロシアに対する憎悪の理由として、政治的なものと共に宗教的なものを持っている（このため彼らはまた、アメリカ国内にいる反チトーのクロアチア人の強い支持を受けている）。

このような苦々しい事実を語ったからと言って、これらの人たちの多くが実際にソビエト共産主義者による衝撃的な迫害の犠牲者であったことを否定するものでもなく、また同様に、彼らの中に多くの秀れた誠実な人々が含まれている事実を否定するものでもない。しかしアメリカの政治生活における彼らの影響力の傾向を理解しようとするなら、次の三点を認識しなければなるまい。

まず第一は、彼らの過半数が、ソビエト連邦とアメリカとの戦争を強く欲し、その方向へわれわれの政府をおしやろうと懸命になっていたことである。第二に、こうした戦争は、彼らが欲しているようなソビエト連邦に対するものでなく、ロシアの民衆に対する戦争になることで、これら民衆こそ戦争の主要な目標になるのである。第三に、多くの場合これらの人たちの念頭にあるのは、アメリカの利益ではない。彼らの目には、われわれの国は政治的愛着の主たる対象としてではなく、彼らの最終的な政治目標を達成するための手段として映っているのである。彼らがポーランド、ウクライナ、その他その出身地域の政治的将来の中に彼らの利益を見いだし、この利益が騒々しいアメリカの盲目的愛国心と少しも矛盾しないと思い込んでいることである。しかし私には、彼らの動機がこの国の利益を主体にしたものとは到底納得できない。

ワシントンにおいて、これら日の浅い難民の政治的影響力が皆無だったわけではない。彼らが大都市の中でまとまった投票ブロックをなして居住していることもあって、個々の議員に直接的な影響を及ぼすことができたのである。時には宗教的感情に、さらに重要なことは、当時支配的な勢いを示していた反共ヒステリーに、うまくアピールしたのである。彼らが政治的な力を持っていたことは、何年か後（一九五九年）に、議会内の友人を通じて決議案――いわゆる囚《とら》われた諸国民に関する決議――を議会に勧告し、この文書をアメリカの政策声明として厳粛に議会に採択させえたという事実からして理解されよう。この決議案は、一言一句に至るまで彼らのスポークスマンである当時のジョージタウン大学助教授レフ・E・ドブリアンスキー博士によって書かれたものである（彼自ら出版物でそれを認めている）。*

* *Ukrainian Quarterly*, Vol. XV, No. 3, September 1951, p. 207.

この決議は、議会にその権限がある限りにおいては、合衆国に二十二の〝国〟の〝解放〟をコミットさせるものであり、しかもこの国のうち二つはいまだかつて存在したことがなく、その一つの名前は前大戦においてナチの宣伝省がデッチあげたものと思われる。＊

＊　二つの存在しない国とは〝コサッキア〟と呼ばれるものと〝ウデル－ウラル〟といわれるものである。

このロシアと東ヨーロッパに関する議会の政策声明を起草するということは、多年世界のこの地域で公的任務についていた私などが望みうることをはるかに越えたものである。これらの人々がわれわれにさせようと望んでいることほど悪質なものはまたとあるまい。ソビエトの政権に対してだけでなく、伝統的なロシアという土地において最も強力であり、最も人口の多い種族に対して、政治的軍事的な敵対をわれわれにコミットさせ、その上、これをわれわれが、内部になんの統一もない、しかもロシア側の報復主義者の圧力に対してアメリカの銃剣を無期限に盾にする以外に自らを維持しえない過激分子に代わって行うというようなことにでもなれば、後年のベトナムにおける冒険さえもが、たちまちにして色あせてしまうほど途方もなく馬鹿げている。私は、これらの人々がスターリン主義者の権力の下で苦しんできたことに対して、同情を禁じえない。しかしまた、結果としては同じ束縛の下に気の滅入るような生活を強いられているロシアの民衆に対しても、同情しないわけにはいかないのである。それにまた私はわれわれ自身の力の限界をある程度まで知っているし、この国においてわれわれが求められ、期待されていることが、この限界をはるかに越えるものであることも知っている。

問題の諸勢力は、主として本来のアメリカ人が持っているある種の見解――これもまた私には災厄の種を含んでいるように見えた――と緊密に結びついていたために、二重の危険をはらんでいたのであった。私が念頭においているある種の見解とは、ロシアとの戦争を唱導もしなければ、その必然性を受けいれることを認めもせず、かといってまた、ソビエトの権力が徐々に柔和になっていくかも知れないという考えを嘲弄し、アメリカの政策はアメリカによる宣伝と現地の反共グループによる活動の組み合わせによって、さまざまな共産政権に対し専ら政治的攻撃を加え、その政権の打倒を目指すものでなければならないとする人々（その中には多くの有力者も含まれている）の見解である。

この見解によれば、そうした行為の結果としてはじめて、ロシア民族も含め、一般にソビエト民衆の〝解放〟の実現が考えられるのであるという。またわれわれの側に真に熱意とねばり強さがあれば、戦争をまたずともこのことをなし遂げうるのだという。こうした考え方は保守的な一部の共和党の人々の大いに気に入るところとなった。というのは、彼らにとって戦争を唱導していることを否定できると同時に、極端に反共的な右翼の世論に応えることも可能だったからである。このような世論を、彼らは政治的な意味でひどく恐れており、彼らのうち誰一人として公開の論議の場で、こうした世論に組みする用意はなかったのである。このような論議が単に極端な立場のものから出て来るのであれば、私もこれほどの懸念を持つには至らなかったであろう。ところが当時すでに、このようなカテゴリーに入れることのできないような人々の意見の中にも深く食い込んでいたのである。主として私の意見と封じ込め政策に焦点を合わせて、巧みに書かれた説得力のある著書、ジェームズ・バーナム氏の『封じ込めと解放』が出版されたのは、それから一年もあとのことであった。しかしその著書が指摘しているような雰囲気は、すでに到るところで認められていたのである。とくにタイム・ライフ社はこのような方向に強く傾いており、日刊紙の多くも熱心にこれに追随した。*

＊「コリアーズ」誌は、全ページをわれわれとロシアとの将来の戦争の想像記事で埋めたのである。当時その号の表紙を恐怖感をもって眺めたことが想い出される。またより大きな恐怖感を抱きながら、他の人から、その中にモスクワのボリショイ劇場で「ガイズ・アンド・ドールズ」を演じてソビエトに対するわれわれの勝利を祝福する暗示めいたところが含まれていると聞かされたものである。もちろん私は「コリアーズ」誌の編集長が、アメリカの勝利のクライマックスとしてこれを考え、それによって愚かなロシア人に対し、このような偉大なオペラ式のバレーというものは何のために真に利用すべきであるかを示そうとしたことはわかっていた。

ある図書保管所の山のような図書の中から、問題の「コリアーズ」誌を探し出すことができた。告白するがこれまで私はこれを読んではいなかった——当時私はそれを読む気にはなれなかったのである。驚いたことには、ボリショイでの「ガイズ・アンド・ドールズ」のアイデアは同誌の編集長から出たものではなく、イギリスの秀れた劇作家で、小説家であるJ・B・プリーストリーによるものであった。それにこの号全体が、われわれはまずロシアとの戦争がなにを意味するかについて考え、それらを現実的に描いて見るべきだという私の要求に、応えようとしたものであることがわかった。多勢の立派な人たちが寄稿しているにもかかわらず、すでに廃刊となったこの雑誌のこの号は、なんとも考えられないほどぶざまなものであった。私はいまだにこれにこれには当惑気味の嫌悪感を持ち続けている。

自分を共産主義者の権力に対する強力な批判家と自認しているものとしては、この〝解放主義者〟の理論に反対する理由を説明するのは容易ではなかった。私が反対したのはとくに三つの理由からであった。一つには、成功のチャンスが少ないと思ったのである。われわれは政治的陰謀者としては有能ではない。それ以上に、私が感じ、しばしば他の人たちと議論したことだが、もし他の国の政治制度を破壊しようとする責任を負おうとすれば、当然その代わりにすえるべきものについて何か現実的な考えを持っていなければならない。ところが指導的な解放主義者の頭の中でさえ、こうしたことはすべて、まったく考えも及ばないことであった。事実は、われわれがこれほど打倒したがっている制度に代わるこれと言ってうまい民主的な制度は、われわれのポケットの中にはなかったのである。われわれにこのような役割を勧告している者たちの印象からすれば、人道的観点、あるいは民主主義的な考え方のいずれにおいても、彼らがとって代えようとしている共産主義者たちに、なんらかの改善をもたらすとはとても思えなかった。

しかし私が〝解放主義者〟を懸念する主たる理由は、この種の政策の追求が、たとえ戦争を導くことはないにしても（おそらく）、ソビエトの指導者たちがこれを逆手にとって、対内的に、いかなる自由化にも同意しない口実、あるいは冷戦の激しさを緩和することに同意しない口実に利用することはほぼ確実であるという点にあった。ソビエトの指導者にとって、われわれの政府の打倒にコミットすることは、これまでも、とくにレーニンの時期にそうであったように、不都合なことであった。

われわれが、彼らの政府の打倒にコミットすることは、ロシア民衆に対する資本主義諸国の悪企みについて、これまでモスクワで言われていたすべてのことを正当化することになろう。それに私は、ソビエト権力の自由化と柔和化の中にこそロシアの社会がわれわれの望むような方向に進展していく可能性が最もあるものと確信し、また逆にソビエトの指導者が、アメリカは彼らに敵対することにコミットし、その結果がどうなろうとも彼らの打倒と全面的な破壊以外には考えていないと信じ込むような事態はおよそ起きえないことである。だからこそ、彼らにそうした印象をもたせることは、つまるところ世界の破局を回避する最後の、そして唯一のチャンスをなくしてしまうことになるかも知れないのである。

私には、一九五〇年から五一年にかけてのこうした傾向と勢力こそ、アメリカの対ソ政策の健全性および世界平和とヨーロッパ文明の将来そのものを脅やかしているように見受けられた。個人として自由に発言できる立場に初めてなったので、私は一連の講演や論文を通じてこれらに対する反対意見を明確にしたのである。中でも最も重要であり、これまで論じてきた問題を集中的に取り扱ったのは、「アメリカとロシアの将来」と題する論文であった。

これは一九五一年四月の「フォリン・アフェアズ」誌に掲載され、私自身いわば第二の〝X―論文〟(この場合は署名してあったのだが)と見なしていた。この論文で私は、論議の対象となったあらゆる問題について自分の見解を表明したが、その核心は、ロシアとの戦争に限らず、戦争そのものの無益さと愚かさにあった。私は読者に対して――その中には性急な冷戦論者も含まれていることを期待しながら――次のことを想起するように要望したのである。

戦争というものは――破壊、野獣化、犠牲を伴うものであり、隔絶、国内的な分裂、および社会の深部構造の弱化を伴うものである――それ自体なんら積極的な目標を達成することのできない一つの作用なのである。軍事的勝利でさえも、さらにより積極的な業績の達成への前提条件にすぎず、しかもそれはそのような業績の達成を可能にはしても、決してそれを保証するものではない。こんどこそわれわれは、自分自身に次のことを思い知らせる道義的勇気を持ちうればと考える。

すなわち大規模な国際的暴力は、われわれの文明の価値からすれば、われわれすべてにとって――たとえ自らが正しいと確信しているものにとっても――一種の破産にほかならない。われわれすべては、勝者も敗者も等しく、戦争からその姿を現す時にはそれを始めた時よりも貧しく、またわれわれが考えていたゴールよりはるかに遠いところにいるに違いない。そして勝利も敗北も、ただ不幸の程度の違いを意味するにすぎない以上、最も栄光にみちた軍事的勝利でさえも、われわれに対して、この間に起こった事柄についての悲しみと悔恨の気持ちを与えるのである。また事実、軍事的な大衝突を回避しえた場合よりもはるかに前途は長く、けわしいことを認めざるをえないのであって、これ以外の気持ちで将来に立ち向かう権利をこのような勝利も決して与えてはくれないのである。

しかし〝戦争は無益だ〟というからには、合衆国とソビエト連邦を隔てている表面的には解決不可能と思える見解や、願望の対立について、どうすれば許容しうる出口が見出せるのか、という問題に対する意見を述べなければなるまい。これに対する私の答えは、漸進的かつ平和的な変化——いかなる人間も政府も免れえない変化——およびそうした好ましい実例であった。私はこう書いた。もしロシア国民の前に、必要最低限度の二者択一の道が提示されうるなら、

　理にかない期待のもてる意義ある文明が地球上のどこかに確かな形で存在している限り——遅かれ早かれ、漸進的過程をとるか違った過程をとるかは別として——偉大な民族の進歩を何十年にもわたって妨げ、あらゆる文明の願望の上に影を投じている恐るべき権力の制度が、もはや生ける現実として、なんらの意味のない日が必ずくるに違いない。そしてその時、そのような制度は、部分的には記録された歴史の中に、またあらゆる人間の大きな変革——たとえその現れ方次第では不幸なものであろうとも——が時の流れの中に残していく建設的で有機的な変化の沈澱物《ちんでんぶつ》の一部として、わずかに生き残っていることが認識されるであろう。

　暴力をもってロシアにおける権力の特権を断ち切ることなしに、われわれが希望するような変化をロシアで実現できるかどうかはわからない。しかしまた、彼らにそれが不可能であるとも、またその意思がないとも確言はできない。主要なのは、われわれの政策がこ

のような方向への漸進的な発展を妨げたり、これに水をさすようなものにならないことである。

もしも、暴力によって自由をおしつけていくのではなく、専制が腐食していくことにより、ロシアに自由がもたらされるというのが運命の意思であるならば、われわれの政策はそれを支持するものであり、またわれわれは予見や性急さ、あるいは絶望感をもってそれを妨げてはならないということができるであろう。

これらの点こそが、政府の仕事を離れてから最初の一年半の間、私の念頭にあったアメリカの対ソ政策に関する不安であり、期待と確信なのであった。これらの点を詳しく記述して読者の忍耐をわずらわせたとすれば、それはこうしたさまざまな観点の相違を念頭においておかない限り、次章で述べるその後の私の公務に関する緊張が十分にわからないからなのである。

第六章　モスクワ駐在大使

一九五一年晩秋のある日、アチソン国務長官から、モスクワ駐在アメリカ大使アラン・カーク提督の辞任の時期が迫っており、大統領はその後任に私を任命したい意向である旨の伝言を受けたことを記憶している。

この申し出は、ある点から見れば個人的には同意できたが、他の点でそうはいかなかった。私は研究所で若い学究グループを集めたばかりであった。彼らの協力を得て、アメリカ国内における現在の事態の流れが、将来国際環境に対してわれわれがなさざるをえない事柄にどのような影響を与えるかを研究したいと思っていたのである。私としてはその年にプリンストンへ連れてきたこれらの人々に義務があると感じていたから、彼らを見捨てるようなことには気乗りがしなかった。しかしそれ以上に、当時なお私の心中には、休暇で政府を離れる直前、政府の政策に対して私が抱いていた見解の相違が生々しく残っていた。だからまた、モスクワのように重要で微妙な首都において、この私が十分に理解もしていなければ信じてもいない政策を代表するような仕事に就くことに懸念を抱いていたのである。

しかし一方において私は、依然として政府の公務員であることには変わりはなかった。私に与えられた任務を、それもとくに大統領が直接かかわり合っているような場合、それを断るのは適当だとは思えなかった。それにソビエト連邦への大使という任務を拒絶するのは、とりわけ私には困難であった——もし私の経歴のすべてが何かを準備したとすれば、それこそこの任務だったからである。

そこで私はアチソン氏に、自分としては政府の意のままに必要な場所へはどこにでも出かけるつもりではあるが、その前に私よりも大統領と個人的に近く、従って大統領の考え方や政策により精通している人でこの任務を引き受けられる適任者がいないかどうか探してみるよう提案したい旨、告げたのである。二、三日後きた返事は否定的なもので、大統領は依然として私が引き受けることを望んでいるとのことであった。

そこで私は受諾した。この人事は一九五一年十二月二十七日に発表された。しかし五月まで赴任するわけにはいかないという点で同意をえた。大使任命の発表が一般に与える影響に加えて、出発に必要な様々な準備のために、プリンストンでの学究としての計画の完了がはなはだしく阻害されたことは言うまでもない。が、その反面、この遅延によって少なくとも私は、この残された期間の大半をプリンストンに連れてきた若い人たちとともに過ごすことができたし、またその結果、彼らの仕事に関心を集中することができたのである。

この人事は、議会の承認を求めるため二月中旬に上院にかけられ、三月中旬に外交委員会によって審議された(これは事実上プリンストンにおける私の最初の活動期間の終わりを画したもので、それ以後新任務につくための準備は本格化したのである)。私の大使任命は上院で満場一致で承認された。しかし、その後ある西海岸選出の上院議員は、公然と、もし何が行われているのかを自分が知っていたならば、反対の投票をするために出席していただろうと語った——彼のいうその理由とは、三年前の下院外交委員会の秘密会で、私が中国共産党が権力を握るに至ったからと言ってあわてふためく必要はないとして述べた次の見解を意味している。すなわち、中国の共産主義者は中国の後進性を一日にして克服することはなく、彼らとしては工業化された西方と貿易をする必要があり、われわれは依然として彼らに対し強力な交渉上の立場を持っているという趣旨の発言である。その上院議員によると、これは中国に対し援助を与える用意のあることを示唆したことになるというのである。

かくして承認されて後、四月一日に、私は公式の挨拶をするためワシントンへ赴いた。最初はトルーマン大統領であった。彼は大統領選挙に再び立候補する意志がないことを発

表したばかりであった。当時の私の日記によれば、

彼はくつろいで愛想がよかった。彼はソビエトの指導者たちの行動の動機と原則に関する私の見解に同感であり、彼らが新たな大戦を望んでいるとは決して思っていない……ことを示唆した。それ以上、彼はいかなる種類の指示をも私には与えなかった。

出発準備の他の点については、記憶違いの伴う現在の私の回想よりも危険の少ない日記に語らせることにしよう。

次の日、私は宣誓をして、アチソン長官と昼食を共にした。彼もまた丁重であるばかりでなく、きわめて控え目であった。つまり、駐ソ大使という新しい資格で私が従うべき政策の基本線については、何も言わなかった。

次の日の四月三日、私はディック・デービス（現在は国務省ソビエト課にいる）を伴ってソビエト大使館に赴き、パニューシキン大使および参事官——カエバエフというような名前だった——と昼食をした。彼らは丁重で愛想がよかった。われわれは適度に和やかな話をし、より厄介な当面の問題には触れなかった。これらについては、われわれのいずれの側も政府を代表して権威のあることをしゃべる指示を得ていなかったのであ

る。

何日か後（四月十四日）、私はニューヨークのマリク氏に同じような訪問をした。彼はおよそ一年前、私が彼と話し合う機会を持った時にしゃべったと同じことを口にし、当時よりも一段と気むずかしくなっているのに気付いた。彼はアメリカの財界は戦争を望んでいると思うと告白した。その証拠として、再軍備の努力を突如として後退させるならば新たな大不況を生み出すことになろうとの記事がしばしば新聞に出ていることをあげた。またどうしてアメリカはスターリンの声明に答えないのかとたずねた。私は彼に向かってわれわれは漠然たる一般的な声明を行うことで、民衆を誤り導きたくはないのだと言った。話し合いの終わりに彼が、ソビエトは脅威を受けていると言ったので、私は、貴国の政府が脅威を受けたくないというのは本当ですか、と反問した。「絶対に」というのが彼の返事であった。

プリンストンに帰ってから、今回のワシントン訪問について考え、またソビエト側に西側諸国との話し合い、ならびに交渉の新局面にはいる用意があることを示すさまざまな証拠があることなどについて考えた末、私は、国務長官からも大統領からも、当面の重大な問題、例えばドイツ、朝鮮休戦交渉、国連での軍縮討議などに関する彼らの態度について、これといった指示を受けていないことが気掛かりになった。そこで私はチャールズ・ボーレンに電話をして、国務長官およびその主要な助言者たちと四月十八日に会う手はずを整えた。

この会合は昼食後すぐに行われたが、わずか一時間にすぎなかった——国務長官が午後の半ば頃にホワイトハウスでの用件をかかえていたからである。話をどう進めるかが全部私まかせであることがわかって失望した。私の了解する限りでは、公式の態度はこうであった。「君がわれわれに会いたいと言ってきたので、われわれは君の要請に応じて集まったわけだ。ところで、君はわれわれに何を望んでいるのか？」

私はモスクワにおける自分の立場の微妙さにかんがみて、私がしゃべる一語一語はソビエト政府によりアメリカの政策を示すものと受け取られるであろうこと、また私は国務省を一年半も離れていたので、さまざまなアメリカの政策の基本原理やその目的について十分に説明を受けねばならないと考えていること、を指摘したのである。最初に私はドイツ問題に言及した。日記によると、それに伴う議論から、私はようやく次のことを判断しえたのである。

われわれの政府はいまのところ、ドイツについてソビエト政府といかなる合意をも欲しておらず、できることならそうした道程にわれわれを進ませるような話し合いは避けるように欲していた。われわれは当面西ドイツ政府との新たな契約的取り決め、および欧州防衛軍についての協定に調印し、ソビエトとの話し合いが事柄を複雑にする前に、それを「確実に手中に」しておこうとする試みに一切をかけていたのである。そこで私は、こうした立場は大いに懸念させるものがあると発言した。

私の考えるところでは、ロシアは最近の彼らの覚書の線に沿って、容赦なくわれわれをせき立て、事実上「もしわれわれの提案が気にいらないのなら、ドイツ統一についてのあなた方自身の考えをわれわれと世界に向かって示すように」ということになりそうである。われわれは統一に同意しうるような条件を明確に提示するとともに、西ドイツに関する取り決めの進展を、四国レベルでの交渉のために、一日たりとも停止はしないであろうと言うべきであろう。

私に与えられた回答は、ここ二、三週間以内にわれわれが新たな西ドイツに関する取り決めと欧州防衛共同体の調印を達成できなければ、全ヨーロッパ政策は重大な蹉跌《さてつ》をこうむることになろうというものであった。従って、これら二つの計画から注意をそらす恐れのあることは、何も言ってはならないのである。これはいかなる形にせよ、ソビエト政府とドイツ問題について討議することには関心がないと言うに等しかった。

次に話題を極東に転じて、私は、朝鮮の休戦交渉でなんらかの解決ができた場合、共に保証人となるように、ソビエト政府を誘うのか、それともソビエトが依然として正式にはこれと無関係のままでいることを希望しているのか、と質問した。これに対する明確な回答が得られなかった結果から推して、私は、ワシントン当局にとってこれが無関心な事柄であるとの結論を下すほかなかった。

次は軍縮問題であった。当時ジュネーブでしばしば行われていたのであるが、私が質問したのは、とくにわれわれの政治的目標と軍縮交渉との関係についてである。しかしこの質問に対して、まず軍縮についてなんらかの真の基準を確立することが先決であり、それによって政治的諸問題の解決も可能となるだろう、と国務長官が言うのを聞いて私はがっかりした。私は日記の中で次のように記したのである。

過去半世紀の間、われわれが軍縮について得た経験から明らかに引き出せる一つの教訓があるとすれば、それは、軍備というものは一つの機能であって、政治的緊張の原因ではないということである。同時にまた、政治的諸問題に取り組み、現実的な方法で取り決めがなされない限り、多角的な規模での軍備の制限は実施しえないということである。従って私には、われわれの政府がひどく間違った方針の上に立っていると感じたのである。

私の日記には、この話し合いを締めくくった私自身の次のような発言が含まれている。

私がワシントンに来たのは、政策についての意見をのべるためではなく、政策について知っておくべきことを見出すためなのです。にもかかわらず、聞かされたことから導き出される全般的な考え方に対し、あいかわらず懸念をかくすわけにはまいりません。私の見る限りでは、対立者の見解や利益になんらの譲歩もせずに、東方および西方の双方で、目的を達成しようとしているのです。この態度は、最近の戦争における無条件降伏の政策に似ているように思われます。なるほどこの態度は、私たちが真に全能で、それをやり通せる見通しがあるのならば素晴らしいものでしょう。しかし実際にそうであるかどうか、私には甚だ疑問です。私が判断する限り、これらの事柄についてはきわめて慎重に考えるべきでありましょう。すなわち、対立者を完全に無視することよりも、彼らとの和解によって、少なくとも懸念の一部を解決しようと試みることの方が良策ではないか、この点をこそ見定めるべきだと考えます。

会議が残したこの失望感は、その日も遅く、国務省内の友人たちと核兵器開発に関するわが国政府の政策についてかわした会話により、一層深められたのであった。このような兵器は究極的には自殺を意味し、従ってその破壊力はいかなる国家目標といえども正当化しえず、ましてや国の政策手段としてはまったく不適当であるという理由により、私は常に、わが国の防衛体制の基礎にこれをおくこと、とくに、大規模な軍事衝突に当たり、これを「最初に使用する」原則の採用に反対してきたのである。二年前私は、少なくとも「最初に使用する」原則を放棄し、ついでこの種の、およびその他すべての無差別的な大量破壊兵器の禁止を目ざして国際交渉の場で話し合いを試みるより前に、水素爆弾の開発を進めようとする決定に反対し、徒労に終わっていた。

もしこの種の兵器開発競争が無期限かつ無制限に続けられるならば、いずれはわれわれの政策立案者たちが直面しなければならぬジレンマに、私は注意を向けたのである。ところが、ロシアへ出発する直前になって、気づきはじめたのであるが、私の親密なる友人たちでさえも、「相対的有効性（これら兵器の）に関する偽りの数字に絶対的な価値を与え、その他の考えうる諸要素には明白な重要性がないとしてこれらを方程式からおとしたペンタゴンの平板で、弾力性のない考え方」のとりこになっているように思われた。

この考えと私との基本的な見解の相違は大きかった――かつては国際問題とアメリカの政策全般に関する私の見解におおむね同調した人々との間ですら、それ以上に知的な親交を進められないほど、その相違は深かったのである。私の日記はこの訪問の結末をこう書いている。

極度の孤独感を抱いて、私はプリンストンに戻った。もはやワシントンには、共通の見解や了解を背景にして、十分に、率直に、また期待をもって話し合える人が残ってはいないようだ。もちろんモスクワにもいないことは確かである。私の心に刻みつけられた疑惑は余りにも深く、どのような形であれ、それをモスクワ大使館の部下に明らかにすれば、彼らはたちどころに失望し、意気消沈するだけであろう。どうやら、自分としては勝つことのできないゲームをするために、私は派遣されようとしているらしい。私の果たすべき義務の一部は、勝つ見込みのない事実を、世界の目から懸命に蔽いかくすことなのだ。もしそれに失敗すれば、その重い責任は私がとらされることになろう。外交という一風変わった職業にあっては、こうしたハンディキャップの下で苦労したのは私が最初ではあるまい。それにしても、今日のような時点において、世界における外交任務の中でも間違いなく最も重要で微妙な任務に、このような空手で、なんらの指示もなく、不確かな状態で出かけるのは、この上もなく気の重いことであった。

一九五二年の四月二十二日と二十三日に記されたこの日記の言葉はすべて、いうならば、言葉そのものが描写しているさまざまな出来事にすぐ続いて書かれたものである。またそれは当然のことながら、私がまさに乗り出そうとしていた使命を、いずれはつぶしてしまうような不幸が到来することを予知せずに書かれたものなのである。しかしながらこれらの言葉には、事前に警告を発する力が含まれていたのである。

私は、五月一日の諸行事が終わった直後の五月五日にモスクワ入りをするように予定を合わせた。家族、つまり私に同行するもの――この場合私の妻と二歳になるクリストファー――は、ボンに置いていくほかなかった。というのも、いまにも赤ん坊が生まれそうだったからである。私がモスクワへ出発してからわずか五日後に、その赤ん坊は生まれた。女の子であった。マウント・オブ・ビーナス（ベーヌスベルク）と呼ばれる（なんとなく気になる地名だ）丘陵地にあるバート・ゴーデスベルクの病院で生まれたのである。彼女はウェンデイ・アントニアと名付けられた。このことがあって、家族が私に合流したのは数週間後のことであった。

モスクワに到着すると同時に、私はたちまち非常にさまざまな感じにとらわれた。空港から市内へ自動車で行く途中、まずモスクワという街に特有の例のなつかしい匂いに圧倒された――いつも思うことだが、これはマホルカ（ロシア煙草）と安い香水の匂いが一緒になったものだ。モスクワには多年下っぱ役人としていたので、私を出迎えた役人たちの控え目な態度と敬意に調子を合わせるのに骨がおれた。スパソ・ハウス――ここはかつて一九三四年にこの私もアメリカ政府が所有する家具の最初のいくつかを運び込んだことのある大使の住居である――は、多くの部屋が新しく塗り直されているにもかかわらず、いまではまるで納屋のように、空虚で、いささかもの悲しげに見えた。

まず最初に私を当惑させたのは、かつて面識があり、昔は親密な間柄であった召使いたちのあるものが、いまなおここで働いているにもかかわらず、私に挨拶をせず、中には私が到着した時に現れもしなかったことである。姿を現したものも、一人として荷物を二階の寝室に運ぼうとはしなかった。頼めば快く引き受けてはくれたが、自分からすすんでやろうとはしなかった。

間もなくわかったことだが、この点については、かつてモスクワに勤務していた時に比べ、外交団とくにアメリカの大使館を取り巻く雰囲気全体が非常に悪くなっていることの小さな現れに過ぎなかったのである。外国代表に対する入念な護衛と観察、計画的な民衆との隔絶、外交官は危険な敵であって、なんら良い目的で駐在しているわけではないといった扱い。こうしたことは過去におけるソビエトのやり方の典型的な特徴であった。たとえば三百年も前のモスクワ大公国の時もそうしたやり方をしていたのである。

しかし一九四六年このかた、それが極端にひどくなり——不吉なほどであった。いまやスパソ構内の外壁（建物と庭は三方を高い煉瓦塀で囲まれ、残る一方は高い鉄の柵であった）は、刑務所のそれと同じような投光照明され、日夜、武装ガードがパトロールしていた。車が出入りする入り口のゲートには、昼夜を問わず一人ないしそれ以上の武装した民警と、平服のたくましい七人もの男たち（実際には武装警察——国境および国内警備隊——から選ばれたものたち）が詰めており、彼らはいつでも私個人のボディ・ガードになることになっていた。

私がこの構内から外出する時にはいつでも、そのうちの五人が随行した。私が車で出掛ける時には彼らも車（私の小さな男の子はそれを「ダディのもう一つの車」と言っていた）で、私の後ろにつき、徒歩の場合は三人が徒歩で、他のものは車で、それも徒歩の速度で私の後にぴったりとついていた。もし私が水泳にいけば――その年の夏、二、三度泳ぎに行った――そのうちの一人が水中にはいり、私の泳ぐ方向にどこへでも私と並んで気持ちよさそうに泳ぐのであった。もし劇場に出掛けると、私たちのすぐ後ろの席の切符を持っている不運な五人の人たちは、容赦なく彼らにとって代わられ、この〝天使たち〟（外交団の間では彼らのことを皮肉をこめてこう呼んでいた）は舞台での演技を私たちと同じようにエンジョイしたのである。鋭い目付きをした無口なこれらの男たちは、その行動こそしきたり通りであったが、必ずしも非友好的というわけではなかった。*

* 私の記憶では数か月の間にこの連中と会話をしたのは三回しかない。一度は車で地方へ出かけた折に、鉄道の遮断機がいつまで待っても降りたままだったときに、彼らの一人が適当な迂回路を教えてくれた。もう一回は、大使館の事務室から公邸へ歩いて帰る途中、低い、ほとんど囁くような声が、繰り返しロシア語で「大使、大使」と呼んでいるのが聞こえた。最初、私はなにか心得違いをしたソビエトの市民がボディ・ガードがいるのに気づかず、私と接触をしようとしているのかと思った。このようなことをすれば、その男は簡単に強制収容所にいれられることになったであろう。それで私はその声を無視した。それでもその声が

続くので、とうとう振り返って見ると、それはガードの一人が私の靴の紐がとけているのを注意しようとしていることがわかったのである。
最後の場合は、夜遅く私が一人で長歩きをしていた時のことだった。この時もガードたちは忠実に私の背後に随行していた。われわれが、とある書店のウインドーの前を通りかかった際、私はモスクワのトレチャコフ・ギャラリーで見たことのある絵画の複製を目にした。それは一八八〇年代の作品と言われ、教会を背景にして小さな村の十字路を描いたものである。これこそ、ガードたちが昼夜を問わず私の外出を待ち受けているスパソ・ハウス正面の小さな広場を描いたものであることを私は知っていた。それでガードの方を振り向いて、一切の規則やしきたりを無視して「この場面がどこか知っているか」とたずねた。彼らはギクリとした表情を見せ、お互いに顔を見合わせ誰もが最初に口を開きたくはないようであった。最後に一人が――その中で一番地位の高いものであることは疑問の余地がなかった――うなずき、少し微笑を浮かべながら「知ってます。知ってますとも」と答えた。ロシアの芸術に対する知識が私と同じであることに彼らは喜んでいたのではないかと私は思った。

彼らの役割について、外務省からは私にも、他の誰にも説明されてはいなかったが、それは明らかに多くの面を持っていた。一つにはいかなる形のものであれ、一切のいやがらせ（政府自体によるものでない限り）から私を保護する。次に私の出入りを観察する。さらにソビエトの市民が政府の知らないうちに私と接触することがないように保証するためであった。彼らが、私を単にある非友好的なブルジョア国家の代表としてでなく、実際に最も危険で憎むべき国の代表、従ってある意味では、ソビエトという要塞の壁の内部にいる公敵ナンバー・ワンとみなすように告げられていたことを私は知っていた。しかし私の感じでは、彼らは非常によく訓練されていただけに、彼らがその義務を果たしているのと同じように私もその任務を遂行しているのだということを認めていた。そして私には、彼らが個人的な嫌悪感を持つことなく、尊敬の念をもって私を見ていたことがわかったのである。

実際のところ、この護衛のやり方は、西方の外交代表、とくに当時のアメリカ大使に対する警察のやり方の中では、不愉快な面が最も少なかった。ここで取り上げるには、はばかられるようないろいろなことがあった。すぐに明らかになったことだが、大使公邸内のソビエトの召使いたちは、おびえ切っていた。誰一人としてここで寝泊まりしようとするものはなかったようだ。事実、公邸の中で誰も一人では、私と、あるいは他のアメリカ人と一緒にいることを望んでいなかった。結局のところ、彼らはなんらかの形でわれわれと共謀したと非難される可能性があったのである。誰も他のものに対するどのような権威をも引き受けようとはしなかった――彼らの中の誰かに命令を伝達させようとすることさえ難しかったのである。要するに彼らは帝国主義者の手先（あるいは共産主義者の用語にいう〝番犬〟）になっているとして非難される恐れがあったのである。

誰も自らの発意ではせず、どのサービスもみな一々命令を受けねばならなかった。そうでなければ、いかにも資本主義国の主人に喜んで取り入ろうとしているように見えるかも知れないのである（こういうわけで、私が最初に到着した際、荷物を進んで二階に持って行こうとしなかったのだ）。彼らは毎朝出勤して来ても挨拶に現れることもなければ、一日が終わって帰る時にも、さよならを告げもしない。ただ黙って神秘的に消えていく。実際彼らのうちのあるものなどは、呼びつけでもしない限り目に触れることもないのである。

このルールに対するちょっとした例外が、二人の年長の中国人によって示された（疑いもなく彼らにとってはある程度の身の危険をおかしてだが）。彼らは初期の代からこの大使館に勤め、当時から私を知っており、それに大使館内のロシア人よりも自分たちの職業の方が幾分は上だという考えがぬけなかったのである。公邸内での事態に、わずかとはいえ個人的に懸念を示したのは彼らだけであった。

まだ私が単身で住んでいた最初の数週間中のことだが、彼らの一人が――私にはいつまでも感謝の念が消えない――他のものがみな帰ったあとも残って、私の夕食を盆にのせ、書斎まで持ってきてくれたのである。その時、彼はふるえていたが、察するに、たとえ一時にもせよ、私のような危険な人物と一対一でいるという危険をおかしていたためではないかと思う。夕食が終わりお盆を下げると、彼もまた脱兎のように消えて行った。そして私は、北半球の夏の夜の長いうす明かりの中で、大きながらんどうの建物に一人で取り残されていたのである。

窓の外に目をやれば、ソビエトの市民たちが危険な米大使公邸の垣根の傍を歩くまいとして、忠実に街路を横断していくのが見えた。くる夜もくる夜も、モスクワ川の彼方のどこかから、ジェットエンジンのテスト音の響きが聞こえてきた。時には灯もつけずに建物の中を歩き回り、地階から天井まで吹き抜けの大きな、うす暗い照明の白い舞踏室に降りてグランドピアノを弾き、あるいは幾つかのリビングルームにある金色の椅子の一つに身を沈め、ロシア語で話しかける相手がいないので、ロシア語を声高に朗読して自ら語学への愛着に身を委ねたりする。

この建物の大きな夜の広がりの中に一人ぼっちでいることに、不安を覚えることはなかった。ロシアのいかなる犯罪者でも、ここに入ろうとすれば確実につかまったであろう。結局のところこうした行為は、恐らく私と接触をはかろうとしたものと解釈されるであろうし、ソビエト当局の目からすれば、これは単なる殺人や強盗よりも悪質な犯罪であり、よりきびしく処罰されるべきものであった。従って、不幸な歴史を持つこの立派な建物に幽霊がいるとすれば、まごうかたなくそれはこの私であると自ら慰めながら、表面的には立派なこの刑務所の中を、安心して歩き回ったのである。

孤独にしびれを切らしてほんの二、三回モスクワ川の南岸沿いにある大きな「文化と休息の公園」に宵の散歩に出かけたことがある。ここでは、何万というモスクワ市民が散歩道にあふれ、ぶらぶらと、夏の空気にふれながら映画館やその他の娯楽施設へと行く。私はほんの束の間にもせよ、これらの人々の一部と化し、彼らと話をし、その生活を共にするという特権に、長いことあずかってはいなかった。二十年もの間に、今ではすでにロシアは私の血の中に入っていた。自分にさえ説明できないような何か神秘的な親近感があった。その親近感にひたることほど、私に深い満足感を与えるものはなかったのである。だが実際は、そうはいかなかった。護衛たちは非情にもすぐうしろにいた。またたとえ彼らが随行していなくとも、私は、自分自身がいま疫病の保菌者であることを知っていた。誰かに触れると、その人を感染させ、滅亡させることになる。それを恐れて私はあえて誰にも触れなかった。

公園の歩道でわれわれがいること——護衛と私が——は誰の注意も引かなかった。護衛たちは他のロシア人と変わりなく見えたし、私も気楽な服装をしていた。われわれは人目に立つことなしに、群集の中にとけこんでいた。禁断の園の住民たちとすれすれのところにいるという感触——彼らの話の切れぎれを耳にすることも、彼らの顔や振る舞いを観察することも、また彼らの衣服につきまとう例の独特のロシアの臭いをかぐこともできたのである。それでも私は目に見えない、克服し難い障壁——非常に近くにあるのだがそれでいて非常に離れてもいる——によって彼らから隔離されていた。

そのうちに私は、自分が肉体から分離した精神のようなもので、お伽噺《ときばなし》に出てくる目には見えない人物と同様、他のものを見たり、彼らの間を動き回ることはできるが、人の目に触れることはなく、少なくとも彼らによって自分が誰それだと見定められることはないと思うようになってきた。あたかもまったく違った時代、あるいは他の惑星からこの舞台に現れ、なんのかかわり合いもない生活の動きを観察しているもののように思われてきたのであった。

新たに手入れをしたこの住居で過ごした最初の数週間に、とくにいまいましく感じたのは、表向きにはわれわれの、わけても大使である私の思うままになる大使公邸——事実、公式には私の家だった——が、実際には目に見えない手によって運営され、その権威に対しては、私とわれわれすべてのものが事実上無力であることがわかったことである。

召使いは、ビュロビンとして知られているソビエトの一機関を通してしか雇えず、これは名目上は外務省の一部局とされてはいるものの、実際には秘密警察の一部門だったのである。アメリカ大使館で誰が働いてよいか、または悪いかは、われわれではなく彼らが決定していた。それにその決定は、事実上、最終的なものであった。なぜならわれわれが誰かを雇おうとしても、それは彼らを通して初めて可能だったからである。もし〝召使い〟を供給したり、その他の要請に応ずる（彼らは外国の外交使節団に便宜を供与する権限を与えられている唯一の機関だった）ことが、彼らの目的に沿わなければ、返事さえなしに何か月も待たされることになる。彼らは独占的であり、われわれとしては他にどうしようもなかった。家事労働をするこれらの人々は、もちろん定期的にこうした目に見えない主人へ報告する義務があったわけである。彼らはこのような事情を十分承知しており、いや応なしにわれわれもそのことを感じさせられたのである。

私がモスクワへ到着したのは五月である。それから数日後、草木が繁茂する季節が到来しているというのに、構内の芝生や庭にはまるっきり手が入れられておらず、完全に放置されたままになっているのに気づいた。大使館の管理部門の調査で、公邸の給与名簿にはロシアの水準からすれば大変な高給取りが三人おり、その肩書は庭師であって芝生と庭の手入れがその仕事であることがわかった。彼らを見かけたことがなく、また私を手伝ってくれる人もいなかったので、ある朝大使館へ出勤する前に、彼らを探しに出てみた。すると、なにひとつ手入れのしてない庭で、おだやかな春の陽光を浴びながら、この三人がベンチに腰をおろしているのを見つけたのである。彼らは私の会釈に答えるでもなく、私が近づいても立ち上がりもしなかった。どうして庭に手入れをしないのかとたずねた。答えはそっけなく、無作法なものであった。「道具がないんです。それにどこにあるか知らないのです」。私は黙ってその場を去った。私はどうすることもできなかった。彼らはそのことを知っていたのである。もし彼らを解雇しても、代わりを雇うことはできないだろう。

給与名簿には夜警としてのっているある男が、夜間でさえ滅多におらず、これといって役に立たないことがわかったので、私はその男を解雇し、型通りビュロビンに代わりのもの申請を出した。返事がないまま何か月かが過ぎ、その間に私の家族も到着していた。夏も終わりのある夜、妻と私はわれわれの寝室のすぐ外側に当たる舞踏室の回廊で、かすかな物音がするのに目が覚めた。私は起き上がって何事かと寝室の外へ出てみた。そこで私は、回廊のうす暗い灯の中に（下の階の舞踏室に一つだけ常に灯をつけていた）突然、妖怪がにょっきりとつっ立っているのを見た。それは私よりも上背があり、大きな女の格好であることは見定めることができた――あるいはそのように思えたのである。「誰だ」と言うと、「新しい夜警です」という返事が返ってきた。

いつものことだが、ビュロビン（これを読みかえると秘密警察）は、われわれに彼女を派遣したと通知もせず、彼女が公邸内にいることを知らせもしなかったのである。われわれが彼女を望んでいるかどうかなどは、警察にとって論外のことだったのである。

家族が到着してからは状況はよくなった。妻はデンマーク人のすぐれた料理人と執事を連れて来たし、その後赤ん坊のために同じくデンマーク人の有能な保母も連れてきた。これらの人たちはソビエト市民ではなかったから割合、警察の圧力は受けなかった。彼らの手助けと、妻の存在およびその注意によって、ようやくのことで事態は動き出し、邸内のロシア人たちも仕事に関心を持ち始めたのである。

しかしいらいらするようなことがなくなったわけではなかった。上述したことは二十年もたった今になると些細なことのように思われる。しかし〝ブルジョア〟外交官にとって、モスクワの雰囲気はいずれにしろ緊張したものであった。疑心と敵意をもって眺められ、当局は巧みに身を隠し、目には見えない悪意の目が、耳が、手が、すぐ身近にあって――観察し、立ち聞きし、陰から人の生活を操作しているのを絶えず意識させられていたのである。感受性の強いものなら、こうしたことには耐え切れまい。

私が信任状を提出したのは一九五二年五月十四日のことであった。ニコライ・シュベルニクがソビエト連邦最高会議幹部会議長の資格において、ソビエト側の主人役をつとめた。儀式はクレムリン宮殿のいつもの舞踏室で行われた。

私の思いは自然におよそ十八年前のことに馳せていた。その時私はアメリカの初代駐ソ大使ビル・ブリットが同じ使命でこの同じ部屋に来たのに随行したのである。それは一九三三年十二月、われわれがモスクワに到着したあとの最初の多幸な日々の頃のことであった。その前夜、私は最愛の尊敬する父が――わずか二週間前に最後の別れをした――死去したとの知らせを受け取っていた。このような時に、個人的悲しみにとらわれ、われわれ使節団の他のものに心配をかけたくなかったので、私はこの知らせを誰にも明かさなかった。だが一睡もしなかった上に、朝食もとらなかったため、信任状提出の儀式にのぞんで、どの方向にも三十フィートも空間があり、寄り掛かるものも、つかまるものもない広々と磨きあげられた寄せ木細工のフロアの真ん中で、ブリット大使の背後に立っていた時、部屋全体がぐるぐる回り始めたのである。私は足を踏ん張り、気を失わないように強く自分に言い聞かせるほかなかった。当時、ブリットは希望と大きな熱意に燃えてモスクワに来ていたことを思い出す。ところがいま、私は暗い懸念と予感だけを抱き赴任しているのである。二十年にわたるソビエト政府との接触を通じて、われわれは余りにも多くのことを学んだ。

なにも訓令を受けていない以上、私は信任状提出に際して差し出す書状の文案を自ら起草するほかなかった。このような場合、慣例になっている「われわれ両国間に幸いにも存在する良好な関係」を維持、推進するための私の熱意について月並みな決まり文句を口にすることなどできるわけはない。朝鮮の休戦交渉は依然として停滞していたし、ソビエトの新聞論調はわれわれに対してひどく敵意にみちていた。どうしてそのようなことが言えるであろうか。米政府の目的は「これらすべての特定の問題についての平和的調整であって、これらの解決のためには両国政府の合意を必要とするのである」と私は言った。またわれわれは、「今日までわれわれ両国の市民の間の正常な交流を阻《さまた》げて来た諸条件が除去される」ことを希望しているとして、これらの目的のため私は献身するであろうし、相手側においても理解と協力をもって、これに応ずることを期待するものであると付言した。

公の儀式が終わったあと、型通りにシュベルニクとの間で非公式な話し合いが行われた。そこで私は提出した書状の内容を拡大して説明した。われわれは懸案になっている諸問題について、早期の平和的調整に熱意を持っていると私は述べた。しかしこれは「われわれ自身の死活的な権益や第三国の独立と安全、あるいはわれわれ両国の間に横たわる世界の全域の安定を犠牲にしてまでの合意」を意味しない。ただ単に紙の上の合意だけで改善がなしとげられるというのは、わが政府の見解ではない、と私はつづけて言った。以下はこれに関する私の見解である。

このような協定が真に有効であるためには、当然、その義務や公式の諸声明についてはもちろんのこと、協定参加国の態度と行為にも変化が伴わなければなりません。このような変化へのイニシアチブが、一方の側だけからということはありえないことでありましょう。しかし私はいま貴下に確約できるのであります。もし相手国においても、同様の用意があれば、合衆国政府はすみやかに善意を表明し、双方の諸関係に必要な条件を改善するのにやぶさかではありません。

スターリン大元帥は、当地ソビエトで通用している統治制度と、わが国のそれとの共存の可能性を信ずる旨示唆されております。それゆえに、貴国を代表するお歴々は、私共もまたこの可能性を信じている旨、公にすべき必要があるとお感じのようであります。私が、この示唆を、私共はいささか奇妙な感じで受けとめております。信じていることは言うまでもありません。もし信じていないのなら、一九三三年にソビエト政府との間に国交を樹立しなかったでありましょう。また全般的に好ましくなく、極度に失望を感ずるような条件の下で、十九年間にもわたってその関係が継続されることはなかったでありましょう。問題は二つの制度が共存しうるかどうか、ではないのであります。

すでに三十五年も共存してまいりました。これをさらに三十五年、あるいは三百五十年と延長してはいけないという理由はどこにもありません。真の問題は「いかにして」――すなわち、絶えず世界を不確定と不安にさらさずにはおかない緊張と相互不信の状態でそれをつづけるのか、それとも相互の寛容と尊敬に基づく正常な関係、さらには共に手を携え合って国際社会全体にとって建設的な発展をなしうるような正常な関係を打ち立てるのか否かにあるのであります。

私の想起する限りにおいて、大使として在任中、私がソビエト政府に対して行った政治的性格をもつ声明としては、これだけであった。これとても私自身の見解のほか何ものをも代表しておらず、また振り返ってみて、その見解が正しかったかどうかいまもって確信はない。私はアメリカ政府内、とくに軍部内に、ソビエト連邦との無期限の平和共存の可能性を全く信じないものが多勢いることを恐れていた。その上、考えてみれば、重要な懸案事項の中のどれ一つに対しても、ロシアと合意に達するための譲歩を用意していなかったのである――ドイツとの関係にせよ、核兵器問題にせよ、日本についてにせよ、譲歩の意思はなかったのである。かと言って、私はくよくよもできなかった。訓令を受けていようがいまいが、私は何かを言わねばならぬ立場にあったからである。

私はスターリンに会見の申し入れをしなかった。ほかでもなく、事実上、訓令を受けていない以上、スターリンに向かって言うことがなかったというのがその主な理由であった。これといった目的がないのに、どうして忙しい人の時間をとらねばならないのか、また何か重大な問題を話の途中でスターリンの方で提起した場合、いたずらに困惑を招くだけではないのか、そのように私は考えたのである。それに当時、私の同僚であるイギリスのサー・アルバリー・ダグラス・フレデリック・ガスコインが、会見を申し入れてからすでに数か月も空しく返事を待っていたこともあって、なおさら私にはそうする理由がなかったのである。とはいえ、そうしなかったことは、間違いだったかも知れない。会見によって、この年老いた、なかば狂気の独裁者についてどのような印象がえられたかは、もとより知る由もない。

ソビエト外務省を訪れる機会は滅多になかった。が、訪れた時には、外務省の役人たちは大層控え目で、いかにもきちんとしていた。もうこうした態度に驚くこともなくなってしまった。彼らの事務室に「防犯措置」があることは明らかだった。もし彼らが不注意に、あるいは過度に、友好的に振る舞えば、一々目に見えない上司に釈明しなければならなかったのである。彼らと政治的な問題について議論しないのが通常であった。また、たとえ議論してみても、きまり切った党の方針以外のことは得られなかった。

従ってわれわれは、ソビエトの態度についての印象を、新聞その他、公式見解を伝える公共用のメディアから引き出すほかなかったのである。しかしこれらから引き出した印象は、一片の希望すら持てそうもないものであった。私のモスクワ入りと符節を合わせるように、アメリカに対する悪口のコーラスが起こっていたが、私の知る限りその悪意と激しさは、国際関係史においても例を見ないほどであった。第二次大戦中のヨゼフ・ゲッベルスによる連合国への反対宣伝も、これと並べると影が薄くなるほどであったと言い切れよう。

反米宣伝はもちろん、ソビエト政府のお膝元では事新しいことではなかった。程度の差こそあれ、常にそれは行われていたのである。一九五一年、私が到着するより一年と少し前、すでに反米宣伝は新たに、しかも極度にひどくなっていた。一九五二年二月カチンの虐殺*に関する下院委員会の報告がワシントンで発表されたあと、反米宣伝はさらに強化された。この報告は、この信じられないほどの残虐な行為の全責任が、ソビエト警察当局にあるとしていたのである。

＊　これは、数千に上るポーランドの将校が計画的に処刑されたあと、大衆墓地に埋葬されて

いたのをドイツ側が発見し、一九四三年二月にこの行為が世界中の世論の前に明らかにされた事実を指す。

四月にそれは一つの頂点に達し、朝鮮でわれわれが細菌戦を行っているというのがその主要な非難のテーマであった。それが私の到着した直後に新たな高まりを見せ、夏の間ずっとつづいたのである。細菌戦のテーマに加え、朝鮮における捕虜虐待についてのゾッとするような非難も追加された。これらが非難の主要なテーマだったのであるが、一体残虐行為についてはそれがどのようなものであれ、妊婦の腹を銃剣で突き刺すという行為に至ってはーーこの点についてはわれわれこそ非難されてはいないがーーおよそ考えられないことである。

このキャンペーンは、ありとあらゆる面から、私たちにショックを与えた。単に新聞だけではないーーアジテーターは公園で大々的に宣伝し、劇場、映画館でもその影響が見られた。米軍の制服を着て、細菌戦用の噴霧器と注射針を持った恐ろしいクモの格好をした人物を描いたプラカードが、モスクワ市内のいたるところの塀の上から私たちを見すえていたのである。

ワシントンの政府内にいる友人たちは、この集中攻撃にはさらされてはいなかった。彼らはそうした事実を耳にしても、ソビエトによる反資本主義宣伝という一般的な事実に慣れ切っていたように、そうしたことには聞きあきたといわんばかりの無関心さでそれを受けとめていたのである。しかし現地の大使にとって、事態は別であった。私はその理由を分析するために、何か月にもわたる当時の不快な時期を通じて、自分の時間の大半をこれに費やしたのである。モスクワに着任してから一か月たった六月六日、国務省の友人宛ての手紙の中で、これについての考えうる仮説をたてようと試みた。私は四つの仮説を見出したが、以下にそれを手紙の文章のまま引用する。

(1)　朝鮮における共産側捕虜の態度、衛星地域からの相次ぐ亡命、東ドイツでの信頼するに足る軍隊の徴募の困難などが示すように、共産側支配下の全域における民衆の士気、ならびにソビエト人民の国際問題に対する全般的な関心の低さは、緊張した現在の情勢——その中で現在ソビエトの政策が進められている——にとって全くふさわしくないものとクレムリンは考えている。そこでクレムリンは、この政策とつり合いのとれたきびしい緊張状態へ民衆をかりたてるために、何か思い切ったことをしなければならないと結論を下した。

(2)　クレムリンは、ソビエトおよびその衛星地域において近い将来、政治的士気をめぐってなにかもっときびしい試練に見舞われることになるものと予見し、この予想される事態がどのようなものになろうとも、それに備えて民衆を鍛えておくための段取りに着手しつつある。

(3)　合衆国に対する政策をめぐって、モスクワの支配層に意見の不一致があったこと。現在のキャンペーンの激しさは、その一方のグループが他のグループに勝ったことの、粗野で非情な表現を特徴的に示すものである。

(4)　このキャンペーンは、私の大使任命および着任となんらかの関連がある。さらにまた、われわれ両国政府の間で、大向こうを狙った宣伝的なものとは異なった、ソビエト側が「現実的」とみなすような水準の、極秘の話し合いを行う時期、もしくは少なくともわれわれの側からそれを申し出る時期が、近づきつつあるのかも知れないという観測となんらかの関連がある。

これらの仮説のいずれにも、私は十分な妥当性を見つけていたわけではなかった。今日でもそれは同じである。現在判明している事実は、私の着任に先立つ時期に、ソビエト共産党の上級機関がなんらの会合も開いてはいないことである。とすると、このキャンペーンの推進は、直接スターリンから下された命令と見てまず間違いはあるまい。しかもこのキャンペーンは、われわれも知っての通り（第五章参照）、スターリンがアメリカとの戦争が差し迫っていると考えていた時期に開始されていたのである。恐らく一九五二年の夏を通じて、彼はこの見解を持ちつづけたものと思われる。もっとも五二年十月の「ボルシエビキ」誌上で、彼が自分の名前を付して公表することを許可した論文には、そのようなことは示唆されていない（もし彼がそのような見解を持っていたとすれば、この反米キャンペーンは、ロシアの一般大衆の意見の中に見られる抑え難い親米的な傾向を克服するための、一つの努力として考え出されたものかも知れない）。

またスターリンが、米下院委員会のカチンに関する報告の公表をもって、共産圏、とくにポーランドにおいてソビエトに不信感を植えつけようとするアメリカ側のキャンペーンの開始と、誤って受け取ったとも考えられる。してみると、この反米キャンペーンは、彼一流の回答だったのかも知れない（ついでながら、彼個人について言えば、カチンに関する非難の内容が真実であることによって、影響されることは決してなかったであろう。ソビエトの見方によれば、ソビエトの指導部の信用を傷つけるようなことを公表するのは、たとえたまたまそれが真実であり、歴史的に重要なことであろうとも、非友好的な行為となるのである）。それはともかくとして、このように激しい宣伝に到るところで継続的にさらされるということは、とくにこの場合、合衆国大統領およびその軍隊の最高司令官を自ら代表している者にとって、わずか数か月のモスクワ滞在中の出来事とはいえ、その印象は胸を引き裂かれるほど強烈であった。

当時のモスクワにおける生活が緊張と不愉快の連続であったという印象を与えたくはな

い。ロシアは相変わらずロシアであった。束の間とはいえ、ロシア人の生活に触れたり、それに近い状態になることが依然としてたまにはあった——この前モスクワに在勤した時ほどではなかったが、それでもいくらかはあった。私にとって、こうした触れ合いは常に魅惑的であり、胸をくすぐられるような楽しいものであった。

当時AP通信社のモスクワ特派員はトム（トーマス・P・）ホイットニーであった。彼は、戦時中および戦争直後はアメリカ大使館の一員だったのである。ロシア娘と結婚したため大使館をやめざるをえなくなり、ジャーナリストとしてモスクワに残っていたのである。彼とその妻は——彼女は音楽家ですぐれた歌手——モスクワ郊外数マイルの普通の別荘地域の一つにコテージを持っていた。たいてい週末に、私は車で何回か彼らを訪問したことがある。

この郊外の地域社会はロシア人ばかりであった。外国人がいたとしても、極く少数である。他の地域社会と同じように、住居は小さなコテージばかりで、その多くは丸太小屋であった。どの家も敷地は広く、砂と草地の長い真っ直ぐな大通りに沿った松並木の間にあった。あちこちには荷車の軌跡や人の踏み固めた小道があり、これらが街路の役割をしているのである。私の〝天使たち〟は明らかに、公職を離れた私のささやかな個人生活への願いを理解して（同情さえしていたのではないかと思う）、仰々しい感じがしないように、車を注意深く遠くの方へ駐車していた。当時モスクワに「ニューヨーク・タイムズ」特派員として駐在していたハリソン・ソールズベリーも、ここへ顔を出すのが常であった。われわれは樺の木の下の庭でお茶をのんだり、時には声高に読書をし、そのあとゆったりした気分で哲学や政治的なことについて楽しく話し合ったものだが、それはロシアの雰囲気そのものに溶け込み、その一部をなしているような気分であった。

一九三〇年代と第二次大戦中に私はロシアのあちこちへ旅行をしたものだが、その時と同じように、ここでも改めて、自分を取り巻くすべてのものにロシアを感じることができたし、また、私自身その一部であるという束の間の幻想にひたることもできたのである。時あたかも夏であった——すばらしい中部ロシアの夏、深く澄んだ青空、田園と渓谷、常緑木と樺とポプラ、散在する村々、玉ねぎ型のドームのある教会、遠くの森林の黒いかすかな輪郭とともにいつも見えるはるか彼方の地平線。一般の人々は戦時の恐怖と欠乏から、ある程度回復し始めてはいたものの、スターリン時代も数か月で終わろうかというこの時期に、あらゆる政治へのかかわり合いへの恐怖から、また国内政治に対する考えや発言の誘導にかかるまいとして、再び彼らは、いわば最も特異な忍耐強さとたくましい生活力をもって、自らの殻にとじこもってしまった——体制が定めたきびしい枠の中で、できる限り自分自身の生活を作り出していたのである。

集団農場の農夫たちは、いまでは自らのささやかな私的用地で栽培できる余剰生産物を、公開の戸外市場で売ることを許されている。都市郊外の住民も同じように、自らの台所用菜園を持っており、時には一、二匹の家畜さえ飼っていた。こうした私的な活動は統合されがちであった。そしてこのようにして、わけてもモスクワの郊外では、一種の小型の自由企業――その規模と形式はきびしく制限されているとはいえ、活動的で忙しく、それなりに期待のもてる一つの自由企業――とでも呼ばれるべきものが成長しつつあったのである。

従ってスターリンの生涯の最後の年のこれら郊外の社会には、かつての古いロシア的な何かがあった――健康と簡素、それに抑制された希望の雰囲気があった。息苦しい部屋に長い間閉じ込められた後に新鮮な空気を吸い込むように、私は何度かの短時間の郊外訪問でそうした雰囲気を吸い込んだのである。私はこの雰囲気とそうした経済活動を、一九五二年七月十五日の私信で、当時の国務次官代理H・フリーマン・マシューズに伝えようと試みた。私はこう書いた。

モスクワ周辺には何十万という小さな菜園が存在していますが、なかには郊外の自治体が、夏の間、公共用地（道路わきの細長い土地や河川敷きなど）を付属の建物ぬきで貸し出したものもあります。そのほかの夏の別荘用敷地として貸し出されたものもありますが、それ以外のものは事実上、郊外における個人財産と言えるものばかりです。都市のはずれにあるこれらの地域では、実に様々な活動が行われており、これは経済の

「社会化された部門」とほとんど、いや、まったくかかわり合いのない活動なのです。家は家族労働で建てられ（丸太小屋には違いないが、頑丈で暖かく、住宅としては悪くはない）、菜園や果樹園も設けられています。家禽《かきん》や家畜（乳牛や山羊）は取引されますが、大量に飼育されていても、すべて取引は一匹単位かせいぜい二匹単位どまりで、一度に大量に取引してはならないことになっているのです。

私の概算では、このような活動にたずさわっているものはモスクワ周辺だけで数百万はいる。そこで彼らの活動について、私は次のように指摘した。

一種の商業サービス制度です。つまり、種子から栽培し、温室を作り、家畜を飼育することなどによって、彼らは生計を立てているのです。これらの人々は常にその活動を小規模に維持しなければなりません。人手を雇わないように、またトラックなどのような立派なものを所有している場合は、見つからないように注意しなければならないのです。すべては、高度に組織化された商業活動ではなく、個人の活動として装われねばなりません。しかしこうした問題をすべて解決する方法と手段がないわけではありません。

そうしたことの結果として、「小型の個人企業」の世界が生じ、人々はそれに献身し、

「共産主義の成功はさておき、太陽の下のあらゆること」について思いをめぐらし、そうすることできわめて幸福そうだった。私はこう書いた。

実際のところ、長いきびしい冬のあとに訪れる快い春の朝、現在のモスクワ郊外に見られる〝別荘〟地域にもまして、活気と満足感とうちとけた雰囲気が温かく脈うっている所はありません。万事が温かくうちとけた空気の中で、形式張らずに行われているのです。ハンマーの音がし、雄鶏が時をつくり、山羊は繋《つな》がれて動き回り、裸足の女の人がじゃが芋畑を一生懸命に鋤《す》き、少年たちは小川や池で活発に遊び、若い果樹の下では粗末な木のテーブルで家族パーティーが開かれているのです。共産主義の初期に見られた小児病的な工業崇拝のために、長い間無視されてきた母なるロシアの偉大で豊かな大地が、いま再び人間や動物、そして草木などすべてに、その恵み深い温かさをにじませているように思われます。そうした中でおそらくアメリカの大使だけが、子供たちを驚かせ、大人に恐怖感を抱かせながら護衛をお伴に郊外を歩き回り、あたかも目に見えない障壁によって、この自然の一般的な恩恵と人間のうちとけた空気の中にとけ込めないよううまく隔離されているのです。

さて――この奇妙な夏のホイットニーの別荘での寄り合いは、今の手紙で言及した障壁をおよそ意識させないほどであった。そこで過ごしたいくばくかの時間は、いまもって記憶に生々しい。しかし今日それを振り返ってみて、こうした雰囲気の魔術はただ単に舞台がロシアであったという事実からだけでなく、それが工業化以前の生活であったことにも由来しているように思われる。人々は自らの手をもって物事を処理し、動物や自然とともに暮らしていたのである。その生活は、いかなる形の近代化にもほとんど触れることのないものであった。

第一次大戦前の革命以前の生活というものは、国の政治体制とおよそかかわり合いがなく、実際には体制に嫌悪され、不本意ながら許容されていたに過ぎない。従って政治体制というような枠にはいっこうに組み込まれていなかったのである。一言でいえば、さして機械類がなければ、人間の存在というものは豊かで、満足すべきものである。

その夏の想い出はこれだけではなかった。私はある日、妻と上の娘のグレースを連れて、モスクワ南方およそ百二十マイルのツラ近郊にあるトルストイの館を訪れる段取りをきめたのである。大分以前のことだが私は一度そこを訪れたことがあった。しかしその時は、真冬の吹雪の中のことで、視界が限られていた。こんどは車で行った。ある理由から随行車を、いつもの一台から二台にした。さらに地方警察の管轄下になるツラ州の境界で、もう一台を付け加え、こうしてわれわれはまさに行列をつくって到着したのである。

それにもかかわらず私は、その日を大いにエンジョイした。トルストイの死からすでに四十年という歳月にもかかわらず、またその移り変わりのため避けることのできない博物館みたいな感じにもかかわらず、この古い館はかびくさいアメリカの田舎の古い家のような感じと匂いがした——思うに、遠縁の老ジョージ・ケナン（一八四五—一九二三）がずいぶん以前にこの偉大な作家を訪れた時もそうであったに違いない。

しかし何よりも嬉しかったのは、私を案内するために、ほかでもない、この偉大な人物の生涯の最後の数年間を個人的な秘書として共に過ごした人物、バレンチン・フェドロビッチ・ブルガーコフが姿を現したことであった。ブルガーコフは、年老いたトルストイが夜半起き上がり、二度と帰ることのない短い旅に出かけるため秘かにこの家と家族から逃げ出した際——この家ではないが近くに——居合わせたのである。逆上したトルストイの妻ソフィヤ・アンドレーブナが、出来事を知って自殺を図ったのを、末娘のアレキサンドラ・ルボブナとともに阻む役割を負ったのがこの彼であった。

われわれはその日、ヤースナヤ・ポリヤーナの〝公園〟の小道を歩きながら、トルストイについて、さらには十九世紀のロシア文学について、ブルガーコフと話をしたのである。彼はもはや記憶していないだろうが、私は憶えている。われわれのガードたちはうしろについて歩いていたが、彼らはわれわれの会話に干渉はしなかった。その間私は昔からよく知られてはいるが長い間見たことのない異なった世界に入り込んだかのような気持ちだった。ブルガーコフに、革命以前の他の多くの文化人が持っていたと同じような慎しみ深さと知識の特異な組み合わせを発見し、魅せられただけではなかった。革命前の教養人が身につけていた本格的なアクセント——豊かで洗練され、優雅で音楽的な——を再び（ずっと以前、私は最初のロシア語教師の何人からかそれを聞いていた）耳にすることができた喜びを思い出すのである。おそらくそれは、トルストイ自身のしゃべり方でもあったろうと思いめぐらしたのであった。

ブルガーコフはいつもこの案内役をしていたのか、それともこの日の手はずをきめる立場の人が、ロシアの文学と文化に対する私の深く真剣な関心を考慮して、とくにこの短い時間だけ認めることに同意したのか、私にはわからない。しかしここでまたしても、状況が許せば真にその中に入れると常々考えていた世界——運命が私を導いた政治や外交の世界よりも、はるかに自然に心からその一員となれるような世界を、私は身近に感ずることができたのである。そしてもし、この日の短時間の寛容さが、複雑なソビエト官僚制度の広がりの中のどこかで、この事実を理解していることを反映しているのであれば、それが誰であろうと、この日の寛容さを許可してくれた人に私は感謝の言葉を述べたい。というのも、一九五二年のロシアでは、感謝しうるようなことが余りにも少なかったからである。

もしここで、全般的にはみじめだった一九五二年の夏の喜びを叙述しようとするのであれば、最後に、モスクワの劇場のことに言及しないわけにはいかない——確かに他のいかなる時期にもまして、当時としては大きな喜びであり、またある点ではそれほどでもなかったのであるが、しかし喜びであることに変わりはなかった。劇場で、私たちは彼らに話しかけることはできなかった。彼らの方も劇中の人物の口を通じてのみ私たちに話しかけていたのである。それにもかかわらず、私たちは素晴らしい才能のある一群のソビエトの人々、つまり演劇社会のメンバーに物理的にではあるが、近づけたのである。それに彼らの演技や、彼らがその演ずる役割に与えている解釈を通して、彼らが、また彼らが属している世代が、どのようなものであるか、私たちはある程度の考えを得ることができたのである。

果たして彼らはこのことを知っていたのか。彼らは私たちがいたことを、舞台を見つめながらせんさくしていたことを、その演技を通じて彼らを理解しようと努力していたことを、知っていたのだろうか。私たちには判断の材料がなかった。ある夜、私は現在プリンストンで教授をしている友人のロバート・タッカーと一緒に、モスクワ芸術劇場へトルストイの「復活」を見に行った。私たちは第二列ないし第三列の座席をとり、〝天使たち〟はわれわれの背後に一団となってすわっていた。

第二幕ないし第三幕の真ん中で（人は時に芝居のクライマックスの時でさえも、物思いにふけることがあるが、私もその状態に沈んでいた）、突然、その時フットライトのところまで進み出て、私を見下しているように見えた主役の人物が、長いモノローグの途中で「そこにジョージという名前のアメリカ人がいる。われわれは彼とまったく同意見だ」という趣旨のセリフが聞こえてきた。びっくりして私は自分の耳が信じられなかった。これは同情を伝えるメッセージだったのであろうか。ある種の形を変えたデモンストレーションだったのか。私はタッカーを見た。彼もそれを聞いて同じように驚いているように見えた。芝居が終わると二人は大使館に急いで帰り、この劇の原作小説を取り出して問題のシーンのあたりを調べてみた。そして大いに失望したのである。確かにそこには物件税の提唱者であるヘンリー・ジョージに言及したところがあった。そうなると筋書きは道理にかなっていた。しかし俳優はこの芝居を言葉通りに知っていたのだろうか。それに彼自身われわれと同じくらいそれをエンジョイしていたのであろうか。それを知ることはないだろう。それは、他の惑星の生活を宇宙で耳にする宇宙飛行士のように、私たち外国人にとってロシア文化の世界——われわれが自らの周りにもその存在と活力を感じている——への愛着心を確かめさせようとするかすかなシグナル、または想像上のシグナルだったのである。

一九五二年の夏は奇妙な日々であった。舞台裏で何が進行していたかについて、当時に比べれば、いまのわれわれはかなり多くの知識を持っている。しかしその時でも、われわれロシアを知っているものは、万事が普通ではないという事実に気がついていた。私の知っている他のどことも違って、モスクワでは、政治的雰囲気は議論をしなくとも推し測れたのである。

その夏、ロシアの首都には奇妙な静けさ、用心深さ、不安感が漂っていた。スターリンの健康は、外部から見る限り、その年齢の人としてはむしろ元気そうではあったが、しかし事態はなんらかの結末を迎えたのか、もしくはそれに近づいているように見えた。五か年計画もなく、また表面上、民衆を熱狂させるような大々的な事業が、政権によって企図されてもいなかった。スターリンはいつもの習慣に反して、モスクワに留まっているようであった。だがこれさえも確かなことではなかった。真夏に行われたボルガ－ドン運河の開通式に、姿を現すものと思われていたスターリンの一家は、開通式の朝まで進められていた途方もなく大掛かりな歓迎準備にもかかわらず、なんの説明もされないまま、その姿を見せなかったのである。

その後しばらくして、空軍デーのパレードのひな壇を観察していたアメリカ大使館の武官たちは誰もが（私自身は出席を断ったのである。というのは、このパレードの告示が、ハンガリー上空でアメリカの飛行機が撃墜されるところを示したプラカードで、なされていたからである）、そこに姿を現したスターリンが替え玉であるとのはっきりとした印象を受けたのである。いずれにせよ、その際、政治局の他のメンバーは、彼になんらの敬意も払わずに、その頭越しに気楽に話をしていたように見受けられたのである。

前回ロシアに在勤した数年間と比較して、とりわけ二つの変化が強く感じられた。その一つは、革命政権の掲げる表向きの目的に対し、民衆の内的な無関心が増大していることであった――民衆を服従させている人たちのイデオロギー的発想に対して、奇妙にも関心が欠けていた。第二は、ソビエト社会において、社会的にも官僚制度の上でも、階層形成の速度と硬直性が増大していたことである。

第二次大戦に先立つ数年間、スターリンは、集団化と工業化などの諸計画、および広範囲にわたる恐るべき粛清によって、ロシア社会のすべてを――と言っても、とくにその中でも知識水準の高い政治的活動部門――不断に変化と混乱の状況に置きつづけていたのである。ロシア社会では、その内部でのさまざまな関係を固定させる機会がなかった。例えば、官僚組織における友情と忠誠心の形成、継承権益の創設、父親の権益を息子の資産にすることなどである。しかし第二次大戦以来、全般的な意義を持った新たな粛清はなかった。[*] その結果、このような過程が進行し始めたのである。

＊　一九四八年夏、ジダーノフの死とともに始まり、四九、五〇年と続いたレニングラードの党組織の粛清の規模と重要性について、私はいくらか過小評価していたと今日では考えている。しかし、これすらも主として局部的なもので、民衆全体に影響を及ぼすほどのものではなかった。

先に述べたマシューズ宛ての手紙の結論で、こうした現象のいずれもが、スターリンというただ一人の人間の生涯とその行為の反映であると指摘して、次のように書いた。

第一は、彼の限りない嫉妬心と政治権力への貪欲さ――彼をして地上での神性という馬鹿げた主張をさせるに至らせ、また自らがその最高指導者である政治運動のイデオロギー的意味と機能を事実上、否定するに至ったその気質――の反映であると言えましょう。第二は、彼がいよいよ老齢となり、死に近づいていることの反映なのです。

いかなる大国でも、このようにただ一人の人間の生涯と運命とにこれほどまで緊密に結びつけられ――その個性、その気まぐれ、そのノイローゼに調子を合わせ――、しかも彼のもつ弱点や死の不可避性との連体感をもたない国は、例を見ないのであります。党は変化が起きないようやっきになりました。しかし党には、真の民主主義もなければ、民衆の感情的な力との有機的な結びつきもなく、しょせんは一人の人間の寿命にゲタをあずけ、それへの義理だてをしている結果、自縄自縛に陥っているのです。

だからと言ってソビエトで近いうちに反乱が起きる可能性があると見ていたわけではない。

私はボルシェビズムという現象が、劇的な形で、あるいは突如として終止符を打たれるようなことはあるまいと思っています。ましてや、民衆の心の中に現在の制度に対する何か新たな、あるいは革命的な代案があると考えてはおりません。こうしたことを可能性がないときめつけるわけにはいかないにせよ、今日のところ、このようなことが起こる気配はありません。しかし、私の観測では、党はそうした変化の防止に成功したと見てはいないようです。私が理解する限り、当地では現在、政治体制からはみ出た大きな諸力が動いております。その諸力とは、体制そのものの、従ってスターリン自身に欠落していた部分にほかなりません。

これらの見解から「素朴な、過度に単純化された結論」を引き出すことは危険である。しかしこの一連の観測には、ジョージ・オーウェルの一九八四年の夢魔に現実性がないという私の懐疑的な見方を裏書きする何かがある。思うに、

ソビエトの指導者たちに、その権力を行使するに当たっての、決して誤ることのない何か神秘的な秘訣《ひけつ》があったわけではなく、そしてまた、彼らが権力を無期限に固持し、思うがままにソビエト社会を改造してしまうことは現実には不可能なのである。

ワシントン当局の内部で、アメリカの対ソビエト政策に関する私の見解をとくに求めて

いたわけではないが、大使としての立場上、私としてはアメリカの政策について懸念せざるをえなかったのである。ソビエト側の声明に通常含まれている誇張と歪曲の、大きな殻の中にある真の核心が何であるかを見定めようと、私は次の点に関心を抱き始めていた。すなわち、仮に、合衆国やNATOの侵略的な目的に対するソビエト側の宣伝の大半がでたらめであったとしても、われわれの方で自らの政策や声明を過度に軍事的色合いの濃いものにすることによって、モスクワにわれわれが追求しているのは戦争であり、しかもすでに不可避なものとして備えを整え、戦争に乗り出すのは時間の問題にすぎないとの確信を深めさせていないかどうか、さらにその状態がいまも継続しているかどうかという問題である。

当時のソビエトの新聞は、西側が戦争の不可避性にコミットしていることを示唆するような、アメリカないしNATOの軍事活動（本当だとすれば）に関する記事で一杯だった（それ以後も続いていたように思う）。それによると、アメリカはユーゴスラビアのいくつもの空港を接収し、トルコ駐在の米軍事顧問団の規模は千二百名にまで増強され、トルコのイスケンデルン港からソビエト－トルコ国境まで延長およそ千百キロに及ぶ戦略道路を建設中である（もし本当にその工事が進められているのならば、これは明らかに、防御的というより攻撃的な意図を示唆する行為である）と報ぜられている。また、その一人については名前まで挙げられているのだが、アメリカの秘密工作員たちは、フィンランドで民族主義者や反ソ分子たちと陰謀を企てており、デンマークでは圧力を加えて航空基地を獲得しようとし、西ドイツとオーストリアでは広大な土地がアメリカ当局によって軍事目的のために徴発されようとしているというものである。

これらの報道のあるものは、明らかに捏造《ねつぞう》、ないし誇張されている。しかしそのすべてがそうなのか、私には知る由もなかった。わが政府は決して――文字通りに決して――それらに対して反駁する労をとらないのである。国務省自体、大半のケースについておそらくその真偽を知らなかったのであろう。ペンタゴンは、たとえ求められても、多分口を割くらなかったであろう。その沈黙の理由は、軍事機密の保持であったに違いない。それに加えて、ワシントンの誰もがあえてその労をとろうとはしなかった。ロシア側の報道は「まったくの宣伝」に過ぎないと彼らは言っていたことであろう。

このような反応の仕方に、私は決して同意できなかった。もしこれらの話が嘘ならば、それを否定せずに放っておくのは危険であると考えた。もしこれらが本当であって、しかもそうした活動のために、われわれが平和を信ぜず、戦争を不可避と見て体制整備にのみ関心を持っているという印象――ロシアに対してだけでなく――を実際に作り出しているのであれば、その場合われわれとしては、これらの活動を再検討し、政治的にも軍事的にも、われわれの全般的な利益という観点に立って判断した上で、それが真に追求するに値するものかどうかを見定めるべきだと考えたのである。

この問題が私にふりかかって来たのは、ソビエトの新聞記事からだけではなかった。モスクワ着任後余り日時の経たないうちに、私は大使館付武官（ペンタゴンから陸、海、空三軍の武官が派遣されていた）によって、大使館の施設が軍事情報の収集目的に悪用され、米外交使節団の有用性そのものが危うくされているのに気づいたのである。ロシア側は常に武官を、いや彼らだけではなくすべての外交官をスパイとみなしていた。ところがわれわれの方で、そうした振る舞いをしていたわけである。

この結果、滑稽な、望ましからざる事態に発展したのである。例えば、赤の広場で大規模なパレードが行われる日、アメリカ側は、モスクワの上空を飛ぶソビエト機を撮影するため大使館の建物の屋上にある種の望遠レンズ付きのカメラを据えつけたのである。ロシア側では、その隣のホテル・ナショナルの屋上に人を配し、わが方のものが撮影しているのを撮影していた。反対にまたわれわれの方も、われわれを撮《うつ》しているロシア人を撮影したのである。これは全く馬鹿げた恥ずべきゲームとなり、その結果はつまるところ、モスクワのアメリカ大使館の目的、およびアメリカの政策全般の発想に対するロシア側の皮肉な見方を強めただけであった。

私はこうしたことにはまったく反対である。ソビエト政府とわれわれとのあらゆる見解の相違にもかかわらず、われわれはソビエトの首都に迎えられた客の立場にあった。われわれが主人側の国の法規は言うまでもなく、礼儀と品位を守るということは、単に彼らに対する義務であるばかりか、われわれ自身の行動基準に照らしても当然であろう。ところが、それを越えてわれわれは、大使館が持つ真の外交機能を悪用し、ある点では、その存在そのものを危うくしているのである。それにワシントンでは誰一人として、このことを気にしていないようであった。国務省は無関心過ぎたのか臆病過ぎたのか、とにかく問題にしなかった。だが私は、それを無視することはできなかったのである。

私はこうした悪用をやめるように命令を出した——このような活動は国際的な交際において通常許容される範囲内にとどめるべきである。私がモスクワに駐在していた短期間に、かなりの改善がなされたものと信じている。だが事態は私を心配させつづけた。大使館が持っていると思われる他の有用性、とくに戦争を防止するという有用性よりも、軍事情報の収集にワシントンが圧倒的な優先権を与えていると思える事実に対して、私はどのような解釈を下すべきであったのであろうか。

ある日、私は特に激しいショックを受けた。それは、武官の一人が、われわれの軍事体制を強化する目的のためにソビエト国境からほど遠くないある地域で、ペンタゴンが提案した軍事的な性格をもつある種の行動をとることに関するワシントンからのメッセージを私に示した時のことである。それを読んで私は青くなった。もし私がソビエトの指導者であったなら、そしてこのような措置が講ぜられようとしているのを知ったなら（ソビエト政府が知っていたことは確かだが）、アメリカが六か月以内に戦争が起きることを想定し、その日を目指してその準備に乗り出したと結論を下すことは間違いない。一九四九―五〇年の時期にはワシントンで、一九五二年に到来すると思われる「危険の頂点」に合わせて、アメリカの軍事的準備が進められているという噂が公然とまき散らされていたのであるから、ソビエトの指導者たちがこれを契機にして性急に驚くべき結論を下したとしてもおかしくはなかったのである。そしてその結果は、彼らの側の準備もまた急テンポになり、情勢はやがて統制できない状態になったであろう。

私は強い諫言《かんげん》によって、この特定のイニシアチブを妨げることはできた。だが、ワシントンの官辺筋を動かしているように見受けられる無謀さ――一切のことを進んで軍事的考慮に従属させる用意――についての懸念を克服することはできなかった。私は、わが政府になんら侵略的意図のないこと、まさに私が反対したようなその提案ですらも、基本的には防衛的な性格のものであることを承知していた。しかしまた、私の目に明らかだったことは、今日ではペンタゴンがその主張をおし通していること、またアメリカの政策に軍事的考慮と政治的考慮との適切なバランスをもたらすには、ポトマックの政治部門の力がまったく不十分であり、かつ情勢についての理解にも欠けているということであった。これら二つのカテゴリーにおける考慮の調整は、これまでも常にわれわれの統治制度の弱点をなしてきたのであるが、この時ほどこの弱点が日に立ち、危険に見えたことはなかったのである。

夏の終わりに私が、NATOに対するソビエトの反応という主題で基本的な報告作成に乗り出したのも、こうしたことに対する私の反応であった。この文書は、一九六〇年代の後期、〝修正論者〟*たちが戦後期におけるアメリカの政治家たちの政治的資質の妥当性と誠実さを問題にしたよりも、ずっと前にモスクワで起草されたものであるが、これは一九四〇年代末におけるロシアと西方との関係悪化に関するわれわれの責任という全般的主題について、これまで私が述べた見解の中でも問題の余地なく最も強い声明をなしている。従って、私は本書の巻末に付録D（四九六ページ）としてこの報告の主要な部分を添えておいた（朝鮮に関する部分は本書で上述したところと重複するので割愛した）。

＊　これはアメリカの学者たち（ガー・アルパロビッツ、ウォルター・カール・クレメンス、デービッド・ホロウィッツ、ゲーブリエル・コルコ、それにカール・オーグルズビを含む）による〝冷戦〟の起源に関する多くの著作を指すもので、これらは戦後期における米ソ関係に痕跡を残したさまざまな対立や紛争について、それを挑発または考え出した主要な責任を合衆国政府に帰す傾向を示している。

読者はその文書を読めるわけだから、それを詳しく要約することはしない。私が是非指摘しておかなければならなかったことの核心は、ロシア側の行為にも多くの不可解な不安を抱かせる側面があったとは言いながら、この戦後の時期に、彼らがヨーロッパを攻撃する意図を持っていたわけではなく、またわれわれもそのことを知っているに違いないと考えていたという点である。これがために「ソビエトの脅威」に対する回答として、またソビエトの侵略に対する「抑止力」としてNATOが結成され、それが西側世論に提示されたとき、そうした一連の態度がロシアを困惑させ、われわれの政策に何か邪悪な、かくされた動機がありはしないかとの態度をとらせる結果となったのである。*

＊　一九五二年五月十二日、つまり私が大使として着任してから一週間後、モスクワのイギリス大使館が発行したニュース・ブレティンに現れた次の項目は、当時一般的にワシントンの官辺筋がソビエトの意図をどのように受けとめていたかを物語る一例として役立つであろう。
「ワシントンにおいては下院外交委員会がアメリカの防衛努力の緩和を妥当とするほどソビエトによる侵略の危険は減少してはいないと述べている。この声明は、対外援助法案に関する報告の中で同委員会が行ったものである。それによるとアメリカの軍事指導者および外交官は、現在までロシアが西側に対する攻撃の日時を定めているわけではないと考えている。またその報告書は、これまでのところクレムリンは自由世界との全面的な戦争を不可避とはしていないことも確かなようだと述べている。しかしながら、完全に動員された膨大なソビエト軍は、東ドイツ、その他の地域でいつでも攻撃に移れる準備をすでに完了しているのである」

ソビエトに対するこうした影響は、ドイツ、日本の再軍備を目指したわれわれの諸措置、朝鮮における西側の行動に関するわれわれ自身の解釈および説明の仕方、さらには、西側における資本主義制度の社会的基盤は崩壊しており、よって搾取階級の指導者たち（すなわち西側諸国政府）は「一つの形式の攻撃から他のより鋭い形の攻撃へと移っていく」とするレーニン主義者の教義によっていよいよ強められてしまったのである。

私は用心深く、われわれ自身に対しソビエト側が表明した疑心のすべてが心底からのものでないことは言うまでもない、として次のように指摘した。

もしソビエト側の発言や態度に通常つきまとっている宣伝目的のための歪曲、さらには外国の意図に対する中傷など、あらゆる枝葉をとり払ってしまうことが可能であるとしても、なおそこには、この数年来、西側の意図に秘められた邪悪さへの確信という固い芯が残っていること、そしてこの確信が、すべてではなくともかなりの程度、一九四八年から今日に至るまでの西側の諸政策に対する彼らの誤った解釈によるものであることが判明しよう。以上のことは、確たる証拠が示唆していると私には思えるのである。

この誤った解釈が果たしてどの程度まで彼らの政策に影響を及ぼしたのであろうか。それはまだ、戦争が不可避であると考えさせるまでには至っていない。そう考えるには、彼らは、国際情勢における予期しえないもの、不測の事態のもつ役割を余りにも熟知しているのである。とはいえ、多分それは、彼らに軍事的準備を強化させたに違いない。またそれは、ソビエトにおいて国内治安問題に対する恒常的な配慮を一層強め、政権による統制と外国人に対する監視の強化をもたらしたのである。このようにして、ロシアと西側との外交関係の設定によってかつて存在していたなにがしかの有用性は、それすらも弱められることになってしまった。言い換えれば、外交経路を通じて両国政府が互いに話し合えるということの中に存在する安全性のクッションを、さらに傷つけたわけである。

それ以上にソビエトの指導者たちは、アメリカ側がこのように軍事的準備を過度に重視することによって、自らの立場を、ワシントンの帝国主義者の戦争屋とは対照的に、平和の熱狂的支持者として身構える有利な状況にあると見ていたのである。いま世界の諸地域で彼らの工作員によって組織されつつある〝平和会議〟の流行は、こうした機会を最大限に利用しようとする努力を反映したものにほかならない。

このような理由から、ソビエトによる誤った解釈になんら反駁を加えることなく放置しておくことは、われわれにとって望ましくないと私には思えたのであった。

では、これに挑戦するために、われわれは何をすべきなのか。

第一に、われわれの軍備を、ソビエトの指導者たちの力と態度によって提示された政治的脅威に対しての、最小限かつ慎重な対応として表現するように試みるべきである――すなわち、西側へ攻撃を加えようとするソビエトの意図、乃至《ないし》はそうした攻撃を暗示するソビエトの意図への対応措置として、さらにはロシアとわれわれとの政治的見解の相違が到達する唯一の結末は大戦にほかならないという結論の反映として、それを表現してはならないということである。

しかし第二に――これこそ何よりも重要だが――われわれは自らの政策の中に、政治的考慮と軍事的考慮の適切なバランスをはかるようにすべきである。不可避でもない戦争を空想して、それに対応できる理想的な軍事体制を追求し、それによって平和維持の見通しを暗くするようなことがあってはならない。私は何よりもこの後者の点を強く感じたのである。というのは、NATO諸国とロシアとの間の戦争はとり返しのつかない、確実で最終的な破局だと私は見なしたからである。われわれの唯一の望み――万人の唯一の望み――は、いわゆる東西間の対立を政治分野に限定できるかどうかにかかっているのである。もしそれが軍事分野にまで広がることになれば、われわれはすべてを失うことになってしまうのだ。戦争にまで至らない手段によってわれわれの利益を成功裏に追求しようとする可能性が、不可避でもなければ何人も得るところがないはずの戦争のため、理想的な軍事体制を愚かにも追求することによって、いささかでも傷つけられることになれば、これこそ愚の骨頂だと私は考える。

もちろん、私を困惑させたわれわれの側の軍事的措置の多くが、発案者たちの発想においては防御的なものと見なされていたことは、私も承知していた。しかしどのような型の軍備であろうとも、それは常に、他の側には一定の型の計算と意図の反映として映るに違いないことを指摘して、私はこう書いたのである。

ＮＡＴＯという機構を設立するにあたっては、あくまでも垣根を作ろうとしている人の冷静で、分別のある措置として第三者に理解されるような形で行われるべきであり、決して、戦争を不可避なものと見て、寸暇を惜しみあくせくしている人たちの熱に浮かされた準備工作と見なされるような、挑発的態度で行われるべきではないのである。しかもその垣根は、誰かに破壊されることになるだろうという発想からでなく、あらゆる方向にその存在をはっきりさせたいという、通常の慎重な配慮から作られるものでなければならない。

明らかにこの見解には、できるだけ速やかに理想的な軍事体制を達成するという観点からすれば、いくつもの不利な点があろう。しかし、理想的な軍事体制と、政治戦争——「これは現在なお進行中で、われわれとしては戦いつづけるほか選択の余地のない戦争である」——に勝利を収めるという目標との間には、克服し難い対立があった。

これらの軍事的乃至《ないし》政治的アプローチのいずれかの必要条件は――もしそれが極端に進められれば――他方の必要条件を全く破壊することになるであろう。……もし他方のそれが完全に破壊されれば、いずれのアプローチも成功しえなくなる。もし政治的観点からのみ問題に対処することになれば、その結果として実際の軍事的準備の度合いは全く不十分なものとなるであろう。……一方、職業的な軍事計画立案者がその欲するすべてのものを与えられれば、……その結果は、西側の民衆の政治的抵抗をことごとく分裂させてしまうことになろう。

この場合に必要なのは、「これら二つの必要条件の間に筋道の通った賢明な妥協」をすることだったのである。そしてこれはソビエトの過敏さを十分に考慮に入れた妥協でなければならない。とくにこれは、陸と海とを問わずソビエト国境に隣接する地域での、他国による活動に当てはまるものであった。ソビエトの指導者たちが、「明らかに自らの領土への浸透を目的として数多く設けられた航空基地の環によって取り巻かれようとしていることに、過敏になるのは至極当然のことで」あった。

この点に関しても、私が、あらゆる防衛手段を放棄しろと主張しているわけでないことはすでに周知の通りである。明らかにわれわれは、より強力な軍事力の育成に着手せざるをえなかった。

しかしここでもまた、完全を求めすぎると一切はご破算になるのである。確かに、ソビエトの国境へ向かって基地や軍事施設を進めていくにつれ、それによって彼らが避けようと意図している事態をかえって作り出さざるをえない点に到達することになる。アメリカの基地による包囲に直面しても、ソビエトの忍耐は無限なのだなどと考えてはならない。政治的考慮は別として、いかなる大国といえども、たとえそれが平和的であろうと侵略的であろうと、また合理的であれ非合理的であれ、自らの国境に、競争相手であるいま一つの大国の軍事施設が徐々に設けられていくのを坐視し、無関心に見逃すことはありえない。ここでもまた妥協点を見出さねばならないのである。それは必然的に軍事的理想には幾分欠けたものとなるであろう。

この妥協点は、ロシアの心理状態と伝統の特異性を考慮して見出されねばならない。われわれが今日ソビエトの指導者たちとの間で意思を疎通しうるほとんど唯一の言語は、公然たる軍事的政治的な動きという言語であることを想起すべきである。もしわれわれが依然として、最終的な決着を政治的分野に限定し、その分野で勝つことを望んでいるのであれば、われわれはこの特異な言語でしゃべる場合、その言葉使いが、ソビエトの指導者たちにとって……唯一の問題は戦争が「起きるかどうか」ではなくて、それが「いつ」起きるかであるといった心理状態におとしいれないよう最大の考慮を払わねばならない。

ロシアとの関係および冷戦の問題に関する政府部内の一助言者としての私にとって、この報告は最後のものであった。私は生涯のまさに二十五年間を捧げてきたこの問題に関する正式文書をもって、責任ある公務員としての政治に対する最後の発言としたのであった。

この報告が取り扱った対象事項は、米ソ関係の今後の展開にかかわりのある諸問題の核心に触れるものであった。その文体についての些細な点を別にすれば、今日でもその内容には変更すべき何ものもない。そしてもし、冷戦の起源と冷戦を深めた点についての両陣営相互の責任に関する最近の論争に照らして、何か一つの文書で私の見解を世間に理解してもらうということになれば、多分それは——西ドイツのＮＡＴＯへの編入、ミサイル時代の到来といったその後の大きな出来事に先立って書かれたものとはいえ——この報告ということになるであろう。

しかしながら、この報告自体に関する限り満足すべきものだとしても、以上のような事実を背景にしたとき、この文書は、アメリカあるいはＮＡＴＯの政策に何も触れていなかったかのごとく、実際にはなんの影響も与えなかったことを記録しないわけにはいかない。この文書で要望された線にそって動く代わりに、アメリカ政府は、少なくとも以後十九年にわたってまるで反対の線にそって動いていたのである。アメリカおよびＮＡＴＯの軍備を、いわゆるソビエトの攻撃的意図への対抗措置として強調しただけでなく、アメリカ自身およびNATO同盟国に対しては、われわれ自身の軍事能力がもつ最も脅威的な要素に言及する場合、「核抑止力」としてしか触れようとはしなかったのである。そこに横たわっている明白な含意を読みとるなら、第三次大戦の開始を切望しているロシアは、この報復の機関によって抑止されなければ即時に攻撃を加えてくるだろうということなのである。かくしてわれわれは、年々、ソビエトの国境にできるだけ近いところへ航空基地ならびにミサイル発射基地をおし進めるための、あらゆる努力を惜しまなかったのである。毎年、アメリカの艦艇は黒海の中にまで無益な示威行為に派遣されていく――このようにして間接的に、もしわれわれがその立場に立った場合、アメリカの世論も議会もとても耐えられそうにないギリギリの忍耐を、ソビエトに負わせていたのである。

また、パキスタンや沖縄に見られる通り、次から次へと、軍事または航空基地を維持発展させるために執拗な努力がつづけられていた。しかも、それに伴う明白な政治的代価を相殺するような努力が行われた証拠はない。

同じように軍事情報へのあくなき貪欲な追求によって、政治的利益は犠牲にされ、危殆《きたい》におとしいれられている。U2型機のエピソードに見られるように、われわれがこうした活動に対し十分な抑制を加えなかったため、われわれとの間でより確固たる共存関係をつくり出せたかも知れないスターリン以後の唯一のソビエトの政治家の政治的生命を打ち砕き、その気質においてははるかに反動的で軍事的な、軍事、公安関係の当局者の一群の影響力が、彼の支配的な影響力にとって代わる事態を導き出したのである。そしてその時ワシントンでは、一時的な困惑が見られたにすぎず、誰一人として非難されるでもなく、誰もこのように重大なアメリカの政策の誤りの原因について、真剣な調査を行おうとは考えもしなかった。

問題のこの報告が、いかに知的な価値を持っていたにせよ、それが目指した真の目的の観点からすれば、この報告は失敗であった。これが、他のアメリカの大使による多くの勧告と同じ運命をたどったものであるとはいえ、時々私はどうしてそのようになったのかを反省し、また私自身の欠点がどの程度までそれに影響したかについて考え込まざるをえなかった。

このような性質の報告が、なぜ当時のワシントンで政策立案の立場にある誰からも関心をもって読まれなかったのか。この点についてはいくつかの具体的な理由があった。いずれにせよ、この報告の影響力は、その直後に起きた私のロシアからの追放に伴う興奮によって鈍らされたことであろう。さらに当時ワシントンは、一つの政治的時期の終わりであった。一九五二年の選挙運動は最高潮に達しつつあった。その結果のいかんに関係なく、トルーマン政権の日々はすでに文字通り数えられるほどであった。それゆえに大統領も国務長官も、私が提案したような軍事政策の考え方と方向の転換をはかろうとする場合、必要となる、ペンタゴンとの闘争には気乗りしなかったのであろう。

しかし通常の時でさえも、このように広範な主題についての一大使からの報告が、アメリカの政策樹立に関する二人の最高首脳に影響を及ぼすとすれば、それこそきわめて異例なことであっただろう。有力な上院議員、議会の委員会委員長、あるいはＡＦＬ－ＣＩＯ、そのほかの国内分野から、とくにこの種の人々から多数同様の意見が出た場合には、真剣な考慮が払われるに違いない。

大使というものは、その国の政府の目からすれば、大使自身のほかの誰をも代表していないのである。それゆえに彼の意見は、時に魅力的で、面白かろうとも、ワシントンの生活の尺度からすればほとんど価値がなかったというわけである。政府の政策に影響を与えようとするこの努力の誤りは、その勧告の性格でも、その勧告の書き方でもなく、その勧告を出した源の限界によるものであった。この事実がわかると、その後の数か月の間に、受動性、曖昧さ、技巧のみが高い価値をもち、真面目な分析が評価されないという職業にとどまる熱意は、急速に冷めていったのである。

第七章　好ましからざる人物

私はすでに、ソビエト当局が外国代表を常時監視下におくとともに、彼らを民衆から隔離しておくために講じている巧妙な諸措置について言及した。他の時期に比べて一九五二年には、一層ひどくなってはいたが、これはもともとスターリンのやり方の一つの典型的なものであった。

これと関連のある一つの小さなエピソードがある。一九五二年の初夏の出来事であるが、それは、私にとって、事件そのものにもまして、そこにはかなりの警告的な意味が含まれていたように思われる。これを説明するためにはまず、事件の背景について一言触れておかねばなるまい。

一九三〇年代および戦争中にかけて私がモスクワに在勤していた頃には、外交団の人々およびとくにアメリカ大使館の上級職員と通常の社交的接触をもつことを、明らかに党と警察から許されていた二人ないし三人のソビエト市民が常にいたものである。普通、彼らは文化的教養人の中から選ばれ、人前に出てもおかしくない洗練された人たちであった。彼らは社交的な催しなどへの招待を受けいれ、大使館員たちと普通につき合い、大使館員もまた彼らとのつき合いに満足し、また彼らに普通の社交的な配慮を向けていた。彼らが警察とある種の特殊な関係にあることは明らかだった。そうでなければ、このような交際が許されはしなかったであろう。彼らはこれらの交際から得た情報の中から、ソビエト当局に関心のあるものはなんでも、警察に報告することを求められており、また報告しているものとわれわれは考えていた。

しかしこちらから、こうしたしきたりに水をさすようなことはしなかった——少なくとも当該のアメリカ人外交官が賢明で経験豊かな人物であると考えた場合には、そうしなかった。これはソ連当局にとってと同じように、こちらにも利点のあることだった。一つには、交際を許されていたこれらのロシア人は大体インテリで、時には魅力的でさえあり、彼らと共に時間を過ごすことは楽しく、また得るところもあった。しかしそれ以上に、彼らはたとえ一方的ではあろうとも、より上級のソビエト当局に対する有益なコミュニケーションの径路を提供してくれたのである。概してコミュニケーションが非常に限られた状況の下では、こうしたことは馬鹿にできないことだった。折にふれこの会話の中で、公式のレベルではソビエトの役人に言いたくないようなこと、あるいはそのようなレベルでは公式記録になってしまうようなことを言うことも可能であった。しかもこうした非公式の形で言われたことが、やがて責任ある当局の耳に達することもまず確実であった。このように、もし説明しなければ誤解を招き易い事柄に説明する機会を与えてくれたのである。

一九五二年、大使としてモスクワに着任してみて、このような仕組みそのもの――つまりわれわれが通常の接触をもちうる〝飼い慣らされたロシア人〟（われわれはそう呼んでいた）のグループの存在――が、一九四〇年代の末期に始まったソビエトと西側の関係の悪化の犠牲となって姿を消したことを知り当惑した。もはや私が時たま会い、普通の社交の形で話をし、それを通じて少なくともアメリカの政策の背景と基本的な考え方を伝達しうるような仕組みはなく、実際にまた、そうしたソビエト市民もいなかったのである。朝鮮戦争から生じた緊張、さらには、不必要な誤解が容易に戦争を招きかねないという認識からして、このことはとくに私を困惑させた。

そこで私は、この点について遺憾としていることをなんとかソビエト外務省に知らせたいと思った。まさか公式に申し出るわけにはいかなかった。なぜなら、まさにこれは、公式レベルでは承認をうけるわけにいかない事柄の一つだったからである。公式レベル以外でわれわれがソビエト当局者と会える唯一の機会は、時折行われる外交レセプションであった。そうした所でさえ、この微妙な事柄を話し出せそうな人を見つけるのは容易ではなかった。私が思いついたのは、当時ソビエト外務省の官房長のポストにあったボリス・フエドロビッチ・ポッツェロプである。彼が戦争中モロトフの政務秘書室長をしていた時、ハリマン大使と共に私は彼と面識があった。その関係はまったく公式なものではあったが、快いものだった。外務省の他の多くの役人と違って彼はフランス語が達者なこと、それに私自身そうした特定の場ではたして彼と話をする機会を持てるかどうかまったく不確定だったこともあり、大使館参事官のヒュー・カミングス氏にも、もしどこかの外交レセプションでポッツェロプと話をする機会があったら、私がたまに通常の社交の形で会ってお茶でものめるソビエト市民が、それもできることなら、党との関係のよいものがいないことを遺憾としている旨、何気なく彼に伝えてくれるよう打ち明けておいたのである。

六月の終わり、その時私はモスクワを一寸離れていたのだが、カミングスはたまたまポッツェロプと顔を合わせ、私が言って貰いたいと思っていたことについて、彼の了解している点をポッツェロプに伝えたのである。

私がモスクワへ帰ってから間もなく、ある忙しい土曜の午前中、大使館にいた私のところにカミングスがやって来た。受付に若いロシア人が現れ、名前を明かしたがらないが党員証を見せて、私に面会を求めていると告げた。大使館にこのような人物が現れたことは、もちろんまず前例のないことであった。大使館への訪問者はすべて、建物の前に配置されている警備のものによって厳重に監視されていた。ソビエト当局の許可なしに内部にはいろうとしたソビエト市民は誰でも、大使館訪問が終わったあときびしく容赦なく問いつめられることは明らかであった。

最初、私はその若者が名前を言わないのなら、会わないと言った。だが、カミングスが以前、ソビエト外務省で確かにこの男を見たことがあると言ったので、この男がなんらかの公式の地位を持っているに違いないと判断し、カミングスの同席を条件にしてではあるが彼と話をすることに同意した。

その男は通された。若いけれど特徴のない、血色の悪い、明らかに非常に神経質な男であった。彼の話は大体こうだった。彼は公安担当閣僚の息子で、その父親は――彼は私が知っているものと考えていたが（実際には知らなかった）――最近追放されていたのである。家族も父の不名誉に連座し苦労していた。彼、つまりこの若い男は、いまや前途に見込みのないことがわかり、絶望的な状況にあった。彼には何人かの若い友達がいたが、彼らも同じような状況におかれていた。力を合わせれば、彼らは以前のつながりを通じて、ソビエト指導者たちの動静を知ることのできる立場にあった。彼らが必要とするのはただ金と武器だけであった。そのことが暗示していたのは――彼がそんなにはっきり言ったという記憶はないが――もしそれらのものが手に入れば、現在のソビエト指導部を倒すことができるだろうということだった。

当然のことながら、この奇怪なアプローチに私はたじろいだ。それが挑発を意味していることは疑う余地がなかった。私がそのことに気づかないと思う方がどうかしている。私は返す言葉につまった。どちらかといえば弱々しい声で、そのようなことには一切関心がなく、私はソビエトの法を犯したり、その内政に干渉するためにロシアに来たのではなく、彼を助けるわけにはいかないと言ったのである。私としては即座に彼の退去を求めるほかなかった。ひどい失望と恐怖の様子を示しながら、この訪問者は、どうして警察の注意をひかずにこの建物から出られるだろうかと質問した。どういう風にして入って来たのかと私が聞いたところ、警備のものが通り過ぎたところを脱兎のように入ったのだと言った。出る時はどうするつもりだったのかと聞くと、私が大使館の車を一台彼に使わせてくれれば、その中に身をかくして出ることができるものと期待していたのだと答えた。そんなことは問題外であり、自分の責任で入って来たのだから、出るのもそうすべきだと私は告げた。こうして再び彼は徒歩で出て行き、われわれは窓越しに、どのようにして彼が平服の男たちに捕まり、同行されながら街頭からその姿を消していったか、つぶさに見ることができた。

事の次第からすれば、それはエピソードであった。が、このエピソードは、それにふさわしい怪奇なエピローグを持っていたのである。イギリスの同僚たちと接触を保っていたカミングスが、数日後、私のところにイギリスの大使館で見つかった一枚の写真を持ってきた。それは一年ほど前、イギリスの私の同僚であるサー・アルバリー・ガスコインの信任状提出の際に撮影されたもので、この儀式に出席していた英、ソ両国の関係者全員を写したものの一つであった。そしてその背景、つまり二人の中心人物であるシュベルニクとガスコインの頭の中間点の真うしろに、まるで幽霊のようにぼんやりとではあるが、奇妙な訪問をしてきた例の若い男の顔が浮かんでいたのである。今日に至るまで、彼が誰なのか、あるいはそのような位置で彼の顔がどのような役割を果たしていたのか、私にはわからない。

この奇妙なエピソードを熟考してみて、私にはその意味するところがわかったように思えた。それは典型的なスターリンのやり方であった。私はかねて、時たま会ってお茶のめるようなソビエト市民が少なくとも一人は欲しいと言っていた。私が受けた訪問はスターリンの回答だったのである。彼が言おうとしたことはおよそ次のようになろう。「君たち、哀れな資本主義のならず者よ、君がなんの目的でソビエト市民に会いたがっているのか、それが破壊、恐怖そしてスターリン政権の打倒であることはわかっている。よろしい――君のところに適当な者を送ろう。君が彼をどうするかを見ようではないか」

この説明を、ありうることとして理解するには、次のことを想起する必要があろう。一九三〇年代の公開の粛清裁判において、スターリンの指導性に対するいかなる反対も、検察官からそれを打倒する意図と同じに扱われたのである。しかし、検察官が指摘した通り、スターリン政権は反対派を満足させるためになんら抵抗なくその試みに服する用意はないのである。従ってこれは力による打倒の意図を意味したのであり、事実上それは「テロリズム」だったのである。ところで、合衆国政府の中には「解放」を口にするものがいる。しかしそれがソビエト政権の打倒でなければ、一体なにを意味していたのであろうか。さらにこの打倒をなしとげるための努力が、もしテロリズムの行使でないのならば、一体何を意味していたのであろうか。というわけで、彼は私のところにそれにふさわしい男を寄こすことになったのであろう。

しかしこうした理論的な説明は別にしても、このエピソードのもつ含意は明らかに私を当惑させるものがあった。それはソビエトの高官筋の中に、私に対して例外的なほどの個人的な敵意があることを示唆していた。いや、敵意だけでなく、深い疑惑が持たれていることを示唆していたのである。訪問者が「最近パージされた」国家公安相の息子だと主張していたことが想起されよう。当時われわれが知っていた前の公安相は、ベリアの手先のビクトル・S・アバクーモフ（一九四六年から五一年まで公安相、五四年に処刑）であった。われわれが間もなく知ったことだが、彼は実際に最近、恐らく一九五一年の最後の数週間のうちにパージされたのである。彼の失脚は、スターリンの老齢化と権力の衰退傾向の明確な兆候とともに始まったはげしい党内陰謀の、最初の発展の一つだったように思われる。この争いはその後数か月のうちにはずみを増し、その初期段階の頂点である「医師団の陰謀」、さらにはそのあと、スターリン死去の発表を見ることになるのである。

当時、私は何か異常なことが進行していることには感づいていたが、こうしたことはほとんど知らなかった。しかしこの若い男の発言内容からすると、モスクワの高官の誰かが、私が実際に知っていたよりもっと多くのことを知っているものと考えていたことは明らかであった。思うに、ポッツェロプへの私のアプローチは、スターリンに対する陰謀にかかわり合っている反対派の、ないしは少なくともスターリンの後をうけて自ら非常に高い地位を独占しようと企てている反対派のものたちに、接触しようとする試みだとする疑惑があったのかも知れない。

私に対して個人的に苦々しい感じを抱く他の理由が、スターリンにはあったのか。それを知ることはできない。当時いかなる判断をすることも不可能であった。この街に駐在する外国の代表にとって、秘密警察が収集し、提供していた彼自身に関する話や事実に反する噂の内容を知る手立てはないのである。モスクワに住む外国人は、その筋からの悪意に対して身を守るという点では、全く無力だった。なぜなら彼はいついかなる場合も、中傷や彼自身まったく身におぼえのない偽りの非難によって、犠牲にされえたからである。

当時私は、ロシア在勤の長さ、およびソビエトの舞台裏を知っているという点で、モスクワにおける古参の外交代表であった。他の外交官たちはしばしば私の見解を求めていた。暑苦しい不快な夏であった。新たな党大会の準備が進められていた。すでにいくつもの変化が取り沙汰されていたが、ソビエトの政治でいえば、変化は常にある程度の危険を意味していた。そこでもし、舞台裏の出来事についての私の知識が過大に評価されていたなら

――一般にそう思われていたようだが――私の周りに人が集まるのを好ましくない、と結論を下すものがいたとしても不思議ではない。

私に対して怒りを抱くだけのいま一つの考えうる、恐らくそうだとさえ言えそうな理由が、少なくともスターリンにはあった。この回顧録の上巻で私は、一九四五年の戦勝の日に、アメリカ大使館本館の前の台の上に立ち、喚声をあげる熱狂的なソビエトの群衆に向かって、私が友好的な言葉を少しばかりしゃべるようになった事情を詳しく説明した。このことがソビエト政権の上層部にどれほど激しい怒りを与えたかは、一九四〇年代の末に、主としてこのエピソードを歪曲した見方に基づく激しい反米宣伝の書物が出版された事実からも明らかである。一九五二年になっても――間もなくそれに触れるが――それは忘れられてはいなかったのである。スターリンはソビエト群集の示威的な熱狂ぶりを、他の誰とも、とりわけブルジョア外交官と分かち合うことには慣れていなかった。彼はそうした熱狂ぶりの中に、政治的独占とでも言うべき何かを見出していたのである。*

＊　これに関連して私の知る限り、ソビエト群衆の友好的熱狂にとり巻かれた経験をもつ他の唯一のブルジョア外交官が、一九四八年、イスラエルの初代駐ソ大使として在勤していたゴルダ・メイア夫人であったことは注目に値しよう。私の聞いたところによると、彼女がユダヤ教のモスクワ会堂を訪れた際、突然ユダヤ系ロシア人の大群衆にとり巻かれ、彼女が何者であるかを知っていた群衆は、熱狂的、感動的な大歓迎をもって迎え、その多くのものは彼

女の前にひざまずき、涙を流し、その衣服に接吻したのである。

一九五二年末期の私の追放、さらにその数週間後にあたる一九五三年初めのイスラエル大使館そのものの追放（メイア夫人はすでにいなかった）その間に、なんらかの関連がありはしなかったかと、私はしばしば思い感じたのである。もちろんスターリンは、その生涯の終わりの数か月には（ある程度まではもっと早い時期にまでさかのぼれるが）ひどく反ユダヤ的であった。追放は単にそのせいだったのかも知れない。しかし二つのエピソードがもつ類似性は印象的である。

戦勝の日のデモンストレーションによる事件が、私の大使任命の当時決して忘れられていなかったことは、私が信任状を提出するほんの三、四日前にモスクワで催された「平和」集会で、統制されたソビエトの弁士が、例によって歪められた宣伝的な形で、それを持ち出していた事実からしても明らかである。

それはともかく、夏も峠をすぎて、すでに終わりに近づき始めていた。八月二十日、すでに十年もその期限が過ぎている党大会が十月の初めに行われると発表された。スターリンが党大会の召集に長い間反対していたことは明白であった。しばらく前から政権の上層部で、これがデリケートで厄介な問題になっていたという兆候はあった。いまスターリンが選挙と党大会の召集に同意するに至ったという事実は、すでに事態が党内部の動きとなって来ていることを示すものであった。

それから八日後、「プラウダ」は来たるべき大会で報告される党規約改正案について、一連の「テーゼ」を公表した。提案されている変更の中には、政治局の廃止とそれに代わる中央委員会幹部会と称する機関の設置を含む極めて重大かつ微妙な変更がいくつかあった。とくに面喰らったのは、これらのテーゼには、他の誰でもない、ニキタ・セルゲエビッチ・フルシチョフの署名しか見当たらなかったという事実である。フルシチョフは、この時点までは一般に、政治局でも書記局でも最も影響力の少ないメンバーだと考えられていた。この注目すべき文書が日の目を見るについて、他の者でなく、どうして彼の署名がなければならなかったのか。明らかに、奇妙な事態が党の内部で起こりつつあったのである。

新たな党大会が召集されることになっていたその直前に、たまたま私はヨーロッパへ旅行することになった。NATOのソビエト指導部に対する影響についての私の報告と関連して、かねてから私はアメリカのNATO関係者と、この報告の中でとり扱った諸問題についていつか話し合う機会を持ちたいとの希望を、国務省に表明していたのである。それに答えるものかどうかは別として、国務省は九月二十四日から二十七日まで、ロンドンでアメリカの在欧公館長会議開催を取り決め、私もそれに招かれていた。この会議への出席を主な目的として、私は九月十九日にモスクワを出発した。

しかし出発直前に、私に対してソビエト上層部とくに警察関係筋の間に存在していた悪意が、一層表面化したと思える新たな事態が発生した。五月にモスクワへ着任した際、スパソ・ハウスの内部が私の着任直前、つまり前任と新任の両大使が共に不在の時期に塗り変えられたこと、さらにこの作業はビュロビンがさし向けたソビエト側の塗装工によって、ソビエトの監督の下に、しかも監督に当たるべきアメリカ人が一人として立ち会うことなしに行われたことを知り、私はいくぶんかのショックを受けたのであった。かつて、ロシアのことにある程度通じているアメリカ人なら誰しもこうしたことには必ず立ち会ったものであり、またこの時も当然そうすべきだったのではないかと考えている。しかし今日ではアメリカの外交業務も官僚的となり、従っていままでは外交業務の実質的部門と切り離された専門的な管理部門が存在している。ところが当大使館の管理部門には、この種の仕事の監督に必要なロシア語の話せる人がいなかった。というわけで作業は進められ、とにかくそれは終わったのである。もちろんこの作業がソ連の警察当局に対して、美的というより政治的な目的で、この建物内に盗聴装置を完成するための完全な自由を与えたことは言うまでもない。

外国の大使館および他の公館に「盗聴装置をつける」ことは、一九三〇年代においてはもとより、多年にわたるソビエト政府の常套手段であった。またこれはソビエト政府だけのことでもなかった。はるか以前からわれわれは、モスクワのほとんどの壁には——少なくとも外交官がしげしげと出入りする部屋——耳がある、と考えるように自らを戒めてきたのである。とは言っても、初期の頃でもわれわれはせんさく好きな者たちのために、必要以上にことを容易にしてやりたくはないと考えていた。そしてこれこそが、建物の塗り変えに当たってわれわれが目論んだことであった。

モスクワ着任後の最初の数か月には、これといって具合の悪いことは認められなかった。普通の標準型の、電子装置による盗聴探知機では何も明らかにされなかった。古い建物の壁という壁に異常がないという感じは、いかにも快く、明るく、それは受け入れ側のソビエトのやり方に根本的に変化があったのか（これについては他のいろいろな点ではっきりした証拠がなかった）、あるいはわれわれの探知方法が時代遅れであったか、そのいずれかを示唆するものだった。

この後者の場合もありうることを認めて、九月ロンドンへ向け私が出発する予定日の直前になって、スパソ・ハウスをより徹底的に、また技術的に効果のある調査をするため、アメリカ政府から派遣された二人の技術者がワシントンから到着したのである。一両日、無駄骨を折ったあと、この技術者たちは私に向かって、もし私がある定められた夜に大使館ではなく公邸の中で、何か公務をしているような動作をしつづけるようにすればもっとうまくいくかも知れないと申し出た。そうしては具合が悪いという理由はなかったので、問題の夜、公邸に秘書を呼んだ（忠実で献身的なドロシー・ヘスマンで、彼女はこれまでもすでにワシントンで私と行動を共にしてきており、またその後十年以上にもわたって政府内にいる時も、その外にいる時も、私と一緒にいるように運命づけられていた）。そして二階の広い居間兼書斎で、あたかも外交報告の作成に当たっているかのように、聞こえることを意図して、一連の文章の口述を行ったのである。それは歴史の勉強をしたものを除けば、誰にでもそう聞こえたに違いない。というのも、それはかつてモスクワから送られ、現在では公刊されているアメリカ外交文書集の一つに含まれている報告の中から、一語一語をぬき出していたからである。

これはうまくいった。そしてそのあとに来たのは無気味な経験であった。その夜なにかの理由で家族はいなかった――いずれにせよ妻はいなかった。この大きな建物は、技術者たちと、ヘスマン女史と、私を除けばカラ同然であった。私は口述をつづけ、技術者は建物の他の個所を回っていた。突然彼らの一人が、書斎の入り口に現れ、合図とささやきで、口述を「つづけるよう」私に指示した。それからまた彼は姿を消したが、すぐにまた同僚と一緒にもどって来て、われわれが働いている部屋の中を動き始めた。最後に、部屋の一隅、そこには机上にラジオ・セットがおかれ、そのすぐ上には円い木製の合衆国の紋章が壁に掛かっていたが、そこへ注意を集中して、彼は紋章を取り外し、石工の使うハンマーを取って、驚いたことには紋章の掛けてあった部分の煉瓦の壁を粉々に砕き始めたのである。これで納得がいかなかったのか、こんどは紋章そのものに注意を集中した。

外交報告の口述をつづけながら、私はこの異常な事態の進行をあっけにとられ、ただ眺めていた。しかしアッという間にすべては終わった。興奮にふるえながら、技術者は砕かれた紋章の中から、鉛筆ぐらいの小さな装置を取り出した。彼は私に、この中には建物の外からの、おそらくは電磁波によって作動する送受信セットが組み込まれていると断言した。作動していない時にそれを探知することはほとんど不可能であった。その夜のように作動している時は、部屋の中のどんな音をもキャッチし、それを外部のモニターに送っていたわけで、おそらくこのモニターは周囲の建物のどこかにいたものと思われる。

この奇妙な光景が展開されている間の部屋の中の異様な空気を、いかにもそれらしく描くのは困難である。いずれにしろ、ロシアの空気はアメリカの場合と違って、精神的には息詰まるものがあり、このような特定の瞬間には、部屋の中に目に見えない第三者、つまりわれわれを注意深く見ているモニターがいることを強く意識したのである。その第三者の呼吸が聞こえるかとさえ思われた。いかにも奇妙な、不吉なドラマが進行していることに、誰しも気づいていたのである。*

＊　このエピソードには面白い側面もあった。夏の初め、まだ家族が到着する前、私がこの建物に一人で住んでいた時のことである。私はかねてロシア語の力が落ちないように、とくに用語がよどみなく出るようにまた発音の流暢さが鈍らないようにしたいと思っていたが、話し相手になるロシア人がいないので、毎晩、一定量のロシア語を声高に読むことを考えついた。用語の関係上、私はとくに現在の国際問題と関連のあるロシア語の材料を読みたいと思

った。それというのも、さまざまな出来事や制度などを現在のロシア語の語法でどのように言うかについて、私はすでに十分精通していたからである。こういう材料を探しているうちに、情報として私のところに定期的に送られてくるボイス・オブ・アメリカのロシア向け放送の台本に目がとまった。そこで数回にわたって、これらの中から外交―政治に関する論評もの、それもソビエトの政策に対し激しく強い批判を加えた論争ものをとりあげ、まさしくこの盗聴装置のおかれていた二階の書斎で、声高に朗読したのである。これが、目に見えないモニターに、またそのテープを読む人たちに、夜もふけた私の書斎から、私の声で、完全に表現された反ソ的な毒舌が発せられるのを聞いた時、そのような感じを与えたであろうかと思わずにはいられない。一体彼らは、私と一緒にいたのが誰だと考えたのだろうか。それとも、私が彼らを嘲弄しようとしているとの結論を下したであろうか。

問題の装置はもちろん一両日後、ワシントンへ送られた。私の記憶が正しければ、ロンドンの会議のため私を西ヨーロッパへ乗せて行った空軍機に、この装置も積みこまれたはずである。その装置は、当時としては突拍子もないほど進歩したエレクトロニクスであった。こうした新型装置の発見は、政府間の盗聴技術が全体として新たな技術的水準にまで高められていることの証拠だといえよう。

次の朝、スパソ・ハウスの雰囲気は緊張のあまり重苦しかった。私は、この装置の発見された部屋を暫定的に締め切り、カギをかけておくのが最もよいと考えた。ソビエトの召使いたちは高度に訓練された触角を活発に働かせながら、重大な出来事の発生に感づき、廊下を通りすぎる時など、あたかもそこに屍体がおかれているかのように、カギのかけられたドアの方へおびえた視線を投げかけていた。門のところの警備の者の顔付きは怖いほど強ばっていた。怒りと敵意の空気がナイフで切ろうと思えば切れるほど、濃く、建物をおおいつくしていたのである。

このような詭計《きけい》に私自身が力を貸したことが、果たして正しいことであったかと自らいぶかりもした。大使としてこの種の茶番劇にかかわり合ったことは適切であったのか。それとも、私がそうすることを拒んでいたら、その場合アメリカ政府の目からすれば、私は怠慢だということになっていただろうか。

今日でもこれらの疑問に対する回答については確信がない。いずれにしろ私がロンドンに向けてロシアを離れた時の政治的空気は、暗く恐ろしい感じを与えていた。

いま一つ言及しておかねばならない小さな出来事が、出発直前に起きた。

私の記憶では、出発の一両日前の日曜日の出来事である。何かの理由でその日の午後、私と二歳になる男の子だけが家に残っていた。夏の終わりの快い日であった——自然に関する限りは——小さな子供と私は午後のひと時を、正面の「庭園」で過ごしていた。そこは公邸の建物とスパイクのついた高い鉄柵との間にあって、そう呼びならわされていたのである（数こそ少ないが見事な花も咲いていた）。庭園はこの柵で歩道と街路から遮断されていたわけだ。男の子は、私たちが彼のために設けてやった小さな砂山で遊び、私は読書していた。

砂遊びに飽きて子供は鉄柵のところに行き、その小さなぽっちゃりした掌で二本のスパイクを握り、柵の外の広い、半ば禁じられた世界を見つめながら立っていたのである。今日そう言えばきっと彼はびっくりするだろうが、当時はほんとに目に入れても痛くないほど可愛い子供だった。誰もこの子の魅力には勝てなかった。柵の外側の歩道をソビエトの子供たちが何人か歩いて来て、彼を見つけて笑いかけ、柵の間から手を差し込んで愛想よく彼を突っついた。彼は喜んで声をあげ、その子供を突っつき返した。どちらもご機嫌でこの遊びをつづけていた。ところがその時、正面入り口にいた警備員がこれに気付き、走り寄って来るとソビエトの子供たちを叱りつけ、追っ払ってしまった。その命令は要するに、接触はいかん——仲よくしてはいかん、ということだったのである。

これは小さなエピソードであった。しかし困難で、いまにも神経が参りそうな夏の終わりの出来事であった。その瞬間私の中から、当時モスクワ在勤の外国公務員がなおその適用下にあった悪意にみち、いかにも自信に欠けた中世的な隔離制度に対する忍耐力と共に、何かがふっと失われてしまったのである。もし私が完璧な大使であったならば、決してそうはならなかっただろうと思う。しかし現実にはそれが失われ、すぐにとり戻すことはできなかった。

九月十九日朝、私は当時アメリカ政府がモスクワ在勤大使のロシアへの出入国用に提供していた専用機で、モスクワを発った（この専用機は他の目的では一切モスクワに来ることを認められていなかったし、また出入国以外の期間はモスクワにとどまることすら許されていなかった）。

時として運命というものは、実に皮肉な働きをするものである。飛行機がベルリンのテンペルホーフ飛行場――実際に〝西方〟と言えるところでの最初の着陸点――に近づくにつれて、ふとある考えがひらめいた。飛行場には間違いなく新聞記者がいるであろう。となれば、彼らは私にインタビューすることを望むだろう。「お前はなぜ本気になってこうした試練に備えようとしないのか。どうして彼らの質問を予想し、その答えを準備しないのか」

そう考えるやすぐ実行に移した。ポケット用のノートを取り出し、彼らがぶつけてきそうないくつかの質問を思い浮かべ、それらに対する私の答えを大ざっぱに書きとめた。それらは記者に何がしかの材料を与えはするが、誰をも厄介な立場におとしいれることのない、巧みな用心深い外交的回答であった。私は今でも、人間の先見のなさについての悲しい記録と共に、この小さなノートをどこかにしまっているのである。

私の予想した通りであった。飛行場では新聞記者が待ちうけ、予期したような質問を浴びせかけてきた。私は用意した回答をべらべらとしゃべった。だが、その時ひとりの若い記者——記憶が正しければパリの「ヘラルド・トリビューン」紙の——が、われわれアメリカ大使館員は、モスクワでロシア人と一般的な交際をしているのか、とたずねた。この質問に私は困惑した。この男はまさか昨日生まれたというわけでもあるまい。モスクワの西側外交官には、少なくともここ二十年来は隔離制度が適用されつづけているのである。どうして新聞記者ともあろうものにこの程度の知識がないのか。編集責任者たちはなぜこんな無知な男を大使とのインタビューにさし向けたのだろう、と私は考えた。

「君は外国の外交官がモスクワでどのように生活しているかを知らないのか？」と私は聞いた。

「知りません」と彼は答えた。「で、どんな生活をしているのですか？」

もちろんこれ以上私は答える必要もなかったのだ。しかしこの時、私の頭の中には、私の子供に近づいた遊び仲間が汚染されては大変とばかり、追っ払われねばならなかったあの経験に至るまで、この四か月間の憂鬱な経験のすべてが一度に浮かんで来たのである。再びドイツの土を踏んでいるということもあった。私はそうした一連の経験と同時にその時、一九四一年から四二年にかけて囚われの身としてドイツで過ごした五か月間のことを想い出していたのである。あの時も建物はガードに取り囲まれ、いかなる友情もまた禁じられていた。そこでもまた人々は、われわれと何かかかわり合いがあったということで、厄介な立場に立たされていたのである。さらにまた、そこで働く土地のドイツ人は、いつも警察に監視され、疑われていた。そしてまた、われわれの身分は公式には〝敵〟だったのである。

そこで私は言った。

「この前の戦争中のことだが、私は数か月間ここドイツに抑留されていたことがある。われわれがモスクワでうける扱いは、当時われわれ抑留者が受けていたそれとまったく変わらない。ただモスクワでは、護衛付きながら自由に外出し街を歩けるという唯一の違いがある」

おぼろげな、当てにならない記憶であるが、私はそう言う前に、これから私の言うことは記事にしないようにと意思表示をしたように思う。ただそれは確かではない。多数の飛行機の騒音もあったことであるから、もし私がその意味のことを言ったとしても、それが十分に聞きとれるほどの声であったかどうかはわからない。が、いずれにせよ、このことをもって言い逃れの口実にしようとしたことは一度もない。当時、この発言についての全責任を負ったのであるが、今日でも当然そうでなければならない。その内容が正しかったか、そうでなかったか、正確であったか、不正確であったかが問題ではない。話すという行為そのものがまったく愚かなことだったのである。

ロンドンの会議で私が同僚に向かって言ったことの記録はいま手元にない。しかし言うつもりだった草案は持っている。それをどの程度まで実際に発言したかはわからない。しかしそんなことはとるに足らないことである。予定されていた発言内容は、もちろん私がモスクワから最近送った報告の線に大体沿うものであった。が、私としては、アメリカ側のソビエト政府との折衝方法について一言付け加えるつもりであった。私の見るところでは、ソビエトとの関係を通して一体何を達成しようとしているのかについて、わが国はいまだ腹を決めていないように思われたのである。一方においてわれわれは、外交関係を維持すると共に、秩序ある、平和的建設的な関係の樹立を目指していると主張し、他方においては、ソビエトの指導者と話し合おうとはしていなかった。この草案で私はこう書いた。

われわれは彼らを寄せつけようとせず、われわれの側に不平を引き起こすような宣伝や声明が絶えず繰り返されているという理由で、彼らとの距離を決して縮めようとはしなかった。もし本気で彼らとの外交関係について話をするつもりならば、当然私は少なくとも週に三、四回はソビエト外務省に行き、彼らのいうことに激しく声高に、異議を申し立て、それが嘘であることを証明し、私の異議と証拠を公表し、絶えずこうした反応をつづけることによって、事実上、「君たちは軽々しくこんなことをしたり言ったりするものではない」とたしなめるべきである。こうしたことに何程の効果もないとは断言できないのである。彼らは頑固で強情である。彼らに影響を与えるには、反抗的な子供たちに対するように、単に彼らをとがめるだけでなく、注意深くそれを続けることが必要なのだ。おそらくは、自信と決意と一貫性、そしてあくまでも疑いを晴らすという決意をもって高い見地からさとすようにするならば、影響を及ぼせるある程度のチャンス、いや、少なくとも彼らに躊躇させ、その行為を修正させるだけのチャンスは可能ではあるまいか。

しかしながらもしわれわれがジャジャ馬を馴らす希望をすべて放棄し、その努力を本気になって、ソビエト権力の攪乱と破壊に集中しようというのであれば、その場合われわれは、ソビエト政府との正常な外交関係を維持するという見せかけの茶番をやめてしまう方が、より効果的であり、われわれ自身の気持ちも楽で、行動もより自由になるだろうと私は考えるのである。私は外交関係を全面的に断ち切るとか、モスクワに外交代表を一切おくべきではないと言っているのではない。しかしこの場合、われわれがモスクワ駐在大使を派遣するにせよ、その大使がそこに居住する必要があるとは思わない、と言いたいのである。

会議の直前になって起草されたこのくだりは、ロンドンの会議が始まった時の、しかも私を打ちすえようとしていた大きな一撃が下される直前の心理状態を、ある程度説明してくれよう。

もちろん、私は他の出席者の発言にも強い関心をもって耳を傾けたのであり、その中にはＮＡＴＯに関係のあるアメリカの高官の一人も含まれていた。私が二日目の会議の終わりに記録した内容から見ると、彼らの発言内容が私には「大きなショック」であった。その時のノートにこう書いてある。

ＮＡＴＯに関する私の報告は失敗に終わった。私の書き送ったようなことについてはなんの理解もなく、これからもないだろう。またアメリカの軍当局はもちろんのこと、ＮＡＴＯ同盟国の人々も、軍事方程式のもつ論理に屈服し、それに夢中になっていることがわかった。この時点から、この論理は、彼らを戦争への方向に導きつづけ戦争の回避に献身させることはあるまい。しかしこの責任は、彼らにはないのである。責任は、政治当局が確固とした指導方針を提示しないところにある……。

第二に、私はドイツに関するわれわれの政策についての……さまざまな発言にどぎもを抜かれてしまった。われわれとしては、究極的なアメリカ軍の撤退の可能性を基礎として、統一ドイツに関する交渉を考える用意を整えるべき時期に近づきつつある……と私は期待していた。一九四八年以来、私は、これがわれわれの目標であることを明確にするようアメリカ政府に要望し、さらにはいかなる条件に基づいてこうした解決をはかる用意があるのかを、第三者に対して明らかにするよう要望してきたのである。これらの条件が、ドイツをソビエトに引き渡してしまうようなものである必要はない。……こうした考え方はこれまで常に国務省内で拒否されてきたのであるが、このわれわれの立場がいまでは、軟化しているのではないかと私は考えていた。ところが、ここで私が知ったことは、まるで違うことである。彼らは、……ドイツに関する平和契約と欧州防衛共同体の批准に、その期待のすべてをかけており、予見しうる将来のいかなる時期においても、またロシアとのいかなる合意の下においても、アメリカ軍をドイツから撤退させる用意はなかったのである。

われわれの立場は事実上、ロシアとは一切協定を結ばず、ドイツとヨーロッパの分裂を無期限に継続することを意味していた。……しかしこの分裂はわれわれと同盟諸国にとって、ますます危険で、重荷になっていくに違いない。こうした厄介で困難な立場に自らを置き、それを乗り切る唯一の希望を東ヨーロッパにおけるソビエト権力の崩壊の可能性の中に置くということは、究極的に、まさしくジョン・フォスター・ダレスの見解に至る論理展開となる。その見解とは、われわれの政策の力点を、共産主義権力の転覆と打倒の試みに置くべきであるというものである。……私としてはこうした政策の行きつくところは、失敗か、それとも戦争か、のいずれしか見出せない。

会議の二日目、私は非常にうちひしがれて議場をあとにした。私の日記によれば、

すでに戦争は不可避なものとして、ないしはそれに極めて近いものとして、受けいれられているようだった――が、その政策から生まれる唯一のものは、ヨーロッパにおけるわれわれの立場の崩壊であると、私には思えた。……モスクワに帰り、さらに何週間も何か月も、悪意にみちた侮辱的な宣伝にさらされながら過ごしていかねばならないことを考えると、しかもその宣伝の中には嘘でないものもあることを思うと（なぜならわれわれは、すでに実際に……どの道、戦争に導くような偽れる論理を追求していたのであるから）――アメリカの代表としてはこの上もなく辛いことであった。

ところが運命は、いまひとつ別の不愉快なやり方で、ことを決めようとしていたのである。次の日の朝、九月二十六日、モスクワの「プラウダ」が社説で私に鋭い批判を加えているとのニュースが入った。社説はテンペルホーフ飛行場でのインタビューから始まり、同紙によれば私は、「我を忘れて嘘をついた」中傷者であった。いまや私はソビエトの敵であった。そして社説がそのしめくくりで、一九四五年のＶ－Ｅ（ヨーロッパ戦争勝利）デーにおけるアメリカ大使館前でのデモンストレーションについて、例の歪めた話を詳述

していたのが、印象的であった。
この攻撃のニュースは、私のみじめさに止めをさした。この不吉な前兆について、私はいささかも幻想を抱きはしなかった。「ある日、アメリカ政府が始めたことを、次の日、ソビエト政府が成し遂げてしまう」と私は日記に苦々しく書き記した。これら二つの政府の間にはさまれ孤立無援であるという絶望感にとらわれたのである。私は次のように日記に書いた。

私は自分が考えていたよりもはるかに孤独であることに苦しんだ。……私は自分のしたことに対する十分な理解、あるいは全面的な支持をどこにも見出せそうになかった。自分を正当化できる法廷もなく、私の説明を理解してもらえそうな友人もおよそいなかった。二つの世界の間に横たわる奈落に投げ込まれることによって、もはや私は誰からもその考えのすべてを理解してもらえない立場にはまり込んでいたのである。これからは自分の良心のほか、私には当てにできるものはなくなってしまった。このように思うことは辛いことだが、それでも耐えられないことではない。しかし、その瞬間に私は、必要最低限の期間を除き、それ以上は一刻たりとも公の生活に身をおく意欲はすべて失っていた。

「プラウダ」のこの攻撃から判断して、モスクワへの帰任を考えることはおよそ不可能であったし、また帰りたくもなかった。翌日、友人のボーレン宛ての手紙に書いたのだが、実際のところ、アメリカがモスクワに大使を置いておく必要はないと思った。もし大使をおく必要があったとしても、私がその大使であることには賛成できなかった。だが、この問題は間もなくソビエト政府自身によって解決されたのである。十月三日、土曜日、モスクワのアメリカ大使館における指揮系統からいけば次席にあたる代理大使のジョン・M・マックスウィーニー氏がソビエト外務省に呼ばれ、三人称で書かれた次のような要旨の覚書を渡された。

周知のように、ソビエト駐在合衆国大使ケナン氏は九月十九日、ベルリンのテンペルホーフ空港で、西ベルリンの新聞記者ならびにアメリカ人記者を前にして声明を行い、その中で彼は、国際法の一般に認められた規範を乱暴にも無視して、ソビエト連邦に対し敵意のある中傷的な攻撃を加えた。西ドイツの多くの新聞に公表されたこの声明において、ケナン氏は自ら、モスクワにおけるアメリカ人の状況を、一九四一年から四二年にわたりドイツで、ナチに抑留されていた時の経験と称する状況をもって説明した。すなわち彼は、「もしナチが、いかなるドイツ人との交際もない、単に街路を歩くだけの権利をわれわれに認めていたならば、まさしくそれは、今日われわれがモスクワで生活しなければならない状況と同じであったであろう」と述べた。

ケナン氏のこの発言は完全に嘘であり、ソビエトに敵意を持つものである。

以上にかんがみて、ソビエト政府は、ケナン氏を好ましからざる人物とみなす声明の必要を考えると共に、ソビエト駐在合衆国大使のポストからケナン氏を即時召還するよう主張するものである。

マックスウィーニーは、家族を引き取るために私がモスクワへ帰ることを許されるかとたずねた。答えは「ノー」であった。ついで彼は非常に冷静に、ケナン夫人と家族を国外に送り出すために、専用機がモスクワへもどって来ることは許されるのか、と聞いた。そしてこの要請は受けいれられたのである。

私はその時、留学中の娘ジョン・エリザベスを訪ねるため、ジュネーブにいた。私の追放のニュースは、それが公表されるよりも前に、その日ジュネーブのアメリカ領事館を通じてアメリカ政府から私のところに伝えられた。それを外部の者に明かすことは許されていなかった。が、すぐにもモスクワで公式発表が行われるだろうとのことであった。

それが発表された瞬間、たちまち私の周りに世界中の新聞が集まるだろう。そうなる前に気持ちを落ち着かせる時間をもちたいと思い、ホテルから外出してはみたが、他にすることもなく、映画館に入った。暗闇の中に腰かけ、この破局にどう対処すべきかを考えようとしているにもかかわらず、あきれたことに、くだらない映画に引き込まれていく自分に気づいてハッとなる始末だった。それからというもの、馬鹿げた画面から無理やり眼を引き離し、すでに起きていた信じられない現実のすべてを自分自身に納得させようとして四苦八苦したのを今でも憶えている。

この事件の最初の犠牲者で、しかも唯一人雄々しかったのは妻であった。その時なおモスクワにいたので、もちろんその土曜日の朝、事件はただちに彼女に知らされた。だが彼女もまた、公式発表があるまでそれを公にする自由はなかった。およそ二十二人もの召使いがいる世帯を整理し、一切の荷造りを終え、お別れの挨拶をし、公邸の建物とこの国から立ち去るまでにわずか数時間、あるいはせいぜい一日か二日しかないことを覚悟しながら、狼狽の気配も見せずにその日の正午には公式の昼食会を開き、その夜はゲストとして外交晩餐会に出席し、そのことをおくびにも出さなかったのである。そしてニュースが公表されると、彼女は威厳と冷静さを失わずに慌ただしい引っ越しの試練に耐え抜いて、アメリカ大使館および外交団の誰からも称賛されたのであった。

十月七日、彼女がモスクワ空港を離れる時、われわれ三軍の武官は――彼らに感謝しなければならないが――全員が正装で見送ってくれたのである。もし彼らの心の中で、私に対する彼らの感情と私の追放の理由とが混じり、馬鹿げたことをしでかしたという思いにとらわれていたとしても、妻が子供たちやデンマーク人の保母らとともに飛行機に乗り込む時、彼女のために流した彼らの涙は心から無条件に、妻を称えるものだったのである。私が自分の仕事に適していたかどうかは別として、彼女はその仕事にうってつけであった。

私にはまだ、この災難とどのように折り合いをつけるかという仕事が残っていた。もちろん最初の反応は、いく分防御的であった。私の言ったことは要するに、不正確だったわけではない。モスクワのアメリカ外交官がどのような条件の下で働き、生活せざるをえない状況にあるのかを、どうしてアメリカの公衆の目からかくさねばならないのか、その理由がわからなかった。事実私は、空港での出来事は単なる口実にすぎないのだと自分に思い込ませようとしたのである。追放の真の理由は、もっと深いところにあり、私の責任によるところが大きかった。私の召還要求は党大会の開幕前に行われた。彼らは私がモスクワにいることを恐れていたのではないかと思う。彼らは私が知りすぎていると考えていたのだ。党大会の出来事に関する解釈について、私が他の外交官たちに及ぼす影響を彼らは恐れていた。また私がモスクワにいることが、ソビエト政権内の穏健な分子に対する励ましになることを恐れていた。

当初、私はこのような考え方、またそれに似た考え方によって傷ついた自分を癒やそうとしたのであった。だが、もちろんこれらは虚勢だった。心の奥で私は深く恥じ、起きたことに打ちのめされていたのであった。

そして私は以後何年にもわたって、幾度となく、自分は自らに与えられたこの任務に適していたのだろうか、と自らに問いかけつづけたのである。

思うに、その答えはイエスでもありノーでもあった。私は報告者としては優秀な外交官であった。私は大使館のスタッフをよく指導した――彼らは私を尊敬し、私の下で喜んで働き、そして何かを学んだと思う（一体責任者というものは真にそれを知るものだろうか）。この事件の後で「できるだけ沈黙を守るように」と私に訓令しておいたと、アチソン氏は後年言っているが、この種のヘマは、私の生涯を通じてまことに珍しいことだったのである。私は他にも多くの地位に就いたことがある。後にはユーゴスラビア駐在大使を務めることにもなったのであるが、これに類したヘマは一度だってしてはいないのである。

私の災難は、一つには、私自身が正確にアメリカ政府が何を私に期待しているかを理解しなかったことにある。モスクワへ派遣された際、大統領と国務長官が私に望んでいたのは、次の選挙までの短いつなぎの期間、ただ席を暖めているだけであって、そのためにはあらゆる侮辱や私の立場上の当惑にじっと耐え、政策問題に頭を悩ますべきではないということだったのである。この点をもう少しはっきりさせておけば、私の方から余りにも多くの問題について質問を浴びせかけることもなかったであろう。また自分がおかれていたいらいらするような状況を、より理性的に受けいれることができたかも知れない。

だが、たとえこうした訓令が与えられていたとしても、おそらく私は、駐ソ大使という席に黙って座っているには余りにも感情的にすぎ、余りにもあれこれと想像し、余りにも過敏で、自分の見解の重要性を意識しすぎたことであろう。ただ席を暖めているには、ある種の無関心、外交官生活の些事への満足感、ワシントンの型通りの考え方に唯々諾々と従う気持ち、そして不必要な質問を慎しむ心構え、を必要とした。このいずれも私は十分に持ち合わせなかったのである。このような状態であるからには、私は、自分に与えられた任務に不向きであったという方が正しいかと思う。しかしこの点についての認識のさせられ方は苦痛にみちたものであった。その記憶は今日に至るもなお生々しくうずいているのである。しかし、それも私の生涯における移り変わりの一節であって、それを残念に思ったことはない。かと言って私がなろうとしてなったのではないことを考える時、この運命の転変について余り異議を申し立てるべきではないと思うのである。神のさし示す道はまことに深遠である。私がどれほどのことをやり遂げたかは、神のみが知るところである。

第八章　引退

私のモスクワ帰任を拒否する発表から三日後の十月七日、私はケルン空港で、幼い子供をかかえて疲労気味の妻に会った。私はバート・ゴーデスベルクのアメリカ高等弁務官府に、しばらくとどまるよう訓令を受けていた。一九五二年の大統領選挙は、わずか一か月後に迫っていた。大統領とアチソン氏は、選挙前に私がアメリカに戻るのは好ましくないという結論を下していたのだった。私が帰国した場合、民主党の運命にいかなる新たな危険をもたらすことになるのか、当時も想像できなかったし、いまも理解できない。しかし、自分の頭上にのしかかった出来事のために意気消沈していた私は、訓令に反論するような気分にはなれなかった。高等弁務官の故ウォルター・ドネリー氏は、私たち一家のために、アメリカ人公務員居住区の中に立派なアパートを提供してくれた。アメリカ中西部の郊外をいたいたしいほど律義にまねた――このみせかけだけのアメリカニズムが、ここに在勤しているアメリカ人公務員の快適な暮らしに不可欠と考えられていた――この場所で、私たちは選挙が終わり、共和党が勝利を収めるまで滞在していたのである。

バート・ゴーデスベルクの数週間は、モスクワでの惨めな数か月と、それに劣らないほどの苦難に満ちたその後の数か月との間の、いわば比較的幸せな間奏曲と言ったところだった。私を自由の身にしてくれたその方法について言えば、たしかに私の心を傷つけるものではあったが、モスクワでの仕事からお役ご免になれたことにはひそかな喜びを感じていた。私の半生で長い歳月を過ごしたドイツにもどれたことにも、喜んでいた。ライン川沿いの引き船を引く道を長い時間かけて散歩し、おびただしい量の水上輸送がこの大河の水の面を流れてゆく景観に、心ゆくまでの安らぎを感じていた。水の流れと、それを利用する人間がつくりだす力強く、正確なリズムには、何か自信を取りもどさせるものがあった。

あり余る時間を利用して、私は一般に、経済学に関するスターリン文献と呼ばれているものの慎重な分析の準備に没頭した。これは、党大会の直前――つまり私がロシアを去るころ――に、スターリンの署名入りでモスクワの「ボルシェビキ」誌に掲載された一連の文献である。私は、スターリンが実際にこの論文を書いたとは信じていなかった（現在、それを裏付ける多くの証拠がある）。しかし、私が試みたのは、自らを論文家であると見せかけ、その責任をとる用意を示した一人の政治指導者の胸中と気持ちの中に私自身を置いてみることだった。今や、当時のスターリンが余命わずかに四か月の運命だったことは明らかになっているが、そうした背景に照らして見る時、私の研究（長文にわたる）は、現在では興味ある論述になっている。私の到達した結論は、この論文に述べられた命題が観察力の老衰化、つまり学ぶこと、あるいは忘却することのいずれかの能力を失い、急速に老けこんでゆく人間の心理状態を反映しているということだった。

この分析に基づいて、私は次のように書いた。

モスクワの政権は、たしかに非情で恐ろしくはあるが、その被支配者層の内的経験には無頓着で、自らの過去にすがりついて生きている老人の政府である。またたとえ、変化の論理にそむき、進化が起こりうる社会そのものを破壊することによって人間社会の進化に背を向けることになろうとも、自己の過去の考え方に正当性と意義づけを与えようと決意した政府である。

その数か月後に、スターリンの最後の病気についての医学報告を検討していたドイツ人医師団が、スターリンの生涯の最後の数か月間の推定されうる精神状態の分析結果を明らかにしたが、その内容が私の分析をほとんど一言一句裏づけてくれていたのに、私はわが意を得た感じがした。

大統領選挙の数日後、私の帰国が、もはや民主党には悩みのタネではなくなったことにより、私たち一家は、高等弁務官の専用列車でブレーメルハーフェンに行き、そこから旧式のリパブリック号に乗船してニューヨークに向かった。

当時、私はもちろん現役外交官の身分を持っており、新しい任務を待つためワシントンに出頭するという形をとっていた。だが私たちには、ワシントンに住む家はなかったし、また最後の数週間を無為に過ごしている退陣間近のトルーマン政権が、新しい任務を与えてくれそうもないことも、はっきりしていた。そこで私たち——妻、二人の小さな子供、デンマーク人保母と私——は、ワシントンの北方約八十五マイルのペンシルベニア州南部に持っていた農場に腰を落ちつけ、政府が私の処遇について下す決定を気ながに待つことにした。もちろん、帰国直後にワシントンへ行き、退陣間近の大統領と国務長官を表敬訪問した。二人ともねんごろに、温かく迎えてくれたが、私の身の振り方に格別の関心を持っているとは思えなかったし、ロシアに関する私の報告にも興味はなさそうだった。二人はその目に、重い責任からやがて解放されることを知っている人間の、また自分たちにとって代わろうとするもののために一番厄介な問題を残すことへの意地悪い喜びにひたった人間の、うっとりするような表情を浮かべていた。私の処遇は話題にもあがらず、新政権の問題であることが暗黙のうちに了解されていた。

新大統領となるアイゼンハワー将軍、新国務長官となるジョン・フォスター・ダレス氏の双方と、私はかなり知己の間柄だった。むしろ私は、二人のどちらかが新任に先立って私に連絡をとり、駐モスクワ大使の問題や私の将来について話し合うものと予期していた。しかし数週間たっても、二人から音沙汰はなかった。一方、例によって自尊心と羞恥心が過剰ぎみの私は、こちらから話を持ち出すことには気乗りしなかった。

そんなわけで、私の農場生活はなおもつづいた。クリスマスがやってきて、それも過ぎた。幸いなことに俸給が打ち切られることはなかった。しかし私の現在の地位、あるいは将来について、ワシントンは一言もいってこなかった。ロシアで私の身にふりかかった出来事の背景と意味について、私と話をすることに関心を示すものは、ワシントンには一人もいなかった。私が国務省に行くたびに、同僚や友人はわざと、意味あり気に、私の追放という話題を避けたものだった。口にするのも恐ろしいような社会的過失を犯したものに向けられる、底意のある丁重さと寛容さで、自分があしらわれているのに気づいた。だれ一人として、ついぞロシア――私が離れてきたばかりの国で、私には何らかの知識があると思われていた国――の情勢について、私と話し合おうとはしなかった。まるで、私の客観的判断は私自身の見識もろとも、見捨てられた形になっていた。

それは別としてペンシルベニア州法律家協会から、一月十六日（新政権が発足する四日前）にスクラントンで開かれる年次大会での講演依頼を受けた。この依頼を断る理由はなさそうだったので、私は受諾した。さっそく講演草案を作成した。ごく最近までモスクワに勤務していたことと、それにこの講演が、公式のモスクワ駐在大使としてソビエトとの関係について述べる唯一の公の発言になることを念頭に置いていたので、私は当然この講演を重視し、このさい対ソ関係の諸問題を建設的に取り上げようと心がけた。現役の外交官という立場上、私は慣例に従って、講演内容を国務省に提出し、許可を求めた。国務省は異論なく許可してくれたので、私は約束どおり一月十六日にスクラントンで講演した。

その夜スクラントンで、私はソビエト権力とわれわれの抗争の深い原因をつきとめることから演説を始めた。私の見るところでは、この原因は主としてソビエト指導者のイデオロギー的先入感、とくに彼らの頭の中に固定されてしまった「ブルジョア」「社会主義」両世界の間の不可避的な敵対関係というイメージにあった。つづいて私は、アメリカ側としてはこの問題にどのように対処することができるか、またどのように対処すべきかという点をめぐるさまざまな見方に触れた。この前の共和党政権下（一九二一—三三）で十二年間つづけられたソビエト無視の政策が、なぜ時代遅れのものになったかを説明した。第二次大戦中に、多くの人が抱いていた考え方が誤りである点も、指摘した。その考えとは、われわれが善意を示し、ソビエト指導者への「信頼感」を表明しさえすれば事態は好転し、さらにこちら側で一方的な譲歩と好意をみせれば相手もこれに応じてくれるという期待である。私はまた、現在の事態に戦争で決着をつけるという意見になぜ賛成できないかを説明した。

ついで私は、さまざまな共産政権の打倒を助長することによって問題の解決を図るべきだという見解に触れ、次のように述べた。

最後に、ソビエト支配下の各国国民を不幸な状態にあるときめつけ、この点を強調する人々がいます。この人々は、ソビエト権力の内部崩壊の可能性に希望をゆだねて、こうした崩壊を助長することをもって政府活動の目的とするような政策を提唱しています。

さて、個々のアメリカ人が自己の信条を守り抜き、その信条を他国で理解させ、尊敬させるために全力を尽くすことは正しいことであります。私は政治的な信念をめぐる争いで、自由が持っている競争力を過小評価するものではありません。この自由が常に、われわれと共にありつづけることを望んでいるものであります。おそらく、時間と環境がその力を立証してくれるでありましょう。全体主義的な独裁制につきものの権謀術数は、最終的には、自己破滅に終わるものと私は考えております。

しかし、相手側に挑発的とみられるかどうかにかかわりなく、他国の政治制度に直接影響を与えるような趣旨の行動を政府レベルで行うことについては、私としては極力慎重にならざるをえないのであります。それは、われわれの国際的義務と一致するものでなく、国連で他国とともに議席を分かち合っていることとも一致するものではありません。また、他国と正式の外交関係を維持することとも一致いたしません。この方策は、誤解と敵意を助長するばかりでありましょう。それが成功に近づくほど、われわれは重い責任を負わされることになるのであります。最後に、現代の警察的独裁制にとって、市民の服従はそれほど大きな問題ではない点からしても、事実この方策が成功する公算はきわめて少ないのです。

私たちはいかなる犠牲を払っても、私たちの制度、政治信条に誇りを持とうではありませんか。この国の中で、この制度、この信条をうまく適用させることにより、その正しさを認めさせるべく力を尽くそうではありませんか。私たちはいかなる場所においても、独裁主義の同盟者、守護者にならぬようにしようではありませんか。がしかしそれ以前に必要なことは、そうした人たちに私たちの身をゆだねないことであります。

私はこの講演をしめくくるにあたって、すべての人々の自由と独立を願望するアメリカが、その真のチャンピオン、真の擁護者となれるのは、アメリカの自由と独立においてのみであるという、ジョン・クインシー・アダムズの演説の有名な一節（忘れ去られていた彼の論文の中から、この一節を数年前に発見したのは私自身だった）を引用した。

講演の他の部門は主として、反共ヒステリーが当時荒れ狂っていただけに、国内における団結の必要を説くことにあてられた。反共ヒステリー問題については後述するつもりだ。

「ニューヨーク・タイムズ」紙は——私としてはそう言わざるをえないのだが——つまらないことを報道し、重要なことはすべて無視するという方針（この方針は、その後も長くつづけられた）をすでにとっており、スクラントンの講演についてもまるで報じていなかった——少なくとも、私が読んだ版では。しかし「ワシントン・ポスト」紙は、この講演についてこれとはちがった見方をしていた。翌日の同紙は、私の親友ファーディナンド・カーン記者が書いた「ダレス政策は〝危険〟、ケナン語る」という見出しの一面記事を掲載し、私を仰天させたのである（ついでだが、講演では〝危険〟という言葉は一切使われていないし、ダレス氏の名も語られていない）。カーン氏は次のように書いた。

政府部内においてロシア問題の最高の専門家と見なされているジョージ・ケナンは、昨夜、ヨーロッパおよびアジアの囚われた人々の解放を促進しようとするジョン・フォスター・ダレスの政策に対し、警告を発した。ペンシルベニア州法律家協会の演説で……前駐ソ大使は、新国務長官となるダレスの態度に、不賛成であることを表明した。ダレスは木曜日に上院外交委員会で、衛星諸国の民衆に対するソビエトの支配を弱めるため、政府は「道義的圧力と宣伝の重圧」をかけるべきだと証言したが、ケナンはこうした路線が危険であることを主張した。

この記事は、私の講演の前述したくだりを引用したあと、次のようにつづけている。

しかし、ダレスお気に入りの政策の一つに攻撃を加えたことは、ダレスの下にある国務省でのケナンの将来にとって、新しい問題を引き起こした。

ジョン・M・ハイタワー（AP通信記者）が書いた同様の記事が、その翌日の「ワシントン・スター」紙にあらわれた。彼によると、言われているような意見の相違はいまや「新任の国務長官と……国務省の外交関係の最高の専門家の間で、ロシアとその衛星諸国に対する政策をめぐって公然たる衝突」となっていると断定されているのである。

この新聞の反応に、私がショックと驚きを受けたと言えば、かなり遠慮がちな言い方になる。実際、この特定の問題について、ダレス氏と私の見解に大きなくい違いがあったとは思わないし、また講演のさいダレス氏のことは私の念頭にはなかった。私はひどく心外な気分にさせられた。彼が国務長官に就任するまでには、余すところ三日しかなかった。彼が新しい職務につく直前に、公の席で批判を加えることで、彼を困惑させるなどということは、到底私の意図するところではなかった。

例によって、私は大げさに振る舞いすぎたようだ。どうしたらよいかという焦慮の念を抱いて、私は事態の収拾をめざして、ワシントンにかけつけた。ダレス氏は不在だった。

彼の居場所を教えてくれる人はいなかった。そこで私は当時国務次官代理だった友人のH・フリーマン・マシューズに書簡を送り、ダレス氏が帰り次第それを見せるよう頼んだ。この手紙の中で、私は次の諸点を指摘した。

(1)　講演は、「駐ソ大使としての在職期間に、米ソ関係について私が行う最初で最後の、そして唯一の主要な発言」となることを目的にしたものである。

(2)　講演草案を書き、それを新聞に配布したのは、ダレス氏の上院外交委員会での証言を私が知る前のことだった。

(3)　われわれの見解に重大な対立点があるとは思わないし、私が「少数グループを代弁する一部の編集者、議員、職業的宣伝家」など、その他のくだりを発言するさい、ダレス氏を念頭においてはいなかった。

(4)　この問題について公の発言をする時期として新政権発足前を慎重に選んだのは、「発表された見解に対し、新政権が何ら責任を負うことのないように」するためだった。

さらに、自分の不注意で新国務長官を窮地に立たせたのではないかとの思いに悩まされた私は、書簡の中に、事態を解決するのに必要であれば、私は辞職してもよいととれる趣旨のことを書き加えた。不幸にも、私の間違った自尊心からかどうかはわからないが、辞意表明の動機をはっきりさせておかなかった。私は、もっとも早い引退の年齢——それは約一年後に迫っていた——に達したら、引退して民間人に戻りたいというのが私の希望であると言ったのである。一方、私は自分の地位にふさわしい適当な職務があれば、喜んで引き受けるつもりであり、また、問題の主題について、ダレス氏と私の間に重要な意見対立があるとは考えない旨を公に声明してもよいと、申し添えておいた。

この手紙に対する反応はなかった。私はダレス氏が手紙を読んでいないのではないかと思った。だが彼は、長官就任の三日後に、私と彼の報道担当官カール・マッカードル氏を招いた。私の釈明に対し、彼は何も態度をはっきりさせずに、聞き入っていた。その結果は、国務省の公式スポークスマンのマクダーモット氏がその日の午後、報道陣に発表した声明となってあらわれたのである。この声明は、スクラントン講演が「ケナン氏によって用意され、通常の方法で国務省の許可を受け、ダレス氏が上院外交委員会に出席するより前に新聞に配布され、ダレス氏の発言とは無関係のものであった」という趣旨だった。マクダーモット氏は、私が国務長官と協議し、国務長官は「エピソードは落着したとみなしている」ことを周知させるように欲していると、つけ加えた。

これで、講演問題は少なくとも公式には処理された。しかし私の将来については何も言われなかった。再びワシントンから何の連絡もないまま、数週間が過ぎた。二月も終わった。野バトが例年のように、春の最初の明るい先触れとして農園にもどってきた。私にとって運のない三月（この月に運の向いたためしがない）がやってきた。私がこのような事態に立たされてから五か月が過ぎたが、政府の誰からも私の処遇について連絡はなかった。いま振り返ってみると、私のことは他の人々の問題になっていたに違いない。処遇問題について、新聞はいろいろな観測を繰り返した。「ニューヨーク・タイムズ」紙の新聞辞令によれば、私はカイロ駐在大使になったり、あるときはスイスやユーゴスラビア駐在の大使に任命されていた。私はこうした記事を興味深く読んだが、どれひとつとして確認するすべがなかった。ついに三月十三日、「ニューヨーク・タイムズ」紙は〝政府高官筋〟からの情報として、私が近く引退するという記事を掲載したが、これについてもワシントンからは直接に何の情報もなかった。

この新聞報道が、ダレス氏にみこしをあげさせたようだ。彼は同日、私をワシントンに呼び寄せた。彼の執務室に入った私に向かって、ダレス氏はとうとう処遇問題を取り上げた。儀礼も前口上もなく、単刀直入に、国務省内にも外交機関にも私の〝適所〟はないと語った。彼としては、私を上院の承認を必要とするような地位に任命する場合、この承認をめぐって厄介なことが起きるのを恐れていた。彼の考えでは、こうした困難の可能性をおかしてまで、私をさして重要でない地位に任命するほどのことはないと考えていた。暗黙のうちにではあるが、彼に私を重要ポストに任命する意図のないことは明確だったのである。

落胆のあまり、話し合いをつづける気をなくした私は、引退には同意したが、彼に向かって（この出来事の直後に私が書いたメモの言葉を借用すれば）「どんな地位も提供されなかったという事実を、私は友人や一般人の目からかくすことはできないだろう」という警告だけはしておいた。

長官が自らこの決定を下した以上、それを何らかの方法で発表するのは彼の役目だと、私は思った。こちらから仕事を断ったわけではない。だから、私はとやかく言わずに、発表があるのを待っていた。しかし、彼には別の考えがあった。何の発表もないまま、また数週間が過ぎた。私の農場暮らしはつづいた。だが不安は去りやらず、また友人や新聞記者からの問い合わせに答えるのにも、しだいに苦痛をおぼえるようになった。三月中に私は、チャールズ・ボーレンが私の後継者として駐ソ大使に任命され、上院で承認された上、すでに就任宣誓式もすまされたことを新聞紙上で知った。このことは、もはや私がモスクワ駐在大使ではないことを意味していた。だが、私の方は一体どうなっているのであろうか。

四月の初めになると、私はしびれを切らしてワシントンに赴き、事態の説明を求めた。ダレス氏に会えたのは七日の朝だった。再度私は、何らかの方法で重要な役割を演じることで政府に貢献できるものなら、たとえ若干の個人的犠牲を払ってもそれを辞退するつもりはないと申し述べた。しかし、「面倒をみてやる」という理由だけから仕事を与えられたくはないと申し添えた。長官は、私がひきつづき政府に勤務することを希望するが、その場合国務省職員としてではなく、ほかの方法で勤務して貰いたいと発言した。彼がとくに希望したのは、彼の弟のCIA長官であるアレンが、長い間親切にも私のために空けておいてくれたCIA内の役職を引き受けて欲しいということだった。しかし、すでに私が決意していたことだが、これは私の望むところではなかった。私が成長し、所属してきた国務省内で必要とされないのであれば、むしろ政府内のどこにもいない方がよいと考え、この気持ちを彼に伝えた。

これで一件は落着した。翌日午後、公式スポークスマンに新任されたマッカードル氏は国務省の定例記者会見で、次のような趣旨の声明を読み上げた。

ケナン氏は、近い将来に外交官を引退し、学究分野における民間活動にもどることになった。彼は、引退後に政府の常任顧問として活躍できるような取り決めがつくられることを希望した。この計画は、彼と長官の協議の結果であり、双方によって受け入れられた。

つけ加えれば、当時の外交官の公務規則によれば、大使の地位をもつものは、一つの大使のポストを離れてから三か月以内に再任されない場合には、自動的に引退させられることになっていた。この一項目が設けられたねらいは明らかに、大統領や国務長官が交代した場合に、無能力あるいはその他の点で好ましくない大使を支障なく解任できるようにするためだったが、この条項が発動されたのは、私の知る限り一度もなかった。しかし、私の場合には、事情が事情だっただけに、この条項を適用しうることは明白であった。

今日、ダレス氏と私の間の複雑な意思の競り合いを振り返ってみると、彼は私を自発的引退に追い込むか、弟に私の身柄をまかせようと決意していた。と同時に私の方は、しかるべき職務が提供されなかった公的責任を、彼に負わせようと決意していた。この競り合いは一種の引き分けに終わったように思えるが、その結果は双方のかなり厳しい犠牲により生まれたものであった。

ダレス氏側からすれば、私を身辺に置きたくはなかった。彼が公にどんな発言をしようとも、現実に彼が任期中に追求する政策は、多分に対ソ関係が中心となる。その場合私の名前がしばしばからみ合ってくることを、彼は熟知していた。共和党内の右派の手前、彼は物ごとがこういう形になってくるのを嫌っていた。彼が恐れたのは、私が舞台にある限り彼は私の構想の実行者というレッテルをはられてしまうことだった。こうした理由のため、彼は私にとらわれまいとし、それに成功したのである。

だからと言って、彼が何の代償も払わなかったというわけではない。新聞は一般に私に好意的で、私の引退を遺憾とし、党派政治の犠牲者と見ていた。いくつかの新聞漫画のひとつで、ダレス氏は象にまたがり、悲しそうな表情のケナンを背後に見捨てたまま、国際問題という未踏のジャングルに向け一人で出発する姿が描かれていた。この漫画の見出しは「なんて場所でガイドをクビにしたのか」という文句だった。こうした代償を支払ってもなお、ダレス氏は自分のやり方の正しさを信じていたのではなかろうか。

私について言えば、私の要望が混乱しており、矛盾した点があったのは争えない。私の立場はまるで、出席するつもりのないパーティーに、招待して欲しいと言い張っている男のようだった。欲を言えば、総じて順調で、信頼もされていた外交官生活を、もっと幸福な方法で終わらせたかった。政府に無能な大使を解任できるようにするために設けられた例の公務員規則に従い、最初に退職させられる人間になるのを認めるのは辛かった。かといって、私のベルリンの空港におけるヘマは、懲罰を受けても仕方なかった。

ともあれ、ダレス氏の権限の下ではどんな地位についても、強い不満を抱いたことだろう。それというのも、政策上の意見対立というより（この対立は、私とトルーマン、アチソン両氏とのそれにくらべて、格別大きかったわけではない）むしろ、共和党右派内のマッカーシズム旋風の圧力で、政府が国務省や外交陣に持ち込んだ乱暴な内部取り締まりの制度に対し不満を持ったと思われる。ところが、この年不相応の若い退職は、私にかつて味わったことのない財政的独立をもたらしてくれただけでなく、学問を私の生きがいと生活の中心――それも私に、新たな努力を要する分野で、学びかつ前進する余力のあるうちに――にすえてくれたのである。こうなったのは一つの必然だろうが、私は決して後悔していない。過去二十年の時の流れを振り返って見るとき、もし事態が私の意のままになり、虚栄心や近視眼的な見方で自由に振るまえた場合よりも、人生の最も苦しい時の運命の方が、私にははるかに意義深かった。

とは言え、当時の私は、それに伴う不安とエゴとの戦いにまきこまれ、苦難の時期にあった。この苦難に何とか耐えられた一つの理由は、このダレス氏との離別のドラマの中で起きたいろいろな皮肉な出来事のおかげだった。そのいくつかは、いまも記憶にはっきり残っている。

最初に思い出すのは、三月十四日にダレス氏が、私の外交官生活に終止符が打たれたむねを通告したあと、スターリンの死をめぐって彼の意見を披露し、つづいて私の見解をたずねたことである。私は知恵をしぼって、この問題についての考えを総ざらいした。「非常に興味深い」と彼は言った。そして、思案しながら彼は、「君のこの問題についての意見は実に興味深い。とても余人の及ぶところではない。時折やってきて、そのときどきの情勢と意見を聞かせてくれないか」と言った。その夜、私は妻を相手に、このダレス氏の言い分は、まるで「きょうから君と離婚する。君との夫婦関係はこれでお仕まいだ。しかし、君のいり卵の作り方だけは気に入っているから、家を出る前に、いまここで一人前作っていってくれないかな」と言うようなものだと説明した。

翌日――つまり、私が上院承認を必要とするような地位に任命された場合、その承認をめぐって厄介なことがあるかもしれないというダレス氏の言葉がまだ消えないうちに、それと関連のあることが起きた。農場にいた私は、それまでに面識のなかったミシガン州選出のファーガソン上院議員から、ぜひ会いたいという連絡を受けた。ファーガソン議員は共和党内の保守派の中心人物で、上院外交委員でもあった。彼がいったい何を話したがっているかわからないまま、私はワシントンに出かけて、同議員に会った。そこでわかったのは、ボーレンを私の後任駐ソ大使として承認すべきかどうかについて、同議員が私の助言を求めていることだった。

ボーレンの承認にはまったく問題がないという私の説明（事実、承認問題が起きたとき、同議員は賛成投票をした）が終わったところで、同議員は、私がどうしてペンシルベニア州の農場で暮らしているのかとたずねた。そこで、私を外交ポストに任命しても、上院の承認を求めることはできないだろうとダレス氏に言われた事情を、同議員に打ち明けざるをえなかった。同議員の答えは「とんでもない。君の承認になぜトラブルが起きるのか？」であった。

四月七日、私の引退について新聞発表をどうするかという問題に、とうとうぶつかった。

国務長官の報道担当官、マッカードルは発表文の言句をどうしたらよいか、途方に暮れていたのである。私は、自分の死刑宣告を書けと言われた男のような気分で、昼食に一人で出かけ、紙切れを取り出し、食卓の上で発表文案をつくった。食事を終わってから、紙切れをマッカードルに見せた。そのときの彼の反応は、いまでも記憶に鮮やかである。「ひゃー、ミスター・アンバサダー、これはすばらしい。私にこれほどの名文はとても書けませんよ」と彼は気前よく言った。

最後のできごとは、もっと真剣な話である。もしアイゼンハワー大統領が私の引退をめぐる本当の事情をいくらかでも知っていたら――知っていそうもなかった――その計画を私に洩らすことはなかった（彼はその年の暮れに、私の引退決意を心から残念がり、こういう際につきもののねぎらいの言葉を述べた丁寧な手紙を私に送ってくれた）。しかし一九五三年の春遅く、引退までの三か月間が終わるのを待つ間に、私は大統領から一つの命令を受けて驚き、あっけにとられた。この命令は、「ソラリアム・エクササイズ」（日光浴訓練）という名で知られる極秘の重大計画に関連して、その年の夏に勤務するためホワイトハウスに出頭せよ、というものだった。この計画はその後、新聞や歴史文書で言及されてはいるものの、現在その内容をどの程度まで明らかにすることが許されているのか、いまだ私にもわからない。従ってここでは、同計画の目的を、その後の数年間にわたるアメリカの対ソ政策の予想可能なさまざまな対案をはっきりさせるものだったと、言っておこう。

計画遂行に当たって三つのチームを作り、互いに成果を競わすことになったが、大統領命令で私はそのうち一つのチーム責任者に選ばれた。真夏の炎暑の中で、私たちはくる日もくる日も、ウォー・カレッジの地下室であくせくと作業に励んだが、この場所はくしくも七年前に私が将校たちを前にして、初めて政治講義を行ったところだった。作業が終わったとき、大統領の承認を受けたのは、わがチームが提出した構想だった。この結果、皮肉なことに、その夏の終わりのある晴れた日に、私はホワイトハウスの地下室の壇から、閣僚全員と政府高官を前にして、政府の方策として決定された対ソ政策の理論的根拠とその複雑なからみ合いを説明することになった。足元の第一列目には、黙ってかしこまりながらも、見かけは堂々とした風情で、フォスター・ダレスが座り、私の教えに耳を傾けていた。もし三月に、彼が身辺から私を追い払うことで勝利を収めたのなら、八月には私の政策を彼に背負わせることで、仕返しをした形となった。

とは言うものの、私の言っていることが誤った印象を与えないようにするため、政治家としてのダレス氏について、私の見解を一言つけ加えておかねばなるまい。

戦後のこの時期に、国務長官の地位への候補者にあげられた公的立場にあるすべての人物の中で、ジョン・フォスター・ダレスほどこの地位を強く求めた人物はいないし、（彼にあてこすりを言うつもりは毛頭ない）また知識と経験の点で、彼にまさる適格者はいなかった。国際問題に対する彼の関心と、この分野におけるさまざまな経験は、パリ講和会議以来三十年にもわたる年季が入っていた。彼の気質と家族的伝統は、国際問題への彼の関心を一層強めた。法律家としての訓練が、彼の議論にみがきをかけた。かけ引きの点で、彼の強味は何よりもその柔軟性――人によっては狡猾《こうかつ》さとみる――にあった。こうした資質に加え、彼には歴史についての極めて深い理解と、国際情勢への広い知識があった。彼の国務長官在任中に編みだされたアメリカの外交政策が、多くの点で類まれな見事なものであったことは、多言を要しない。

彼は伯父のロバート・ランシング国務長官とともにウッドロー・ウィルソン（大統領）につき添ってパリ講和会議に参加して以来の豊富な体験から、国務長官がその政策を成功させるには、上院の支持に頼らねばならないことを熟知しており、上院の支持を確保するために神経を使っていた。彼は上院対策に細心どころか、度を越した配慮をもってのぞんだ。上院の意見に対するこの気遣いは、その当然の副産物として、上院のパトロンたちにこれといった影響を持ちそうもない人々、つまりダレス長官の政府部内の下僚、あるいは彼の外交政策に反対するものの気持ちや意見への軽視となって現れた。かくして彼は、冷酷非情な人物、ことに部下の取り扱いにおいてそうしたレッテルをはられていた。私の考えでは、部下に対する彼の態度は、人間味の欠如といった方がより正確だと思う。このこと自体は、決して誤りではない。ジョージ・マーシャル将軍にしても、国務長官のころは部下に対してかなり非情であった。二人の相違点は、こうした態度をとるに至った動機の相違である。だがこの点でも、相違はそれほど明確ではないのである。

将軍の非情な態度は、強い義務感、それに誰しもにつきものの野心が若干加わったことから生まれている。ダレス氏の場合、この組み合わせがちょうど逆になっていた。すべての人にとって不幸だったのは、彼が国務長官になった時期が、ちょうど上院多数派の共和党が自らの影におびえてつくり上げた神話の呪力にかかり、国務省に対して自己弁護という血のいけにえを求めていた時だったことである。もし国務省で一人も犠牲者をださなければ、この復讐神話は、化けの皮をはがされていたに相違ない。ダレス氏より人情味のある人か、官僚組織の中でもっと実地の体験を踏んだ人なら、部下の忠誠心を熱心に立証し、この種の圧力に敢然と抵抗したであろう。だが、たとえダレス氏がこの分野での体験が豊かであっても、上院の意向を損じたくないという彼の信念の前に、部下たるものは簡単にいけにえにされたに違いあるまい。多くの人が彼に強い批判を加えるのは、まさにこの点だったと思う。彼は信仰厚い人物との評判を受けていたが、同じプレズビテリアン派の信徒として、私は彼の国務省運営からそうした敬虔さを感じることはできなかった。

彼の政策について言えば、その一部には賛成だったが、同時に賛成できないものもあった。彼の政策とトルーマン政権の相違点は、内容よりもむしろ、政策を実施するさいのレトリックとスタイルにあった。彼のレトリック、スタイルはともに私の好みではなかったが、政策自体については前政権の政策に対する以上の異論は別になかった。核兵器、ドイツ、日本などの問題について、私はダレス氏と意見が合わなかった。だが、これらの問題については、私はアチソン氏ともやはり対立していた。

ダレス時代のソビエトに対する軍備強化政策は、トルーマン政権末期の二、三年間にくらべて格別縮小されたわけでも、拡大されたわけでもない。イギリスとの正常な盟友関係をダレス氏が無視した点は、弁護の余地のない決定的な誤りであると考える。私はいまも、スエズ動乱のさいの米英関係の状態は――この状態がハンガリー動乱のさいの西側政策を、明白かつ悲劇的に麻痺させたことを別にしても――戦後の米政策全体の中で、一つの失点を印したと思っている。

ここで、国務長官としてのダレス氏に対する私の評価を要約するならば、彼の弱点は知的、職業的な分野よりも、むしろ彼の人間性にあったと言うべきであろう。こうした弱点は、他人への反感、悪意というよりも、もっぱら他人に対する興味あるいは関心の欠如に根ざしているらしい。彼は職責の遂行に当たって知的要素を過大視し、人間的要素を過小視しがちだった。これが他人の態度に影響を及ぼし、そのためどのような代価を払わねばならなかったかについて、どれほどの自覚が彼にあったかは知る由もない。想像するに、彼はめざす目標の達成のためには、こうした代償も決して大きすぎるものだとは思っていなかったのではなかろうか。

個人的資質では、多くの面で国務長官と正反対のものをもつドワイト・アイゼンハワーは、さらに理解しがたい人物だった。彼は事実、アメリカの公的人物の中では最も不可解な存在だったし、いま歴史の光を当ててみても、このことは変わらない。彼ほど気前よく指揮の重責を与えられたアメリカ人はほとんどいなかったし、また彼ほど指揮ということを毛嫌いしていた人間もおよそいなかった。大統領職についての彼の見解は、自らの国のそれよりも、欧州における国家元首についての伝統的なパターンにより近かった。彼流の大統領職のあり方と概念によれば、アメリカ大統領たるものは、政治を超越した最高の調停者であり、人々を和解させ、団結させ、合意を生み出すのを手助けし、でこぼこをならすための存在である。その意味でなら、彼はすばらしい君主になれただろう。

アメリカ人が自分たちの国民的徳性として描きたがっているすべてを、彼はその個性、流儀および外見の中に体現していた。彼はこの国随一のボーイ・スカウトだった。深刻な政治問題について話し合いをしようと訪れても、愛想よく、つかみどころのないやり方で追い返してしまう術では、いかなる王侯貴族といえども彼にはかなうまい。

評判によると——あえて言えば、この評判は正しかった——彼は読まなくてすませられるものは、読もうとしなかったという。レクリエーションのための時間はいつもたっぷりあったようだが、そのレクリエーションは概して健康的なもので、真剣な知的没頭を伴うようなものはほとんどなかった。時にふれ思ったことだが、軍隊の中で半生を送った退役軍人と同様、社会的にみて彼は市民生活では根なし草のようだった。彼には「アメリカ本国では」とけ込んでゆける場所はなかった。彼が住むのにぴったりとした町もなかった。彼が農場を購入したゲティスバーグ地域では、たしかに尊敬されはしていたが、地域社会の本当の仲間入りはできなかった。

軍最高幹部の豊かで快適な暮らしに馴れきっていた彼は、ほかの将軍たちと同じように、退役後はまるでそれ以外の方法を知らないかのように、自然に金ばなれのよい実業界の大物たちの仲間に入りこんでゆき、ぜいたくな保養地、有名なゴルフ場、派手なカントリー・クラブに引きつけられていった。彼は権力に慣れていた。この種の人たちには権力者特有の体質があって、仲間だけでいることに快適さを感じている。このように社会環境が一方的に決められてしまうことには、何か救いがたい哀れさがあるように私には思えた。

こうした一連の理由から、一部ではドワイト・アイゼンハワーのことを知的、政治的には薄っぺらな人物であるとみる傾向が生まれ、彼がアメリカ政治の頂点にのし上がったのは、単なる幸運と、アメリカ有権者の伝統的な軍人好みのせいだとされた。こうした印象は、完全に誤っている。彼は事実、鋭い政治的な知性と洞察力――ことに外交分野での――を持った人物だった。こうした理解力を効果的に使ったかどうかは別にして、彼はそれを持っていた。彼がこうした問題について、政府部内で真剣に論じるときには、自説を発表したり、かくしたりする術として体得した軍人特有の難解な言いまわしを通じ、折にふれ高度の洞察力をひらめかせたものである。世界の現実の把握にかけては、恐らくフォスター・ダレスを除けば、アイゼンハワーは閣僚や政府当局者の間で（かけ値なく）一頭ぬきんでた存在であり、決して賢明さの点ではひけをとらなかった。

ドワイト・アイゼンハワーの難点は、知的能力の欠如にではなく、ごくまれな機会を除いてこの能力を発揮しようとしなかったことにある。権限行使へのためらい、知的面での逃避性、最も公式な政府活動の場合を除いて重大な問題の討議にほとんど気乗りを見せないこと、人気スポーツのこの上ない空虚さの中に逃避を求める傾向——こうしたいくつかの資質の奇妙な結び付きが、果たして怠惰からくるのか、自己の過小評価からくるのか、また大統領としての正当な役割に対する彼のとらえ方から生まれてくるのか、私にはわからない。だが、私の印象によれば、いったん大統領職についた以上、彼は実際の業績よりもはるかに大きな業績をあげられたはずの人物だと思われる。

以上の見解からおわかりいただけると思うが、私が一九五三年に外交官を退任させられ、それを受け入れたのは、新政権指導者に対する軽蔑の気持ちからでは決してなかった。だが、私の引退で、すべてが丸くおさまったとの考えは変わらない。ダレス氏が部下に求めた「積極的忠誠」、つまり自主的な思考と部下からの疑問提起を決定的に疎外するようなやり方に従うのは、私にとって容易ではなかったろう。それに何よりも厄介なのは、やがて述べるつもりだが、良心の危機の問題である。新政権が「国内治安」の名のもとに適用しようとした制度をめぐって、間違いなく私はその問題に直面していたことだろう。いずれにしても、この分野でとられたいくつかの措置への抗議として、私は辞職を決意せざるをえなかったに違いない。こうした形で辞職すれば、当時の数年間にアイゼンハワー政権だけでなく、アメリカ政治の支配体制全体と私の間に生まれた外交政策上の問題をめぐる意見対立を、明確にするどころか、おおいかくすことになったろう。

私の引退の説明から多少横道にそれたが、言い残したことを、簡単に述べさせていただきたい。

規定の三か月間の猶予期間――あるいは不名誉な期間――は、三月なかばに、私のモスクワ駐在大使としての地位が終わるとともに始まった。この間の数週間、スターリンの死の政治的背景の検討を課題としていた私より地位の低い政府専門家の仕事を、自発的に手助けしながら過ごした。このために私のワシントン滞在が必要となり、だだっぴろい国務省の新ビルディングの一隅に、たしか私のために空席のデスクが用意されたように憶えている。

六月のある日、ついに三か月の猶予期間が切れる日がやってきて、引退は正式なものになった。この日の午前中、私は国務省内で身のまわりの書類を集めたり、規定による年金受け取りの準備手続きに忙殺された。正午すぎ、最後の雑務をすませ、建物を立ち去ろうとした。そのとき、ふと頭に浮かんだのは、この偉大な組織で二十七年間もの勤務を終わったさいには、立ち去る前に別れの挨拶をしてゆくのが当然ではないかということだった。私と国務省の結びつきは、振り返ってみるに、まったく異例のものだった。私の世代の中では、外交官僚として私は破格の昇進をした。マーシャル・プランとヨーロッパ復興をめぐる二年間の激務の日々を、私は国務長官の執務室の隣に陣どって過ごした。わずか三年前には、私は国務省顧問であり、アメリカ外交官協会の理事長だった。初めは、誰も思い浮かばなかった。その昔のモスクワ時代からの友人は、外交官生活から完全に離れるか、在外勤務についていた。

議会の報復心をなだめるため、ダレス氏の手先どもが行った省内の大掃除は一から十まで徹底的なものだった。国務省内は新顔ばかりで、その多くは警戒的で無表情で、せいぜいのところで、慇懃《いんぎん》無礼か、なかにはかすかな敵意さえうかがえた。だが、私は相手を探しつづけた。この大きな建物、二十七年間にわたって私の職業生活の中心だったこの機構のどこかに、別れを告げねばならぬ人がいるに違いない。

突然、ふっと面影が浮かんだ。五階で国務長官室と高級補佐官室への出入りを見守っている受付係のメアリー・バトラー夫人であった。美しさ、礼儀正しさ、温かさ、有能さを文字通り身につけた南部生まれのこの婦人は、そのやさしい表情と明るい挨拶で、政策企画本部の責任者の職にあったころの私を毎朝のように爽快な気分に誘い、前途の試練に立ち向かう勇気を与えてくれたものである。幸いなことにダレス氏の長官就任後の追放から、彼女は免れていた。彼女のことをとくにくわしく知っていたわけではないが、私がもう帰ってこないことにいささかの興味を抱くであろうし、また多分に残念がってくれるに違いないと思った。

そこで五階へ行き、私は彼女に別れを告げた。書類をぎっしりつめたブリーフケースを手に、私は階段を降り、車に乗り、ゆっくりと北に向かって最後の帰路についた。メリーランド州中央を抜けるなつかしい曲がりくねった横道を通りながら、農場に向かったのである。

心の中に、生涯をかけた大きな努力はついに終わったのだ、思い残すことは何もない、これからは何をするにもたっぷりと時間があるぞ、という思いが湧いてきた。しかし、この気持ちも結局のところ、三年前にプリンストンに到着したさいと同様に、見当ちがいだった。

農場に着いたとき、人の気配はなかった。家族は午後の外出にでかけていたのだ。車からカバンを取り出す気にもならないまま、私は家の周りを歩き、玄関さきのポーチに腰をおろし、一、二時間もの間立ち上がりもせず、屋敷から東の方に延びる二つの美しい畑を眺めながら、この日私の人生の中に織り込まれた変化に思いをはせていたのであった。

考えることは山ほどあった。正と不正、あるいは失敗と成功について、その相対的関係をつくり出すのが人の常であるとしても、それは他の誰かがやるべきことであろう。私には出来なかった。そしていまも出来ないでいる。

第九章 〝マッカーシズム〟

これまで述べてきた状況――つまり一九五〇年から五三年の間に、私と政府との関係が徐々に切れていったこと――は、判断力、能力、公務への適応性といった点で私をいささかにがにがしく、暗い気持ちにさせていた（それも控え目に見積もってのことだが）。苦境にはつきものの気分である。だが、私の心痛をさらに深めたのは、やはりにがにがしく幻滅的な別の一連の苦痛とかさなったことである。しかもこの心痛は、単に私ひとりだけでなく、私が四半世紀も勤務した政府と、その政府に代表される社会にからむものだった。私が触れようとしている出来事とは、私をもまきこんだ奇妙な政治的復讐と集団ヒステリーの波であり、やがてそれは〝マッカーシズム〟の名で知られるようになった。

この言葉をカッコ付きで表現したのは、この言葉自体が不適切だと考えるからである。問題の現象は、ジョーゼフ・マッカーシー上院議員が、全国にその名をとどろかす以前から存在していた。またそれは、同議員が突然、面目まるつぶれの形で檜《ひのき》舞台から姿を消して後も、存在し続けていたのである。彼がこの現象をつくったのではなく、むしろこの現象につくられた人なのだ。前述した通り、この現象はある種の波、つまり多くの人をまき込んだ感情と反動の波であった。そしてジョー・マッカーシーはたまたま生まれつき（あるいは不幸にも）この種の冒険にうってつけの才能を持っていたため、わずかな時間ではあったが、この薄汚い波にのり、有頂天になった。しかしやがて波頭が去って泡と帰したとき、彼もまた消えたのである。アメリカ政治史のこのエピソードが、彼の名で呼ばれるに至ったのは遺憾である。この波には、もっと広く、限定されない呼び名が必要であった。

アメリカ共産党の党員、あるいは手先が一九三〇年代の終わりに、米政府部内に浸透していた（意識的か無意識的に）ことは、その後の十年間にヒステリックな右翼が想像してでっち上げたことではなかった。大恐慌の影響、ことに若いインテリ層への影響に触発されたせいもあって、この浸透はたしかに存在していた。その程度は、圧倒的とは言えないまでも、決して軽視できるものでもなかった。

この時期に、モスクワのアメリカ大使館か国務省ロシア部に勤務していた私たちの同僚は、共産勢力の政府浸透という状況をよく知っていた。アメリカ国民の大部分よりもはるか以前から、しかも切実に、この浸透に気づいていたのである。私たちは仕事を通じて、ほかの誰よりもはっきりと、この状況を肌で感じていた。ソビエト政府との関係を基にしてアメリカの利益を促進しようというわれわれの努力は、多くの点でこの浸透がもたらした影響にはばまれて、また、われわれの立場も時にはその影響をこうむることもあった。*

＊ 例えば一九三七年に国務省ロシア部が突然廃止された件だが、これは共産主義浸透の直接の結果ではないとしても、少なくとも当時ルーズベルト政権の高官層に認められた共産主義者による影響力の結果ではなかったか、との疑念は捨て切れなかった。

したがって私たちは、この状況を是正したいという気持ちでは、人後におちるものではなかったのである。これに対応し、それを是正するためのルーズベルト政権の動きは、確かに緩慢であった。是正策を講ずるようにとの警告も、しばしば馬耳東風と聞き流されていた。

この状況が、一九三九年終わりから四〇年にかけて若干、一時的にせよ改善されたのは、独ソ不可侵条約のおかげだった。同条約は、リベラル派の多くのアメリカ人を、ソビエトの指導性とアメリカ人同調者に対し、尻込みさせる結果となった。しかし、一九四一年半ばに、アメリカがヒトラーとの戦いでソビエトと共同戦線を組むようになると、独ソ不可侵条約のショックはたちまち忘れられてしまったのである。そして戦争の終わりには、私の実際の体験から判断する限り、浸透はおそらく過去のどの時代にもないほど広範囲に及んでいた。ことに、急募した戦時官僚、ドイツや日本における占領当局、概して内政問題にくわしくても国家の安全保障問題には不慣れな一部の政府部局に顕著であった。戦時中も、国務省に浸透がなかったわけではないが、それほどのことではなかった。

いずれにしても国務省内で、外交政策の作成に当たって共産主義者の影響が広範に見られるといった状況はなかった、と思う。国務省でこの問題が重大化したのは、戦後になって一部の戦時機関が廃止され、これら諸機関のかなりの人員が国務省内に流れ込んできてからだと思う。しかしこうした状況に対して、比較的早い時期に、治安規則ならびにその基準を抜本的に強化するという形で対応策がとられた。国務省組織とは一線を画す専門外交官は、もともと規律の修業を積んだ人たちだし、外交官になるには近年きびしい試験の競争を経なければならないという事情もあって、外国勢力の浸透問題に大きく影響されることはついぞなかった。

私が国務省に戻った一九四七年までには、可能な範囲で問題の解決がなされようとしていたように思った。いまでもそう思う。一つにはこれは、治安基準の強化のたまものだった。もう一つの理由は、かつてソビエト指導層の友人なり同調者であると自認していた多くの人の間に、ためらいと自分たちの立場への再検討の気持ちが生まれ始めたことによるものだろう。そうさせたのは、東欧や中欧のいたるところで、ソビエトの軍隊ならびに当局者が残酷かつ非民主的な行動をとり、ソビエト秘密警察が外国人共産主義者を広範にわたるスパイ目的に利用し、さらには米ソ間の政治的対立——この対立が意味するのは、自分自身の政府に対し忠誠心を抱けない反対勢力の立場に立たない以上、ソビエト指導層の同調者にはなりえないということである——の増大によるものであろう。一九四〇年代終わりのこうした一連の成り行きから、かつては深刻な色彩を帯び、なお依然として軍事スパイという観点からすれば問題は残るが、しかしアメリカの外交政策への影響という観点からはそれももはや大したことはあるまいとの印象を受けたのであった。このような時に、浸透問題をめぐって政府に加えられる悪意ある攻撃が次第に力を増して来ることに気づき、私は驚きといぶかしさを感じたのであった。この問題を利用して、政府を困惑させようとする国内政争のための動機がありありと感じられたとは言え、すでに消えかけている危険を大げさに誇張し、少数の不名誉な人物に対してならともかくも、多くの名誉ある人々にまで不信を投げつけるやり口は、正当化できないばかりでなく、さらに誤解を生み、ついには破壊をもたらすもののように思えたのであった。

私はこれらの問題を取り上げるさい、彼らへの疑惑を助長し、しばしばその疑惑を強めるにいたったヒス事件の重要性を明らかにしない限り、これら一連の攻撃にさらされた人々に対し、真面目さと責任という点で公正さを欠くことになると考える。

この事件の発展について、当時の私は、第三者的な割り切れない感じを抱いていた。アルガー・ヒス氏とは、会釈を交わす以上の仲ではなかった。一九四五年、ヤルタ会談に出席したヒス氏らアメリカ代表団員が帰国の途中にモスクワを通過したさい、偶然彼に会ったことはある。私の記憶が正しければ、一九四六年にアメリカにもどったあと、再び偶然にワシントンで彼に会った。だが、彼と言葉をかわした記憶はない。私たち二人の経歴は、まるで違っていた。彼の性向ではないかと思える国際問題への対処の仕方が、気に入らなかった。在外勤務の経験、ことにソビエトについて実地の知識のない人物が、ワシントンで国務長官の高級顧問になり、そのうえアメリカの公式代表団の一員としてヤルタに行く。その一方では、国際問題に深い経験を持つわれわれ他の者が、ありきたりの外交業務をつとめているという現実に対し、いくばくかの憤慨の気持ちを抱いていたのは、外交官のソビエト専門家の中で私ひとりだけではなかったと思う。

一方、大統領あるいは国務長官が、ヒスのヤルタ会談参加で大きな影響を受けたと考える理由は見出せなかった（現在でもそうとは思えない）。疑惑の的になった極東問題についてはなおさらである。ただヒスは、私の一部の友人を含め、私が尊敬する多くの人たちから個人的信頼を受けていたことも私は知っていた。したがって私は、あらゆる事実が明確になるまで、彼への攻撃について判断を下すのを差し控えていた。たとえ、言われているような一九三〇年代における共産主義運動とのかかわり合いが立証されたにせよ、事件そのものは極めて例外的なもので、そこから事件が大きな広がりを持つと見たり、ことに戦後の外交政策の作成に共産主義者の大きな影響が及んでいたという推論を下したりするのは、的はずれではないかというのが私の一貫した考えであった。

不幸にも、この事件に関する事実は、決して完全には明らかにされるに至ってはいない。現在ですら、ヒス氏と彼への告発者ウィッテイカー・チェンバーズの声明、議会聴聞会の速記録、裁判記録以上のものが入手できないため、果たしてヒス氏が一九三〇年代のなかばに共産主義運動とかかわり合いをもっていたかどうかについて、誰も断定的な結論を下せないし、彼自身もこの点をついに明らかにしなかった。

事件について、熱心な野次馬ではなかったが、それでも、関連資料の多くには目を通していた。だから、二十余年たった現在でも、ヒス氏の証言が事件の全容を伝えているとは信じられないし、かと言って、告発者チェンバーズの農場からとり出された有名な「カボチャ文書」をヒスが国務省から盗み出し、自宅のタイプライターで複製したという裁判官の判決を、そのままうのみにする気にもなれないのである。専門的な情報機関のやり方や、さらに当時の情勢という二つの側面から見て、アルガー・ヒスが――共産主義運動と彼の結び付きがどんなものであったにせよ――実際に問題の行動をとったという見方に対して、私は否定的である。

この曖昧で、多くの謎につつまれた事件が世論に及ぼした影響、ことに事件が当時の反共主義の炎に油を注いだという点を考えると、こうした事態を招いた直接的な責任の多くは、トルーマン政権にあったといわざるをえまい。ことに、いわゆるヒス氏と共産主義者との結び付きの問題について、同政権が適切かつ徹底的な行政的調査をしなかったことは責められるべきであろう。

疑問がわき起こった以上、アメリカ国民は、問題に関連のある入手可能な情報のいっさいを知る必要があった。ところが、鳴り物入りで行われ、感情的な雑音にかきまわされた議会の聴聞会も、あるいはヒス氏が宣誓して行った二つの証言の真偽だけをたしかめようとした法廷の審理内容も、この必要に答えるには不十分なものだった。私がこの点を強調するのは、やがて触れるように、不幸にも行政府は、ヒス事件以外にも同じ誤ちを繰り返したからである。現実の問題として、われわれの公的生活にからむ大きな謎の解明ということになると、アメリカ政府には本来的にある種の不適格さがあるのではないかと懸念するのである。

こうした事態を政治的に利用しようとして、あちこち引っかきまわす政党の傾向。それに対応するかのように、厄介な問題を法廷に押しつけて責任を逃れようとする政府の傾向。進行中の訴訟が往々にして政府の調査範囲を妨害しがちな点（一例は、ケネディ暗殺事件のあとのジャック・ルビーをめぐる事態）。報道界の異常な関心。秘密情報機関の偏狭な関心、とくに情報の公開よりも秘匿の方に興味をもつことを正当化するような偏狭な関心。

こうした諸事実によって、行政府は常に、政府ならびに国民が事の真相を知りたがっている諸問題に対する適切で詳細にわたる行政調査の実施をはばまれているように思われる。*

＊この回顧録が触れる期間には入らないと思うが、私の印象では、一九六〇年代の半ばから終わりにかけて連続した三つの政治的暗殺の悲劇については、いずれの場合も、国民の期待にふさわしい十分な解明はなされなかった。ウォーレン委員会を構成する各委員の誠実さについてはいささかも疑念を抱くものではないが、ケネディ（大統領）暗殺事件に対する同委員会の調査でさえ、いくつかの点で所期の任務にとっては不満足であり、不適切であったように思われる。

さて、一九四〇年代終わりの国内治安問題と私とのからみ合いに話をもどそう。一九五〇年の冬の終わりから春にかけて南米諸国を訪問中だった私は、あるアメリカ大使館の公式ニュース速報で、マッカーシー上院議員がラジオを通じて、二百余人の「党員証を持った共産主義者」が国務省内にいるとの証拠を「手に入れた」むねの演説をしたことを知った。私はこれをまゆつばものだと思っただけでなく、ある種の満足感をもって受けとめていた。「いよいよ彼がそれを証明する番だ。それで問題はおしまいになるだろう」と思った。

まったく私の考えは甘かった。しかしその時、たとえ誰かに、なるほどマッカーシー議員は立証できないに違いなかろうが、それでも彼の非難演説は政治的には大成功を収めることになるだろう――数百万人ものちゃんとした人々がその後数年間にわたって「彼のやり方は気に入らないが、彼はやらなければならないことに手をつけたし、その点大いに称賛されてしかるべきだ」としゃべりつづけることになろう――と言われたとしても、とても信じる気にはなれなかっただろう。私の念頭にほとんど浮かばなかったことだが、私がこのニュースを読んでいる間に、数千マイル離れたワシントンではマッカーシー上院議員の努力に直接関係した出来事が、ことに国務省政策企画本部の私の下僚の一人に関連する出来事が、発生しつつあった。この事件は、私の部下の経歴を台なしにし、ひいては彼の生涯と、率直に言って私自身の生涯をも暗くするために、仕組まれたものだった。

デービス事件に対する私のかかわり合いの問題や、この章の中心テーマになっている感情と行動の波に関する他のさまざまな事件に触れる前に、共産主義者の浸透という現象全般について、当時の私の態度をはっきりさせておいた方がよいと思う。

一九五一年春、プリンストンで学究生活を送っていた頃、私はプリンストン大学の同窓会評議会の委員に指名（のちに選任）された。私の指名が発表された直後に、同窓会員の一人から不安に充ちた手紙を受けとった。当時みられた先入観念からすれば、彼の発した質問は理不尽なものではなかった。「われわれが目下、戦いの状況にあるだけに」と、彼は書いた。「この質問を貴下に向けるのは、当を得たものと思う。つまり、選任されたら、貴下は共産主義に対しどのような立場をとられるか?」。私はこの質問を公平な要求だと思い、一九五一年五月十六日の手紙で(問題が真剣な性格のものであり、私の経験と関心事にも無縁ではなかったところから、いくらか長目の)返事をだした。その内容は、しばらくたってから、「ニューヨーク・タイムズ・マガジン」誌(May, 27, 1951)に発表された。

ソビエト共産主義と私とのかかわり合いの期間や性格を指摘しつつ、質問に対しては、人々を①共産党そのもの、②同調者と支持者、③その他の人々、の三つのグループに分けて、次々に答えていった。

共産党(当時はもちろん、厳重なソビエトの支配下にある完全なスターリン主義者の組織であり、アメリカの過激で革命的な社会主義陣営では強力な競争相手を持っていなかった)に関する限り、同党を非合法化することは、道義的にも政治的にも正当化されると思う。しかし、非合法化が賢明な処置か、得策かという点については疑問が残ろう。私はこう書いた。

共産党を公然と活動させ、その実体を白日にさらし、活動を目にふれるところにおき、その行動の自由を認めることでわれわれがいかに共産党を怖れていないかを立証し、その表面的な行動を通じて過激主義の暴露、われわれ国民の感情と理想からのへだたり、悪意ある侮辱的な外国人支配者に対するその追従の度合いを、常に生々しく人々にみせつけることの方が賢明だと思う。

同調者については、一つの問題があると思った。いろいろな理由から、彼らを政府の責任ある微妙な地位につけることは望ましくない。しかし彼らをこうした地位から遠ざけたり、解任したりする際は、彼らの名声や職業上の可能性を傷つけないように細心の注意を払わねばならない。彼らは犯罪者ではないのだ。彼らの態度は、多くの場合から見て絶対的なものではなく、時の経過と共に是正される可能性がある。必要なのは、「若干の寛容と強い知的反抗であり、公の侮辱や面目を失わせるような拒絶」ではなかった。重要なのは、彼らを有益な市民になれるよう助けることであり、「みじめな除け者」にすることではなかったのである。

極めて親ソ的なマルクス主義同調者が教育界に存在することは、特別な問題を提起していた。ソビエトのイデオロギーに真に心酔しているような人々は、教育分野にとどめておくわけにはいかないと思った。これらの人にとって、一方で硬直した教義と全体的な知的規制に服しながら、同時に他方で本来の教育経験にとって第一に要求される、客観的真実を追究するための自由な精神を守り抜くことは不可能だからである。しかし、熱狂的同調とは言えないシンパの問題は、これとは別である。この場合は、常識と人間的感情に基づき、個々のケースについて決定を下すほかないのである。時には小異を捨てて大同に立つということも承知しておかねばなるまい。もし健全な教育というものが、一つや二つの挑戦的な意見との競争に対抗できないなどという結論を下したとしたら、大変なことになるだろう。要するに、われわれの目的は、破壊的でこれといった根拠のない思想から青年たちを保護することではなく、こうした思想の存在を認識したうえで、それに対し、さらに他の人が対抗するのを助けられるように、青年たちを理論的に武装させることである。

この点に関連して、私が思い出すのはミルトンの『アレオパジティカ』(訳注　言論の自由を論じた一六四四年の著作)の中の、次の一句である。「悪徳を、その誘惑とみせかけの快楽とともにしっかり見据えながらも、なおかつ悪徳から離れ、身をへだてて、真に善なるものを求められる人こそ、まことの戦闘的なキリスト教徒である」ミルトンも「経験や試練には無縁で、一歩踏み出て敵対者と直面することもなく、逃避的で隠遁《いんとん》的な美徳」が、若者たちの間で育て上げられることを望まなかったと思うが、この考えにはわれわれも異論はない。

しかし私の手紙のもっとも重要な部分は、第三の問い、つまり誇大でヒステリックな反共主義が私たち自身——手紙の表現では「その他の人々」——に与える影響という問題を取り上げた個所である。私が強調したのは、この問題が占める位置を正しく知ることであった。私たちがおかすおそれのある大きな危険は、あらゆる厄介ごとをこのたった一つの原因に帰してしまう誘惑に敗けることである。それは、共産主義の浸透現象を誤って評価するという政治的危険にとどまらず、さらに重要な問題を包含しているのである。

われわれは、共産主義とは……無縁の、多くの重大な問題をかかえているが、これらの問題に対し効果的に処するわれわれの能力に関していうなら、もし共産党の全党員とあらゆる同調者を明日国外に追放したところで、われわれのこうした能力が具体的に強化されることはないだろう。

共産党はつまるところ、外部的な危険にすぎず、いまや小さな危険にすぎないのである。

だが、これに対処しようとするさいにわれわれがさらされる主観的で感情的な緊張と誘惑は……外部的な危険の問題ではなくなる。これらはわれわれ自身の内部の危険、つまりわれわれの精神と魂の中に生じうる次のような危険である。それはわれわれを、この合衆国の創設と国家的団結に努力した人々とは似ても似つかないものに変え、むしろわれわれがいま対抗しようとしている権力そのもの――つまり不寛容で、秘密的で、疑い深く、残酷で、内部分裂におびえる権力――の代弁者に変えてしまうであろう。共産主義者がわれわれに対してなしうる最悪のもの、彼らの活動からわれわれが最も恐れなくてはならないことは、私たちが共産主義者のようになってしまうことである。

アメリカとは要するに、単に領土や国民を意味するだけでなく、私たちに一定の信条と行動様式をもたせる精神的な何ものかを意味している。これが私たちを他国民から区別しているものである。もしこれが失われれば、守るべきアメリカはなくなってしまうであろう。だが、もしわれわれが「欲求不満の吐け口を集団的な激情と憎しみの場に求め、現在あるいは過去に、道を誤ったり混乱したことのある同胞の一人一人を、直面する困難のいけにえにしようとする」ならば、肝心のものは容易に失われてしまうに違いない。こうした事態を招くくらいなら、共産主義をめぐる問題をまったく忘れてしまう方が、まだましである。

当時、世論を動揺させ、社会と政府を不安に陥れていた〝国内治安〟の諸問題に私はさまざまな形でかかわり合いをもったのであるが、その一貫した私の見解は以上のようなものであった。

このさまざまなかかわり合い（当時の最も目立った事件のいくつかと、何らかの形で関連性を持っていた）の中で、最大の出来事と言えば、ジョン・ペートン・デービス・ジュニア氏の長い苦しみの試練と、私との結び付きであった。彼は私とは一九四四年から四六年にかけて、モスクワで同僚だったし、ワシントンに帰ってからは、私が責任者となっていた政策企画本部に、四九年から五〇年にかけて配属されていた。

同本部のスタッフの地位につく以前から、デービスは元中国駐在大使のパトリック・J・ハーリーをはじめようとするチャイナ・ロビーに近い人々から非難を受けていた。その原因は、デービスの中国勤務、ことに四二年から四四年にかけてジョゼフ・W・スティルウェル将軍の下で勤務した当時のことをめぐる意見の対立だった。そのころの彼の情勢報告、ことに彼が国民党政府のなげかわしいほどの弱体ぶり、共産主義との長期抗争で勝利を収める可能性がないむねを指摘していた点が、国民党政府とそのアメリカにおける友人たちの怒りを買ったのである。国府のアメリカ政界における影響力には決して無視できないものがあったが、それがデービスに的をしぼり始めた。やがて、彼自身が警告しようとしていた不幸な事態を、実は彼は望んでいたのだという奇妙な攻撃——これはハーリー大使によって声高に後押しされたのである——に、デービスはさらされることになった。デービスが、親中国共産党で、従って左翼への同調者であるという非難は、まったくの嘘である。彼は中国共産党の真面目さと能力を尊重し、ワシントンに対し中国共産党の能力と政治的前途を過小評価しないよう警告していた。しかし彼は、中国共産党の運動を鼓吹したイデオロギー的教義にいささかでも共鳴していたわけではなかった。

ハーリー大使がデービス非難の中心人物だったことは、後にデービスを苦しめ、その経歴の上に悲劇的な局面をもたらすことになった運命の、奇妙で皮肉な前触れであった。と言うのは、ハーリー自身すでに、一九四五年に彼が「重慶における中国共産党の最良の友人である」むねを自負、*さらに中国共産党はわれわれのそれとさして変わらない原則のために献身しているのであるという彼の見解が、**記録に残されているからである。

＊ *United States Relations with China*, page 103, Washington 1949.（一般には中国白書として知られる）。

＊＊ Herbert Feis, *The China Tangle* p. 261. : Princeton University Press, 1953.

こうした発言に照らすならば、デービスが耐え忍ばねばならなかったような非難は、デービスよりもハーリーに向けられる方がより自然だったように思われる。だがこうした考えは、アメリカ政界の特異な雰囲気の中ではほとんど無視された。そのかわり、国民党政権がいま立たされている苦境へのいけにえを求め、ルーズベルト政権と国務省へのおそるべき共産主義浸透を立証するのにやっきになっている人々は、デービスに向けられたこの非難を徹頭徹尾利用しようとしたのである。

とはいえ、こうした初期の攻撃は、五〇年に始まったそれにくらべれば物のかずではなかった。そして後者については責任の一端が、私にもあることを認めねばならない。

一九四八ならびに四九年当時、西欧をはじめその他の大陸の政府機関に対する共産主義者の浸透や破壊活動をいかにしてくい止めるかという問題について、私自身、私の友人で後にＣＩＡ（中央情報局）の次長、長官になった故アレン・ダレス、それに政府各部局の何人かのスタッフを含めたアメリカ政府内の一部の間で、一つの結論に到達した。その結論とは、必要に応じて随時、国際分野で活動——既設の政府の省、機関が責任をとることが適切でないような活動、あるいは通常の政府手続きをとっていたのではわずらわしすぎるような活動——を展開できるようなある種の機関を政府がもつべきだ、というものであった。いいかえるなら、われわれが必要としていたのは、秘密活動の機関であった。

この考えは、まったく健全なものだった。問題は後になって「汚ないトリック省」として言及されるようになったものを創設することではなかった。それは、いまや世界的な規模の冷戦にまきこまれながら、そうした世界における役割を果たすには、公共資金の支出、使用をめぐる伝統的制度がまったく時代遅れになった政府のため、その行動により大きな弾力性を与えるような機関を創設することであった。それをつくることは本当に必要だったし、後に設置されたこの種の機関の庇護の下で行われた多くの活動は、建設的であり効果的だったのである。

しかし、これには最初から一つの困難がつきまとった。政府高官筋が、この行動を軍部内で〝黒い宣伝〟——二つの世界大戦における軍事作戦から引き継がれたやり方——と呼ばれている軍組織の行動と協調させてすすめるよう主張したからである。もちろん私は、この二つの行動を一本化することには、たとえそのための秘密活動の計画をすべて犠牲にせざるをえなくなったとしても、断固反対すべきであった。しかし、こうした問題では、人はしばしばコトが終わってからでないと利口になれないものらしく、また自分の愚かさのせいか、あるいは協力への気持ちがあったせいか、私はとことんまで反対しなかった。この結果、われわれは善意をもった軍の同僚たちとなんとか協調を余儀なくされ、いわゆる〝計画〟――各年ごとに各国別の計画――を黙認することになった。この計画は、必要でもない時期と場所で、私たちに秘密活動を強制し、さらに子供っぽく思われるような、また情熱を抱けないような仕事に寄与するように私たちをかりたてた。そしてこの目的のために、委員会形式の会議が、いつものワシントン方式で開かれたのである。

ほかに多くの任務をかかえていた私は、これら会合のすべてに出席することができなかったので、私のスタッフのだれかれに代理出席させた。そのうちの一人がデービスで、彼の経験を買って極東問題に関する会合に出席してもらったのである。こうした会合はすべて、明白な理由から、極秘扱いを受けていたことを付言しておかねばならない。この会合での発言やなされたことが、出席者に関係のある省や機関の直接上司以外の人々に漏らされるなどとは、私たちのだれ一人として考えもしなかった。

この仕事の過程でデービスは、中国のきびしい検閲制をかすめてある種の情報資料をどうすれば中国共産党の知識人に渡せるかについてアイデアを出すように促され、いくつかの構想を提出した。数週間後にＣＩＡ側から、デービスに構想の一つをくわしく説明するようにと求めてきた。一九四九年十一月十六日、表向きＣＩＡ職員と名乗る二人の男が同席して会合が開かれた。二人の名前と公的立場は、事前には知らされていなかったし、二人がこの任務を課せられた状況も、私の知る限りでは完全には明らかにされなかった。デービスは、空想的とは言えないまでも非常に想像力に富んだその計画をくわしく説明したが、彼はこれが会合で討議されるものと予期していたのである。しかし、なんの討議もされなかった。黙って聞いていたＣＩＡ職員は、席を立っていったが、恐らく上司に報告したことと思われる。後日、彼らが議会の小委員会で行った証言を信じるなら、二人は会合の性格、ことにデービスの地位についてほとんど理解しておらず、さらにデービスの動機に対する恐ろしい疑念は言うに及ばず、デービスがいわんとしたことについてこの上もなくひどい誤解を抱いていたと結論せざるをえない——この結論は、この状況下では最も思いやりのあるものだが。

通常の手続きに従えば、これら二人の意見と印象は単に上司に報告され、後者はもしも部下から報告されたデービスの発言内容と了解されているものに当惑したのなら、問題を国務省上層部（この場合、おそらく私自身に）に持ち出し、国務省当局者に釈明のチャンスを与えたことだろう。もしアレン・ダレスがＣＩＡ長官なら、そうしたに違いない。だが、実際にはそうならなかった。その代わりに私が誤解していなければ、ＣＩＡはＦＢＩに報告書を提出し、その報告書はことの成り行きに従って、議会のいくつかの委員会の注目をひくことになった。

中でも最も関心を抱いたのは、言うまでもなく、上院司法委員会の国内治安小委員会、いわゆるマッカラン（後にジェンナー）委員会だった。この小委員会は、行政府その他への共産主義者の浸透と影響力に関して疑いのあるケースを調査する中心となっていた。同委員会では、いわゆるデービスの破壊活動的な提案をめぐるＣＩＡ報告は、たちまち勝ち誇ったような熱情のえじきにされ、こうして事態はなんとも手のほどこしようがなくなってしまったのである。非難、攻撃は、ただちに国務省に向けられた。恐らく自衛策としてであろうが、国務省はデービスを、長い一連の公式の忠誠調査の対象にしたのであった。この調査は、ある場合は国務省自身が任命する委員会が行い、ある場合は外部の機関が行った。これら調査（私の記憶が正しければ、七、八回行われた）は例外なく、デービスの忠誠を疑う理由はないと判定し、あらゆる項目について彼の潔白を証明した。だが、この調査結果は上院小委員会には何の効果も与えなかった。

一九五一年八月八日と十日にデービスは、手ぐすねひく小委員会の委員の前に引っぱり出され、敵意と疑心に満ちた尋問にさらされた。公的秘密保持の義務を自覚していたデービスは、事件の細部について述べることを忠実にも拒否した。もし細部を明らかにすれば、デービスにかけられた疑惑は消せたかもしれないが、デービスには局外者にこれを明らかにする権限は与えられていなかった。つづいて、デービスを非難した人物が喚問された。当然のことながら、両者の証言のくいちがいが明らかになり、そこで小委員会は司法省に対し、デービスを偽証罪容疑で起訴すべきかどうかを決めるため大陪審を開くよう要請した。司法省はこの措置をとることに反対したが、小委員会とその上部の委員会の両委員長は、およそ二年間にわたり司法省の抵抗を克服するための無益な努力をかさねたのであった。

言うまでもなく一方では、大変な世間の騒ぎ、論争、デービスとその家族の苦悩、停職、移転など、あらゆる種類の苦労が相ついだ。こうしたことは、デービスが数多い訴因のどれひとつについても正式には有罪にならなかったという事実によって、帳消しにされるような問題ではなかった。

ついに一九五四年、共和党政権の国務長官ジョン・フォスター・ダレスは、政府の他の省や機関から選ばれた五人で構成される特別の「治安問題聴聞委員会」(この任務のための主たる資格は、五人とも共通して外交業務について何らの経験、知識のないことのようであった)を任命し、アイゼンハワー政権の新しい治安基準にのっとってデービス事件を再調査するように命じた。デービスは、いかなる評決が下されようとも、その前に聴聞会速記録の機密でない部分を読ませてもらえるとの考えを抱きつつ、同委員会で証言した。

だが、彼が速記録をみたり、それに論評を加えたりする前に、委員会は彼には一言もなく、ダレス長官に対し彼の雇傭継続は「国家安全保障の利益と明らかに一致しない」むねの報告を提出した。そして、忠誠に対する告発について有罪を立証されず、少なくとも過去十年前にさかのぼって外交業務の上司から優秀な能吏の折り紙をつけられ、自発的辞職をすめる国務省の働きかけを拒否してきたデービスは、一九五四年十一月五日にダレス氏によって「判断力、思慮分別、信頼性の欠如」(委員会の表現)のかどで、公務から解任されたのである。その後も国務省は数年間にわたり、デービスが普通なら受けとる権利のある年金を差し止めようとはかったが、この努力は結局は失敗した。

これが当時のデービス事件の真相である。私と事件とのかかわり合いはさして大きくはなかったが、無視してよいほどのものでもなかった。そして、この問題はその後数年間にわたり、私の良心と思考にしこりを残した。

CIAをめぐる事件が私の関心を引いたのは、事件直後に、ワシントンの新聞記者の友人が私に会いにきて、問題の事件の起きた時と場所をはっきりさせながら、デービスがCIA要員の中に共産主義者を浸透させようとしたむねを伝えてくれたときであった。治安規則に対する悪質かつ計画的な侵犯が明らかになった以上、私は問題をCIAに持ち出した。調査の結果、この情報を流した人物の身元をつきとめるのはむずかしくはなかった。その男の場合、弁護の余地はなく、私の了解したところでは、ただちに解雇されたはずである。

私は単純にも、これで問題は終わりになったと考えた。しかし実際には、始まったばかりだったのである。

つづいて、デービスに対する第一回目の忠誠調査が行われた。私は一九五一年の夏に（自費で）ヨーロッパから帰国し、国務省の忠誠委員会で彼のために証言した。事件が大統領直属の公務員忠誠査問委員会にまわされたさいも、私は同様の証言をしたことを憶えている。

この二つの聴聞会では、CIA問題が取り上げられたはずだが、当時の状況から事件の全容は明らかにされなかった。

モスクワに勤務中の一九五二年夏、デービスから手紙が届き、上院小委員会が偽証罪で彼を起訴しようとしていることを伝えてきた。この手紙は私をひどく心配させたが、それには特別の理由があった。デービスやその他の人物に対する忠誠調査がすすめられていた全期間を通じて私は、国務省職員に対し議会はじめ外部から加えられた非難に対する国務省高官の処理の仕方に強く異議をとなえてきた。まず国務省で独自の調査を行い、調査の結果に基づいて非難された人物の潔白を証明するなり、あるいは措置をとるなりせずに、高官たちは外部からの非難を――たとえ馬鹿げていたり、曖昧であっても――そのまま受けとめ、非難された職員を忠誠委員会に引っぱり出し、とどのつまりは「君は非難されているよ。できる限り自分を弁護したまえ。国務省はこれ以上、事件とのかかわり合いはもたないからね」と言うようなものだった。従って、非難された職員は身の潔白を証明する証拠を、ときには国務省の資料をあさってまで、自分でさがしてこなければならなかった。

こうした国務省のやり方は、みずからの責任をはっきり回避したもののように思えた。たとえ事実が無罪を証明している場合でも、自尊心、無知、精神の緊張、その他もろもろの理由から、非難された職員は自己弁護することができなくなるか、その気持ちを失ってしまった。このような場合、独自の行政的調査を実施しない国務省としては、事件の真相、あるいは問題の職員が公正な扱いを受けたかどうかを、ついに知らずにすんでしまうわけだ。ところがデービスの場合にせよ、ほかの事件にせよ、まさにこの方法で問題は処理されたのである。例えば、議会側がデービスに加えた非難のうちの一つは、国務省の資料を証拠にはっきり否定できるものだった。国務省資料によれば、この非難は明白に人違い、つまりこの場合の当事者がデービスと同名の他人だったことから生まれたものだった。しかし国務省は、自己の資料を調査し、この非難が無根拠のものであることを議会に説明する代わりに、大まじめにデービスを国務省忠誠委員会の査問に引っぱり出し、無実を証明する証拠をさがすことを彼に委ねたのである。

同じようなことが他の事件でも起きた。なぜそうなったか、私にはわからなかった。ディーン・アチソンは臆病さと無縁の人物だったが、もしそうでなかったら、私はこの原因が彼の臆病さにあったのではないかと思ったことだろう。私としてはただ、彼への助言がでたらめだったと結論するほかない。

いずれにせよ、デービスが受けている迫害に直面して、私にも困難な問題が起きた。その問題とは、国務省の上司の前で開かれる正規の秘密聴聞会に出席し、私の責任とデービスの行動の動機をともにはっきりさせられる機会が、私にはなかったことだ。デービスの身の上に起訴される危険が迫りながら、私には手の打ちようがなかった。ただちに私は自分の立場をはっきりさせた手紙を国務長官宛てに書いた。*

* 私の署名入りのこの手紙は、長官宛てに直接送られたのではなく、国務省内の友人に送られたのである。そのさい彼らがこの手紙を国務長官に見せるとともに、彼らがこれを公式の記録事項にしない方がよい——その場合はただ長官にそれを見せることができるだけであるが——と判断しない限り、これを長官に正式に手渡してもらいたいと注文をつけておいた。結局、正式記録になったと思う。

デービスがいま攻撃の的になっている行動をとった当時の上司が私であったことを指摘したあと、この手紙で私は「私自身が命じた任務を果たそうとする懸命の努力の一部として、彼が善意をもって遂行した行動のために、この部下がその経歴と市民としての地位を傷つけられているのを私は黙視できない」と書いた。

私はさらに続けた。「この手紙の目的は、事件がデービスに不幸な結果をもたらす場合には、私自身の立場および全般的に政府に対する私の有用性が影響を受けずにすませるとは考えられないことを貴下に伝えることであります」。私は、国務長官がこのむねを司法長官、マッカラン上院議員にはもちろん、大統領にも伝えて欲しいと頼んだのである。

しかし、これはなんらの効果も生まなかった。私がモスクワからもどったときも、問題はまだもめつづけていた。新聞でデービスが攻撃されるたびに、私の良心は痛んだ。一九五二年十一月に「タイム」誌に載った記事は、朝鮮からのわが軍の撤退に関するマッカーサー将軍の助言を歪曲した政策文書を作った国務省グループの中に、デービスが入っていたと非難していた。この言い分は、まったく事実無根であり、私はただちに「タイム」誌に手紙を送り、同誌コラムで発表するよう求めた。デービスは――と私は次のように書いた。

> 貴誌あるいは他の新聞が触れた問題の文書の作成に、まったく責任はない。なんといっても当時、政策企画本部の責任者であったのは、デービスではなく、この私である。その作業と勧告に責任を負うのは、私であった。個々の政府決定の準備についてスタッフが果たした役割を論議する立場にはないが、私は責任者としての責任を回避したり、部下を犠牲にして国民の前で私の責任を軽減しようとしたりする気は毛頭ない。*

＊ *Time*, December 29, 1952.

この手紙が公表されて二週間後に、私自身がマッカラン委員会に召喚された（私の手紙とこれが関連があったことに疑問の余地はない）。召喚状を使って私を委員会に引っぱりだしたことに、当惑と怒りを感じながらも（通常の方法で議会の機関に出頭するよう招請された場合、私はかつて断ったことはないし、こんどの場合だって当然のこととして、そのような招請に応じたことだろう）、私はともかく一月十三日の午後に、マッカラン小委員会が聴聞のために使っていた狭い、ごみごみした部屋に出向いた。これは屈辱的な体験だった。誰が出席しているかも、また私への尋問者の身元も教えてもらえなかったのだ。最初のうちこの尋問者が、果たして上院議員なのか、議員以外の人物なのかもわからなかったことを記憶している（結局、あとで小委員会の二人の法律顧問のうちの一人、J・G・スーアワイン氏と判明した）。聴聞の主題、あるいは私が召喚された理由すらも、教えてもらえなかった。

事柄がデービス事件に関連していることが、徐々にわかってくる程度だった。私は宣誓をさせられた。事前の準備と相談、それに先のことを考えるひまもまったくなしに、しかもごくつまらないミスをおかせば偽証で告発されかねないという条件の中で、私は摩訶《まか》不思議な、入念に準備された尋問に、一時間ばかり耐え抜いたのである。尋問の中には、私をワナに陥れようとする巧妙な企みとしかとれないものがあったが、そのうちの一つは信じがたいほど厚顔無恥でひどいものであった（これは日付に関するものだったが、この点の私の記憶力ときたら世界最悪である。目に見えない真の守りの神が、ワナとおぼしきものに陥るのを防いでくれたに違いない）。

この試練を私は生き抜いた。その後、小委員会からは何も言ってこなかった。形式的にはこの問題は片がついた。しかし新政権に対する私の立場が妙なものになっていたことをめぐり、この冬は当惑と不安に満ちたおぞましいものになっていた。そのさなかに私を襲った経験は、まさにカフカ的だった（上院小委員会への出頭は、私のスクラントン講演の三日前、また新政権発足の一週間前の出来事だった）。当時の状況では、国務省の助けを期待できなかった。また政府官吏としての私の運命が、少なくともある程度は他人の手――これらの人には、二十五年間にわたる忠実で名誉ある勤務は何も意味しなかった――にゆだねられていることを認めざるをえなかった。逆にそこでは私の政府への奉仕には、何らの評価、考慮、恩情も与えられなかったであろう。そして行政府の上司たちは、だれ一人として手助けのために指一本動かそうとしなかった。もはやこうなれば、こんなことが起こる政府で勤務をつづけようという意欲が減退することも、容易に理解されよう。

デービス事件をめぐる厄介ごとの方は、まだ終わっていなかった。政権交代に伴い、上院の国内治安小委員会の委員長は、民主党のマッカランからウィリアム・ジェンナー上院議員に代わった。国務省内から秘密共産主義者を狩り出そうとする彼の熱意は、前任者に劣るものではなかった。新任の司法次官（後の国務長官、ウィリアム・ロジャーズ氏）がデービスを偽証罪で起訴しようとしないのに業をにやした彼は、事件がどうなっているかについて問い合わせの手紙を書いた（一九五三年六月十一日）。ロジャーズ氏の回答（七月六日）は、前政権から引き継いだデービス事件は他の事件と共に「現司法長官が任命したものの手で専ら」検討されており、まだこの作業は完了していない、というものだった。

こうしたことが私の注意を引いたのは、八月二十八日発行の「U・S・ニューズ・アンド・ワールド・リポート」誌が、「政府各省内における複雑な破壊活動」と題する小委員会の長文の報告――その中ではデービス事件が大きく取り上げられていた――の抜粋を載せた時のことだった。

この報告から、亡霊はまだ消えていないことが明らかになり、私の挫折感はいっそう深まった。政府独自の調査がついに行われなかったことを、私は忘れられない。私自身がどの程度責任を負っているかを知る機会もなければ、事件についての私自身の知識を記録に残すこともできなかった。いまや共和党の手に移った国務省は、以前にもましてデービス弁護に乗り出す気配を見せなくなった。そこで私は単独で司法省と連絡をとり、デービスに不利な決定が下される前にぜひ考慮に入れなくてはならない情報を持っているむねを知らせ、このためにワシントンに出向いてもよいと申し出た。司法長官は返事をくれ、私に長官の代理の人物と会うよう伝えてきた。この人物との会見は結局実現せず、やがて問題は振り出しにもどってしまった。

さらに数週間がたった。一九五三年十二月九日の「ニューヨーク・タイムズ」紙は、国内治安小委員会におけるデービスらの証言の長い抜粋をのせ、二日後には「U・S・ニューズ・アンド・ワールド・リポート」誌が表紙の見出しで「ジョン・P・デービスの奇妙なケース」と題した特集読み物を十九ページにわたって掲載した。

これは決定的な打撃だった。上司からの何らの弁明も得られなかったデービスにとって、証言の骨子——このやりとりの記録の中では、宣誓づきの証言をさせられ、政府の機密保持に心を奪われていたデービスは、決定的に不利な立場にあった——だけが公表された結果、彼の立場はひどくそこなわれてしまった。この時点まで、私は公の発言をさし控えていた。その理由は、国務省がいつも、私が公の発言をするのを抑えていたからだが、そのさいの国務省の言い分は、デービスの権利を守る最善の方法は事件を司法手続き、あるいは準司法手続きにかけることだ、というものだった。だがいまや、明らかに彼は世論の前に何ともならない状態でさらし者にされ、自分を守る策がなくなっていたのである。

このため私は「ニューヨーク・タイムズ」紙に手紙を書いたが、慣例に従い、この手紙の写しと国務次官代理宛ての手紙を国務省に送った。次官代理宛ての手紙の中で私は、デービスの証言を形どおり受けとめた場合の不明確さ、誤解を是正するために、何らかの手を打つべきであると述べた。

さらに私は、「もし国務省が何らかの手段を講ずる用意があるなら、喜んで沈黙を守るつもりである。しかしもし国務省がこうした措置を考慮していないとすれば、デービスのかつての上司として、私は発言したい」と書いた。

国務省の回答はまたもや、がっかりさせるものだった。国務省当局者は、私がなぜ「あわてて新聞にとびつこう」としているのか、理解できないと述べていた。

私は十二月十四日に、再び手紙を送った。国務省高官の見解は尊重するものの、「デービスの支援に最善を尽くさずして、彼の公の評判が確実に傷つけられてゆくのを座視できないし、座視すべきでないと考える」と書いた。

「あわてて新聞にとびつく」点については、こう述べた。

過去二年以上にわたり、私は繰り返し公の発言をしようとしたのだが……そのたびに、政府がデービスの名声を守るのに必要な手段を講ずるだろうとの期待を抱いて自制してきたのである。私がいま恐れているのは、行動をとるのをあまりにも遅らせてしまったのではないか、という点である。

「ニューヨーク・タイムズ」紙宛ての手紙は、十二月十七日に掲載された。これまで述べてきたような線にそって、ＣＩＡ事件の性格、事件と私との関係、事件の全容についてデービスも私もくわしく公表できなかった理由などに触れたあと、私が事件についての説明や釈明をなしうるようになる前にすでに、問題が治安当局の手に移っていたいきさつを指摘して、次のように書いた。

この結果、いつ尽きるともない無限の非難、調査、聴聞、世間の騒ぎが起きた。この試練は、デービスとその一家に深い苦悩を与えただけでなく、彼の友人と同僚に大きな無力感と不安をもたらした。

私は彼の動機の誠実さ、あるいは潔白さにはいささかの疑問をも抱いていないむねを書き添えた。だが、「忠誠とか偽証の疑いとかが実体のないものであることを率直に認める人々の間でさえも」デービスの判断力については疑念を抱く傾向があったので、私はこの点について次のような意見を付け加えておきたいと書いた。

デービス氏は数年間にわたりモスクワと国務省で私の部下だった。加えて、彼のその後のドイツでの仕事についても、私はいくらか知っている。彼は、回転の早い直観的な知性、仕事への強い熱情、義務へのたゆまぬ献身にあふれた人物である。彼はこの世界、外交官の世界に、天性の知識と円熟さを身につけて入ってきたわけではなく、われわれ他の多くの人と同様に、試行錯誤を通じ長い歳月の間に判断力を養い、ことに自己の過ちを知覚し、分析する能力を通じて判断力を高めてきたのである。私は今日、彼を有能で献身的な官吏と評価している。その人物はすでに国家のために尽くそうとする自らの努力のため例を見ないような逆境に陥っており、彼を政府から失うことは公共の利益にとって大きな損失となろう。彼の困難をわれわれすべてにとっての教訓とするとともに、この困難を通じて、今後わが国の公僕を、デービスに振りかかったような職業上の危険から守る方法を学びたいものと、私は希望している。

この手紙が公表されたことにより、デービス事件で私が役に立ちうることは全部果たしたことになった。デービスはついに起訴されなかった（私の手紙や他の努力が、いくらか役立ったのかもしれないと思う）が、その後間もなくダレス氏は彼自身の調査手続きを開始し、すでに述べたような結末をもたらした。私にはダレス氏に対する影響力はまったくなかったし、このうえ彼にいろいろ進言しても無駄だったであろう。

事件のいきさつをこれほどくわしく述べた一つの理由は、当時の雰囲気の中で個々の外交官に向けられた悪意のある圧力と、この圧力に対する政府指導層の対応の仕方の不健全さを説明したいからだった。だが同時に、政府からの退職を甘んじて受け入れるか、それとも政府に残るべく闘うか、という私自身の気持ちに対するこの事件の影響を、はっきりさせたかったからである。私には、部下にこうしたことが起こりうるだけでなく上司が部下を汚名と不正義から守るためにかくも無力である政府に私自身が属していることに確信がもてなかった。

デービス事件は、私が個人的にかかわり合った有名な治安事件の唯一のものでは決してなかった。同じように私は、他の二人の〝旧中国派〟――ジョン・スチュワート・サービスとオリバー・クラッブ――の忠誠聴聞会で証言をした。一九五四年四月にはゴードン・グレー氏を委員長とする委員会に出頭した。この委員会は、ロバート・オッペンハイマーが原子力委員会顧問としてふさわしいかどうかを判断するためのものだったが、この日の朝の経験は、私の記憶にある中で最も悲劇的なものだった。一九五二年に至るまで進められていったさまざまな摘発の犠牲になったあれこれの知人のため、私が国務省という枠の中で個人的に介入せざるをえないと感じた（概して不毛の介入ではあったが）ケースは、ほかにもたくさんあった。時にはこのような摘発では、犠牲者の政治的な意見、交際関係だけでなくまったく個人的なことまで、乱暴きわまりない調査をするようなこともあったのである。

こうした他の事件とのかかわり合いは、改めて論じる必要もない。デービス事件を一例としてあげれば十分であろう。しかし二つの事件だけは、原則的な問題がからんでいるために、触れておいた方がよいと思う。

その一つはサービス事件だった。それまで一度も会ったことのなかったジョン・スチュワート・サービスが、一九五〇年のある日、私に会いにきた。当時、私は国務省顧問だったが、彼の願いは、彼が一九四三―四四年の期間（このころの彼の活動が、当時調査対象になっていた）に中国から送った各種の報告を、私に読んでもらえないかということだった。そして、もしこれらの報告が容共的な偏見を反映していないとの結論に私が達したら、彼のために国務省忠誠委員会に証人として出頭してもらえないかとの頼みだった。国務省が彼に加えた非難の中には、彼が上記の期間に中国から送った報告の中に、この種の偏見が含まれているとの趣旨のもの――おそらくこの出所は議会筋と思われる――があった。

国務省がこうした非難を浴びせること自体、外部からもたらされたこの種の非難に対する、国務省の不適切な処理の仕方の一例であることはいうまでもなかった。国務省そのものが、サービスの報告の受領者であり、保管者だったのである。国務省は、サービス報告を、何年間にもわたって資料として保管していた。それだけに、この報告を判断することができたはずである。事実、国務省としては報告を保管するさいに、当然、判断を下さねばならなかったのである。もし報告が容共的な偏見を反映していると考えたなら、国務省は自由にサービスを政治的な仕事から解任できたはずだし、その気になれば外交官の地位から追放することもできたのである。反対に、もし報告がこうした偏見を反映していない(国務省は、報告が秀れているとして再三にわたって賞状を彼に贈っているところから、偏見はなかったと考えざるをえなかった）と考えたなら、その時には外部の攻撃から彼を守るのが国務省の義務であった。

国務省は何ものにも妨げられずに、議会筋の批判に対抗し、さらに、「私たちの方があなたたちよりこれらの報告を判断するには適している。報告が容共的偏見を反映するとの見方は、馬鹿げている。私たちは、こうした非難をたねに職員を当方の忠誠委員会に引っぱり出すことにより、われわれ自身がこの種の考え方の支持者となることは固くご辞退申し上げる」と言えたはずである。こうしたことをする代わりに、国務省は超然としてなすところなく、職員を非難されるままにまかせ、デービス事件の場合と同じように、サービスに向かって、「君はこんなことを言われているよ。できたら、自分で自分を守り給え。こちらには、君のために手を貸すつもりはない」と事実上言ったのである。

私はサービスの要望に対し、もし国務省または忠誠委員会から求められれば喜んで彼の報告を読むつもりだし、国務省か忠誠委員会のどちらかに私の率直な意見を述べてもよいと答えた。しかし、私はこうした要請がサービスからではなく、国務省か忠誠委員会のどちらかから出されることを望むし、また誰かに対する支持あるいは反対の証人であることを事前にはっきりさせて委員会に出頭はしたくなかった。サービスに対する非難をしたのは国務省であり、私は国務省の高官だった。もし国務省が私の意見を望むなら（本来なら非難する前に、私の意見を聴くべきであっただろう）、国務省がそうすべきである。

サービスは当初、委員会が私の意見聴取に賛成するかどうかを危ぶんだ。彼の意見では、委員会は検察側、あるいは被告側のはっきりした証人しか認めそうもなかった。しかし私は主張を曲げず、ついに（例外的にということだったが）委員会は私の意見を求めることに同意した。

私は（数百ページにのぼる）報告を、農場の自宅に持ち帰り、数日間にわたって丹念に読んだ。それから委員会に出頭した。報告の性格、内容、背景を説明したあと、私は（報告を判断するに当たって）この調査の中心課題――この時点でわれわれが決定すべき最も重要なもの――は何であるかを自問したことを明らかにした。私の見るところでは、中心課題は、果たして報告がサービスの正直な意見を反映し、この意見を国務省に伝えたいという希望からもっぱら生まれてきたものなのか、あるいはそれ以外のかくされた動機なり目的のための作業結果なのかという点にあった。私は結論として、サービスの報告は、彼が入手できたあらゆる事実の客観的な検討、分析に基づいて得られた意見を正直かつ良心的に書き送ってきたものだと述べたのである。この報告が偏見を持った、あるいはイデオロギー的先入観の持ち主の手になるなどという見方は問題外だった。もし上司が当時、サービスの判断に過ちをみつけるか、報告が役立たないと見るか、また彼の行動がその責務にふさわしくないと見たら、その旨を彼に伝えるのが上司の役目であった。彼らには、サービスを転勤させることだってできたのである。そうする代わりに、上司たちはそのまま仕事をつづけるよう彼を励まし、その仕事ぶりを再三にわたって賞めてきたのだとすれば、その場合サービスとしては、仕事を継続することこそ戦時下の義務であり、全力を尽くしてなしとげた仕事のために後日非難されることはないとの結論を下すほかなかったと思われる。

委員会は、こうした考え方そのものは受け入れたようだが、ハーリー将軍などが提起した非難——サービスが当時、アメリカ政府の追求していた政策に反対したこと、そしてこれは不忠誠にひとしいという非難——について、私のコメントを求めた。そこで私は、この報告からは、われわれの当時とるべき政策についてサービスの意見を政府にはっきり伝えたいという意欲以外の何ものも、見出せず、またこのこと自体は、政府の業務の中では決して間違いとは見なされないと、私は述べた。間違いとは、彼自身の正直な判断に基づかず、外部勢力のためにあるいは明らかにしかねるような他の動機から、政策問題について政府に影響を与えようとする企てがあった場合に限って言えることである。こうした枠内では、サービスが秘密のうちに、政府の政策に同意しかねるむねを政府に報告してきても、それに問題はありえない。現行政策に反対する勧告が不忠誠の兆候であるというような推論が成立するのを許すならば、外交業務の前途は暗いものにならざるをえない、と私は証言した。

個々の職員に対する非難にからんで、最も心を痛める側面の一つは、非難されなかった人々が抱いた感情——つまり、不運を免れたのは、上司の英知や当事者の美徳のせいではなく、もっぱら偶然のせいだという感情——だった。自分にもふりかかったかも知れない事態のせいで、他の人が責められているのを見るのは、罪悪感に近いものを感じさせた。私はこうした感情を、公に表明しようとしたことがある。それは一九五一年十月に、国際法の権威であり、近くは国務省の最も有能な交渉者だったフィリップ・C・ジェサップの国連総会のアメリカ代表任命が、過去の政治的な発言あるいは交友関係(何だったか思い出せない)を理由に、上院外交委員会で拒否されたときのことだった。私は「ニューヨーク・タイムズ」紙宛ての手紙を書き（例によって国務省の同僚が、手紙を同紙に送るのに反対したため、ついにこの手紙は公表されなかった）、その中で、上院の措置に触れて次のような質問を発した。

この分野における忠実かつ有能な奉仕への報償が、屈辱と拒絶であったなら、こうした同種の仕事でより高い地位にありながら、まだこのたぐいの烙印《らくいん》を押されていないわれわれは、どのような結論を引き出せばよいのであろうか。われわれ一部のものが、いま論議の的になっている活動分野で働かなくて済んだこと、いま人々から賛成されないような意見を記録せずに済んだこと、いま問題となっている政策の実施にたずさわらずに済んだことなどが、偶然ではなくて功績によるものだと自らをあざむいて信ずることはできない。なぜなら、事実は決してそうではないことを知っているからだ。

われわれは、遠い昔のたまたまの交友関係の違いが、この区別をもたらしたなどという考えに安んじてはいられない。というのは、一人の人間が現在公務に適しているかどうかという問題では、これほどあやふやな基準はまずないことを、われわれは知っているからだ。最後に、見解の相違ですらこれに対する適切な回答になりうるとは考えられないのである。外交の分野ほど、誠意ある過ちをおかしやすい仕事の分野はなく、同世代人にとって、賢明さと愚かさとを確信をもって識別することが、これほどむずかしい分野はない。職務への適応性のしるしとして、無謬《むびゅう》性を主張しようとすることが、これほど実際的でない分野はない。考え方の違いは、政策作成の過程における健全さと活力を反映するが、この物の見方の相違なるものはしばしば多面的な性格を持つものなのである。たとえわれわれの中に、特定の政策問題をめぐって、これまで公の批判を浴びてきたジェサップ氏やその他のわれわれの友人と意見が合わないものがいたとしても、われわれがその批判派の人たちと同意見であると考えるいわれはないのである。

私が以上述べてきた事件はすべて、言うまでもなくこの種の迫害の個々の例、しかもたまた私が個人的にかかわり合った事例に過ぎない。政府部内における私の立場の微妙さからして、これらの事例がほとんど例外なく、世間を騒がすものになったのは、いたしかたなかった。だが私は、これらの事件がいまや全国的に広がると共に、多くの人々の物の見方、行動、経験に何らかの形でかかわり合っている過ちと不正のより大きな形の一部であることを、一瞬たりとも忘れはしなかった。当時は、あらゆる場所で、名声は攻撃され、傷つけられ、ブラックリストがつくられていた。無実の人が当然資格のある職場から解任され、あるいはその職場に就くことを拒否されようとしていた。

ふだんなら人情も良識もわきまえた善良な市民が、図書の追放や、共産主義者の影響の証拠を求めて、教科書の検閲に忙殺されていた。教授団の記録は、過去における異端の説の兆候を熱狂的にさがす連中の手によってしらみつぶしに点検されていた。「共産主義者の陰謀」の陰険な手先、あるいは無意識の同調者と疑われた人々が、講壇に立つのを拒否するようにするために、容赦ない努力がなされた。何千という善良な人々が、さまざまな方法で、また新聞の多くもそうであったが、この残酷な熱狂の中に身を委ねていたのである。そしてこのような集団的ヒステリーの運動の常だが、先頭に立っていたのは、相手側からの自称転向者、恐れられているものからの改宗者、悪魔と親しかったために悪魔の手口を知っていると称するもの——この場合は、いわゆる転向し、悔い改めた元共産主義者——だった。

ヨーロッパの人々は、自分たちの体験から推して、マッカーシズムを一種のネオ・ファシズムと見たり、またその被害者は一九三〇年代のヒトラーの反対派、あるいはヒトラーに選ばれた犠牲者がなめたのと同じ危険と困難を経験しているものと思いがちであった。私のノートルダム演説（あとで触れる）を読んだイギリスの友人が、こうした発言をするには大変な勇気が必要だったに違いないと批評するのを見て、私の方がおかしくなった。彼らは情勢を完全に間違って判断していたのである。マッカーシーは、なにも警察力を持っていたわけではなかった。アメリカの法廷は、まったくと言ってよいほど影響を受けていなかった。事件を法廷に持ち出した人は誰でも、近年のアメリカの歴史のどの時代にも劣らない正義の扱いを一般に保証されていた。マッカーシー現象全体が、後年の基準から見て、きわだって非暴力的だったことは否定できない。

しかしマッカーシー上院議員と他の連中が見出したのは、アメリカ社会のある階層の人々――知識人、教授、はえ抜きの政府官吏、財団理事その他――に対しては、現代の状況の下では、その名声を傷つけることによって残酷な懲罰を下し、刑務所に入れることで就職の機会を減らしうるのだ、ということなのである。これらの人々にとっては、自分の選んだ進路で成功できるかどうかは、ある程度民衆の信頼と尊敬によって左右される。概して、これらの人々に対しては格別の罰をうけることなしに攻撃を加えることができるし、当時の雰囲気の下では、彼らを攻撃することで政治的な〝得点〟をえられたのである。

誰もが、外国の敵対的な文化の手先を、彼らが不正な方法で獲得した権力の地位から一掃することを決意した、油断のない、先見の明のある献身的な愛国者のふりをすることができたのである。もし良心のとがめをまるで感じないならば、権力の幻想に酔うこともできるし、ある程度実際に権力を手中にすることもできただろう。ド・キュステーヌ伯爵*がかつて言ったように、「犠牲者を作り上げた時、自分が強力だと思いこむ傾向」を、本質的に持っている人にとっては、大きな機会がやってきていたわけだ。

＊訳注　フランス貴族、軍人（一七四〇—九三）。アメリカ独立戦争に参加したフランス軍司令官。フランス大革命後は、自由主義貴族グループとして活躍したが、後に反逆罪容疑で処刑された。

だが、たとえ〝マッカーシズム〟が、ヨーロッパの人たちの体験したファシズムのたぐいではないにせよ、そのいくつかの側面は私に大きな苦痛をもたらし、母国に対する私の見方に深い影響を及ぼすだけのものがあった。

第一に、この現象は、もっとも重大な国際問題の一部に対する国民多数の理解の欠如を反映していた。その核心には、マッカーシーと彼の追随者だけでなく、多くの尊敬すべき評論家、政治家をはじめ、全国各地の名士と言われる人物が振りまいていた主張がある。この主張によると、何よりも東ヨーロッパや中国が共産主義者の手中におちたことを含め、われわれにとって最大の戦後の問題は、主としてドイツ、日本に対する軍事作戦の帰結するところによるものでなく、しかもそのことは、重大ではあるが、これといった悪意のない人間的過ちと因果関係にあるわけではない。むしろ、それは悪魔的な賢さと巧妙さを持った共産主義者がアメリカ政府内に陰険な方法で浸透したこと、ヤルタ会談でフランクリン・ルーズベルトのそばにアルガー・ヒスが同席していたこと、高潔で心底から反共だった中国の国民党政権が「見捨てられ」デービスやサービスのようなソビエトへの同調者（あるいはもっと邪悪なもの）の狡猾《こうかつ》な術策によって中国が「銀の皿」に載せて共産主義者に提供されてしまったことの結果なのであるという。こうした主張が広く受けいれられた事実の中に――この主張がこのような規模の運動を推しすすめるだけのもっともらしさと広がりを達成しえたという事実のうちに――私としては、アメリカの戦後の立場の起源と性格をアメリカの一般民衆に現実的に理解させせようとする努力――私個人も主要な役割を負っていた――がうまくいかなかったことを、認めざるをえなかったのである。

第二は、私が述べてきたような出来事が、このような規模で起こりえたという事実は、われわれの社会が全体として、社会の真の価値を真剣に評価する力もなければ、国内共産主義の現象に的確に対処する力もないことを示している点である。この現象とは、影響力のほとんどない少数者のグループがわれわれの中に存在していたことだが、この連中は、外国のイデオロギーに（大体は気質によるのだが）没入し、外国政府指導者の政治的規律を受け入れる用意を示し、一時は若干の同調者を政府機構やその他国の機密の分野に浸透させることができた。これが一つの問題であったことは明白だし、分別のある人間ならこれを否定することはできない。しかし、この問題にうまく対処するための第一の要件は、問題の本当の大きさと重要さを知ることであった。マッカーシー派の途方もない誇張と過度の単純化の中で見失われていたのは、まさにこの点だったのである。

これが危険であったのは、国内共産主義の問題への対処の仕方が愚劣であった、つまり殉教者をやすやすとつくり出し、相対的に共産主義者への同情を呼び起こすようなやり方だった、という理由だけではないのである。さらにもっと大きな危険は、この方法がわれわれの国家的問題の真の性格に対して人々の目をふさぎ、これらの問題に適切に対応する能力を奪ってしまうことにあった。問題の中の一つの要素の重要性を誇張することは、不可避的に他の要素のあるものを過小に見ることを意味する。これは、マーシャル将軍が好んでそう言ったように「問題と闘う」一つの形式に過ぎない。それにこれは、過大評価されている要素が外面的なものである場合とくに危険なのだ。個々の人々だけでなく民衆の中にある邪悪を、完全に外面からだけ見ようとする傾向は、批判的能力の欠如を示すもので、それを自らに当てはめれば自己認識の欠如にほかならない。精神的にも実際的にも、これにまさる危険はない。

私は政府にまだ在職していた一九五〇年五月、生まれ故郷のミルウォーキーで、こうした問題に触れた講演*をしたことがある。

＊　一九五〇年五月五日行われたこの演説は、アメリカ外交政策協会の会合で行われたものであった。ちょうどその夕方、ミルウォーキーは過去数十年来ない猛烈な暴風に見舞われていた。あたりの建物の看板は吹き飛ばされ、ドアは音をたてていた。聴衆は、講演（自分では、できの良いものだったと思う）になかば耳を傾け、なかば建物の外のことに気を奪われるという、丁重な気乗り薄さを見せていた。

私は語った。

実際には、過去のあらゆる人々およびその集団による行為の積み重ねの一部にほかならない事態の発展について、もしあなた方がそれを、表面的で一時的なものに過ぎず、しかもあやふやな内容しかない現在のさまざまな原因のせいにするつもりなら、あなた方はその明晰《めいせき》な洞察力を誤って、この世界の現実に適用することになるであろう……。われわれは、自らの直面している困難の真の原因を認識することを学ぶべきである。

マッカーシズムの名のもとに進行していた事態には、政治的なもののほかに、文化的、精神的な影響もあった。後者の場合その定義はよりむずかしいが、それが当惑のタネであることに変わりはなかった。

政治的不寛容に伴って、他の分野でもそれになぞらえられるものが見られたのである。喧騒《けんそう》な反知性主義、思想への不信、教育への疑惑、外国との接触の影響と個々人への外国の影響への疑惑、安っぽい偏狭な排外主義の枠内での画一性への要求などがそれであった。

この点で、マッカーシズム現象は、伝統的な地域的な反応によって育まれていったのである。たとえば西部の民衆による、いわゆる無力で退廃した東部に対する疑問や、「放送に出演したり」危険な思想をもてあそぶ人々への嫌悪感に育まれたのである。もちろん、東部にも多くのマッカーシー支持者はいた。しかしマッカーシー自身は、私の生まれたウィスコンシン州出身で、彼は同州とカリフォルニア州南部との間に横たわる地域の中に、もっとも熱狂的で盲目的な支持層を見出していたようだ。彼によって象徴される勢力を培養したのは、これら地域の人々がかかっている風土的ノイローゼとでも言ったものだった。

私はこうした傾向の中に、原始性とその底にある残酷さを感じたが、これらは政治的意味における思想の自由だけでなく、一般的にこの国の文化の進歩を脅かしているように思えた。こうした土壌の上では、偉大な文化は育たないし、また既存の文化でさえ維持できないのである。

政府からの退職に加えてさまざまな治安問題のため、憂鬱な気分になっていた一九五三年春、私はこうした考えを表明しようとしたことがある。それはノートルダム大学が新美術館の開館式に当たって、私に名誉学位を授与すると共に講演を依頼してきたからだが、これは私にとって予想外の喜びだった。なぜ私が招かれることになったのか、おそらくわかることはないであろう。だが、当時の状況の中では、私はこの招請を大変ありがたく思ったし、またこれほど温かく勇気づけられた経験をしたことも思い浮かばない。

私はこの機会を選んで、私の生涯の中で最も強硬な反マッカーシズムの講演を行うことにした。これまですでに述べてきた戦闘的な反共主義勢力なるものを説明したのにつづき、もし大学当局がその計画を成功させようとするなら、われわれの多くが政治分野ですでに戦っているように、いつかはこの美術館を維持していく上で反共勢力と対立せざるをえないだろうと、私は予言した。なぜかと言えば問題の勢力は極めて偏狭で排他的であるからだ。

彼らは文化交流を押しつぶしがちであると共に、またアメリカは文化的接触という刺激がなくともやってゆける国であるし、「この国の知的、芸術的活動の源泉および、外国からもたらされるこの種の刺激の双方について疑心を抱いている」のである。その結果、われわれが怒りをもって眺めている共産主義諸国の周りを取り巻く鉄のカーテンと同じようなものを、彼らはわれわれの周囲にも張りめぐらそうとする傾向がある。

だが、それにもまして——と私は語った——際立ってこの勢力を特徴づけているのは、その不寛容さであった。

彼らは、われわれの国民生活の一定分野を公認できないものとして定義づける権利を持つと主張している。この定義は、法や公共的権威ではなくて、曖昧《あいまい》な当てこすりとほのめかしによって、決められるのである。そしてその範囲は、絶えず狭められていく。もし対抗対策を講じなければ、この勢力は政治的、文化的に立派な人々の範囲を縮小し、ついにはその分野に残るのは興奮した非難者である彼らだけとなり、他者への攻撃を職業的にするものの中に加わらないものは、すべて排除されてしまうことになるような印象をうける。

魔女狩りにたずさわるものの多くが、非難という儀式に、すなわち、人々が他者についての暴露、攻撃に参加することによって彼ら自身の反共への誠意を示すようにという要求に、いかに重要性をおいているかについて注意を喚起しながら、とくに、私はこうした現象に触れていったのである。

「これは、何という傲慢《ごうまん》さだろう」と私は問いかけ、次のように語った。

われわれ一人一人は、市民的義務を負っており、忠誠と節度の原則への道義的義務を負っている。私は、こうした義務を忘れた人を許すことはできない。だがこの限度を越えるものがある。例えば道義的義務だけでは法を守る市民として十分でないと言ったり、われわれはすべて立ち上がって他人についてあれこれの趣旨の発言をし——あるいは他人をわれわれ同胞の目の前で容疑者として区分けしたりする——義務があると言ったり、これが新たな公的儀式を確立するためのものだと主張したり、個々の人間に精神的権力と一時的な立法者の権利を与えたり、さらに社会的行為の定義に当たっては、これを良心の規律と法を守るための信頼の問題とせずに、曖昧で正常でない勢力を前にした恐怖の問題としようとする動きなどである。

私はこの種のことの中に、道義的、政治的な権威があるとは思わない。こうした試みの狙いが、現在の感情的な政治的な潮流から半ば宗教的な教義を確立しようという点にあることは、寒心に耐えない。ことにこの潮流がもっぱら否定的な性格のもので、人間の憎悪と恐怖の能力に訴えようとするだけで、決して寛容、慈愛、理解への能力に訴えようとしていないのを見ると戦慄《せんりつ》を覚える。私は、これまで十年以上を全体主義的な国々で過ごしたので、この種のことが何をもたらすかを知っている。これこそ、同胞の物ごとに対する信じ易さと精神的などっちつかずの状態につけこむ、最も衝撃的かつ悪意に満ちたしわざであると、私は思う。

こうした懸念は今日では少なくなっているようだ。一九六〇年代の過激学生運動が持つさわやかな側面の一つは、まさに私がいまやり玉にあげた反動性をはっきり拒否し、他の時代、他の場所からの審美的刺激——知的刺激でないかもしれないが——を受容する点にあるといえるだろう。にもかかわらず、私が長々と述べてきたのは、マッカーシズムの雰囲気が引き起こした懸念がいかに広く深いものであるかを示すためであり、これがアメリカ文明の中にあるより永続的で周知の否定的側面の多くといかに類似し、またそれらの否定的側面と混合しかねないことを示すためであった。

マッカーシズムについては、いま一つみのがせない側面がある。それは、この国とこの時代に対する私の見方に、おそらく何よりも大きな影響を与えたと思われる。その側面とは、アメリカの立法府と行政府が共に、マッカーシズムというこの現象に対抗し、それを分析し、その実態を国民に示し、それを阻止することにみじめにも失敗したことである。(国務省にいうところの共産主義者がいるとのマッカーシーの広言を、私が南アメリカ諸国訪問中に知ったときのように）最初にこの無法さに直面したさい、われわれの多くは政府の指導者が介入し、事態を正常にもどしてくれるものと期待したが、これはみじめな失望に終わったのである。

議会では、大半の議員がすでに反共主義の儀式と語義論に深くのめりこんでおり、彼らはそこから政治的利益を引きだそうとするか、あるいは反共主義に反対すれば選挙区の有権者たちに誤解されることになりはしないかと恐れていた。議員たちは、彼らをひどく困惑させ、議会の信用を失墜させているこのウィスコンシン州選出上院議員の怪奇なやり方に対してまったく無力だったのである。上院全体の中で、コネチカット州選出のウィリアム・ベントン議員、バーモント州選出の長老、ラルフ・フランダース議員、メーン州選出のマーガレット・チェース・スミス議員のたった三人だけが、マッカーシーに正面から挑戦し、彼にとことんまで反対する勇気を示した。これは、三議員にとって永久に残る名誉である。それ以外では、困惑げにぶつぶつ言う声が聞かれただけだった。見のがせないのは、マッカーシーの行動がついに我慢しきれないところまできて、何らかの措置を講ぜざるをえなくなった時、わずかに彼の足元に間接的に滑り木がおかれ、本来の問題を離れた副次的な点をめぐって彼の信用が失墜されたことだ。マッカーシーの行動の中で、アメリカの公共生活に対し実際に最大の損害を与えたような事柄について、上院全体として彼を非難するに足るだけの支持を、ついに集めえなかったのである。

行政府の方も、似たりよったりだった。各省、各機関は次から次に、当時猛威を振るっていた勢力の前に、不名誉な屈服をつづけ、新しい治安手続きを作り、治安上の危険をあばき出した成功を自慢し、議会の熱狂者に対し自分たちの警戒心と思想の堅固さをやっきになって立証することに浮き身をやつしていた。すでに国務省の例でみたように、政府指導者が見せた反応の特徴は、責任の回避、犠牲となった部下の見殺し、思考の混乱であった。悲しいことに、このような不名誉な出来事が発生した時期の二人の大統領は、適切な指導力を十分に発揮してこれに反対しなかったのである。ハリー・トルーマンは、多分勇気には欠けていなかっただろうが、これらの出来事の深い根やその影響を無視して、これを政敵の共和党が繰り広げる通常の党派政治のせいにする傾向があった。ドワイト・アイゼンハワーの場合は、大統領職の真の責任と可能性に関し、彼自身の気持ちに何か奇妙な戸惑いがあったのである。

こうした失態のため、マッカーシズム現象がこの国の政治指導層から決定的に拒絶されることは、ついになかった。もちろんマッカーシーとしてはうまい具合にやってきたものの、テレビカメラの手助けもあってやがては敗北と自滅への道を歩んだ。しかし彼が利用してきた運動は、実際には彼と一緒に滅びはしなかった。それは、時の流れとともに、徐々に少しずつ消えていったのである。だが、アメリカの政治生活に残された痕跡は消えない。後章で対ユーゴスラビア関係の問題を取り上げるさいにはっきりすることだが、その後二十年間にわたって、反共の右派政治勢力の恐怖に立ち向かい、またこれら勢力をなだめ、その敵意を回避するために自己の行動を手加減しないような大統領にはお目にかかれなかった。

私自身は、何らかの美徳というよりむしろ幸運に恵まれ、他の人にくらべ時流の試練をうまく切り抜けた。こうした出来事は、私の外交官生活に終止符を打たせる上で一役果たしたが、私の名声や生活のかてを奪うことはなかった。時には私も非難され、「社会主義者」とか「マルクス主義者」呼ばわりされたこともあるが、この非難もほとんど効果を生まなかった。例えばデービスの場合のように事件が公にされ世論が不利な方向にふくれ上がった結果、彼は個人的に屈辱的な体験をすることになったが、私はこのような体験をしなくて済んだのである。

マッカーシズムの現象が私に残したものは、現代の大国としての役割を演じるためのわれわれの政治制度の妥当性と、それへの民衆の理解の水準について、消えることのない疑念を意識の中に植えつけたことである。一つの時代にこの種の挑戦によってやすやすと方向を見失うような政治制度と世論は、また他の時代にも同じような挑戦にぶつかった場合、やはり同様のもろさを露呈するように思われる。私は一九四〇年代の終わりから五〇年代の初めにかけての体験をするまでは、たとえ公務員としての生活に不満はあっても、アメリカの政治原則と伝統的なアメリカの考え方に信頼を寄せてきたが、こうした体験のあとでは、再び同じ信頼を抱くことはできないのである。

第十章　一九五七年リース講義

この回顧録の主な狙いは、いわゆる冷戦にからむ主要な問題と私のかかわり合いを記述することだった。こうした記述は、私が折にふれ発表した見解が、世上に広く喧伝され、あるいは疑問や誤解が生まれたことについて、私なりの説明をしておくことに通じるように思われる。だが、この記述は、その性格上、どうしても私の政府部内における行動を中心にしたものにならざるをえなかった。つまり、政府内での行動こそ私のかかわり合いの主な源であり、舞台であったからだ。したがって、論理的に言えばこの回顧録は、一九五三年に私が政府から引退した時点で筆をおくべきかもしれない。しかし、その後の二つのエピソード――一九五七年にイギリスでリース講義を行ったことと、一九六一年から六三年にかけて駐ユーゴスラビア大使として勤務したこと――は、回顧録の中に当然含まれてもよいように思われる。その理由は、後者について言えば、これは新たな政府内での勤務に関しており、前者については政府の政策問題と密接にからんでおり、さらに以前私が政府に勤務していた期間に発生し、またその勤務から生じた同僚およびその他の人と私の意見の相違を、社会の目に改めてはっきりさせることになったからである。この二つのエピソードの中では、リース講義の方が時間的にも先だったし、回顧録の中でも最初に取り上げるべきだと思う。

オックスフォード大学にはかなり以前からイーストマン・プロフェッサーシップ（教授職――そのむかしイーストマン・コダック社の創設者、故ジョージ・イーストマンの寄付金で設けられた）という特別の地位があり、毎年異なったアメリカ人の教授を一人ずつ招いてきた。一九五五年、この教授職を引き受けるようにとの招請を受け、これを受諾した。私の講義期間は、一九五七年から五八年にかけての学期ということだった。ところが、一九五七年のはじめにＢＢＣ（イギリス放送協会）の国内向け放送を通じ、同年秋にロンドンで講義をして欲しいという別の招請を受けた。これは、毎年行われる、いわゆるリース講義（訳注　ＢＢＣ初代会長のリース卿を記念するもの）という一連の講義であった。

この申し入れには心をひかれた。いずれにしても五七年秋にはイギリスに行くことになっていたから、改めて旅行する手間ははぶけるわけだ。この一連の講義は、ＢＢＣ番組の中で最もすばらしいものだった。講義自体は六回予定されており、六週間つづけて日曜日の夜――それも午後九時のニュースの直後のゴールデン・アワーに生放送することになっていた。これまでに講義をしたのは、バートランド・ラッセル、アーノルド・トインビー、オリバー・フランクス、ロバート・オッペンハイマーといった素晴らしい顔触れであった。これらの人々と同格視されたことに、私は面はゆかった。まだ講義が数か月先だったせいか、毎回三十分足らずの講義は短いように思われた。例によって場当たり主義の私は、その時になれば何か話すことがみつかるだろうと思っていた。世間の評判がどんなに圧迫感をもたらすものであるかを知ることもなく、それにこれまでは、精神的緊張をもたらすような講義でも何とかうまくやってきたのである。だから今度に限って別にしり込みする理由もないと思い、講義の申し入れを受け入れた。

私が自ら招いたことの重大さを、初めて感づいたのは講義に先立つ半年前の五七年春に、BBCがはるばるロンドンからプリンストンに極めて有能な番組編集者の一人であるアンナ・カリン女史を派遣してきた時のことであった。彼女の目的は、講義についての私との打ち合わせと私にとって必要かつ受け入れられるような助言を与えることであった。打ち合わせは当初から楽しく、充実したものであった。カリン女史は旧ロシア帝国で生まれ、育ったために、私たちの間には何人もの共通の友人があったし、共通の話題にもこと欠かなかった。彼女の編集者としての判断と感受性は非常にすぐれており、かけがえのない助言を与えてくれた。この友情のためだけでも、講義の試練を受ける値打ちがあると何度も思ったことである。しかし彼女がやってきたことで、イギリスでこの講義がいかに重視されているかに気づいた私は、自分がどういう場面に立ち向かっているかを理解し始めた。当初からの最大の問題は、講義の主題であった。私の記憶ではその年の春には、しばらくの間米英関係を主題にして話そうかという考えを抱いたが、やがてこの問題だけで六回の講義を埋めるだけの材料はなさそうだし、またいずれにしろ聴取者が私から聞きたいのはこのテーマではあるまい、ということがわかってきた。夏の終わりにオックスフォードに到着したころ、講義の主題らしいものとして頭に浮かんでいたのは、何らかの方法で例のロシアと、冷戦問題を振りかえってみてはどうかという、曖昧なあきらめの気持ちだった。第一回目の講義をするころになっても、草稿ができていたのは一、二回分だけで、残りは講義を進める間に書いてゆくというありさまだったと記憶する。

自ら招いた状況とは言え、この中で草稿を書くむずかしさは想像を越えていた。放送の講義は十月終わりに開始されたが、その当時すでに私はオックスフォードに居を構え、大学の学期は始まっていた。ソビエト外交史について大学で週二回の講義を受け持たされていたのである。

大学の講義は、あだやおろそかにはできない仕事だった。私がイギリスにきた主な理由はそのためで、いわばこれが第一の仕事だったのである。講義はいわゆる〝試験場〟——本通り沿いの大きな大学の講義室——の壮大な建物、ビクトリア朝風の闊達《かったつ》な雰囲気の中で伝統的形式にそって行われたが、受講者は私の予想を越えて数多く、またその中には有名人士もまじっていた。*

＊この講義は後で、アトランチック・マンスリー・プレス社－リトル・ブラウン社発行（一九六一年）の『レーニン、スターリン時代のロシアと西方』*Russia and the West under Lenin and Stalin* という本にまとめられた。

こうしたことのため、私の責任は重くなり、周到な準備の時間が必要になった。だが大学講義についてさえも、事前に草稿をつくるひまは見出せなかった。一、二回の例外はあったものの、私は講義のすすみ具合に合わせて、毎週ざっと一万語の講義草稿を仕上げねばならなかった。草稿書きだけでなく、そのための調査もオックスフォード大学図書館の資料をもとに、その場でやらねばならなかったのである。図書館の資料は豊富ではあったが、ばらばらで索引のまとまりも悪く、アメリカの図書館と比較して利用に不便であった。こうして私は、オックスフォード大学の講義にまつわる厖大《ぼうだい》な量の仕事と、週一回の放送講義——このことについてはやがて触れるが——がもたらす苛酷な圧力との板ばさみになってしまった。

事態をいっそう複雑にしたのは、イーストマン教授職が自動的に配属されるバリオール・カレッジでは、教授のための部屋や秘書がつけられなかったことである。こうしたありさまだったので、わが家の住居だったマートン街のアパートの食堂を、オフィス代わりにせざるをえなかった。私が自費でやとったイギリス人の秘書たちは、ここで喜んで、忠実にタイプ打ちに精をだしていた。そして、私は電話にでるためにひっきりなしに居間を往来し、同時に暖炉の石炭を燃やしつづけ、オックスフォードとロンドン双方の講義草稿を仕上げなければならなかった。草稿は合計して毎週約一万三千語にのぼった（ただし、仕上げまでには少なくも三回書き直したから、合計語数はざっと四万語にもなった）。一方、あわれな妻といえば、現代社会のならわしに従って召使いも使えずに、子供の世話と家事に悩まされながら、この騒がしいアパート内で台所仕事をする有り様だった。この年の秋の初めにはオックスフォードではアジア風邪が猛威をふるい、私たち一家も全員総倒れになった。私が上述のような忙しさにまきこまれたのは、ちょうど一家がアジア風邪からなおりかかったころだったが、当時のことを振り返ってみると、今でも不思議に思うのは、放送講義の内容があらゆる点で所期通りではなかったということではなく、講義そのものがよくやれたということだ。

実際には、準備だけでなく、毎週の講義のリハーサルと放送そのものの手順が、私の考えていた以上の緊張と労力を要することがわかった。準備と講義の合い間の休息の必要をかさね合わせると、この講義はそれだけで手いっぱいの仕事であり、ほかの責任や業務とかけもちすることはできないくらいだった。毎週土曜日には私はロンドンに行き、翌日放送する講義のまとめとリハーサルをしなくてはならなかった。時間に合わせて講義内容を調整し、録音を試聴し、つづいてアンナの手際のよい助けを借りながら講義放送の編集――時にはただ言いまわしを変えるだけだが、時にはより長い部分や話の全体を入れかえたりすること――が始まるのである。

彼女はこのようにして、多くの有益な教訓を与えてくれたが、ことに導入部分を除くとや、とっぴな表現を避けることを教えてくれた(聴取者から、何だ前の繰り返しではないかと言われずに済むように)。この結果、放送の効果はかなりよくなったものと確信している。日曜日の夕方、私はまたロンドンまで車でゆき、本番のためグレート・ポートランド街のＢＢＣスタジオに入った。最後の最後まで草稿の誤りを訂正したり、書き足しにやっきになっていた私も、午後九時になる直前にはガラスをはめた大きな部屋に案内される。

この部屋には、二つの椅子と、その間のマイクをのせた大きなテーブル、大きな掛け時計、放送用レシーバーのほかには何も調度品はなかった。部屋の一方にある二重のガラス窓越しに、放送を監督したり、録音にたずさわったりする技術者たちがパントマイムの動きをつづけているのが見えた。九時寸前になってアナウンサーが姿をみせる。レシーバーを通して、午後九時のニュースが流れ始める。二回つづけて同じアナウンサーにぶつかったことはほとんどないが、どのアナウンサーも個性と生身の体臭をおおいかくした調子であり、俗に言えばどの放送でもきかれるBBC調の声をしていた。黙ったまま私たち二人は、壁の時計にたえず目をやりながらニュース番組が終わるのを待っていたが、そのさいにも私は必死になって草稿に手を入れていた。まるで最後の瞬間になるまで、講義をみじめな失敗から救い、何とか成功させるために、何かすることがあるはずだという不動の信念にとらわれているかのようであった。

時計の針は、ニュースの終わりの九時十五分に近づくにしたがい情け容赦もなく、あたかも私自身の処刑の瞬間に近づくように動いていった。無情に、そして意地悪く速度を早めるかのように、ぎりぎりの数秒間が過ぎて行く。最後の一秒間が終わると、ガラスの向こう側で技術者が冷酷に手を振り、私たちの放送が始まったことを示した。アナウンサーはすぐに紹介に移り、恐るべき非情な言葉の「ミスター・ケナンです」をもって終わると、抜き足さし足で静かに部屋を出ていった。私はひとりぼっちで、二十八分三十秒間、取り残されることを知っていた。この孤独は、かつて経験したこともないし、私が望んだものでもなかった。またこれには私の名誉と不名誉が賭けられていたが、それを左右するのは私の能力だけで、他の誰も私を助けてくれることはできなかったのである。

ともあれアンナ・カリンは、私のためにできる限りのことはしてくれていた。二十八分三十秒にわたり、私は何ごとかを、何らかの方法でしゃべりつづけねばならなかった。一瞬たりともうろたえたり、忘れたり、草稿の順序を間違えたりすることは言うに及ばず、不注意にくしゃみをしたり鼻をかんだりするだけでも破滅的な結果になりかねないのである。

もし、この講義がありきたりの関心と評判を呼ぶに止まり、イギリスを訪れた著名な学者に対する儀礼的な受け止め方をされ、学問的関心をもった人や知人など一定の聴取者がきいてくれ、時折新聞で筋の通った論評をしてくれる程度であったならば、時間と労力の過重負担という困苦は別にして、まず我慢できたことであろう。ところが、実際には、誰もが予想せず、夢にさえ見なかったたぐいのことが起こったのである。今日にいたるまで、このことを、まるで私が自慢しているかのような誤解を生むことなしに、説明するのはむずかしい。実のところ、私はこの講義に後悔と良心の苛責を感じているくらいである。

講義がもたらした影響について、初めて強いヒントを受けたのは、連続講義の最初の方のリハーサルをしていたある土曜日の午前中のことであった。ガラス越しに私は、技術者の一人、やせた小柄のロンドンっ子風の女性――あとでロンドン警視庁の警官と結婚していることがわかった――が、私への熱狂的な同感の気持ちを示すため、握りこぶしで机をたたいているのを見た。

これは、その後に起きてくることの先触れにすぎなかった。いささか気がとがめる話ではあるが、この講義はイギリスで生放送されただけでなく、その録音は後にカナダ全土に放送され、アメリカの全国放送網の一つでも放送され、さらに多くの言葉にも翻訳されて発表されたのであり、この講義がそれまでのあらゆる場所の政治談議の中でも（文字通り最大ではなくても）最大の聴取者を集めたものの一つだったことは確かだと結論しないわけにはいかない。

あえてこうしたことを認めたり、またこの講義がイギリスはじめ各地でかつてない広範な論議をまき起こしたというだけでは、どのように異例のことが起こったかを完全に説明することはできない。そのいちばんよい方法は、私の机の上にある大量の新聞の切り抜きの中から、ほかの人の意見を手当たり次第に紹介することかもしれない。

「デーリー・テレグラフ」紙（ロンドン）「過去六週間にわたり、イギリス人は毎日曜日の夜に、ジョージ・ケナン氏の権威ある助言と勧告を提供されてきた……。まるで天界の猟犬のように彼は、自由世界の困難さの正しい評価と解決を探求しながら、〝悠容たるペース、計算された速度、威厳にみちた緊迫感をもって複雑な彼の思考の経路の中に〟われわれを追いやっていった。これこそ、放送の歴史の中で最も広範な関心を呼んだ知的探求の一つであった」

「ライフ」誌「引退したアメリカ外交官の非公式発言が、西側世界の全体を通じて主要な政治的争点になった……。リース講義は常にイギリスの出来事であったのだが、ケナンの場合は西ヨーロッパのほとんどの国でも一つのセンセーションをまき起こした。ケナンの見解は、今後数週間にわたって政治的論議の反響を呼びつづけるだろう」

エルンスト・フリートレンダー（北部ドイツ放送）「これまで世界のどこで行われた政治講義でも、これほどの関心を呼び起こしたものはまずないといっても過言ではなかろう……。政治に関心を持つ人はすべて、今日ケナンについて語っている。しばしば政治的無関心のせいで非難されている市井の人も、耳をそばだてている……。しかも、一切の宣伝も、ましていかなる政府の支援もなしに、このような事態が生まれた」

マックス・アスコリ（「リポーター」誌）「自国で必ずしも安住感をもてない一人の孤独な男の思想が、政治体制にかかわりなくあらゆる国のトップニュースになった。彼の思想は、この地球が生き残るための苦悩について互いにその意思を伝達し合うために使われるあらゆる言語に翻訳され、あらゆる言語によって論評された」

マックス・フリードマン（「ワシントン・ポスト・アンド・タイムズ・ヘラルド」紙）「イギリス放送協会の歴史の中で、最近ジョージ・F・ケナンがロンドンで行った……六回の講義ほど、世界の関心を呼んだ講義はかつてなかった。この講義は、各国政府によって検討され、多くの国で論議の的になった」

ジョーゼフ・オルソップ（「シカゴ・サン・タイムズ」紙）「ソビエトと、その西側との関係をめぐるケナンの発言は、最近記憶に残っているアイゼンハワー大統領、国務長官ジョン・フォスター・ダレスのどのような発言にもまして、イギリス、フランス、西ドイツで大きな関心を呼び、大きな論争をまき起した。まったくのところ、ケナンは、失意の政策立案者たちの多くを喜ばせるに足るだけの脚光を浴びたのである。にもかかわらず、まことにケナンらしく、彼自身はこの講義でみじめな気持ちを抱かされただけなのである」「フォールム」誌（西ドイツ）「パリのNATO会議に参集した為政者、政治家の誰よりも多くこの会議に影響を与えたのは、二人の欠席者、つまりN・A・ブルガーニンとジョージ・F・ケナンであった」「ニュー・リパブリック」誌「最近のどんな出来事も——おそらくソビエトの二つのスプートニクの打ち上げやアメリカの宇宙ロケットの失敗さえも——ジョージ・ケナンの声明ほどには、ドイツ人の考え方に大きな影響を与えなかったと思われる」

講義の影響に対するこうしたさまざまな評価について、ひとつ付言しておかねばならないのは、奇妙なことに、この大きな反応が決して私の講義への同意を意味しなかった点である。逆に、新聞、雑誌あるいは放送にあらわれた論評で、私の講義の全般に同調してくれたものはほとんどなかったし、多くの著名な評論家を含む大部分の批判者は、講義の多くの部分についてきわめて強い調子で反論した。たしかにこうした批判に私は困惑しきったが、しかしどの批判もほとんど例外なく私の人格を尊重し、できるだけ私の感情を傷つけないよう配慮してくれていた。他の点における反応がどうであろうとも、批判する立場のものの目からすれば、思想家としての重大な過ちをおかしたものに対し、私ほど広く寛容に恵まれたものは確かになかったであろう。

こうした反響を、どう説明したらよいだろうか。

この問いに答える前に、私は放送を通ずる講義の効果、人格の影響といった問題の方はすべてたな上げしておきたい。この点に関しては、私よりももっとうってつけの人がいるだろう。放送され、後に出版された講義の内容だけからすれば、こうした反響の説明は、講義の主題と当時の出来事、雰囲気との関連においてなされるべきだと思う。

六回の講義のうち四回――第一回、第二回と第五回、第六回――は、全般的に好評でさしたる論議も引き起こさなかったという意味で、別に変わった点はなかった。

第一回の講義で、私はロシアのかなりの経済進歩を示す最近の証拠に触れつつ、この現象に対する西側の反応のうち大げさで、人騒がせ的なものを解明しようと努めたのである。第二回目は、ソビエトとわれわれとの間に横たわる困難の核心的要素としての、ソビエト指導者の精神状況について語り、頂上会談かまたは戦争によってこのような状況を急激にまた効果的に変えられるとみる西側の思考傾向に強く反駁した。

第五回目は、第三世界に対するロシアと西側の相互関係を中心に取り上げた。これは発展途上諸国へのロシアの関心と活動という現象を、正しく展望しようとする試みだったのである。私は、この現象を異常で脅威的なものとみることを戒め、発展途上諸国がわれわれから期待する援助を提供されない場合に、「共産主義者に頼む」という脅しをかけてきたなら、われわれとしては「どうぞそうしなさい」と答えるべきだと主張したのである。

第六回目の講義は、NATOを取り扱ったのであって、NATOの枠内での力の立場の追求を、ソビエトとのいかなる、またあらゆる交渉の障害にしてはならないむねを訴えたものである。この最後の講義もまた、多くの人にとっては若干耳ざわりだったといえるかもしれないが、しかしそれはこれといった論議を巻き起こしはしなかった。

爆発的な内容を含んでいたのは、第三回と第四回の分だった。第三回の講義では、ドイツ問題と、ドイツとヨーロッパの分裂状態を除去しようとする問題を取り扱った。第四回目のテーマは、核兵器競争とヨーロッパの軍事問題だった。

この二回の講義の内容に立ち入る前に、講義の背景となった当時の出来事に留意すべきだと思う。

私自身大いに異論があった西ドイツのNATO加盟から、当時すでに二年がたっていた。加盟以来、西ドイツを軍事国家として発展させる努力が、精力的に進められていた。許容された西ドイツの再軍備計画——最終的には地上軍十二個師団と一定の空、海軍部隊をもつように意図されていた——の四分の一から三分の一ぐらいが、その頃すでに達成されていたのである。そしてNATO司令部と(問題のもつ極度の重要性から)西側各国政府は次のような課題に直面していた。西ドイツを含むヨーロッパ大陸のNATO諸国の軍事力を核兵器——いわゆる〝戦術的〟核兵器——を基礎にして作り上げるべきか、あるいは核兵器の所有、使用、さらにその使用に必要な訓練を従来どおり、すでに核兵器を保有しているアメリカ、イギリスの二加盟国だけに制限すべきか、という問題である。

一九五七年夏と秋には、NATOの政策立案者の間で、この問題は活発に討議されていたが、大勢はヨーロッパ大陸諸国の軍事力に核兵器を導入することに賛成する方向に傾いていた。十二月にはパリでNATO首脳会議が開かれ、この問題に決着をつけることになっていたが、くしくもこの会議の初日は、最後のリース講義の次の日に当たっていた。この問題で何か有益なことを言うためには、この開会日の前にするほかなかったのである。

私にとっては明白なことと思えたし、また他のだれの目にも明らかなことと私は考えたのだが、もしヨーロッパ大陸のNATO諸国がその軍事力の基礎を核兵器におくと共に、それに連動させるような決定が下されるならば、核軍縮とヨーロッパ安全保障の双方をめぐって将来対ソ交渉をするにしてもそれは非常に複雑なものになり、交渉が成功する可能性も大幅に減少することになるであろう。こうした措置さえとらなければ、核軍縮問題は依然として米、英、ソ三国だけの間で討議することができるはずである。問題の措置がいったんとられれば、NATOの大陸諸国のうちいくつかの国の利害も深くからんでくるし、これら諸国をも交渉に参加させざるをえなくなるだろう。だが周知のように、多国間の国際交渉では、参加国の数がふえるほど協定到達はむずかしくなるのである。

さらに、ヨーロッパ大陸のNATO諸国の兵器庫に核兵器を導入するという決定は、広範な核軍縮分野において事前あるいは同時に協定ができることを前提としないような形では、ドイツ問題や中、東欧問題の政治解決はありえないことを意味した。この核軍縮とドイツ、中、東欧問題は、その片方だけの解決が至難なほど固く結びつけられていた。当時の状況から言えば、核兵器とその運搬手段の開発競争に早期に終止符を打たない限り、この競争はやがてさらに巨額の費用のかかる、しかも危険な段階に入りこもうとしていた。それだけに、私の見る限りこの時点での見通しは、まったく暗いものだった。

一九五七年八月二十六日、ロシアは最初のＩＣＢＭ（大陸間弾道ミサイル）の発射実験に成功したことを発表した。リース講義の始まる直前の十月四日には最初の人工衛星――いわゆるスプートニク――を発射して、世界中を驚かせた。これは、あらゆるところの人々の想像力をかきたてた。スプートニクの打ち上げは、ロシアのＩＣＢＭが早々と完成されることを予感させ、この種のミサイルの開発でロシアが西側より優位にあることを示唆した。このため私の友人のジョーゼフ・オルソップのような西側の警戒論者たちは、他のあらゆる国家的利害に優先して、ミサイル競争でロシアに打ち勝つために、巨費を投じた突貫計画に直ちに着手すべきだと主張することになったのである。

アメリカの軍産複合体の中で、核軍備を熱心に推奨する人々には、有力な論拠が与えられたわけだ。核軍縮交渉への見通しが、ヨーロッパ大陸のＮＡＴＯ諸国軍への核装備導入でいっそう悪化しそうになりかかっている状況の中で、危険で高価な核軍備競争が新段階へとエスカレートすることは、私だけでなく多くの人々に懸念と不安を与えたのである。

最後に、こうした点もからんで、ドイツ問題の解決をさぐることが格別の緊急性を帯びてきていたように見えた。ドイツの分割を解消せずに、ヨーロッパの分割が解消できないことは明らかだった。しかし前年の失敗に終わったハンガリーの暴動は、ヨーロッパ分割の継続――これはソビエト支配の継続を意味する――が東欧諸国に与える苦悩の深さと、この分割がヨーロッパ大陸の安定にもたらす危険のほどを、多くの人にはっきり教えたのである。

同時に、そのころ共産側から行われた多くの声明は、西ドイツを核装備国にしようとするのを断念するなら、何らかの軍事的引き離しの協定に達する用意があることを示唆していた。一九五七年八月八日、東ドイツ人民会議での演説でフルシチョフは「ソビエトは……ドイツからの合意に基づく段階的兵力撤退を繰り返し呼びかけてきた。……さらにソビエトは、アメリカおよび他のNATO諸国が西ドイツ、フランス、イギリスなどからその兵力を撤退させるなら、ソビエトはその全兵力をドイツ民主共和国だけでなく、ポーランド、ハンガリー、ルーマニアからも撤退させる用意があるむねを、繰り返し表明してきた」[*]と演説した。

＊ *Keesing's Contemporary Archives*, 1957, September 10–28.

ポーランドのアダム・ラパツキ外相は国連で十月二日、東西両ドイツとポーランドにまたがる核武装禁止地帯の設置を提案した。これら提案や示唆はどれひとつをとっても、そのままでは受け入れられるものではなかった。しかしこれらは総じて、西ドイツの核装備を阻止しようとするソビエト側の強い関心、それもこの目的を達成するためには一定の代償を払う用意を示唆するほど強い関心があることを示していた。ヨーロッパに軍事的、政治的な中立地帯を広げようとする構想の魅力を、いっそう強めていたのはユーゴスラビア——自己の断固とした行動によって中立を効果的に守ってきた——およびオーストリア——政治的に中立化され、四大国間の協定によりソビエトと西側は五七年までの二年間に全兵力を撤退させた——の二つの成功例であった。

要するに、核兵器競争の拡大とヨーロッパ、ドイツ分割の無期限の維持という性質をもった当時の政策をそのまま継続できる見通しが、一九五七年秋のころほど暗く見えたことはなかったが、たとえそうだとしても、同時に米ソ両国が何らかの形でヨーロッパ大陸の中心部からその兵力を引き離す可能性について、それがまったく不可能なものではないとみてよいいくつかの理由もあったのである。

さて、論議の的になった第三回、第四回のリース講義の内容に話を戻そう。（東ヨーロッパの内部における情勢の発展という視点から）ヨーロッパ大陸の継続的分割に伴う不安定と、これがドイツ分割に依存していることに触れたあと、私はドイツ問題に関する西側の立場、ことに再統一されたドイツがＮＡＴＯ加盟国になる自由を持つべきだというわれわれの主張を、再検討するよう訴えた。こうした立場は、実質的にソビエトに何らの代償も与えないまま中欧の拠点から一方的に撤退することを求めるにひとしく、そうした立場が現実的でないことを指摘したのである。*

＊　当時、私はオックスフォード大学で、第一次大戦中の西側諸国の政策について講義していたが、ここでも現在のドイツ問題に対する西側の立場と、第一次、第二次大戦中に西側が追求した〝無条件降伏〟の政策との類似性について考えざるをえなかった。ポイント・オブ・ノー・リターンともいうべき運命的なパリＮＡＴＯ会談の直前に、こうした講義を行っていた私は、一九一七年にランズダウン卿（訳注　第一次大戦中のアスキス連立内閣の無任所相、一九一六年辞職後、対独早期講和を主張した）が抱いていたに違いないような感懐にとらわれることがあった。ランズダウン卿は同年、無条件降伏の名のもとに大戦をさらに一年間継続することに反対する有名な（同時に不成功の）訴えを発表したのである。この経験と、こうした類似性から、民主主義諸国の連合勢力は、無条件降伏以外の基礎に立って敵対国と交渉する能力が一体あるのだろうかという私の疑念は、動かしがたいものになった。

つづいて私は、ヨーロッパ安全保障の基礎を無期限にアメリカ軍の西ドイツ駐留におくことの不利益さを指摘したのである。こうした構想は——と私は次のように語った。

ヨーロッパの国でないアメリカに、余りに多くのことを、余りに長期間にわたって期待することになる。これはヨーロッパ自体の力と能力を正当に評価していない。これは現在ベルリンの地位――それをめぐる些細な騒動でも、容易に新しい世界危機を招きかねない――を規制しているきわめて不安定かつ不健全な取り決めを、未解決のまま残すことになる。またこれは、衛星諸国地域の現在の危険な情勢を考慮に入れていない。暫定的であるはずのものを、恒久化することになり、暗黙のうちに、ヨーロッパの半分を、ロシアに割り当てることにもなるのである。

私は、モスクワが最近ドイツ再統一に熱意を抱かなくなっていることを認め、おそらくソビエトの指導者はどんな条件の下でも再統一を望んでいないものと思われると語った。しかし、彼らの立場に、交渉という現実的テストを加えたことがこれまでになかった点を私は指摘したのである。再統一への彼らの熱意が冷めてきたのが、果たしてどこまでわれわれの側の非現実的な立場を前にした諦めからきているのか、私たちにはわからなかった。「閉じられているドアに向かって、クレムリンを押しつけるのを止めない限り、クレムリンが開かれたドアを通り抜ける用意があるのかどうかわれわれにはわかりはしない」と私は述べた。

さらにもう一つの問題は、もしロシアにとっていっそう受け入れやすい条件でドイツからのアメリカの撤退を提案した場合、果たしてロシアはこの提案を拒否できるだろうかという点であった。このような解決に達しようとする努力の過程で、東欧衛星諸国の指導者はわれわれの力強い味方になるだろうと私は指摘したのである。

そこで私は、将来の再統一された全ドイツ政府がNATO加盟の自由を持つべきだとのわれわれの主張を取り下げ、その代わりにわれわれが中立化され、大幅に非武装化された再統一ドイツを支持する旨を宣言するよう訴えるとともに、ドイツからの西側、ソビエト両兵力の相互撤退が必ずやわれわれの側に不利に作用するという考え方に反論した。私には、兵力引き離しのどんな構想についても詳細を語る資格はなく、これは、軍事計画にたずさわる人々にまかすべきことであった。私にいえたことは、原則的にみてソビエト兵力を中欧、東欧から引き揚げさせることの方が、中欧、東欧に駐留するソビエト兵力に対抗する目的で新しいドイツ軍を育成するよりも、はるかに望ましいことのように思えるという点につきた。

私の訴えているのは――と私は結論づけた。

明日にでもドイツ問題が解決されるなどと、自らをあざむくことではない。また解決のために、われわれは思いつきの一方的譲歩をすべきだということでもない。訴えたいのは、要するに、ここに一つの問題が存在する、遅かれ早かれ解決しなければならないが、遅いより早く解決した方がよい問題が存在することを忘れないようにしたいということであり、またこの問題についてわれわれがとる立場を、常にできるだけ期待のもてる、かつ建設的なものであるようにするため、最善をつくすということなのだ。

第四回目の講義で、軍事問題を取り上げ、核兵器開発競争のもつ危険性と幻想的な性格を強調した。私は、われわれがこの種の兵器を抑止力として保持することを受け入れはするが、ただそれは、抑止力に限ってのことなのである。われわれの防衛体制の基礎を核兵器におくこと（当時、まさにこのことが行われようとしていた）に反対し、われわれの核兵器開発の根拠になっている考え方の多くが、現実的でないとの見解を表明したのである。核兵器にからむ計算には、まったく信頼がおけないとも言った。この種の兵器を実際に使用したさいの効果がどのようなものであるかを本当に知っている人がいるとは思えなかった。それに、核兵器の開発競争がつづいた場合に予想される結果を思うと、まったくぞっとするものがあった。

ではいったい、この競争がわれわれにどのような災いをもたらすだろうか――と私は借《しゃ》問《もん》したのである。

何かにとりつかれた生きもののように、ひとつの防衛手段から次の防衛手段へと移ってゆく。その手段は、前のにもまして高価で、屈辱的なものとなり、ある日地下でちぢこまっていたのに、翌日はわれわれの都会を解体し、つぎの日には、われわれの周囲に精巧な電子装置の楯を張りめぐらそうとする。そのねらいは、人生を意義あるものにするあらゆる価値を犠牲にして、ひたすらわれわれの生命を引き延ばそうとすることだ。われわれは、こんな生き方をしようとするのだろうか。もしわれわれの未来がせいぜいこの程度のものだとすれば、私は「こんな兵器とはきっぱりおさらばして、われわれの安全を神のお恵みと、われわれの良心と、われわれの相手ですらもっているある程度の常識と人間性にゆだねよう。いずれにせよ、われわれが歩くことを許される限り、ちゃんと頭をあげて、せめて人間らしく歩こうではないか」と叫ぶ人たちに同調したい。

われわれは、いかなる形にせよ大量破壊兵器は不毛かつ無益であることを認めるべきだ、と私は語った。この兵器は一時的には、全面的な破壊を防ぐ楯として役立つかもしれない。しかし、建設的かつ有望な外交政策の目的には役立つことはない。

政治活動の真の目的は、つまるところ人の心の奥深くにあるものをゆり動かすことである。原子爆弾には、こうしたことはできない。この兵器の自殺的な性格は、外交的制裁としても、また同盟の基礎としても不向きである。こうした兵器は、政治的な強い要請を支持するのに役立つわけはないし、友邦国の防衛にやすやすと発動できるわけもない……。自殺的な意味合いをもつ兵器を中心に防衛体制を築くことは、長期的にみれば国家政策を麻痺させ、同盟の基礎を傷つけ、あらゆる人々を底なしの絶望的な兵器競争に駆り立てていくだけであろう。

つづいて私は、いわゆる〝戦術的〟核兵器への依存を深める傾向に、とくに強い警告を発し、この核兵器でさえも「考えるのが怖くなるような破壊力」をもつことを、指摘した。こうした性格の兵器を使ったヨーロッパの戦争は、いったい何の役に立つというのだろう。戦争も表向きの勝敗という形で判定するのをやめるべき時がきている。近代戦とは——と私は述べた。

単なる政策の道具ではない。それ自体が一つの体験である。近代戦を行ったものは、勝敗にかかわりなく、戦争の傷あとを受ける。みじめにも旧いヨーロッパは今世紀に入ってから二回の大戦の後遺症で、深刻かつ内部的に弱体化されているが、そのヨーロッパが再びこの種のさらに恐ろしい試練に耐えられるなどと、本当に考えられるだろうか。単に破壊の数学だけでなく——戦争で予想される犠牲者についてのゾッするような方程式でなく——人間を主体にして、是非もういちど考えてみようではないか。人々の力の限界、人々の希望、人々の苦難に耐える能力、人々の未来に託す信念の力を、考えてみよう。そしてヨーロッパで半世紀のうちに三度目の戦争が行われた場合、救うにたるべきものが果たしてどのくらい救えるものかを真剣に自問してみようではないか。

読者には了解していただけるだろうが、この講義で私は抑止力としての核兵器の一方的放棄を求めはしなかった。ただ私が訴えたのは、われわれが防衛体制の基礎を核兵器においてはならないこと、核兵器を他国の使用に委ねてはならないこと、他国に対して、自国の防衛あるいはNATO全体の防衛のため核兵器に依存するように仕向けてはならない、ということだけだったのである。この意見の中で、はっきりとではなくても、暗黙のうちに、最初に核兵器を使うという原則——つまり、大戦争の場合には、相手側が核兵器による第一撃をわれわれに加えようと加えまいと、われわれは核兵器を使用すべきだとの考え方——に対する、私のかねてからの反対を表明した。

このようにして、われわれの全防衛体制を核兵器体系に依存させることは、国家の安全保障が重大危機にさらされたさいに、われわれには地球の破滅をもたらすか、まったくの無策に終止するかの両極端な対応策以外に選択の余地がなくなることになる、と思う。しかもそれだけでなく、この種の兵器の廃棄ないし管理をめざす討議においてわれわれがどのような役割を果たそうとも、それに対し明白な偽善の烙印を押されてしまうことになる。

私が一九五七年の講義で示唆したように、最初に核兵器を使うという原則を放棄し、核兵器の他国への拡散を避けるという条件の下に、核兵器はじめ大量破壊兵器すべての破棄について他の二つの核兵器保有国との間に取り決めができるまでは、抑止力として核兵器をわれわれが保有することを私は心ならずも受け入れる用意はあった。しかし、すでに承知されているように、NATO諸国がヨーロッパ大陸諸国防衛のために核戦力を築くことを決定する直前に、この講義は行われたのである。このような決定は、核兵器の全般的な拡散を当然意味していた。それにダレス国務長官あるいはアイゼンハワー大統領による、ダレスの〝大量報復〟のドクトリン――これは最初に核兵器を使用する原則をいいかえたものにすぎない――を撤回するような発言は耳にしていなかった。一、二年後にケネディ政権は、核兵器への依存を減らし、あまり黙示録的でない他の選択を与えてくれるような政策に乗り出すことになるのだが、ともあれそれは先の話だった。

要するに、これら核兵器を抑止力として保有することを認めてもよかったような条件が、リース講義が終わったまさにその翌日に消えてなくなることを、そしてまた核兵器体系を主題とした講義の中で述べたことが、もはや的はずれになってしまうような情勢が作り出されることを意味していた。講義で私は、こうした状況になれば私の見解を変えざるをえなくなるとして、もしわれわれにとって最善の未来がこうしたこと（核兵器の開発競争とその全般的な拡散が無限につづくこと）であるならば、「われわれ自身、核兵器とはきっぱりおさらばしようではないか」という意見に同調したくなるだろう、という形で警告しておいたのである。

ところで一年後に、同じBBC放送で別の講演をしたさいに、私はこの問題についていっそう率直な見解を表明したことがある。NATOは通常兵器しか持てない状況では自衛能力をもてなくなるという見方に強く反駁したあと、核兵器体系の開発とさらにその使用がもたらす環境汚染の問題に論議をすすめ、ありのままの自然環境の中でこそ、文明は未来をもてるのに、これらの兵器はそうした自然環境を脅かしている、と私は語った。あえてこの危険をおかすのは、〝まったく間違っている〟ことのように思えると次のように言った。

……この言葉がもつ良き昔流の意味において、間違っている。これは、われわれの自己中心主義であり、宗教的信条にも政治哲学の中にもこの自己中心主義を支える基盤はないのである。またこれは、われわれが当然とするような見方、つまり人間としてのわれわれの生命は精神的、道徳的価値体系に基礎をおくべきだという見解にも適合しない。今の世代に生きているわれわれは、われわれ自身その一部となっている文明を作り出したわけではないし、またわれわれがこの文明を完成する運命になっていないことも、明々白々である。われわれは、自らが生存する地球の所有者ではなく、その守護者にすぎない。地球の荒廃、汚染については、われわれに許容された限度がある。この問題判断の根底にあるのは、われわれ自身の安全とか便益ではない。人類がこの文明を作り出すために数千年にわたって闘争、犠牲、忍耐を続けてきたのは、一九五九年に生きるわれわれが自分たちだけの安全のために、その文明を終わらせたり、勝手にそれを危うくすることを許すためではなかった。われわれの最大の義務は……われわれ自身だけではなく、過去と未来に対して……(にかかわっている)。

後年の講義からこの部分を付け加えたのは、一九五七年の講義では限られた枠内でしか核兵器問題に触れられなかったのにくらべ、この方が核兵器体系に関する私の見解をより完全に伝えているからである。

こうした背景のもとに、リース講義の第四回目で私は、核兵器を基礎にヨーロッパ大陸諸国の武装をすすめることに反対する議論を展開した。この議論が、何をもって核武装に代えるかという問題を提起したことは言うまでもない。大陸諸国が核兵器を保有せず、アメリカ軍が撤退すべきだとしたら、大陸諸国——ことに再統一されたドイツ——はいったい、どんな防衛体制をとったらよいのか。私は旧来の通常兵器に信頼をおくことはできなかった。「これらは、予想しうる危険の中で最も可能性の少ないもの、つまりソビエトの公然たる攻撃だけを想定し、そしてこの攻撃に対抗するために、ある特定の地域の戦線でこれを食いとめようという、最も拙劣な対応策を想定したものである」と、私は述べた。

この対応策では、役に立たない。われわれは、主要な危険はロシアが「西ヨーロッパを攻撃、占領することを虎視眈々《こしたんたん》狙っている」ことであるという考え方を、克服しなければならない。ソビエトの脅威は、軍事的、政治的に結合したもので、しかも政治的脅威に力点をおいたものなのである。では、それへの回答はいったい何だろうか。

一連の講義の中で、私が疑問の余地のないほどの大失態をやらかしたのは、この点であった。私の失態は、きびしい時間の制限を負わされた講義の最後の数分間で、一つの構想を提起したことだ。この考えは、たとえ実質的内容があったとしても(今日でも私は実質的内容があったと考えたいのだが)、異例かつ試論的な性格のもので、聴取者千人のうち九百九十九人の考えから余りにもかけ離れており、――たとえそれより進んだものとはいえなくとも――また容易に誤解と嘲笑《ちょうしょう》の的にすらなりうるものであった。というのも放送の残された最後の五分間で、この考えを十分に説明することが不可能だったからである。ヨーロッパ大陸諸国の防衛問題は、主としてこれら諸国の社会の健全さと規律の問題である、と私は述べた。これら諸国からアメリカ軍を撤退させる軍事的引き離しが実現したさいに必要になるのは、こうした現実に即応した戦略原理なのである。

こうした原理のもとでも、武装兵力はたしかに必要であろう。しかしこの武装兵力とは……第二次大戦型の正規軍よりも、例えばスイスでみられるような準軍事組織、つまり郷兵部隊のようなタイプの方が、よりよいのではないかと私は言いたい。これら兵力の機能は、対外的というより主として対内的でなくてはならない。ロシア共産主義の脅威に主として対応しなければならないのは、正規の戦場よりも、治安警察という戦線においてである。このような部隊の訓練は、外国からの侵略者に対して単にできる限りの抵抗をするだけではなく、敵に席巻された……領土内での市民による抵抗運動の中核となるような準備をもしなくてはならない。……こうした理由から、これら兵力には重装備を負わせたり、複雑な兵站補給の負担をおわせる必要もないし、負わせるべきでもない。

私はこの提案にさまざまな留保条件をつけようと試みた。これはただ、一般的な法則としていったにすぎず、例外はあるし、一部の国には、異なった形の防衛体制が必要とされようと語ったのである。

しかし、事態はすでにただごとならぬ方向に発展した。たとえ多くの個人にはよく理解されても、その国の政府の政策と正面衝突するような多くのことをしゃべったあと、私はいまや（おそらくアジアの少数の人を例外にして）だれにも理解してもらえないような発言をして、混乱を引き起こしたのである。

私は、たちまち懲罰をうけることになった。要するに、政権の座にあるＮＡＴＯの指導的政治家のすべてと、さらに現在は政権から離れている一部の政治家をも、怒らせてしまったのである。ジョン・フォスター・ダレス氏は、その少し前の公の声明で、西ドイツ再武装がいかに重要であるかを強調したばかりだったし、アチソン氏は西ドイツ再武装の政策の創始者であると、自負していた。私は、この再武装への努力の放棄を提案したわけである。従って、共和党も民主党もこぞって、私への反論に乗り出した。

アデナウアー首相は、一九五七年五月にボンで開かれたNATO理事会で、ドイツ中立化によっては再統一はもたらされないと断言し、中立化は緊張緩和をもたらさず、中立地帯設置は何の役にも立たないと述べていた。彼の絶大な権威を無視して、私は中立化に賛成する発言をしたのである。

イギリス外相のセルウィン・ロイド氏は（同じNATO理事会で）、「われわれの全防衛体制を核抑止力に立脚させる方針は正しい」と述べていた。私はこれと正反対のことをしゃべったのである。

こうした状況下で、どんなことが予想されただろうか。アチソン氏はただちに憤然と声明を発表し、私が「国家間の関係の現実をまったく把握しておらず」その代わりに「この現実に対し不可解な態度をとった」ときめつけ、ヨーロッパ大陸諸国の防衛問題に関する私の発言を一笑に付した。西ドイツ外相のブレンターノ氏は、ドイツ首脳の秘密会合で「こうした（私のような）発言をするものは、すべてドイツ人の味方ではない」と語ったと伝えられた。ダレス氏は、彼および彼の同僚の耳に私の意見がはいっているかとの、記者団の質問に攻めたてられて、この意見を耳に入れないでいるのは大変むずかしいと、ぶっきら棒に答えた。

ニューヨークでは、ジェームズ・コナント（訳注　元ハーバード大学総長）、カール・フリードリッヒ（同　行政学者、ハーバード大教授）、ハンス・コーン（同　歴史学者、プリンストン高等学術研究所員）、ルイス・ロクナー（同　著名ジャーナリスト）、サミュエル・リーバー（同　文学史学者、テネシー州メリービル大教授）、アーノルド・ウォルファー（同　国際政治学者、ジョーンズ・ホプキンズ大教授）のような私の親友を含む十一人の〝ドイツ問題専門家〟が、辛辣《しんらつ》な共同声明を発表し、私の過去の業績に大いに敬意をもつだけに、私がこんどのような立場を打ち出したことを非常に残念に思うと述べた。

ジャーナリズムの世界で、最も手ひどい攻撃を加えたのは、アメリカ側では「ライフ」誌（この社説の攻撃は、まったく皮相で、まるで感銘を受けなかった）であり、ヨーロッパ側では驚いたことに権威ある「ノイエ・チューリヒャー・ツァイトゥング」紙だった。ずっと以前から私は同紙に敬意を表し、世界でも最も偉大な新聞の一つに入ると思っていた（今でも、そうだ）。しかし私は、この新聞がアデナウアー政権ときわめて近いことを知らなかった。*

＊　私の講義の受け止め方をめぐる皮肉の一つは、ドイツ中立化を提唱したことで私が受けねばならなかったもっともきびしい非難が、明らかに中立国であるスウェーデン、スイスの二か国から浴びせられたことである。

一九五八年の最初の数週間、同紙は連日のように、ある時は社説で、あるときはコラム欄で、さらには他紙の非難の転載という形で、私に論難を加えてきた。こうした出来事の中で、皮肉きわまりないことが起こった。というのは、講義が終わった直後にヨーロッパ大陸でクリスマス休暇を送っていた私は、秋以来の緊張で疲労困憊《こんぱい》し、ついには十二指腸潰瘍とひどいリンパ腺炎にかかりチューリヒの有名な州立病院に入院する羽目になったからである。従って、病床の私には毎日「ノイエ・チューリヒャー・ツァイトゥング」紙が配達され、こうして私は世界のどこの場所でもお目にかかれないような、私個人と私の意見に対する最も長く、最もきびしい批判に連日見舞われていたのである。この偉大なチューリヒの新聞社にいる批判者たちは、同じチューリヒ市内に私がいるなどとは思いもつかなかったであろう。たまりかねた私は、ついにこうした非難に対する回答として編集者宛てに長い手紙を書いた。編集者は、この手紙を紙面に掲載したうえで、これにたいして一九五八年二月末、二回にわたる反論を第一面にかかげた。

こうした権威ある筋からの批判に加えて、何百という批判論文、論評があらわれたことはいうまでもないが、講義内容が一冊の本にまとめられてからはとくにそうであった。

一部の有力筋からの批判を含め、これらの批判の多くは、私の発言についての誤解あるいは歪曲にもとづいていたのである。私は、兵力引き離し〝計画〟を提唱したと言って非難されたが、そうした計画を提唱したおぼえはない。そうではなくて、私が言ったのは、政府の政策立案者だけがそうした計画を作成する権限を持つということであった。次には、私がまるでヨーロッパ大陸からのアメリカの一方的撤退を提唱したかのように受けとられ、その意見が絶えず論議の対象になっていた。しかし私は、相互的な措置ということ以外そのようなことは、何も発言していなかった。NATO解体を唱えたといって非難されたが、私はそういうことは一度も提案したことはない。またソビエトを〝信頼〟するよう呼びかけた、と言って非難された。しかし、私は過去数年間にわたり国際関係で信頼という言葉を使うこと自体に反対してきた……。その他も、同様の事柄であった。

私の意見のうち、広く嘲笑の的になったのは、準軍事的な民兵部隊をつくるようにとの提唱であった。批判者の中で、この点に触れなかったものはほとんどなかった。私の友人、フランクフルト大学政治学教授で西ドイツ連邦議会副議長のカルロ・シュミットでさえも、議会で私を弁護する演説の中で「要するに（ケナンのように）かくも立派な《ベドィテンダー》人物といえども、なぜ一度くらいばかげた考えにとりつかれていけないのか」と言ってくれた。これに対し、後に西ドイツ首相になるクルト・キージンガーは、「だが、決定的な点でそうした考えにとりつかれているではないか」と反論した。シュミットは答えた。「それはちがう。これは決定的な点ではない。おそらく彼は、ウエスト・ポイント（アメリカ陸軍士官学校）の昔のことを考えていたのであろう。多分彼のアメリカでの家系は、『革脚絆物語』*に描かれたような時代にまでさかのぼるのかもしれない。それは私にはわからない。また時には隔世遺伝的な要素が一役買うものだ」

＊　訳注　*The Leatherstocking Tales*　アメリカの大衆小説家ジェームズ・フェニモア・クーパー（一七八九—一八五一）が、アメリカ辺境のインディアンの生活を扱った一連の作品をさす。冒険とヒロイズムに富み、とくに少年読者の人気を得た。

ともあれ、歪曲、誤解、嘲笑の間にはさまれて、私はへとへとになっていた。とはいっても、ほとんどすべての批判（十一人のドイツ問題専門家の批判でさえも）は、前述したように友好的で丁重なものであったし、そのあるものは実際極めて高度の内容のものであった。それだけに、たとえリース講義がどんな欠陥を持っていようとも、この講義が引き起こした反応のあるものが素晴らしいものだったというだけでも、講義をした価値はあったと言えそうである。

最も感銘深い反応を示してくれたのは、一人はアメリカ人、他の一人はヨーロッパ人の二人だったが、この二人こそまさにこの種の反応を期待したくなるような人たちだった。

この二人とは、ウォルター・リップマンとレイモン・アロンだった。

アロンは一九五八年一月、パリで開かれた文化自由会議主催の円卓討議の席で初めて批判を行い、私のリース講義の内容を俎上《そじょう》にのせた。私もこの会議に出席するはずだったが、残念なことに健康上の理由から出席できなかったのである。討議の参加者は、アロンのほかに、後にイギリス国防相となるデニス・ヒーリー、ジョーゼフ・オルソップ、シドニー・フック（訳注　アメリカ人哲学者）、リチャード・ロウエンソール（当時も現在も国際共産主義問題についての最高権威であると私は思う）、カルロ・シュミット、ヨーロッパ統一に対する冷静な予言者のドニ・ドルージュモン（訳注　スイス人評論家）といったそうそうたる人物や友人であり、さらに数人の著名人物が席をつらねていた。

前日にロシア旅行から帰ったばかりのアロンは、形式ばらずに発言した。リップマンと同様に、彼も講義の中の決定的でない誤りや曖昧な個所には目もくれず、兵力引き離しという中心点にいきなり触れ、ただちに私の主題の核心そのもの、つまり現在のヨーロッパ分割は不健全で、我慢しきれるものではなく、変更されねばならないという私の意見にメスを入れた。彼は、私の意見が必ずしも間違っているとは言わなかったが、どの国の当局者も情勢の変更を求めていないという点から、私の意見は現実的でないと述べたのである。ワシントンでもモスクワでも「現在のヨーロッパの分割は、他のいかなる解決策よりも、危険が少ないと考えられている。その理由は、もしわれわれがこれを変更しようとすれば、ヨーロッパ情勢を再び流動的にせざるをえなくなるからだ」というのである。
これは一つの逆説である――と彼は説明した。

現在のヨーロッパ情勢は、異常でなければ、ばかげている。だが、情勢そのものは一目瞭然としており、誰しもが境界線がどこにあるかを知っており、また次に何が起こるかを心から不安に思っている人もいない。もし鉄のカーテンの向こう側で何かが起こっても――ちょうど一年前にわれわれは体験したのだが――こちら側では何も起こりはしない。従って、ヨーロッパの明白な分割は、良かれ悪しかれ、他のいかなる取り決めよりも危険が少ないと考えられるのである。

曖昧な情勢の方が、異常な情勢よりも危険が多い、とアロンは語りつづけた。われわれは、小さな危険を大きな危険と取り替えないようにするため、細心の努力をせねばならないというのであった。これは、危険度の評価の問題だったが、彼の評価は私と同じではなかった。彼は「こんどばかりは、偶然にしかも遺憾なことながら、政治家の側に立った」と言うのであった。

この、ヨーロッパやアメリカの権力の座にある人たちが、だれ一人としてヨーロッパ分割の解消を望んでいなかったという事実――、アデナウアー以下の西側の政治家がすべて、まじめくさって口先だけでドイツ再統一を言うのはまったくの偽善にすぎないという点——こそ、リップマンが、それから一年後に書いたさまざまな論文の中で、一段と力強い筆致で主張したところである。そしてこの点が、私の講義の全体の立論にとって死活的な重要なものであったことは、言うまでもない。私がしばしば思ったことだが、もしこの講義を行う前に、権力の座にある誰かが私のところに来て「ところでね、ジョージ。まだ発表こそされていないが、ヨーロッパを分割したままにしておく、つまり分割を無期限につづける決定はもう下されたのだ。ドイツ統一についての話などまったく口先だけの話なのだ。この情勢を君が変えようとしても、得るところはまず何もないね」とでも言ってくれていたら、われわれの誰しもが厄介ごとから免れたのではなかろうか。ただそうなれば、この問題について私が講義を行なうことは、金輪際ありえなかったかもしれない。

アロンが指摘した第二点は、相互的な兵力引き離しには、ほとんど見るべき価値がないという点であった。その論拠と言えば、ソビエト軍撤退が想定されている衛星諸国のいずれかで、ソビエトの政治目的と相容れがたいような内部事情が生じた場合、ソビエトは最近のハンガリーへの介入のパターンにそって、その国にソビエト軍を再派遣し、ソビエトの権威を再確立させるに違いないということだった。私の講義への反論としては、私はこの点にさして気をとめなかった。というのは私自身、この種の情勢発展に対する歯止めと制裁措置を含まないような兵力引き離しの取り決めは一切、受け入れられないと考えていたからだ。

にもかかわらず、いま振り返ってみて、アロンがたぐいまれな予言者的な洞察力を示したことは、称賛に値すると思う。彼がこの点を主張することによって、実際の出来事よりも十年も前にいわゆるブレジネフ・ドクトリン――ブレジネフ氏は一九六八年のチェコスロバキアの危機という圧力の前に自らの口から、このドクトリンを公に宣言した――の古典的な公式化を行ったのである。ロシアは「私が神聖同盟と呼ぶ新しいドクトリンを形成した。それはいかなる共産政権であろうと〈反革命〉に脅かされた場合、それへの〈無私の援助〉を与える権利のことである」とアロンは語った。

リップマンと私がそれまで世間周知の意見対立を続けていたことを考えると、私は彼が寛大で理解あふれる反応を示してくれたことに心を動かされた。彼が批判の調子を最初に柔らげたのは、「アトランチック」誌（一九五八年四月号）への寄稿文で、ケナンは「その性格にふさわしく、優雅に穏やかに」論じたと思うと言っている。つづいて、彼はゲリラ部隊に関するくだりでは私を批判し、講義の中には「激しい論議の的になるような付随的意見……例えば西側諸国にあらゆる核兵器の保持を断念するよう勧告している点や、アメリカのような豊かな国は発展途上国への責任を感じる必要はないと主張している点」などが、見受けられると述べている。しかし彼は「これらの意見は……主な論点ではない。……占領か兵力引き離しか、という中心的な争点にくらべれば、他の意見は、いわゆることわざにいう、ライオンのたてがみからノミを拾いだすようなものだ」と付言した。

リース講義で論じられた問題に対し、ウォルター・リップマンが最も鋭く痛烈な批評を加えたのは、実はこの時ではなく、それから一年以上も後に「ニューヨーク・ヘラルド・トリビューン」紙に「二つのドイツとベルリン」と題する一連の論評（一九五九年四月六、七、八、九日）を書いたときだった。この中で彼は、独特の冷静で客観的な筆致をもって、決して私の名前に言及することもなく、私の講義の基盤になっていた考え方を——主としてアロンがすでに提示したのと同じような論拠にもとづいて——それとなくではあるが徹底的にうち砕いたのである。

このリース講義の反応といえば、甚だしい世間の評判、何百という論評、見当違いの攻撃、きびしい批判などだったが、これは私にとってまさに文字通りの身を切られるような経験となったのである。私は自分が引き起こした混乱に胆を冷やし、不安にかられた。自分のしたことが立派なことだったか、突拍子もないことだったか私には判断できなかった。しかし私のしたことが、本来の私の意図とは似ても似つかぬものになったのは、明白であった。講義が完了するころになると、私は強いショックのためこの講義が引き起こした批判的な反応の中で最も重要なものさえ読むことができないほどであった。

最後の講義を終えた十二月十五日の夜、私はチェルシーの友人の家に泊まり、翌早朝、一人で散歩に出た。ビクトリア駅に向かい、そこで最後の講義についての記事や論評を掲載した朝刊紙をいくつか義務的に買った。しかし、これらの新聞を読む気にはとてもなれない状況にあることがわかった。新聞をオーバーのポケットにねじこんだまま、目を通す気もないまま、数日間放っておいた。今でもこの新聞を読んだような記憶はない。

当時の私はこのような気分に陥っていた。それでも私は、批判に反論するため二、三のことを書きはした。例えば、「ノイエ・チューリヒャー・ツァイトゥング」紙に手紙を送ったし、ディーン・アチソンの批判に答えるため「フォリン・アフェアズ」誌に一文を寄稿したりした。だが、当時の私には、批判全般について評価したり、反論したりする元気はとてもなかった。批判を直視するのに尻込みしたのである。それは辛いことであり、こうした批判を二度と聞きたくはなかった。今でも、当時の批判論調の切り抜きを神経が逆なでされるような気にならずに見ることはできない。

しかし回顧録というものは、物ごとに何らかの決着をつけるものだ。当時多くの人がしたように、そのころのジョージ・ケナンなるものについて判断するためにしばし思いをこらし、彼がこの放送講義を通じて大胆にも——あるいは軽率にも——発言したことを、全体の釣り合いの中で正しく評価してみる以外に、私には残された道はないようである。

準軍事的兵力に対する私の意見、外国占領軍に対して通常兵器を使って国境で防衛するよりも国内深くに引き込んで対抗するという構想については、すでに私は十分意をつくした論議をしなかったことは認めた。だが今日でも、私はこうした意見に若干の先見性が含まれていなかったとは思わないし、これらの意見は当時の反応よりももう少し慎重な検討を与えられてしかるべきだと思っている。私が概略を述べた構想は、ほとんどまさしく今日の中国共産軍の基礎になっている考え方にひとしい。毛（沢東）同志が、この構想に執着していることを笑う人は誰もいないのである。ベトナム解放戦線を駆りたてているのも概してこの考え方であり、大部分のアメリカ人はいまや彼らが決して嘲笑できないことを学んだものと私は思う。

さらに私がいく分ほろにがい思いで興味を抱いたのは、一九七一年四月にオーストリアのクライスキー首相によるオーストリアの防衛問題に関する声明を読んだ時で、この声明はまるでリース講義の問題の個所を引きうつしにしたかのようなものであった。*

* 一九七一年四月二十四日のパリの「ルモンド」紙は、クライスキー氏の見解について次のように報じている。

「装備が不十分で任務を完遂する力をもたない軍隊に代わるものとして、クライスキー首相は、制限された局地的戦闘に適した、あるいは侵略のさいには多くの地点で同時に行動を起こせるような〝迅速な阻止兵力〟を持ちたいとしている。〝国の防衛は労働者の支持なくしては不可能〟というのが、この政府首班の考えである。彼の見解に呼応して、政府の一当局者は〝一九五〇年に、共産党の反乱企図からオーストリアを救ったのは労働者であった。われわれは、ひとつひとつの川、ひとつひとつの橋を防衛できる立場になくてはならない〟と語っている」

だが、この種の発言をするさい私に、思慮が大いに欠けていたことを認めるのは、やぶさかでない。この発言は、まったく見当違いで何の価値もないものか——その場合、この発言は私の側に何か知的欠陥があることを表明するものである——。あるいは時代に先行しすぎていたため理解を得られなかったかの、そのいずれかである。が、いずれの場合にもせよ、この発言はすべきではなかった。私が人生で学ばざるをえなかったものごとの一つは、政治的な事柄に関しては、時期尚早のうちに発言された真実は過ちと同じ程度にしか評価されないということである。

このことはさておき、こうしたエピソードが反映していたように、私と私への批判者との見解の相違は主として三つの点についての解釈にあった。

第一に私は、西側の政治家や西側の世論一般にくらべて、東ドイツ、ポーランド、ハンガリーからのロシアの軍事撤退の可能性をはるかに重視していた。私の批判者たちはヨーロッパにとっての最大の危険は、ソビエトの通常兵力、ことに地上兵力の途方もない規模にあると見ていたのである。私はこうした要素には、それほどの関心を抱かなかった。何よりも私は、ソビエト軍の規模に対する当時の西側の推定は誇張されているのではないかと思っていた（私の疑念は、後に当たっていたことが立証された）*。

＊　当時これは、百七十五師団に上るという話だった。現在では、この数字は八十五師団そこそこにまでひそかに訂正されている。そして重要なのは、推定兵力の数字が縮小されたにもかかわらず、かつて過大な数字をいいふらしていた人々自身の兵力引き離しに関する意見に、この事実がいささかの影響をも与えなかったことである。

これに加えて、ロシアの歴史についての知識から私は、他のいかなるヨーロッパの国よりも数的にはるかにまさる地上兵力を保持することが、ロシア政府にとって決して異例ではないことを知っていたのである。ロシア政府は、十九世紀を通じてそうしてきたし、一九二〇年代と三〇年代にも、そうだったのである。しかし当時は、誰もアメリカ軍がヨーロッパに駐留することを主張しはしなかった。私とても、ソビエト地上軍が西ヨーロッパにとって危険であることは認めるが、それは主としてソビエト軍の規模によるのではなく、かつて数十年間にわたって存在した情勢と対照的にいまやヨーロッパの心臓部——つまりドイツの東地区——にソビエト軍が配置されている点にあった。そしてこうした理由のため、批判者とは違って、私にとっては彼らを本来の場所、つまりプリピャチ湿地帯（訳注　キエフ北西の地帯）の背後に引きもどすことこそ主要な問題であった。

いったんソビエト軍がヨーロッパ中心部から取り除かれれば、ソビエト軍に対抗するためNATOで追求されていたような精緻な安全保障措置は必要でなくなったであろう。リース講義がうけた批判の中で、この点を無視し、まるで私の提唱した西側の防衛体制の修正と、北海から六十マイルほどの地域に依然としてソビエト軍が駐留している状況とを結びつけて批判する傾向のあったことほど、私を焦《いら》だたせたものはない。

第二に私は、他の人よりも、このようなソビエトの撤退の可能性は多いと見ていた。アメリカをドイツから引き揚げさせるために、ソビエトの指導者が支払う意思のある代償を、他の人は余りに低く見積もり過ぎていたと私は思う。それに私は、こうした結果を実現しようと努力するに当たって、衛星諸国の指導者がわれわれのかくれた同盟者になるであろうことがかなりはっきりしていたことに留意したのである。ゴムルカは、ポーランド人にソビエト軍のポーランド駐留を受け入れさせたのは、ソビエトの圧力ではなく、アメリカ軍のドイツ駐留であることを、公然と強調したばかりであった。彼は、アメリカがドイツから引き揚げたその日に、モスクワとの間にソビエト軍のポーランド撤退問題を取り上げるつもりだと言っているのである。まさしく私の講義の数週間前に、ロシアはポーランド、ハンガリー、ルーマニアと新軍事援助協定を締結したばかりであった。協定はいずれも、これら諸国へのソビエト軍駐留が暫定的な性格のものであることを強調していたが、しかしこれは明らかに衛星諸国政府の主張によるものだった。加えて、フルシチョフもブルガーニンも繰り返し行われた公の声明で、兵力の相互引き離しの一部としてこのような撤退を行う用意を表明していたのである。

私への批判者は、何らかの形の兵力引き離しに代わる唯一のものとして、ヨーロッパ大陸分割の現状維持を挙げていたが、この点でも私はこれにそれほどの信頼をおくことはできなかった。こうした状況では、ベルリン問題の解決は不可能だと思った。ベルリンに住んだ五年間の経験は、私にベルリン市民への尊敬の気持ちと、ベルリンがドイツとヨーロッパに対して持つ重要性を認識させたが、私への批判者にくらべ私はこの感情をはるかに強く抱いていた。ベルリンが分割されたドイツの枠内で無期限にその活力を保持しつづけるとは、私には信じられなかった（この私の疑念は、その後の事態の動きの中で確証されたと思う）。この枠組みを固めることは、ベルリンに緩慢な死を宣告するのにひとしいように思えたのである。

同様に私には、ある種のヨーロッパ政策を支持することにも賛成しかねた。この政策とは、理屈の上でさえも東ヨーロッパ諸国民に対してなんらの余地をも残さず、またこれら諸国民が自己を解放する力を持った場合にも彼らにどのような位置づけをするかを示すことなく、さらにこれら諸国民にソビエトによる支配に代わるものとしてある軍事グループ——ソビエト指導者からすれば、彼らに向けられたものと見なされるもの——と同盟あるいは結合するような意図以外の方策を示してやらない政策である。東ヨーロッパ諸国民にこうしたこと以外の可能性をなんら示さないことによって、実際にはわれわれは東ヨーロッパにおけるソビエトの支配を維持させるという点で、自らをモスクワの同盟者たらしめているにひとしいように私には思えた。

最後に、当時の政策を継続した場合、それがわれわれに要求するような役割を、無期限に演じつづける能力がわれわれにあるとは、信じられなかったのである。すでに、アメリカはヨーロッパの国ではなく、無期限にアメリカ軍をヨーロッパに維持することは期待できないという私の警告に言及しておいた。従って私が恐れたのは、中部ヨーロッパに関し、ロシアとの間で何らかの妥協に到達しようとする努力に代わりうるものがあるとすれば、それは最終的にはわれわれの側の事情で一方的に撤退する以外にはなく、この場合にはわれわれは何らの反対給付も受けとれなくなるということであった。私にこうした不安を思い起こさせたのは、後にマンスフィールド上院議員が財政的理由からアメリカ軍の一方的撤退を再三にわたって要望しているのを読んだ時のことだった。

今日、当時の論争を振り返ると、私はこうした意見を抱いていたことに甚だしい戸惑いを覚えざるをえない。私にとっての間違いは、それを論じるのに雄弁であろうとなかろうと、他の人たちも私の見解に同調することになるであろうと思い込んだことにあった。講義の草稿にとりかかっていた時、再統一されたドイツという亡霊が西側諸国に巻き起こした恐怖心の強さや、当時すでに推進していた西ドイツを経済的には西欧と、軍事的には大西洋共同体と結合させようとする計画への強い執着、さらに、ドイツ再統一であれ、ヨーロッパ分割の除去であれ、こうした方向への進展を危うくするような事態の発展に対する広範な恐怖心といったものを、私はまったく認識していなかった。リース講義への反応を通じて、私は西側の世論や西側政治家の中に、ドイツの一部をヨーロッパの一部に統合することに絶対的な価値に近いものをおこうとする心理状態があることを初めて認識せざるをえなかったのである。これは、ヨーロッパ大陸分割の継続を想定した計画であり、このため、私の意見のように分割除去についてその可能性だけでも考えようとするような見解は必然的に、危険な異端の説とみなされたのである。私への批判者や、あるいは気を悪くした政治家など、ここで私が対象にしている人々は、たとえロシアが代償として東ドイツ、ポーランドから全面撤退する用意があったところで、西ドイツからアメリカ軍一個大隊すら撤退させることを考えようとはしていなかったのである。だがこうしたことが、私にははっきりするまでには、講義に対する反応を待たねばならなかった。

リース講義をめぐるトラブルの元は、私の発言がまるまる見当違いだったことにあるのではなく、多分に発言の時期が適切でなかったという点にあった。その二年前までなら、このような意見も有益だったかも知れないが、当時ではそれが疑問になっていた。他の場合と同様に、ここでも間違いはタイミングにあり、しかも、またしてもタイミングが決定的になった。十年前に〝X―論文〟が過分の称賛を浴び、私がこの論文によせていた期待を越えるほどの効果があったのも、タイミングのせいだった。こんどリース講義が、固い拒絶的な、強く反発するような地面に突き落とされたのも、原因はタイミングだった。ある点で講義が時代に先んじていたとすれば、他の点でそれは時代に遅れていたわけである。

今日では、この講義で果たして自分が有益な仕事をしたのか、あるいは（多くの人が当時、考えたように）有害なことをしたのか、私にはわからない。私としては現在、この講義をしたことを後悔する気持ちに傾いている。それは、オックスフォード大学の講義の緊張の上にさらにこれをすることは、私の力の限界を越えており、最善の形でこの講義を行うことができなかったからである。一方しかしこの講義は、そこから触発された議論を通じて、冷戦の諸問題に関する西側の考え方を明確化する一助になったかもしれない。

ともあれ、今の私からみれば、この経験は良きにつけ悪しきにつけ、当時の西側による対ソ政策の問題の考察について、私が有益かつ建設的な貢献ができる可能性に終止符を打つものだったことは明らかである。関心と世評という観点からすれば、この講義はめざましい成功だったかもしれないが、提示された構想への反応という観点からすれば失敗であった。このことを知ってこの問題から私は身を引いたが、その時の心理状態は知的な失意としか言いようのないものだった。

西側諸国はすでに、私にとって無縁の道を歩み始めていた。ヨーロッパ分割を恒久化することでヨーロッパ問題を解決しようとし、また核兵器開発でロシアと全面的競争をすることで核兵器の危険を取り除こうとすることにかけては、とうてい私はすぐれた案内人になりうるわけはなかった。この二つのやり方のいずれについても、私は信頼をおいていなかったのである。

その後の数年間、ヨーロッパ問題や軍事政策について新たに意見を述べる誘惑にかられたことがあり、この誘惑に屈したことも何度かあるが、いま考えるとそれは避けた方がよかった。私としてはすでに言いたいことを言ってきたのである。その時代に容れられなかった人々の共通の避難所である歴史の研究こそ、よりふさわしい職業になるであろうし、時には実際に、そうなったのである。

リース講義をめぐる問題についてペンをおく前に、私はこの講義が行われた偉大で特異な国の場所、私の生活と思想にとって一つの地位を占める場所について、一言つけ加えておかねばならない。大戦中に、私はロンドンで二、三か月間を過ごしたことがある。何回となくイギリス諸島を旅行したこともある。しかし、かなり長期にわたってイギリスに住むことになったのは、これが初めてだった（ただし、最後ではなかった）。

一九五七年から五八年にかけて、オックスフォードで毎日を過ごした経験のことになると、それについての私の反応は愛憎なかばする心理状態というほかない。多くの人が知っているように、オックスフォードは狭い地域に、イギリスの過去が持つ最も見事な特徴と、イギリスの現在の最も俗悪な一面とをなんとなく合わせ持っている。土、日曜を除く毎朝、本通りを奔流のように流れるオートバイの灰色の洪水は、いつも私の心を荒廃させた。ほこり除け目がねと皮ジャンパーに身を包んだ、性別もわからない非人間的な単調な姿が、何百となくいかつい格好で背中を丸めハンドルの上におおいかぶさるようにして、偉大な工業都市ロンドンの郊外を次々に走り抜けていった。

私は見せかけだけの、規格化された商品、うんざりする無愛想な女店員のいる、コーンマーケットのごみごみした商店が嫌いだった。同じように商店街の交通で息の詰まりそうな道路がいやだった。道路に渋滞したバスは、あえぐようにエンジンをふかしながら、排気ガスを人々の顔に吹きつけていた。長くけだるい週末にはあらゆるものが店仕舞いをし、公園や街路には一種独特な荒涼感がただよっているように思えた。魂にくい入るようなこの空虚さから逃れる方法としては、若さを取りもどし、荒々しい恋に身をゆだねられたらという空想しか思い浮かばなかった。

人の話ではもう春だと言われていた。ある日曜日のなんとも寒々とした午後のことが忘れられない。私は町はずれのじめじめした人気のない遊園地に、二人の子供を車で連れていった。そこにはメリーゴーランドとブランコがあった。いましもブランコでは子供たちが、小さな体に満足感と不屈の負けじ魂をただよわせながら前後に揺すっていた。その少し向こうには、ぬれた野原の彼方に雪まじりの疾風の中で白い帆が流れてゆくのが見えた。それは勇壮なイギリス人のヨット狂がテムズ川の上で操縦しているヨットのものに違いないが、そのテムズは目には見えないのである。こうした日曜日の午後、イギリスという国は人々の勇気を試しているのかもしれない。

アパートの方もひどかった。アパートを持てたこと自体はたしかに幸運だった。それは広く、町の中心部にあった。私を招いたバリオール・カレッジの人々が、このアパートを工面してくれたことには感謝せざるをえない。だがこの場所は、他の多くのオックスフォードの住居と同様に、召使いを使って初めて住めるようになっていた。もちろん、私には召使いはいなかった。アパートにたどりつくには、五十七の階段をのぼらなければならなかった。玄関先の踊り場を除いて、各部屋は個別に暖房しなければならなかった。暖炉用の石炭は階段を使って運び上げ、燃えかすは台所のくずと一緒にまた階段で下に運んだ。こうしたことをするのは、ほかならぬこの家の主人であり、彼はほかにする人がいなかったため、時には講義の合い間に裏手階段の掃除までしたのである。

言うまでもなくこうしたことはすべて、私に耐えられないことではなかった。ただ愚かにも私が一時に余分なことを背負いこんだためにそれが問題になっただけであった。しかしイギリス人、ことにロンドン郊外では、物質生活の面では腹のたつような気まぐれさとのんびりさで、アメリカ人の忍耐力を試すようなところがあった。言ってみれば、もし可能なことなら、ものごとをわざと骨が折れるようにするのに固執するようなものだが、これはわれわれ特有の異様な習慣がイギリス人をいらいらさせることに似てもいた。この種の緊張に対しては、イギリス人の中で暮らそうとするどのアメリカ人とも同じように、私には免疫性はなかった。

これはオックスフォードの一面にすぎず、それとの釣り合いをとるかのように、いかにもオックスフォードのもう一つの面は素晴らしかった。窓越しの視界には、道路をへだててマートン・カレッジの典雅な建物の壁が眺められたが、このカレッジこそ西方のキリスト教文明下の世界において宗教のきずなから解放された最初の高等教育機関だったのである。その正門越しに、私たちは気の向くときに、使徒ヨハネの見事な中世風の浅浮き彫りがしてある楣石《まぐさいし》を仰ぎ見ることができた。私たちの家から数歩でるとどちらの方向にも、比類ないほど美しい風景が広がっていた。

勉強したくなった時には（というより、時間の余裕があった時には）私は、オールソウルズのコドリントン図書館の細長い閲覧室で研究にはげむことができた。この図書館は、静けさと美しさの点で、世界でもたぐいまれなものだった。私が無関心でいられなかったし、心を引かれざるをえなかったことは、オックスフォード大学の暮らしを通じ、価値あるものが啓発され、伝統が追求され、古き慣習——健全で、象徴的で、意義深い慣習——がそのまま保持されていたという事実であった。保守的な人間で、生来の古いもの好きで、形式と儀礼を何世代にもわたって継続することの必要性を固く信じている私としては、こうしたことすべての中にもっぱら安らぎと喜びを見出しえたのである。加えて、親切で洗練された文化人である受け入れ側の人々が心温まる好意を示して、私たちの滞在を快適なものにするために最大の配慮をしてくれた。

だが、私はオックスフォードに対し、時折心の中で反抗心が芽ばえるのを感ずることもあった。それは単にアメリカ人としてだけでなく、スコットランド系の血のせいであった。華麗で豊かで優雅なイングランド南西部の気風は、オックスフォードによって反映され、その伝統はオックスフォードによって保たれていたが、こうしたことはスコットランドには無縁のものだった。ここから北東数百マイルのところにある風物の方が、私の気質に合っていただろうと思う。振り返って言えば、オックスフォードに到着した際に、私は友人のアイザイア・バーリンに向かって、オックスフォードの同僚とは気が合わないのではないかとの不安をもらしたことがある。オックスフォードの友人たちが、あまりに都会風にあか抜けし、ユーモアに富み、当意即妙のセンスがあるのに、私は野暮なスコットランド系だった。彼は私を安心させようとして「気にすることはないよ。バリオール・カレッジは、野暮なスコットランド人ばかりだよ」と言った。

おそらくそうだったのであろう。形式的にはバリオールこそオックスフォードにおける私の研究の場所だったのだが、私は滅多にバリオールには足を運ばなかった。そしてそれは他の誰のせいでもなく、私自身のせいなのであった。ともあれ、私がすでに述べたような感情を抱いたことは争えない。そして時がたつにつれ、オックスフォードに反抗心が芽ばえたさいの私の気持ちは、主としてアメリカ人としてではなく、しだいに一人のイギリス系アメリカ人として、そしてまさに一人のイギリス人としての反抗であることに気づいた。つまり私は、他のイギリス人と同じ基準に立って、同じことに不満を言い、さらにイギリス人と同様に不満をいう権利があると思うようになっていたのである。換言するなら、イギリスはその巨大な吸収力をもった触角の中にひそかに私を引きずりこんでいたのである。

私は、自分がイギリス人になれないことを知っていたが、しかしもはやイギリスではよそ者になれないことをも知っていた。オックスフォード滞在の終わりになって考えたことだが、私が人生の残りを学者としてこの町で過ごすことを運命づけられていると突然告げられたら、私は生活の場所をどこに見出すべきかをたちまち心配し始めたことであろう。しかし結局私にはありきたりの場所しか見出せなかったろうが、そうだったとしても別に後悔もしなかったろう。

当時私はイギリス全体を不安と憂慮のいり混じった気持ちで見ていた。イングランド南部の人口過密ぶりと、こうした現実を前にしてイギリスの一般民衆が平然としていたのに私は慄然としていた。いささか身勝手なことを言わせてもらえば、私には若い世代の人よりも古い世代の人の方がはるかに好ましかったし、政治権力の上では上流階級に代わって下層、中産階級の擡頭《たいとう》がめざましかったのであるが、その下層、中産階級よりも古い上流階級のほうにひかれていたとは言え、大戦中にロンドンの一般市民が示した素晴らしい能力についての記憶の数々によって、この点、釣り合いが保たれていることも認めざるをえない。

私は過去数十年間に、イギリスの上にもたらされた大きな社会的変化が必要であったことを認めはするが、この変化があまりに急速かつ突然であったために、誰の利益にもならず、何よりもイギリスには許容できないほど無駄の多いもののように思えた。ことに、無謀にも本流から締め出された古い上流階級の才能と善意を浪費させてしまうものではないかと思えたのである。

おそらく大部分のイギリス人にもまして私は、イギリスの生活を多くの面で向こうみずにアメリカ化したことに腹が立った。私が自国で嫌いだったことは、イギリスではいっそう嫌いだった。なぜなら、こうしたことは本来イギリスにふさわしくないように思えたからである。愛惜の情をこめて考えたことだが、たとえもしカリフォルニアこそがアメリカに残された唯一のアメリカであり、しかも予想以上に早くその傾向を強めたのだとすれば、このアメリカ全体とカリフォルニアの関係は、同じようにアメリカとイギリスとの関係にも当てはまることになってしまうだろう。しかしそうなったとしても、その責任は専らイギリス人自身にあると思う。誰かがいや応なしにイギリスをわれわれに似させたわけではない。決定したのは、彼ら自身なのだ。

当時イギリスには、産業の後進性、慢性的な為替上の困難、恒常化した経済停滞を克服するためにどうすればよいかをめぐって際限のない論議が出始めており、これはやがてヨーロッパ共同市場入りの議論として沸騰する運命を持っていたが、私はこうした議論を第三者的な懐疑心をもって注目していた。産業効率の増大は、たしかにある種の緩和剤として役には立つだろう。しかしこれ以上工業化を促進し、近代化を推進し、さらには世界市場への統合なり依存を強めることでは、イギリスは救えないように思えたのである。私の見るところでは、期待のもてそうな進路といえば、国内の食糧供給をより安定したものにする目的で、人口を思い切って減らし、経済的自給自足の水準を高めるように努め、輸入および全般的に国際貿易への依存を減少させる以外にはないように思えた。こうしたことは、帰らざる過去のものごとへのノスタルジアにすぎなかったかもしれないし、古きイギリスなるものに対し、多分私が多くのイギリス人よりも強い愛着を持っていたせいかもしれない。

ともあれ、新しい時代に突き進もうとするイギリスの前途について、私としてはさしたる感激をもちえなかったのはたしかである。私は、過去のイギリスがもつ貴重で独特な特徴のあるものをなんとか保存できるような方法について臆測することにより多くの関心をよせていたのである。ヨーロッパ共同市場の問題は、その当時はまだかなり将来のことだったので、この回顧録でそれを論じるのはふさわしくない。しかし当時、英仏海峡の下に鉄道なり高速道路のトンネルを掘って、イギリスとヨーロッパ大陸を結びつける計画が論議され始めていることを知ったときに私が驚きあわてるとともにゾッとしたことは告白しておかねばなるまい。私にはこの計画は、ある種の死への衝動の表現としか思えなかった。かつてシェークスピアが流麗な筆で描き出した島国であることの貴重さを、どうして犠牲にする気になれたのか、それは多くのイギリス人には理解できることであったのかもしれない。だが、少なくとも、一人のアメリカ人にとっては、このことは理解できないままに終わった。

第十一章　ユーゴスラビア——背景

ジョン・F・ケネディの政権が発足した月である一九六一年一月、エール大学大学院における一学期コース・ゼミナールの講義も終わろうとしていた。政権交代からちょうど三日後の二十三日のこと、たまたま私は、自分が客員教授として住んでいたブランフォード学寮の事務所に、手紙でも届いていないかと、立ち寄ってみた。ちょうど昼食時だったためか、事務所の職員は食事に出かけていた。電話番をしていたのは、一人の大学生だった。私が入って行くと、彼は受話器を耳にしていたが、興奮している様子がうかがえた。私の姿を見た彼は、安心のあまり飛び上がらんばかりの風情で「ミスター・ケナン、合衆国大統領があなたにお話があるそうです」と言った。

たしかに相手は大統領だった。用件というのは、私にポーランドかユーゴスラビア駐在大使を引き受けてくれないか、ということだった。私は礼を言ったうえで、時間をかけて考えてみたいと答えた。その日のうちに私は返事の電話をかけ、大統領の申し出を受け入れ、できればユーゴスラビアが望ましいと伝えた。

大統領からのこうした具体的な申し出はまったく予想もしていないことだったが、これまで私は、彼の選挙運動の期間中およびその後の時期に、ジョン・F・ケネディとは連絡をもったことがあり、これが初めてではなかった。一九五八年二月、彼はリース講義について懇切かつ思いやりのある手紙をくれたが、彼はこの講義を全文読み通していた。*

＊ この手紙（一九五八年二月十三日付）の中で、彼は親切にも、講義の論点のすべてには同意しないが（ことに、われわれと発展途上国の関係に触れた個所には同意しないが）、多くの批評の中には、講義の内容を歪曲し、誤解しているものがあると思うと言っている。さらに「批判者としての義務を果たすだけでなく、慎重に系統立てられ、包括的でしかもみごとな文章で書かれた一連の、選択の余地のあるいくつかの提案と見通しをも提示してくれた〝反対派〟が少なくとも一人いることを知ってうれしい」と、彼は書いてきた。

それからほぼ一年後、彼は「兵力引き離し再論」と題する私の「フォリン・アフェアズ」誌の論文を読んでくれた。この論文で私は、この問題についてリース講義で語ったところをさらに敷衍《ふえん》し、ディーン・アチソンらの批判に反論したのである。この中で彼は「あなたは、アチソン氏が不幸にも昨年とりつかれていたような、個人攻撃的な見当はずれの論議をすることなく、アチソン氏の立場の極度の硬直性をきわめて効果的に処理したと思う」と言っている。

その一年後、つまり彼が大統領に就任する数日前、彼にとってはまったく途方もなく忙しかったに違いない時期に、私は三通目の手紙を受け取った。この手紙は直筆で、大統領職につくに先立ちほんの数日間の休暇をとっていたジャマイカから送られてきたものである。彼は、私がリース講義の一年後にBBC放送を通じて行った講演内容を読んだと、言ってきた。「あなたの言うことすべてがそうであるように、この講演を貫く冷静な良識に、私は感銘を受けた」と、彼は書いていた。この所感に続いて彼が書いていたことは、その後の十年間に、われわれと東南アジアの関係にもたらされたものに照らしてみると、ある種の歴史的意義を感じさせる。彼はこう書いていたのである。「私が格別の関心を引かれたのは、兵器の実験の制限だけではなく、兵器そのものの撤廃を考えるべきだとするあなたの考え方である。中国が、その限りない軍隊をもって中国の南方を席巻するのを、通常の兵力をもって抑えられるかどうか私は疑問に思う。いずれにせよ、論議すべき肝心の時期が過ぎ去ってから二年も三年もたってから、われわれアメリカ人のすべてはこの問題を論ずることになるであろう」

大使任命という、大統領直々の申し出を受け入れるに当たって私は、リース講義とその受け止められ方に反映されていたように、私とワシントンの政府当局とを隔てている見解の相違のゆえに、冷戦の主要問題について、私がケネディあるいは他のどの大統領の顧問の資格もないことは十分承知していた。仮にも外交代表として海外に在勤する以上は、私は、ヨーロッパや冷戦といった主要な問題についての既定の政策を受け入れたうえ、その枠内で最善をつくす覚悟であった。しかし、ユーゴスラビアとの関係は、こうした重要問題が直接かつ尖鋭にからみ合うような分野ではなかった。それに、私はもう一度外交官として勤めるように要請されたことを喜んでいた。当然のことながら、一九五三年に政府勤務から去る時の状況については、私は必ずしも愉快に思っていなかった。たとえ地味なポストであっても、再び在外勤務をし、その上でかねて希望していたように——名誉と名声に十分ひたりながら、改めて永久に官職から引退する機会を与えられたことを歓迎したのである。つまるところケネディは、その生涯のその時点では、彼に対してどのような援助をも惜しむわけにいかない人物として私を打ったのである。

このようにして、ちょうど九年前に駐ソ大使に任ぜられた時と同じように、またも私の学究生活は突如として中断された。その冬から春の初めにかけては、赴任のための準備に忙殺された。そしてまた五月の初め、当時はまだ利用できた文明手段——つまり旅客船——でヨーロッパに向かった私たちは、ある日の夕方も遅くベオグラード駅に到着したのである。

一行は、私と妻、それに下の二人の子供と犬が一匹であったが、この犬はベネチア以来、そのあらゆる生理的な機能を抑えるように強いられていたので、私たちみんなをひどく心配させていた。それに、この犬が、列車の中の監禁状態から最終的に解放された場合、最上級の歓迎態勢をしいてくれるユーゴスラビア側の人々に、とんでもない不始末をしでかしはしないかと、われわれは恐れていたのである。

不快な状態におかれ、いまにも暴れ出しそうな犬のことに言及したが、この話を人間社会の出来事と重ね合わせる気は毛頭ない。われわれすべてにとって、浮き沈みというものは不可避で、私の場合も他の人に比べてとくに目立つほどのことはなかった。しかし、このユーゴスラビア勤務が、私にとって、外交官生活の中の個人的経験としては、この上もなく豊かで、楽しく、恵まれたものの一つであったことを明らかにしないわけにはいかない。そうさせずにはおかなかったのは、一つには、この国がもつ自然のせいであり、さらには私の仕事を取り巻く環境が、相対的に恵まれていた（少なくとも、ベオグラード側では恵まれていた。しかしワシントンとの関係については別である）せいでもあった。

ユーゴスラビアほど国内の多様さ、対照的な景観と雰囲気にみちあふれ、さらにその地理的立場からして、ドナウ川流域および広く東南ヨーロッパをめぐる大きな歴史的諸問題の中心に位置している国はない。

この国は、一つの国というより、実際には互いに大きく異なる六つの国の集合体なのである。最も古く、永続的で、意義深いヨーロッパの文化的境界線、つまりビザンチンをローマから、東方キリスト教を西方キリスト教から、最後にトルコ帝国をオーストリア゠ハンガリー帝国から分けへだて、実質的には何世紀にもわたって変わることのなかったこの境界線は、今日まさにこの国の中央を通っているのである。この境界線が、その両側の住民と風景の上に残したしるしは、いまなお一目瞭然たるものがある。しかも境界線のいずれの側にあるものも、はっきり分かれ、それぞれそれなりの行き方をしている。

ビザンチン―トルコ―東方ギリシャ正教の側は、北東の方向に大きく突き出し、バルカン半島の西側の中央部にある山岳地帯を取り囲む形になっており、ここにはセルビア人、モンテネグロ人、アルバニア人回教徒、マケドニア人がおり、さらにセルビア語を話す回教徒が住むボスニア、ヘルツェゴビナの各州が含まれるのは言うまでもない。そしてここには自然の美しさと奇怪で残忍な過去がある。

ローマ―オーストリア―カトリック教の側は、東、北、西、の三方から山岳地帯を取り巻く平原と海岸地帯に及んでおり、それぞれハンガリー、オーストリア、イタリアの影響下におかれた地域（クロアチア、スロベニア、イストリア、ダルマチア）に分かれている。

この多様な文化的、宗教的な型に、ほとんど匹敵するかのように、その風土もまた多様である。それだけに私はしばしば、ユーゴスラビアとは比較的狭い地域（ワイオミング州ほどの広さ）の中に、アメリカのほとんどあらゆる地理的な地形をつめこんだ国のように思うのである。ここにはそれなりの大草原もあれば、アパラチア山脈、ロッキー山脈、ミシシッピ川も、カリフォルニアもフロリダもあり、熱帯もあれば、雪におおわれた冬も、アメリカ東部の沿岸地域を除いたすべてがある。

ベオグラードは、この混然たる文化、風土、言語、伝統のほぼ中心に存在している。かつてはトルコ帝国の西方へ突出している部分の東北の前哨基地をなしていたところに構えられた丘の上の古びた要塞からは、その昔トルコの守備兵がドナウ川とサバ川の広々とした合流点を越えて、オーストリア支配下の、つまり西欧の一部であった土地を望見することができたのである。ベオグラードを車で出発すれば、私の在任当時ですらまだ悪路のまだった道路を通って、一、二時間のうちに非常に肥沃なバナト平野にでることができる。ここでは、かつてのドイツ人所有の農園が、いまや広大な国有農場に変貌している。あるいはまた、かつてハンガリー領だったボイボジナ地方の村を抜けて直線に延びる広い道路に出ることもできる。この道には、泥にまみれた丸い敷石があり、群れをなしてガチョウが歩きまわり、そして正面を明るく塗った家が高い板塀越しに並んでいる。その昔、有名なクロアチア人のシュトレスマイエル司教が祭式をとり行った由緒あるこの地方の教会堂にも行けるし、セルビアのシュマディヤ地方のぶどう園——その美しい名前にふさわしい景観に恵まれた——にも行ける。

人里離れた奥地まで足をのばせば、素朴ではあるが深い悲しみをたたえ、この上なく美しいフレスコ壁画に飾られた中世のビザンチン式の修道院を訪れることもできる。もし時間の余裕があれば、一日足らずのドライブでセルビア南部の素晴らしい山あいの峡谷の景観を楽しめるし、道路のアスファルトに一九一四年の暗殺者の足跡がいまなお残されているボスニアの首都サラエボを訪れることもできる。また音楽、美術、演劇の町、クロアチアのザグレブ――この町はつねに私に、将来の最も偉大な都市の一つになるのではないかと予感させる何ものかがあった――の特異な雰囲気にひたれるし、バロック――アルプス文化の珠玉のような小さな建造物を見ることも、そしてまた、優美な尖塔、豊かな文化のたたずまい、比類なく美しい丘や野原や森に囲まれた――そのすべては、細かいところまで洗練され、文化の重さを感じさせる――スロベニアの首都リュブリャナを訪れることもできる。

ベオグラードから簡単に足をのばせるのは、これだけにとどまらない。そしてこれらの土地を訪れるのをいっそうたやすくし、楽しみ多いものにしてくれるのが、旅する外国人――私の考えでは、ことにアメリカ人――に対して、いたるところで普通の民衆が示すこの上ない親切心、やさしさ、心づかいである。この国を旅することは、名所、さまざまな人間、雰囲気を際限なく楽しむことにひとしい。雰囲気に感じ易く、自制できないほど敏感で、その気持ちを他人に伝えにくい私のような人物にとって、この国の旅は、干天で慈雨にあったような気持ちをしばしば起こさせたし、その印象は余りにも強く忘れがたい思い出を残してくれた。

もちろん、この地域が最近にいたるまで、長く不幸な過去を背負ってきたことは忘れられない。わずか三十年前まで、この地域の住民、あるいはその両親たちは、現在では旅する外国人に対して寛大で愛想がよいとは言え、互いに残酷きわまりない方法で何十万人もの犠牲者を出す殺戮《さつりく》に明け暮れていたのである。彼らの魅力と親切心の底の方には、かなり暴発しやすい潜在的な残酷さがひそんでいるものと思わないわけにはいかなかった。

それでもなお、この人たちを好きになり、近づきたくなる気持ちには抑えられないものがある。彼らは概して頑健で素朴な民衆であり、誇り高く自尊心に富み、初めは疑い深いが、礼儀正しく接すれば必ずそれに応じてくれる。彼らの残酷さなるものも、情熱、勇気、誠実さからであり、悪意、臆病、卑劣さのせいでないことは、容易にわかるところである。

従って記憶に残っているのは、ほとんどが楽しい体験である。だが、この体験を説明するのはむずかしい。というのは、この体験が思い出される場合、それは、生き生きとはしているが脈絡がなく、ほとんど象徴的な、断片的な記憶――つまり場面、エピソード、体験の瞬間の形となっているからだ。いくつかの例をあげねばならないとすれば、まずそれが系統だったものではないことを断っておかねばならない。思いつくままに、列挙すれば……。

――貧しい身なりで、はだしの一人の羊飼いの子供のこと。私たちがモンテネグロの山中でパンクした車のタイヤ交換を待っているときに、この子供は突然灌木の茂みの中から姿をあらわし、恥ずかしそうに自ら摘んだ一握りの野の花を私の妻に差し出し、急いで羊の群れに追いつこうと、また茂みの中に姿を消していった。

——クロアチア西部のほこりっぽい田舎道で、私たちの自動車に乗せてやった農家の娘のこと。この娘は、目的地に着くと小さな買い物袋の底から一つのオレンジを取り出し、ただで車に乗せてもらう権利はないのだから是非うけとって欲しいと主張したのである。

——深い森の中の人里離れたビザンチン式教会での質素な尼僧たちのこと。彼女たちは、小さな菜園でとれたもので私たちのために食事をつくるまでは、私たちを出発させなかったのである。

——セルビア中部で、私たちが山腹の教会の構内にピクニックに行ったさい、若い牧師の妻が突然、大皿に暖かいチーズ・ケーキを盛って現れ、「あなたたちは、私の家の近くにやって来た旅のお方だから」と言わんばかりに、黙って威厳を保ちながら、それを私たちに差し出し、そのあと彼女は褐色のはだしの足を組みながら立木に寄りかかり、静かに、楽しそうに、無意識の好奇心をもって長い間、私たちを眺めていた。

——やはりセルビア中部の小さな町で古い教会を見物していた時、入れ歯をし、古ぼけたフロック・コートを着た老紳士があらわれた。堂々たる様子で、教会内の小道を私たちの方に向かって歩んできたこの紳士は、手を差し出し、自らこの町の「十八年来の町長」

と名乗り、お見受けするところ旅のお方のようだが、この町にある彼の家で生いちごのジュースをごちそうしたいと言い、私たちはこの申し出を受けた。

――ベオグラードから、四百マイルのドライブを終え、トリエステに入った時の対照的な景観の妙を思い出す。トリエステの北の高原にあるイタリアとの国境地点を越え、突如として断崖のふちに立った時、眼下に劇的に展開されるのは、トリエステの街とアドリア海西部、そして、そのかなたに広がる豊かな西欧の遠大な眺望である。

――ヘルツェゴビナの深いネレトバ峡谷の上流地域を曲がりくねった道路が通じていた。一九四三年この道路ぞいの場所で、ユーゴスラビアのパルチザンは勇敢にも、傷ついた数百人の同志をかかえ、ドイツ軍の銃火をおかして多くの犠牲をだしながら川を渡り、対岸の険阻な山岳地帯へと血路を開いて行ったのである。

――美人できまじめだった私のセルビア語の教師、それに彼女とその夫と一緒にジッァの中世の教会に行った時のこと。車を運転しながら、砂利道の国道の無数の穴ぼこを避けようと懸命になっている私に対して、彼女は頑固に私にセルビア語を使わせようとし、文字通りセルビア語の音律が私の頭の中でひびきだすくらいになるまで、何時間でも容赦なく私のセルビア語のでたらめな使い方をただそうとしていたのである。

――道路わきの泉のほとりに、農夫の一団とともに立っていた一人の青年のこと。私が「今日は」とセルビア語で彼に挨拶し、丘の上のぶどう園に行ってもかまわないかとたずねると、この青年は私を正面から見据えながら――といって目には親切さが見られないでもなかったが――「あそこにいる連中にいまのような調子で〈今日は〉と言えば、誰も何とも思いはしませんよ」と言ったものである。

体験だけをあげたが、こうしたことがいま記憶に残っている。これらは外交官生活の一面ではあるが、これを抜きにしてはその全体を描き出すことはできない。

同時に私は、ユーゴスラビアでの任務を遂行するさいの環境についても触れねばならない。この点、まず何よりも触れておかねばならないのは、アメリカ大使館スタッフ、ことに在外公館の一般職員とUSIS（アメリカ文化交換局）の職員のことである。彼らはすべて、私の監督下にあり、仕事のうえで格別に緊密にやってゆかねばならなかった。彼らは私とは異なった世代に属していた。彼らが育ったのは、私とは異なった官僚組織の環境の中であって、それは人間味、人間的触れ合いが薄く、巨大で、不可解で、自分を見失いそうな環境だった。彼らのうち一部のものは、最初は慎重に、きちんと、理論に忠実にやろうとする傾向はあったが、やがてそうした態度を引っ込め、ある意味では本心をかくしていたと思う。個性を示したり意見を発表するさい、慎重にめだたないようにし、それが、自衛的なカムフラージュとなっていたのである。だが、もちろん彼らとても内面では真の人間であり、多くの場合きわめて有用で知的であり、ある場合にはとても有能であった。そして、ことの当否は別にして（服従という当てにならないカーテンによって部下からへだてられた大使には、部下の考えを知る由もない）私自身は自分が、彼らに対して役に立ちうると思っていた。

外交が技術よりも芸術だと思われていた時代の生き残りである私には、彼らに教えることがあったし、また私がいない場合にくらべて、彼らの仕事により大きな意義と興味を与えることができると考えていた。私が彼らに教えるべきものは、外交という仕事の内容よりも、むしろスタイルに関する事柄だった。しかし、われわれのように、外交官として古い世代のものにとって、スタイルは本質の問題であり、私はこうした規定の仕方にいささかも恥ずるところはなかった。思うに彼らは、私をある種の興味と驚きの念をもって眺め、またしばしば私が国務省と意見の衝突をした際の電信による修辞的なメロドラマを楽しみ、彼らの仕事ぶりや、彼らが私に報告するその経験に対し、私がありきたりの反応を示さないことに好奇心を抱いたようだ。そして――そう思いたいのだが――私が彼らに心からの愛情を抱くようになっていたことを理解していたのではなかろうか。ともあれ、私にとってベオグラードの経験は、彼らとの結び付きだけでも、その価値はあったといえる。

一方の側には、われわれの交渉相手となるべきユーゴスラビアの当局者がいた。まず最初に、中堅層以下の当局者について話したい。かつてわれわれの折衝の相手であったロシアの当局者とは、何と対照的だったことだろう！

概して彼らは近づきやすく、有能で、礼儀正しく、常に当方の言い分に耳を傾けるだけでなく、それに答える用意を示した。役所の外で彼らと社交上の会合をすることもできたし、この場合も別に意識したり、緊張感を抱くこともなかった。このようにして会った人々の多くは、陽気で、気楽で、有益な良い仲間になれる人々だった。平均して彼らは知的で、気さくで、飾り気のない魅力にあふれていた。ロシアの事情に通じているものにとって、彼らは驚くほど率直で開けっぴろげな印象を与えたのである。ある程度までは、たしかに彼らはこのように思えたのであるが、やがてそれには厳然とした限界があることがわかった。

ほとんど例外なしに、彼らはチトーの指導の下にドイツに対してパルチザン戦を戦った経歴をもっていた。この経験は、永続的な同志的連帯感、忠誠への規律の仕組みをはぐくんできたのである。彼らをよく知るようになると、その言動は、目にこそ見えないが極めて強力な協調と規律のきずなで支配されていることが明らかになる。彼らもまた、ソビエト当局者と同様に、外部の者に対してはある程度まで真意をかくしていた。しかし、われわれに関して言えば、これは敵意と言うより、ただ用心深さのあらわれに過ぎなかった。この用心深さを生んだ理由は、一つには共産主義者としての彼らの経歴からだろうが、さらにはユーゴスラビアで生まれ育たなかった人には、この奇妙な多民族集合体の複雑さを理解できないというある種の不信の気持ちによるものでもあろう。そして最後に、それは、人生の他の活動分野と同様に、外交においては自己の利益を守るには自分でそうするよりほかはないという事実を、彼らが正しく認めているせいでもある。

ユーゴスラビアでは、その東方にある共産諸国と違って、たいていの指導的政治家と簡単に知り合いになれるし、彼らと愉快で温かく、ときには打ちとけた関係すら持つことができる。例外もあるにはあった。中央から離れたいくつかの共和国（ことにボスニアとマケドニア）の指導者たちは、常に必ずしも友好的とはいえず、気安くその姿を現さなかった。だが、こうした例外は、概して例外なき法則はないことを立証するようなものであった。私たち夫妻は、チトー大統領夫妻に何回となく個人的に招かれたことがある。クロアチア議会の議長は、一家総出でアドリア海のフバール島の沖合にヨットを浮かべて、まる一日私たちを歓待してくれたし、ベオグラードでは、他の政府高官たちが再三にわたり自宅に私たちを招いてくれた。こうした例は、枚挙にいとまがない。これらの人々は強制されてこうした好意を示したわけではなく、ユーゴスラビア以外のところでの気むずかしい慣習になじまされてきた私たち夫妻には、この好意は心から嬉しく思えた。

私の在勤中、そしてその後も、その人柄に圧倒された人物と言えば、もちろんヨシプ・ブローズ・チトーその人だった。私はベオグラード駐在大使として赴任する前にも彼に会ったことがあり、彼の業績に敬意を払ってきた。この敬意は、公式の立場で彼を知るにつれ、いっそう深まっていった。彼は名家の生まれではない。彼の受けた高等教育と言えば、ロシア革命直後に捕虜としてロシアに捕われていたころの学習活動にほぼ限られている。

それ以外の彼の知識は、共産主義革命家として、さらにはパルチザンの政治、軍事指導者としての、きびしい人生の学校の中で得られたものだった。彼は自らを名実ともに良きマルクス主義的共産主義者と考えており、他人がそれ以外の見方をするように仕向けることは決してなかった。彼は主義を守るのに不可欠と考えた場合には、苛酷で断固たる措置がとれないような人物ではなかった。状況がそれを必要とするならば、あえて機略、奸計——要するに戦いの策略——を用いて、敵対的あるいは信頼できないと彼がみなす政治勢力と対決することができたのである。

練達の政治指導者として、彼は発言すべき時期、沈黙を守るべき時期を心得ていた。しかし彼は決して残酷ではなかったし、スターリンのように猜疑心のかたまりでもなかった。逆に、彼に忠実だった人々には、誠実につくし、場合によっては非常に忍耐強いことを示していた。一九四八年にモスクワと決裂したあと、その裏切りの償いとして命を失った人は、彼の側近ではわずか二人だけであった。私の考えでは、この二人はチトーの身近で高官の地位を占めながら、ソ連の秘密スパイの役割を果たしていたことが露見したのではないかと思う。*

* 二人とも処刑されたわけではない。一人は越境しようとして射殺され、他の一人は自殺したのである。

それ以来、彼は自己の党内で大規模な粛清をしていないし、罰した人々と言えば、彼らが余りにもひどい、しかも継続的に敵意ある違法行為をしたとみなした場合（これはジラスについても当てはまる）に限られていた。

彼は、人をだますような人物ではない。彼にとって私と論議しない方がよいようなことのあることは、私はつねに承知していたし、それを私は理解していた。彼の党の不文律は、他のものに対すると同じように彼自身にも適用された。しかし、彼の言ったことは、私には信頼できた。私はかつて一度も、彼が私をだましたり、誤らせようとしたという印象を受けたことはない。少なくも一度は、彼は私に、友情あふれる、有益で賢明な助言を与えてくれたことがある。

かと言って私は、チトーがアメリカ大使にとって何の問題でもなかったなどと言うつもりはない。これほど真実からほど遠いことはない。私の考えでは、個人的に彼は私が好きだったのだと思う。しかし職業的外交官なら周知のことだが、個人的な好悪の感情は、外交の真剣な側面には、ほとんど関係がない。すでに書いたように、彼は常に良きマルクス主義的共産主義者であることを自負していた。それだけに、結局のところ彼は、われわれよりも国際共産主義運動の世論の方を重視したのである。

一九四八年にスターリンと断絶することによって、彼は自分の双肩にこの上なく重い責任を背負いこんだ。彼としてはそうするのが正しいと考えたのである。しかし彼にとって忘れられなかったのは、モスクワはじめ共産圏内で彼の措置がその後数年間にわたってこの上なくこっぴどく指弾され、事実この断絶が長い間、共産主義運動への一種の裏切りとみなされてきたことである。彼は自己の立場の独立性を犠牲にすることなく、一九四八年の措置の正当化をはかり、ソビエトの指導層に自己の立場の正しさを認めさせ、自分に敬意を払わせ、彼の体制の利益を尊重させようとしたのである。スターリン死後の数年間、チトーはこうした目的のすべてを達成するため、手中にあるカードを一貫して巧妙に使った。主義を裏切り、帝国主義者のもとに走ったという非難に対して神経質になっていた彼は、世界の諸問題について、しばしば自分自身を良き共産主義者として描き出し、共産圏の人々の考え方に訴えるような形で公開の演説を行い、そのためには西側の人々を怒らせるという代償をもあえて払った。同時に彼は西側諸国とのまったく正常な関係を維持しようと努めながら、その一方でこうしたことをしたのである。彼としては十分承知のうえのことだったと思うが、こうした点で矛盾が生まれたのはたしかである。彼は、東西両陣営のいずれとも良好な関係を保ちたかったに違いあるまい。彼がわれわれの側に求めていたのは、まさにこの点につきるであろう。

しかし他方の側に対しては、彼にはこのほかに求めるものがあった。それは、自分自身を良き共産主義者として認めさせ、スターリンにそむいた措置の正しさを認めさせることだった。こうしたことをなしとげるために、断絶していない場合よりも強硬に共産主義路線を打ち出し、西側に対してより攻撃的な発言をせざるをえないような時には、あえてそうする用意が彼にはあった。彼の立場は、ソビエト支配下の共産主義運動の勘当息子といったようなものだった。そのソビエト支配下の家族との和解は、相手側の条件ではなく、自分の条件で行われねばならないと彼は決意していた。事態がいかに変化しようと、共産圏は彼にとって依然として自分の本来の家族にほかならず、従って、彼の本当の関心事は、共産圏の世論であって、われわれの意見ではなかった。この点においては、われわれは争う余地がなかったのである。

私にとって不幸だったのは、貴重な独立を犠牲にせずにモスクワの許しと承認をかちとろうとするチトーの努力が頂点に達し、そしてついに成功を収めたのが、まさに私のベオグラード在勤中の期間のことだった点である。私の着任後わずか四か月で、かの有名な「非同盟」諸国のベオグラード会議が開かれ、この陣営に属する二十六か国の元首がユーゴスラビアの首都に集まった。この手間のかかる、そしてユーゴスラビア国民にとっては高価なものにつく会議の主人役を演じることで、チトーが何を目指していたかは理解できる気がした。

その三年前に、ユーゴスラビア共産主義者同盟の新規約をめぐって、ユーゴスラビアとソビエトの党指導者の間で新たな鋭い対立が起こった時、フルシチョフは（なかんずく東ドイツでの発言で）公然と、チトーを扱う方法は、彼を無視することだと言ってのけた。

「彼に勝手なことをやらせ、こちらは黙殺していよう」というのがフルシチョフ発言の要旨だった。「一人ぼっちにしておけば大したことはできない」ということだった。それだけに、二十六人にも上る国家元首——それもモスクワがことさら緊密な関係を求めている諸国の指導者——がチトー司会の下にユーゴスラビアの首都に集まるという壮観さをモスクワに見せつけたベオグラード会議は、この腹に据えかねるフルシチョフ発言に対するチトーの回答であった。チトーがフルシチョフに見せつけたかったのは、わずか三年後に孤立しているのは誰か、ということであったのだろう。

そしてことは目算どおり運んだ。一年三か月後の一九六二年十二月、チトーはソビエト政府の招待でモスクワを訪問し、ソビエト最高会議で演説することを許され、このよく統制された会議のメンバーから大歓迎をうけることになるのである。彼のような立場の人物にとって、何という勝利だったろう！　一体どんなアメリカ大使が、こういう人物と太刀打ちできたであろうか？

こうした情勢の下では、私が駐ユーゴスラビア大使として在任する間に何回か、チトーの声明のおかげでアメリカ・ユーゴスラビア関係が悪化したのは驚くに当たらない。これらの声明は世界の報道機関によって大々的に西側に伝えられたが、とくに批判能力も経験もない一般の人々にはまるで、チトーが世評どおり「モスクワ路線を採用し」ソビエト共産主義ブロックと再び結びついたかのように受けとられたのである。

たとえばベオグラード会議のさいにも、チトーのために、大いに困惑させられたことがある。彼は基調演説をする土壇場になって、しかもソビエト大使とあわただしく会談した直後に、この演説の中に明らかに当初は予定されていなかった一句を挿入し、ソビエトが核実験の自発的停止を破った（一方的、無警告に破ったのだが……）理由を「理解できる」という趣旨のことを言った。さらにモスクワから帰ったあと、彼はユーゴスラビアを「非同盟」と呼ぶのを手控え、しばらくの間は二つの対立する軍事「ブロック」を否認するような発言をやめたのである。こうした変化に加えて、彼がソビエトのもつ偏見に取り入る狙いからと思われるような表現で自国の国内問題を繰り返し論じたため、海の向こうのアメリカでことに強く擡頭《たいとう》しつつあった反ユーゴスラビア的傾向――この傾向は、東ヨーロッパの人々から良き共産主義者として見てもらいたいというチトーの決意よりも、私にとってはいっそう大きな問題となっていた――に折に触れ反対しようとする私の立場は、苦しいものになった。

ユーゴスラビアに対するアメリカの世論、政策というこの問題を取り上げるに当たって、読者に関心と忍耐のほどをとくにお願いしたい。それは、この問題について私のベオグラード在勤当時のユーゴスラビアとアメリカの関係のある側面を、ぜひ念頭においていただきたいということである。この背景を抜きにしては、私が任務を遂行する過程で生じた諸困難は理解できないだろうし、一方こうした諸困難は外交を行うさいのアメリカの行政的、政治的制度のあり方をあざやかに浮き彫りにしており、こと細かにこの諸困難を点検してみることは、それだけの価値があるように思われる。

振り返って見れば、ユーゴスラビアは一九四八年、軍事対決の危険をすらおかして、劇的な形でソビエト圏と断絶したのである。それ以来、私の赴任まで（正確に言えば、それ以降も）この国は、独立性を守り続けた。この国が、ワルシャワ条約の加盟国ではなかったことに、私は留意した（かつて、加盟国であったことはない）。その軍事政策は自主的なものだった。当時もそうだったし、それにさかのぼる過去十三年間、ソビエトはじめワルシャワ条約にいま加わっているどの国とも軍事的に協力したことはなかった。東側から武器を購入したり、軍事的な指示を受けることもなかった。東ヨーロッパ経済機構、つまりソビエトの支配するコメコン（経済相互援助会議）の加盟国でもなく、この機構にオブザーバーの地位すら持っていなかった。逆に、西側の国際経済協力機関の一つ以上に、オブザーバーあるいは準加盟の地位を持っていたのである。

ユーゴスラビアが自主路線をとり、それが、トリエステ問題の解決とアルバニアのソビエトからの離反に補強された結果、十五年前まではアドリア海東岸のいくつかの場所で簡単に海軍施設を利用できたソビエトも、当時はアドリア海ではまったく拠点を失っていたのである。ヨーロッパで第三の規模を誇るユーゴスラビア陸軍は、南ヨーロッパのNATO軍部隊とソビエト・ブロックの軍隊の間できわめて有効な障壁となっていた。言うまでもなく、これはヨーロッパの平和にとってきわめて有利な情勢を形成していた。このため、ユーゴスラビアのモスクワからの離反以前に比して、この地域の状況は大いに改善されていた。従って西側としては、この状況を保持することに重要な利害関係を持っていたのである。

それだけではなかった。ユーゴスラビアの国内での諸制度は、公式には「社会主義」国の制度ではあったが、ソビエトやその衛星諸国のそれとは、多くの重要な点で異なっていた。こうした制度は、ソビエトにとってはイデオロギー的に認められないものであった。私の在勤中にこの見解の相違は、将来にわたるものとして確定されようとしていたが、それをもたらしたのは、ちょうど私が赴任したころ最終草案がつくられていたユーゴスラビア新憲法の諸条項だったのである。この新憲法から見る限り、ユーゴスラビアの制度をソビエト圏の制度に近づけるような形で、再び、この国をソビエト圏に結びつけようとすることを示す証拠は何も見出せなかった。

最後に、ユーゴスラビアの場合は、ソビエト社会を外部世界から分けへだてている鉄のカーテンとおぼしきものは一切なかった。旅行は、東西いずれの方向についても自由に許され、外国放送の聴取も禁止されていなかった。ユーゴスラビア側からの抗議を受けることもなく、ＶＯＡ（アメリカの声）放送は連日、百万人以上と推定されるユーゴスラビアの聴取者あてに放送されていた。ＵＳＩＳはユーゴスラビアの三大都市で、図書館と閲覧室を開いており、そこを訪れるユーゴスラビア人は多く、アメリカの図書、記録映画は、ユーゴスラビアの民間団体に自由に貸し出された。こうした諸施設を利用したところで、ユーゴスラビア人は何ら罰せられることはなかったのである。両国の正常な双務関係のすべてについては、私の記憶する限り、ユーゴスラビア側の行動に関し不満なところはまったくなかった。他の問題についてのチトーのある種の声明については、われわれは不満を抱いていたし、こうした声明がアメリカの世論に与える影響についてひやひやさせられもした。しかし、彼には自己の見解を表明する権利があった。われわれの政府指導者の声明も、常に彼を喜ばせたとは限らない。それにわれわれとの実際の交渉では、われわれの見るところユーゴスラビア政府は公正で、合理的な立場をとりつづけていた。

こうした状況下にあって、われわれは当然のことながら、われわれ自身とアメリカに対するユーゴスラビアの理解を深めさせる努力を払わねばならなかった。われわれの見るところでは、世界情勢に対しユーゴスラビア政府は若干の曲解をしていたが、これを是正する努力をつづけねばならなかった。しかし、当時の支配的な状況を大きく狂わせるようなことを試みる理由はなかったのである。わけても、ユーゴスラビアが進めようとしているわれわれとの関係発展について水をさしたり、ユーゴスラビアをソビエトはじめ他の東側の国々とより緊密な関係に押し戻すようなことをする理由はなかった。反対に多くの理由からして、こうした政策はわれわれとユーゴスラビアの関係だけにとどまらず、愚劣で、われわれ自身の利益をも阻害するおそれがあった。

他の東ヨーロッパ諸国は、自主的な存在でありつづけていこうとするユーゴスラビアの努力の進み具合とその成果を、この上ない関心を抱いて注目していたのである。これら諸国がどういう結論を引き出すかは彼らの立場と政策にも大きな影響を及ぼすに違いなかった。もしユーゴスラビアがその自主路線によって繁栄するならば、それは他の東ヨーロッパ諸国もまたやがては、対ソ一辺倒に代わる道をとるかも知れないことを示唆することになるであろう。もしユーゴスラビアの努力が失敗するなら、東ヨーロッパ諸国は全面的な対ソ依存をつづけていくほか選択の余地はないと判断するだろう。この点に関連して、私の考えを述べるならば、その後ルーマニアがとった自主的な政策はルーマニア指導者が隣国の、また状況的には非常に似かよったユーゴスラビアの例から学びとったものに大いに影響されていると思う。

当時アメリカとユーゴスラビアとの二国間関係は比較的正常で、建設的な状態にあったが、それは決してアメリカの援助計画がこれといった働きをしたわけではないということを指摘しておかねばならない。事実、私の在任中は、われわれはユーゴスラビアにほとんど援助を与えていなかった。われわれは、過去には援助を与えてきたことはある。一九五〇年代にはかなりの量の食糧、原料を供与した。一時期には軍事援助計画すらもあったが、これはユーゴスラビア側の要請で一九五七年——私の赴任の四年前——に停止された。それ以来、ユーゴスラビアはアメリカから購入する軍需品については、ドルで現金払いをしてきたのである。

一九五〇年代の末期には、特定の工業、輸送プロジェクトについて総額一億二千万ドルにのぼる開発借款を与えたが、この返済方法は現地通貨払い、ドル払い、その両者の混合などの方法によった。私の赴任する二年前に与えられたのがこの種の借款の最後のものであった。ユーゴスラビアは忠実に返済計画を守り、利子の支払いおよび借款の償還をつづけた。

われわれはまた、数年間にわたって広範な技術援助計画を行ったことがある。この計画にもとづき、三千五百人から四千人のユーゴスラビア人が技術訓練のために西側諸国に送られたし、一方多くのアメリカ人が指導目的のためにユーゴスラビアに派遣された。私個人の考えでは、その時期には有益だったとしても、こうした計画はすでに目的を達成したように思えた。私の同意、というより実際は私の勧告に従って、大使としての在任中の大半の時期を通じて、援助計画は清算の過程にあった。ユーゴスラビア側は、計画続行を促しもしなかったし、またそれを要請することすらしなかった。

最後に、われわれはユーゴスラビア政府との間に、余剰小麦などの農産物を公法四八〇号——つまり「平和のための食糧」計画——の比較的寛大な条件にもとづいて売り渡す年間契約を結んでいたし、この契約は毎年更新されることになっていた。

これが私の在任当時の状況だった。言うなれば、技術援助計画が最終的に清算され、開発借款の段階的返済と共に、比較的有利な条件にもとづく余剰小麦の購入を除いて、ユーゴスラビアはやがて事実上われわれから何らの政府援助をも受けなくなることになっていた。言いかえれば、ユーゴスラビア向け援助は、当時すでにほとんど過去の問題となっていたのである。

私の考えでは、合衆国と、自国を依然として共産主義国家と考えている――その指導者の言葉を信じるならば――国の間の関係に存在する状況としては、これはある程度満足のできる、しかも有望なものであり、この点については、同意をえられると思う。そして、こうした状況をもたらす上でなすところが大いにあった外交使節、つまりベオグラード駐在のアメリカ大使館は、それなりに評価されてしかるべきだし、ある程度の自由裁量をアメリカ議会から与えられてもよいと思う。しかし、実情はそうではなかった。そしてその理由は――やがて私が気づいたことだが――主として、議会の多くの議員の間に抱かれていた次のような抜き難い印象であった。

(i)　ユーゴスラビアは他の共産主義国とまったく同じような国である（それにしても、チトー大統領はまるでモスクワと同じような発言ばかりしたわけでもないのに）。

(ii)　夢想的な国務省は、ユーゴスラビアの共産主義者に軍事援助を含む大量の援助を与えることに固執している。

このうち第一点は、ユーゴスラビアの地位と性格に関する誤った印象のせいであった。これは、一部の議員の悪意のない無知の結果であり、弁解の余地はない。さらには他の議員が国内政治の理由から、事柄の真相を認めたり、あるいは認めてもよいとする意思がなかったことの結果だったのである。

悪意のない無知といっても、それはひどいものであった。中西部のある州選出の有力な一下院議員は、私からユーゴスラビアがワルシャワ条約には加わっていないという驚くべき事実を知らされて、信じられないという表情をした（「もっと説明してくれ」というのがその返事だった）。私が、真相はそうなのであって、ユーゴスラビアは十四年前にモスクワと絶縁したことを念をおして説明したのに対し、この下院議員は腹だたしげに「じゃ、いったい国務省はなぜ、一言も教えてくれなかったんだ」と言ったものである。

見せかけの無知およびそれと結びついた反ユーゴスラビア的な偏見の深さは、さらに始末が悪かった。今日に至るまで私は、なぜ議会にこうした悪意ある偏見が広く深く存在したかを十分に説明することができないでいる。一見したところ、異常に思えるのだが、共産圏に属さず、中立政策をとり、われわれとの二国間の関係ではモスクワ支配下のどの共産主義国よりもわれわれを寛大さと友好的態度で扱っている国に対する感情が、モスクワ支配下の諸国よりもアメリカ議会内でいっそう大きな敵意に直面していたのである。ともあれ、これが現実だった。

こうした異常さの一因は、クロアチア人、セルビア人の移民勢力がアメリカのさまざまな分野に及ぼしている影響に帰せられるだろう。「ロシアと冷戦」の章で述べたように、アメリカの政治生活における一般的な積年の現象として、大都市でひとかたまりの有権者の票田を形成しているこうした移民グループは、それに相応するアメリカ生まれの市民グループにくらべ、しばしば個々の議員に対してより大きな影響力を持ち、これら議員を通じてアメリカ政府により大きな影響を及ぼすことができたのである。

この点については、とくにクロアチア系アメリカ人は、例外であるどころか、逆に際立った例を提示していた。彼らが、ローマ・カトリック教会の一部の聖職者を通じて、大きな影響力を振るっていたのはまぎれもなかった。*

＊ 私がユーゴスラビア駐在大使に任命されて間もないころ、当時司法長官だったロバート・ケネディと話し合ったさいに、アメリカ南西部に出向いて、私の考えではユーゴスラビア問題について貧弱きわまりない知識しか持たないカトリック聖職者たちと会談し、彼らの考えを是正してみようと、提案したことがある。ケネディは、この考えに気乗り薄だった。彼の言葉によると、聖職者にとって重大な他の関心事が起き、彼らの気持ちがユーゴスラビアから離れるまで待つ方が賢明で、彼らと話し合えるのはその後のことだということだった。

いずれにせよ、クロアチア系のものは出身国のユーゴスラビアでセルビア人と長年にわたる反目をつづけており、現在のユーゴスラビア政府に頑強に反対していた。彼らは、この政府が（第二次大戦以前の政府と同様）、異教徒のセルビア人の主導下におかれているものと見ており、この激しい、流血を伴う、長年の信仰上の対立をアメリカの政治の中にためらいなく持ち込み、議会の議員もこうした対立のあおりを受けざるをえなかった。この点で彼らは、自分たちの要求を、アメリカ政府や議会の好みに合うように、世間受けする戦闘的な反共主義のマントで包みかくすことにぬかりはなかった。彼らの要求は、モスクワに対するユーゴスラビアの自立性を否定し、マルクス主義的な社会主義国家としてのユーゴスラビアの特質を否定し、ユーゴスラビアがどの点から見ても、ソビエトと変わるところがないという命題を全力をあげて立証することであった。彼らは、アメリカ政府がユーゴスラビアとの関係を維持することに反対し、われわれがユーゴスラビアとの戦争にまき込まれるようになるのをむしろ望んでいた。

万事がこうした状態だったため、彼らはアメリカ・ユーゴスラビア関係の改善をめざす動きにはすべて反対し、あらゆる機会をとらえて両国間に紛争を引き起こさせようとした。彼らのこうしたやり方は、きまって成功を収めたのである。*

＊　この点に関連した一例としてあげられるのは、第二次大戦中に枢軸側諸国がクロアチアに設立したファシスト政権の元内相にからんで、ユーゴスラビア側が何回となく私のところに

非公式に申し入れてきた抗議がある。このアンドリア・アルチュコビッチという名前の男は、ユーゴスラビア側の非難が正しければ、驚くべきほど多くの処刑、残虐行為をしたことは確かなのだが、それが別名を使ってアメリカに密入国し、当時カリフォルニア州で平穏に暮らしていたという。しかし結局、彼を国外追放することは不可能であることがわかった。

非難が正しかったかどうかについて、事実を立証する機会も手段もなかった私には、断言はできない。しかし国務省は、この非難を一度も否定しなかったし、私も非難の中に何かがあると感じていた。ユーゴスラビア側が、アルチュコビッチの引き渡しを本当に望んでいたとは思えない。もし彼の身柄が引き渡されれば、戦犯裁判をしなければならず、それは古い怨恨を再びかき立て、ユーゴスラビアの平和な情勢を乱すだけであっただろう。しかし彼らは、他の諸問題でわれわれとの間に厄介ごとが持ち上がるたびに、私を打ちすえる棍棒として、アルチュコビッチ事件を引っ張り出したものだった。

こうした状態から、議会内の反ユーゴスラビア感情の強さを部分的には説明できるが、それですべてが説明されるわけではない。このほかにも、私が的確に指摘しにくいような事情があった。マッカーシー時代以来（事実これこそ、マッカーシズムの遺産の一部だったのだが）アメリカの政治生活は、私なりの言い方をすれば「反共の構え」とも言えるものによって、多分に支配されつづけてきたのである。高ぶった態度で激しい反共主義を宣言することが、大多数のアメリカ政治家にとって儀式化された慣習となっていた。あらゆる機会をとらえて、自分こそ真のアメリカの価値に忠実な百パーセントのアメリカ人であり、国務省のように門の外にいる敵に対し、手もなくまるめこまれるような人物でないことを排外主義的な修辞を使ってアメリカ人大衆に誇示するというのが、その典型的な特徴をなしていたのである。だがいまや、ソビエトが長距離の核戦力を開発し、さらに米ソ関係の微妙さ、複雑さに対する認識が広くアメリカ世論の中に行きわたるとともに、ソビエトについての発言には慎重にならざるをえなくなった。つまるところ、無分別な戦争狂の立場に自らをおきたくはなくなってきたのである。

ところが一方、ユーゴスラビアは相対的に無力な状態にあるがためにこそ、格好の攻撃目標だったのである。この国は、後難の恐れをまったく抱かずに反共的言辞を威勢よく吐ける目標であり、そうした言辞がいったい何を意味するかを十分に気にとめたり、知ったりする人はほとんどいないことを承知のうえで、そうすることができる目標だった。要するにユーゴスラビア政府は、反共的言辞を弄する人を困らせるような強力な支持勢力をアメリカ国内に持っていなかったのである。そして誰もユーゴスラビアとアメリカとの戦争の可能性を考えたり、それを憂えて行動したりするようなことはありえなかったのである。

これに加えて、ユーゴスラビアは「共産主義国」かもしれないが、それでもソビエトや他の東ヨーロッパ衛星諸国とは本質的に異なっていることを認めるという、複雑な理解力を発揮するように求められた際に、多くのアメリカ人が示すいらだちもあった。アメリカ人大衆の心にあるこの上もなく単純な見方では、私が先に指摘したように、悪というものはつねに単数形をとってあらわれ、決して複数形にはならない。悪というものは単純ではなく複雑であることを信じるよう求められた場合、人々は怒りっぽくなるし、疑い深くもなるのである。この場合がまさにそうであった。もしユーゴスラビアを「異なった」ものとして認めざるをえなくなった場合、次にほかにも「異なった」ものがあるのではないかとの疑問が生じる。

この疑問は、他のあらゆる共産主義国——中国を含めて——について、問い直さざるをえなくなる。しかしこの場合、アメリカの政策の多くにとってその基盤となっている善玉、悪玉をきっぱり分けてゆく理論は、いったいどうなってしまうのだろうか。このこと——つまりユーゴスラビアは異なっているのだという考え方——は、国務省に巣くっているとされていた、活力を失った、理屈倒れの悪との妥協主義者の手による新たな狡猾《こうかつ》なトリックではないのか。

もちろん、事態を容易ならざるものにしたのは、ユーゴスラビアの指導層が、自分たちとユーゴスラビアの制度を説明するのに「共産主義者」という言葉を使いつづけているという事実によるものだ。これに加えて、アメリカ人の間には自分の立場を決めるに当たって、肯定にせよ否定にせよ、語義的なシンボル——その背後にある現実よりも——に影響されるという傾向（これは、何もアメリカ人に限らない。ギボンは「人類は、名称によって支配される」と言った）があり、これらが相まって、そうでない場合にくらべ、「共産主義国ユーゴスラビア」とか「赤いユーゴスラビア」という表現で、自己の意見を繰り広げる人々と論争するのはますます厄介なことになったのである。

われわれが依然としてユーゴスラビアに大量援助を与えているという抜きがたい印象が消えなかった点については、これは、いくつかの原因がもたらした結果だと思う。本当の無知ということもあったろうし、現実を認めたがらない潜在的意識もあったであろう（この誤った印象は、国務省を打ちすえる絶好のムチを提供していた）。またまったくの誤解や、援助と貿易の相違についての混乱もあっただろう。

この最後の点の誤解にからむ、いくつかの要素は興味深いだけでなく、当時の状況の説明材料にもなる。私のベオグラード赴任に先立ち、アメリカは余っている時代遅れの、もはや機密兵器ではなくなった戦闘機の若干——このタイプの戦闘機は、朝鮮戦争以来もう使われなくなった——をユーゴスラビアに売却した。それは、われわれの側から積極的に売り込んだわけではないし、その性能の悪さもあらかじめ警告しておいた。これらの戦闘機は売却しなければスクラップにするほかなく、一文にもならなかったのである。われわれから軍事援助を受けとっていないし、また受ける意思もなかったユーゴスラビアは、言いなりの値段でドルで現金払いした。

しかしやがて、面倒なことが起きた。戦闘機自体は引き渡されたものの、これら戦闘機を実戦用のものにするために必要な電子部品の船積みをする前の段階で、テキサス州選出のジョン・G・タワー上院議員によって、われわれが（当時の状況では決して不自然なことではなかったが）テキサス州でこれら戦闘機の使用のため、少数のユーゴスラビア人パイロットを訓練中であることが発見された。たちまち議会やその他のところで、憤激の叫びがまき起こった。非難、脅迫が、この問題に直接関係のある行政府の各部局めがけていっせいに爆発した。やがて事態は、電子部品の積み出しの責任をとるようワシントンの誰一人をも説得することができない状況にまで発展した。私は怒りにかられた。われわれはユーゴスラビアに戦闘機を売却し、代金をすでに受けとっていた。これらの戦闘機は、残りの部品がない限り、無用の長物にすぎない。これは、弁解の余地のないやり方である。私自身が国務省に苦情を提出したことだが、われわれはペテン師になってはならなかった。

この行き詰まり打開のため、私は考えられるだけの手を打った。帰国して大統領に会い、部品引き渡しについて大統領から口頭の承認を取りつけた。だが、依然としてワシントンの小心翼々たる連中から、部品を手放させることはできない状態であった。果たして、これら部品が引き渡されたのかどうか、私は知らない。もし引き渡されたとしても、私の在任中のことではなかった。しかし、事態を停滞させているものをつきとめようと努力している中に、私は戸惑い疑問のあまり頭をかしげるばかりであった。この問題をめぐって、ベオグラードの大使館で何回となく協議したが、そのある時、部下の一人から同年度の軍事援助法案が議会で採択されるまでは、部品の積み出しを取り決めるのは不可能だと言われた。それは、積み出しは同法の権限にもとづいて行わなければならないからだということだった。

「いったいどういう意味だね。——軍事援助法案とは？」と、私は質問した。「これは援助ではない。ユーゴスラビアは、これら品目について現金払いをしているんだよ」と。

それはそうかもしれないが——と私は言われた——しかし、国防総省が誰かに何かを売った場合、手続き的にはこの品目は軍事援助として処置され、その代金はいっさい、財務省に直接支払われる形になるのだという。従って、国防総省の目からすると、そして公式に了解されている限りでは、これは軍事援助ということになるのである。明らかにこうした外見上の手続きのもとに問題が議会にまわされることになっていたのである。

このことを私が理解するには、いくらか時間がかかった。やっと問題を把握できたとき、私はそれを部下に向かって次のような言い方で表現するほかなかった。「ぼくの腕時計を君に売るという話が、君との間でまとまったとしよう。しかしその条件はこうなのだ。ぼくは腕時計を君に引き渡す。そして君は私が見ていない間に代金をぼくのお尻のポケットに入れる。そして、二人とも腕時計が、贈り物であったかのように振る舞う。その場合ぼくは、君がこちらの寛大さを忘れるのを決して許さないし、君の方は永久にそのことに感謝しつづけるようにしなくてはなるまい」。こうした官僚主義的な手続きの前では、貿易と援助をめぐる混乱が避けがたいのは明らかだった。

混乱の第二の原因――これには、私もさして驚かされなかったが――はまさしく、多くの議員には貿易と援助というこの二つの概念の相違を認める能力がまったくなかったらしいという点につきる。彼らの見方では、たとえわれわれにとって受け入れられるような条件に基づく貿易、さらにたとえその値打ちにふさわしいようなドルをわれわれが受けとるような場合でも、アメリカとの貿易というものは、われわれが他者に施した恩恵と見なされたのであり、従ってまた、それにふさわしく感謝されてしかるべきものとされ、まるで受け取り側にわれわれの手にキスすることを許してやると言わんばかりであった。

こうした奇妙な物の見方の基礎にあるものは、私にはついに謎だった。考えようによっては、こうした考え方には、逆の観点からの論駁《ろんばく》だって可能なはずだった。だが、今日でも私は信ぜざるをえないことだが、こうした考え方が当時のアメリカの議員の間でかなり広く行われていたのである。われわれには、何か非常に素晴らしいものがあり、従ってわれわれに何かを売ったり、われわれから何かを買うことを許されるということは、われわれが取引の相手に授けてやった一種の恩恵であり、それにふさわしい謝意とお返しを受けてしかるべきだという信念以外に、こうした物の見方を説明することはできない。

第十二章　ユーゴスラビア——対立

さて、こうした背景の下で、私はベオグラードでの任務を遂行しなければならなかった。その結果として、さまざまな複雑なことが表面化してくるのは、時間の問題だった。

まず最初に起こったのは——その後発生することのおだやかな前触れにすぎなかったが——貿易や援助をめぐることではなかった。それは、第五章で触れた立法府のヒステリー状態の惨めな産物、つまり議会が一九五九年に採択した「囚われた諸国民に関する決議」にからむものだった。この決議で、あるものは実在の、一部は空想上の二十二か国の解放をめざすことを約束していたが、その中には共産圏諸国とならんでユーゴスラビアも含まれていた。その措置がまじめに受け取られ、また行政府によって支持されている限り、われわれすべて——国務省、大統領、そして大統領の名代としての私——は、精神的にはユーゴスラビア政府の転覆を誓う立場におかれていたのである。

「囚われた諸国民に関する決議」は、大統領に対して毎年「囚われた諸国民の週間」なるものを宣言するよう求めていた。こうすることによって、大統領に決議自体の精神と意味を体得させようとしたのは明らかである。前共和党政権の時代のアイゼンハワー大統領は、行動面ではそうでなくても、言葉の上ではダレスの「解放」政策に忠実であり、毎年こうした週間を宣言してきた。私の記憶では、通例六月にこの行事が行われてきた。私がユーゴスラビア赴任の準備をすすめていたのは一九六一年五月、従って問題は差し迫っていた。新しい民主党政権も前例を踏襲するのだろうか。

ある政府との良好な関係の促進を目指す大使として赴任しながら、同時に同政府の転覆にコミットするということが、私にはかなり非論理的なことのように思われた。そこで赴任に先立ち、ホワイトハウスでマクジョージ・バンディ氏（訳注　大統領補佐官）とこの問題を協議し、ケネディ大統領が面倒のたねになるような無礼なゼスチュアをとらないよう訴えたのである。ベオグラードに着任して間もなく、大統領がこの週間の宣言を取り止めることに同意したむねの連絡を受けた。そこで私は、ベオグラード在勤が始まったばかりの段階で、ユーゴスラビア側に対し、もう何も心配することはなく、事態は変わったし、今年は「囚われた諸国民の週間」が宣言されることはないなどと失礼にも予告をしてしまったのである。

それだけに、六月のある日に秘密電報を受け取り、大統領の意思が変更され、まさにその日に「囚われた諸国民の週間」が宣言されたことを知らされた時の私の感情は、想像におまかせしよう。大統領の腕をいったいだれがねじ曲げたのか、私にはわからなかった。しかし私の勤務が始まったその時点で、国内政策が外交政策に対し、はっきりと劇的な勝利を収めたことは明白であった。もちろんこの決定があからさまに意味するものを、私は認めざるをえなかったし、同時に自分の任務の成功への期待も修正せざるをえなかった。だが、これは多くの問題の一つにすぎなかった。人生の他の場合と同様に、外交という複雑な仕組みの中では「希望をつねに心に抱かねば」ならなかった。

真の危機が始まったのは一年後の一九六二年六月、同年度の対外援助法案と通商拡大法案がそれぞれ上院と下院に提出されたときだった。六月七日の前後に、国務省から仰天するような連絡が届いたが、それによると六月六日にウィスコンシン州選出のウィリアム・プロクシマイア上院議員が、ユーゴスラビアに対する一切の援助延長を禁止する対外援助法案の修正案を提出したというのである。私の知る限りでは、対外援助当局あるいは国務省の誰一人として修正案について事前通告を受けてはおらず、また修正案の提出に先立って同議員とこれについて協議する機会を持ったものもいなかった。この修正案はそれから一両日のうちに、農業のさかんな各州の利益を代弁する上院議員たちの主張で内容を手直しされ、修正案が法案の中に組み入れられたさいには、余剰小麦の売却だけは例外として認められた。しかし余剰農産物でさえ公法四八〇号にもとづいて輸出できるのは、この輸出が国の安全に役立ち、受益国が「共産主義者による世界征服の政策なり計画に一切、直接にも間接にも参加しておらず」、またこの受益国が「共産主義者の世界征服をめざすいかなる国によっても支配されていない」と、大統領が正式に判断した場合に限られると対外援助法案では規定されていたのである。

これで万事が終わったわけではなかった。この不愉快な通告を受けた一週間後に、第二の打撃に見舞われた。下院歳入委員会が、同委員会委員長ウィルバー・D・ミルズ氏（民主党、アーカンソー州選出）の発議ではないまでも、同氏のはっきりした賛同を取り付けたうえで、当時下院に提出されていた通商拡大法案にユーゴスラビア、ポーランドに最恵国待遇を与えるのを中止するよう政府に求めた一条項を提出したことだった。

こうした修正案がユーゴスラビアとアメリカの関係にとって、何を意味するかを説明しておきたい。

第一点は、前述したように、一定の状況の下での余剰農産物の売却を例外として、あらゆる形式の「援助」をユーゴスラビアに対して禁止することだった。情勢について最小限の知識しかない人にとってもこのような措置が必要でも、望ましくもないことは全く明らかであった。すでに私が説明したように、ごく細かな例外を除いて、援助計画は清算過程にあったたし、ユーゴスラビア側も計画の継続あるいはそれに代わる新規計画を求めてはいなかったのだから、それは不必要であった。これが望ましくないという理由は、当時の状況下では、この措置は挑発的なものにならざるをえなかったからである。これについては、われわれとの二国間の関係でこちらからは何ら重大な不満を持っているわけでもない中小国の政府に対し、いわれのない計算ずくの平手打ちを加えたという以外に解釈しようがないのである。

いまひとつ望ましくない理由は、当面はユーゴスラビアに援助を与える考えがなくとも、援助をこちらから与えたくなるような状況が生じないという保証のないことだった。私自身についていえば全般的には援助計画の廃止には賛成だったが、ある種の状況の下では——例えば、現存の開発借款の支払い計画が忠実に守られ、さらにユーゴスラビア側から新規の有望な計画について支持を要請されたような際には——新規借款の要請に対し好意的な考慮を払ったことだろう。私の考えでは、この種の援助についてユーゴスラビアを全面的な対ソ依存に追いやるのは、望ましいことではなかった。当時の時点で援助を与えるのが望ましくないということは、いかなる状況の下でも援助を与えられなくすることが望ましいということを意味しなかった。不測の事態は、いつ発生するかもしれないのだ。しかし前述のような条項は、こうした問題に対しわれわれからあらゆる柔軟性を奪ってしまう。この結果、ユーゴスラビアに対し何かした方が国益にそうことがわかった場合にも、何もできない立場に自らをおくことになるであろう。

さらにひどかったのは、ユーゴスラビアが条約に基づいておよそ八十年間も享受してきた最恵国待遇を拒否しようとする動きであった。言うまでもなく、これは援助ではなく貿易の制限をめざした措置である。一部の筋では、最恵国待遇という言葉は、このような待遇を受けることでユーゴスラビアの商品がアメリカ関税当局から、他のあらゆる外国を上まわる最上の待遇を受けることを意味するという印象を抱いていたようだ。もちろん、これは誤解もはなはだしい。この言葉の意味は、いまも昔も、最恵国待遇をうけている他の国にくらべ、それを下まわるような扱いはされない、というにすぎないのである。こうした保証は世界の大部分の国に与えられており、従ってこの言葉が実際に意味するのは、問題の国がわれわれの関税法の下で通常の取り扱いを保証され、アメリカ関税当局の手によって不公平な差別をされる対象にはならない、というだけのことなのである。

ユーゴスラビアは、一八八一年にさかのぼるアメリカ・セルビア通商条約に基づいて、こうした待遇を受ける権利を持っていた（修正案が求めていたのは、実質的には、わが政府がこの由緒ある条約を否認することだった）。ユーゴスラビアはこの国がスターリンへの忠実な追随者であり、ソビエト・ブロックの一部を形成していた時でさえ、最恵国待遇を受けていたのである。これをいま彼らから奪うことは、多くの理由からして手酷《てきび》しい打撃だった。彼らのわれわれとの貿易はわずかで、それもわれわれに有利な形になっていた。われわれには問題ではなくとも、彼らには大変なことだったのである。彼らはわれわれに債務を負っており、貿易の促進を通じてこの負債を返済するためドルを稼ぐことに熱心に努力していたのである。最恵国待遇を拒否することが、彼らの輸出のある部門に極めて深刻な打撃を与えることになるのは明白だった。

これらの輸出品は古色蒼然《そうぜん》たる一九三〇年のスムート・ホーリー関税法の適用を受けることになり、平均して関税率は最恵国待遇を受けていたころにくらべ三〇〇パーセントも高くなるはずだった。ある場合には、個々のユーゴスラビア産品について関税が七〇〇パーセントにもなるケースすらあった。さらに、ユーゴスラビアは自らのはいっていないヨーロッパ共同市場の発展によってうける影響についても心配していた。われわれが最恵国待遇を拒否することは、われわれがヨーロッパ共同市場の国々に与えていた利点が、自動的にはユーゴスラビアには適用されず、その結果ユーゴスラビアをこの強力なヨーロッパのグループとの関係でさらに不利な立場におくことを意味したのである。

被害は、この立法措置が発効した際のものだけにはとどまらなかった。この一条項が通商拡大法に含められたという発表だけで、ユーゴスラビアの通商上の利益はさまざまな形で悪い影響を受けた。わが国のさまざまな分野における反ユーゴスラビア分子は、この機会を逃さずに混乱を引き起こそうとした。ユーゴスラビア商品への発注は取り消され、ボイコット運動が組織され、デモが行われた。ある場合にはユーゴスラビア商品は——一例をあげれば、ユーゴスラビア農民の手芸品である小さなかご——街路に放りだされ、この商品を売っていたスーパーマーケットの前で焼かれてしまった。なかんずく、言語道断だったのは、われわれからこうした仕打ちをされても仕方がないかも知れないようなことを、私の知る限りではユーゴスラビア側は絶対にしていなかったことである。われわれのやったことを釈明したり、正当化したりする余地は、まったくなかった。まったくそれは悪意によるものであった。

ここでいささか横道にそれて、対ユーゴスラビア関係で政府の手をしばろうとするこうした試みが、外交活動全般について興味深い理論的問題を引き起こしたことを指摘しておきたい。国際関係のきびしい現実の中においては、ある政府は自ら、他国政府の利益にそう措置や、不利益をもたらす措置をとるという弁証法的な相互作用を通じて、この他国政府に影響を与えるものなのである。これらの諸措置は、適切な表現がないので、それぞれ利益付与と権利侵害と呼んでおくことにする。この二つとも、ある点では、政策を効果的に進めるのに必要な要素である。利益付与とは、相手国の側が世界平和に対する相応の責任と、他の国の国益に対する適切な考慮を示した場合、こちらの側もそれをいっそう促進し、それに見合う政策をとることをいう。権利侵害とは、相手側が敵対的かつ無思慮な政策をとった場合、これに報復しうる立場に自らをおいておくものなのである。

しかしこうした外交手段を意義あるものにするためには、誰であろうと政策を実施するものが、情勢に応じて意のままに、これらの手段を適宜に、流動的に操作できる立場におかれていなくてはならない。もしこのような行動の自由が公然と制限されているならば、つまり彼の手がきびしい制限で縛られ、長く将来にわたって、相手側の友好的な措置に報いることも、非友好的な措置に報復することもできない場合には、こうした外交手段の有効性が一切なくなってしまうことはいうまでもあるまい。利益付与が撤回できないことを、相手側が知ってしまえば、やがてこれは当然視され、好意とは受け取られなくなってしまう。

同じように権利侵害あるいは苛酷な仕打ちが取り消せないものであることを、相手側が知ってしまえば、こうした措置は報復的な効果を失ってしまう。なぜなら、相手国はその撤回を求めていかなる譲歩をしたところで無益であることを知っているからだ。言い換えるなら、援助を撤回できるような権限を同時にもたないで、援助を与えたところで効果は期待できないし、同様に、状況が変われば援助を再開できる権限をもたずに、援助を拒否したところで役には立たない。

こうした理由から、政府の行動を将来にわたって永い間きびしく束縛するような、前述の立法条項は原則的に言って有効な目的を果たせないことになる。このような条項は、なんら相手側による態度の改善の見通しも与えることなく、いたずらに相手をいらいらさせるだけである。

しかもそれだけにとどまらない。こうした措置は、外交政策上の微妙な問題について行動する能力と、その行動について外国政府と協議する能力を切り離してしまう恐れがあるため、アメリカの外交関係に有害な影響を及ぼすものであった。国務省とベオグラード駐在大使は、アメリカ、ユーゴスラビアの相互関係について、両国政府の意思疎通の経路の役割を果たすためにある。しかし、われわれがこうした事柄に関する政策の形成になんらの影響もないのならば、ユーゴスラビア政府としてはわれわれと協議できたところで、いったいどんな効果があるというのだろうか。

いずれの場合にも、議会の措置は、私は言うに及ばず、国務省にとってもまったく予想外のことであり、衝撃ですらあった。われわれの意見を聞いたり、その措置の理論的基礎をわれわれに説明したり、誤解があるとすればそれを解く機会をわれわれに与えたりするような努力はされなかったのである。官僚主義的な肥大化に犯され、またその内部でひどく権限が分化され、議会委員会と話し合う際には事情にうとい高官か、でなければ小心翼々として控え目で確信のない下級職員を当てるという傾向のある国務省は、明らかに議会との連絡活動ではいつも成功していなかった。それでもなお、議会に対しては、自らほとんど何の知識をも持たないような微妙な問題については、外交政策の遂行を憲法上ゆだねられている人々にまかせるように言っておく方が、はるかに賢明であったはずだ。なぜなら、政策形成の権限と、この政策について外国政府と討議する権限を分離するようなこの種の外部干渉があることは、外交の手順を麻痺させるだけで、それを改善することにはまずならないからである。

その後の話については、長い説明を要しない。

こうした議会の諸措置には、私と同様にホワイトハウスもショックを受けたものと思う。プロクシマイア上院議員の修正案が提出された日に、マクジョージ・バンディはマイク・マンスフィールド上院議員に書簡を送り（六月六日）、修正条項挿入に対し強硬に、言葉をつくして抗議した。修正案は——と彼は書いた。

外交政策の効果的遂行に必要な自由裁量権を……大統領から奪うものである。大統領はこの自由裁量権を乱用したことはないし、将来もそうしないだろう……。大統領は、（ユーゴスラビア向け）援助の形式にきびしい制限を設けており、それに基づいて認可するであろう。現在の法律は、好ましい、あるいは好ましくない情勢の発展に対し、この種の弾力的な即時の対応を可能にしている。修正案は計算された対応へのあらゆる機会を奪い、これら諸国の情勢に影響を与えるわれわれの能力を凍結させてしまうだろう。*

＊ *New York Times*, June 7, 1962, p. 16.

私自身は七月一日に帰国し、事態改善のために私に何ができるかを協議するためただちに大統領と国務省の関係当局者を訪れた。話の様子では、非公式協議を通じてすでに下院に最恵国待遇に関する修正案を撤回させようとする計画が進んでいるとのことだったので、私自身がすすんでこの問題を取り上げないことにした。対外援助法案については、大統領は差し当たり、すでにとった対策以上の手を打つことには気乗り薄だった（彼には、法案全体を通過させなくてはならない差し迫った事情があったため、この特定の条項をめぐって法案が立ち往生するのを望んでいなかった）。しかし彼は私に対し、個々の上下両院議員と話し合うようにすすめ、できる限りこうした接触をあっせんしてくれた。さらに彼は、私の言い分を一般大衆に訴えるよう助言してくれた。

大統領が示した提案の第一のものにこたえるため、私はまるまる一週間というもの議事堂のあちこちの部屋を歩きまわり、さまざまな議員と論議をかさねた。この体験は得るところが多かった。というのは、私のような立場のものと、私が話し合った人々の間には、ものごとの理解の仕方と考え方について大きなギャップがあることを、いまだかつて知らなかったほどはっきり見せつけてくれたからである。私は話し相手に向かって、戦闘機問題で肝心なこと（彼らはすべて、この点を念頭においているようだった）は、これが「援助」ではなく、またこれらのオンボロ戦闘機は贈与ではなくて、代金をちゃんと支払われた売却品であることを説明したつもりだ。そうすると一瞬、困惑したような沈黙が生まれたが、そのあと懐疑的な議員は、「よろしい。大使。あなたの言われることは正しいかも知れない。しかしなぜわれわれが、いまいましい共産主義者の連中に援助を与えなくちゃいけないのか、依然として理解できないですね」と言った。

私はまた自分の主張を新聞に発表した。私自身にとってまったく予想外なことだったが、大統領はすでに私がベオグラードから送った機密電信一通のある部分を新聞に公表してしまっていた。これは、二つの修正条項のニュースを聞いた際の反応として書いたもので、ワシントンの上司たちの目に触れることだけを意図した電信であって、ユーゴスラビア人の目に触れさせるつもりは毛頭なかった。しかしユーゴスラビア人にとっても、この電信はさして驚くようなものではなかったであろう。六月十五日の「ニューヨーク・タイムズ」紙に掲載されたこの電信の抜粋の中で、私は修正案の提出を「まさに悲劇に近い」ものと形容したのである。

これらすべてのことが起きたのはまさに、このポスト（駐ベオグラード大使館）にある献身的な人々の、数年間にわたる不屈の努力がやっと実を結び始めた時期であった。時流がわれわれに有利に転じ始めた時期だった。反西方的な傾向の最近のデモがユーゴスラビア当局に明白な緊張感をかもし出していたその時期であり、引き続き自制と忍耐による細心なアプローチをすれば意義ある結果がもたらされたかもしれない時期であった。

察するに、この記事はじめ彼の行動に対する批判に刺激されたか、プロクシマイア上院議員は「ニューヨーク・タイムズ」紙編集者に書簡を送り、その内容が六月二十二日の同紙上に掲載された。チトーが一九五六年に行ったという親ソ的な声明を、チトーのモスクワに対する追従の証拠として引用しながら、彼は、「チトーの言う〈国際プロレタリア主義〉なるものに、アジア、アフリカの新興諸国を改宗させることによって、国際共産主義に奉仕している」とチトーを非難した。この書簡によると、チトーはそうすることによって「これら諸国を、アメリカや自由世界に対抗するソ連圏に結びつける」ことを目指しているというのだった（こうした言葉は、明白にベオグラード会議に言及したものである）。大統領から私の主張を広く一般に伝えるよう励まされたことを念頭におきつつ、私はプロクシマイア上院議員の書簡に反論する手紙を書き、同紙の七月二日付紙面に公表した。ユーゴスラビアが他の中立諸国に対し、政治的、軍事的にソビエト・ブロックと結び付くよう説得を試みているという上院議員の意見に反論して、私は次のように書いた。

われわれの観点からして、もしユーゴスラビアの他の中立諸国に対する影響力が不満なものであったとしても、それがモスクワ―北京の指導者の観点からして満足なものだと考える理由はない。後者の人々は、自分たちのためにユーゴスラビアが他の中立諸国との関係で努力を払っているなどと主張するのを聞けば、必ずや驚くだけでなく面白が述が正確だとしても、このために上院に提出された修正案への私の意見は変わらない。争点は……ユーゴスラビアに対する援助の是非論ではない。それは、果たして行政府が国際関係の微妙な問題に対し、賢明かつ効果的に対応できるだけの裁量権を認められるかどうかであり、さらに世界共産主義問題全般へのわれわれの取り組み方に、この上なく大きな意味合いをもってくる事柄なのである。

最近数か月間、われわれはユーゴスラビア問題の研究に専念してきたが、私の知る限り、この研究でわれわれはユーゴスラビアとその東方の国々の関係について知られているどのような些細なことをも見逃してはいない。これらの事柄には最大限に慎重な検討を加え、これを十二分に考慮に入れたうえで、これまでに提出された一切の勧告を作成してきたのである。……私の判断によれば、わが政府のいかなる利益も劇的で報復的な措置によって促進されるとは思えないし、このような措置はわれわれの前に開けている可能性におのずから制限を課すだけであり、またわれわれの国際関係にとって死活的重要性をもつ地域において考えうる一切の建設的なアプローチから、われわれを切り離してしまうのに役立つだけのことである。

プロクシマイア上院議員に対するこの回答に加えて、私はすすんで「ワシントン・ポスト・アンド・タイムズ・ヘラルド」紙に長文の寄稿文を送った（七月八日付同紙に掲載）。この中で私は、前述したようなユーゴスラビア情勢を説明したあと、以下の点を指摘した。

最も重要なことは、彼らの政策が西側の利益を筋の通った形で尊重するものである限り、彼らは西側との間で正常かつ互恵的な政治的、経済的な関係という利点を持つことができるとの確信をもって次の時代に足を踏み入れるようにさせることである。

私は続けた――この利点こそを、まさに二つの修正案がユーゴスラビアから奪おうとするものである。さらに両修正案は、次のような影響を与えることになるだろう。

ユーゴスラビアに対し、西側へのドアが開かれていることを明らかにするのがまさに至上命令である時点において、（両修正案は）このドアを閉じ、鍵をかけてしまうようなものである。ユーゴスラビアの直面する選択はあくまで公正なものでなければならず、修正案がそう仕向けるおそれがあるように、その選択は親ソ的な方向に傾いたものであってはならないことが、何よりも重要なのである。……もしわれわれの背後に閉ざされたドアしかないとすれば……われわれは到底ユーゴスラビアとの間をうまく処理することはできない。

私は、両修正案ですら彼らを否応なしにソビエト圏へ押し戻す結果になるとは思わない、と書いた。この国の指導層は、自立を維持するために全力を傾け続けるだろうし、それはわれわれの議会がそうした努力に同情を示そうと示すまいと関係はないだろう。だが、なぜわれわれが、彼らの努力を以前にもまして、いっそうむずかしいものにしたがっているかを、彼らに説明するのは容易なことではなかった。信じがたいことは——と私は書いた。

事実を知り、その真の意味について熟考している議員が、このような性格の修正案によってアメリカの政治活動の可能性を嘆かわしいほどにまで狭めることの責任を負う気によくなれるものだという点である。

こうした論議は、それに加えてホワイトハウス、国務省、私自身などの同じ方向を目指す努力と相まって、少なくとも援助制限の問題については上院を動かすだけの効果を生んだ。法案の字句は、援助計画を秩序立って清算しつづけていけるような形に、最終的には手直しされたのである。

しかし、最恵国待遇の条項をめぐる問題はまだ残っていた。この方は、はるかに深刻だった。ユーゴスラビア側は援助を求めていなかったし、援助問題を正常な二国間関係の枠内で彼らが当然要求できる権利のあるものとも見なしてはいなかった。しかし、貿易は別問題であった。そして、最恵国待遇はまさに貿易の問題だったのである。

七月にワシントンで、最恵国待遇の条項を除くための取り決めが非公式協議を通じておそらくつくられるだろう――ただし問題を公開の形で突き詰めてはいかないという条件つきで――という確約を得たのを頼りに、七月末にユーゴスラビアに帰任した私は、平穏な気持ちで八月と九月の終わりまで自分の職務をつくしていた。ワシントンからその後、何の連絡もないのは、この問題もまた解決されつつあるためだと素朴に考えていたのである。しかし、これほど間違ったことはなかった。

九月二十七日の午後遅く、爆弾が頭上に落ちてきた。ワシントンからの長距離電話がかかってきた時、私はすでに大使館から公邸に戻っていた。電話の主は議会担当の国務次官補フレデリック・G・ダットン氏だった。彼の話では、私にとって大変な悪いニュースがあるとのことだった。国務省自体もまるで予想していなかったことだが、通商拡大法について上下両院の意見の対立調整に取り組んでいた両院合同協議会が、ユーゴスラビアに対し最恵国待遇を拒否する条項を残すことに決定したのである。法案はいまや最終承認を求めるため両院に送付されることになったが、何らかの防止策を講じない限り、この条項が採択されるのは確実だった。彼によると、この採択を回避できる唯一の可能性は、私がただちにじかに大統領に訴え、大統領の個人的介入を要請することであった。

ダットン氏がこうした申し入れをしてきたのが、私を窮地に立たせようとするつもりだったのか、あるいは外交問題に対し彼がこれまで経験がなかったせいなのか、私には判断がつかない。しかし彼のしたことの結果として、私が窮地に立ったことは確かである。彼の電話は一般の国際電話線を使ってかかってきた。ユーゴスラビア政府によってこれが傍受されていたことは間違いない。世界のどこでも外国使節団にかかってくるこうした電話は、すべて傍受されるのが普通だった。従って、ユーゴスラビア側は、私が聞いたのと同じように、はっきりと電話の内容を聞いていたはずである。もし私が何もしなければ、彼らはこの打撃を阻止するための最後の試みがなされなかったことを、そしてそれが試みられなかったということは私がそうしなかったからだということを知るだろう。私はかねてから何度も彼らに、いかにこの条項に反対であるかを伝えてきただけに、いまや私の誠意が問われているわけだ。

そこで私は、古くからいるロシア人の執事アレキサンドル――彼はふだん中央電話局との連絡役をしていた――を呼び寄せ、彼は仰天していたが、合衆国大統領をすぐに直接呼び出す電話を申し込むように言った。彼は私の命に従ったが、今度は私が驚いたことに、大統領がすぐに電話に出てくれた。私は大統領に向かって、自分の主張をこの上ない強い表現を使って伝えた。実はこうすることはほとんど必要のないことで、大統領は私の気持ちをよく察してくれていた。彼の返事は「君が話し合うべき相手は、ウィルバー・ミルズ氏だと思う。できたら、この電話を彼の事務所に回してあげよう」というものだった。大統領はそうしてくれた。これまた予想外なことに、すぐにミルズ氏が電話に出てきた。このたぐいのことがある場合も予期して、私はかねて、言うべきことの要旨を書きとめておいたので、ミルズ氏に話す際にはこの書き込みを読み上げた。*

* ミルズ氏に対しこれを読み上げたあと、私は国務省に電話をして、この言い分を口述し、それを文書にしたうえでミルズ氏のもとにすぐに送付するよう依頼した。

この書き込みは、幸いにもいまなお私の手元にあり、このために私が使った言葉の忠実かつ正確な記録が残っている。「ミスター・ミルズ……」と私は語った。

駐ベオグラード大使としての公式の資格において、さらに東ヨーロッパ問題に関する三十五年間の経験を背景にして申し上げますが、現在の時点および状況の下でこのような修正をするのは不必要であるばかりか、不当であり、合衆国の利益を傷つけるものだというのが私の熟慮の末の結論であることをお伝えしなくてはなりません。これはユーゴスラビアのみならず、世界のこの地域全体で、わが国のような能力と責任を持った国にはふさわしからぬ狭量さと報復心の証拠と受けとられるでしょう。この判断は、大使館の誰もが同じように持っているものです。もし修正案が採択されるなら、それはわれわれとしてできうる限りの誠心誠意からの、かつ真剣な助言を無視することになりましょう。

私はミルズ氏の返事の言葉使いを正確には記憶していない。記憶に残っているのは、それがぞんざいで、否定的なものであり、修正案撤回への希望をなんら与えるものではなかったことだけである。数日後の十月四日、法案はこの非礼な条項を含んだまま法として発効した。そして大統領は署名に当たって、議会内外でたかまっていたミルズ氏称賛の声に唱和した。この称賛の声は、ミルズ氏が法案を成立させるまでに示した見事な政治家としての手腕に与えられたものである。

それからの十日間、この事件が私にとって持つ意味合いを熟考しつづけた。日記によると、十月十四日に私はすでに起きてしまったことと最終的になんとか折り合いをつけようとして、ベオグラード郊外を何キロもたった一人で歩き回った。しかし、どんなにしたところで、本質的な事実についての論理を乗り越えることはできなかった。私はもう五十八歳だった。人生の活動的な時期の大部分を外交官勤務に捧げてきた。ミルズ氏に対し指摘したように、東ヨーロッパのことについては三十五年間もの経験を重ねてきていた。

私の知るところでは（そして、一九六八年二月二十五日号の「ニューヨーク・タイムズ・マガジン」誌のミルズ氏に関する記事の中で、このことは確認されたが）、彼は、アメリカ国外に一歩も出たことはなかった。にもかかわらず、私が駐在していた東ヨーロッパの場所だけでなく、その周辺諸国の態度にもきわめて深い影響を及ぼすような外交政策上の重要問題について、わが国の議員たちは私の判断よりもミルズ氏の判断を支持したのである。彼らは彼らの選択を下し、ミルズ氏は信任票を与えられ、私は否認されたのである。しかもこの否認は、私が信頼されているユーゴスラビア政府に対して劇的な形で示されたのである。

こうした状況下でユーゴスラビア在勤を続けるのは、無益なことだろう。大使が有益だと思われるのは、彼が母国に何らかの影響力を持っていると信じられた場合だけである。しかしたとえ、こうした影響力に欠けたいかなる大使の場合でも、派遣先の政府の前で、しかもたった一回の電話連絡でその事実をはっきりと示された私のような例はなかったと思う。そのとき以後も、個人としては私にユーゴスラビア指導層は好意を示してくれた。彼らは私に対し、引き続き個人的な敬意と、さらには同情的なあわれみすらも示しつづけたかも知れない。しかし、すでに露呈されてしまった私のワシントンに対する影響力にくらべ、今後私がそれより大きな影響力をユーゴスラビア側に対して持てるなどと考えるのは空想的にすぎよう。

こうした事実を、苦しみと相手を非難しようとする気持ちを持つことなしに受け入れようと努めることはできよう。しかし、この事実を避けて通ることはできない。外交官としての有益さをこれ以上信じつづけようとするのは勇気のいることだった。そして、ことにユーゴスラビアで味わったように外交官としての生活には個人的に大きな楽しみもあるにはあるが、それとても外交官としての生活に常につきまとう恐るべき不利な点——退屈な外交レセプション、何時間も浪費させる空虚な形式、そして何よりも研究をし、公表するためにものを書く能力の制限——を相殺するほど大きなものではなかった。

私は、唐突な行動はとるまいと決意した。三か月後にようやく国務省に対して、次の学期の初めにはプリンストンでの学究生活に戻りたいむねを通告した。しかし、私がこの決心をしたのは、あの不幸な朝に、ベオグラード郊外の街路を散歩しているときのことだった。

最恵国待遇をめぐる事件の二か月後に、チトーはモスクワへの勝利の訪問を行った。この訪問について、公に反対することは何もなかった。私は新聞に対しては常に、ユーゴスラビアがあらゆる国と友好的な関係を持つことを望んでいるとの立場を示してきた。ユーゴスラビアが、他の国との友好関係を犠牲にしてまで、われわれとの友好関係を進めるのは、われわれの望むところではなかった。また私はチトーのモスクワ訪問をそれほど心配してはいなかった。たとえチトーはモスクワでの歓迎に満足しようとも、彼が幾多の危険と困難のあげくに獲得した独立を犠牲にしたり、あるいはなんらかの形でも傷つけたりする気構えでないことを、私は知っていた。ただもし、彼がモスクワを訪れた時、ユーゴスラビアをソビエト・ブロックに再結合させようとするソビエトの圧力に抵抗するため、チトーにはそれに代わるものとして、アメリカとの友好的で信頼のできる互恵的な関係――なかんずく経済関係――があるという保証を持って彼の立場を強めることが私にできていたら、まったく素晴らしかったことだろうと思った。

しかし、私はいまや武装解除されたも同然であり、ひたすら沈黙と受身の立場を守るほかなかった。ユーゴスラビアはわれわれの存在をあてにしないで、自力で戦い抜かなくてはならなかった。

私がベオグラードを去る一九六三年の最後の夏のことである。それまでの数か月間は概して快適なものだった。政府間の関係に、果たして波風が立たないかどうか知る由もなかった。アメリカの沖仲仕組合はアメリカの港湾でユーゴスラビア船への荷役を拒否し、シカゴのユーゴスラビア領事館は爆破され、議会はユーゴスラビアを含めて、船舶をキューバに寄港させている諸国への報復的措置に躍起になっていた。要するに、まぎれもないアメリカの反共体質が多くの不愉快な方法で、連日のように露呈されつづけていたのである。だが、これらのことに対し、私自身はいまやまるでかけ離れた立場にあった。そして、このおかげで、ユーゴスラビア指導層と私の個人的な関係は、これまでと違ってさまざまな面でいっそう快適な立場に立てたのである。彼らは私がまったく無力であることを知っており、そのことで私を非難しはしなかった。ケネディ大統領には彼自身の理由があったように、彼らとしてもある程度までは、彼らにとってやむをえない政治的理由から、私がこのように無力になるのを助けたことを知っていた。しかし、彼らは私の無力なことを認めながらも、私を個人として、個人的友人として——彼らの知るところでは、彼らの事情を理解し、たとえ不成功に終わったとはいえ、力の及ぶ限り大西洋の向こう側と西側の他の地域で、彼らに公正な取り扱いを受けさせようと努力してきた友人として——遇してくれたのである。そのため私はいまや、新たな、より気楽な立場で彼らと会えたのである。

彼らは、ユーゴスラビアの船舶や当局者がアメリカ国内で受けているいやがらせについて、あえて私に対し不平を言うというようなことはしなかった。私にとっては、チトー公の声明の趣旨や、発展途上国、あるいはベトナムへのわれわれの立場についてユーゴスラビアの新聞が不公平な扱いをしていることについてこれ以上苦情を述べたところで、もはや無駄だった。よしんばこうした声明ややり方を中止したところで、彼らがいまワシントンで受けているよりもよい扱いを受けるよう保証する力が、私にないことを知っていたのである。

それでわれわれは、お互いに個人としての交際を楽しんだのである。ユーゴスラビア滞在の最後の数か月間に、私は少なくとも三回チトーと長時間、率直な話し合いをした。このとに一九六三年三月十四日、私はブリオニ島で静養しているチトーを訪れた。その際には、彼は私をブリオニ本島の公邸に迎える代わりに、近くの小島の彼の個人的な別荘に船で連れて行ってくれた。そこで彼は、自分の大工仕事の仕事場に案内してくれ、そのあとブドウ酒一本を傾けながら一、二時間ゆっくりとくつろいだ。いまや私が誰をも代表せず、現実的な能力を失った人間として発言しているにすぎないことは到るところではっきりと了解されていたので、もっと好ましい状況の下でなら、われわれ両国間の暗黙の相互了解の基盤——もしそれが受け入れられたら、互いに折衝をする場合により大きな信頼と安心感をわれわれに与えてくれるような基盤——となるであろうと思われることについて、その概略をチトーに説明した。私はこのことを、われわれのいずれかが正式に同意を求められるような形のものではなく、むしろ相互の期待とも言うべき形で述べたのである。つまり、われわれはそれぞれ、好むと好まざるとにかかわらず、相手側にそうした期待をかけることが可能になるような形で概説したわけだ。チトーとの話し合いに先立ってその日の朝食の時に、私はこの考えの大筋を書きとめておいたが、そのノートはいまでも手元にある。それはアメリカとユーゴスラビアの関係の諸問題についての二年間にわたる努力から私が学びえたものを要約しているので、ここに再録することにする。

われわれアメリカ人は、次のように期待する——と私は提案した。

(1) ユーゴスラビアは依然としてマルクス・レーニン主義的な意味で社会主義国家として止まり、こうした点を公然と強調しつづけるだろう。
(2) ユーゴスラビアは世界の諸問題について、他の社会主義国家との高度の連帯を明示しつづけるだろう。
(3) ユーゴスラビアの社会的政治的な国内諸制度は、こんごも、新憲法によって規定されたものと実質的に変わりはなく、いかなる場合にもソビエトの型に適合するように意図的に変更されることはないだろう。
(4) ユーゴスラビアはワルシャワ条約に加わらず、軍事計画の調整、ソビエトの軍事施設や要員のユーゴスラビア領への受け入れといったソビエトとの軍事協力の特別の取り決めを結ぶことはないだろう。
(5) ユーゴスラビアは、単独にしろあるいは共産圏諸国と協力してにせよ、非共産主義諸国、ことに西半球の非共産主義諸国への破壊活動を一切さし控えつづけるだろう。

一方、ユーゴスラビアはわれわれについて次のように期待する。

(1) アメリカは一般的には、ユーゴスラビアに対し特別の経済援助を供与しない。ただし、特別の状況によって正当化される場合、アメリカは現行法の枠内で小麦など余剰農産物を買い付けるための寛大な条件の借款供与――ドルによる返済を条件として――をできる限り行うであろう。

(2)　他方、アメリカは最恵国待遇を含め、あらゆる通常の通商上の便宜をユーゴスラビアに提供するであろう。

(3)　アメリカの行政府は、友好的かつ正常な相互関係を維持するのに好ましいような雰囲気をアメリカ国内で作り上げ、それを保ちつづけるために影響力を行使するであろう。

(4)　アメリカはユーゴスラビアに対し、すでに購入済みの軍事装備のある種の部品をドルによる支払いを条件に――買いつけることが可能であることを保証するであろう。

(5)　アメリカはユーゴスラビアと西ヨーロッパ諸国（つまり欧州共同市場）との経済関係の好ましい発展を促進させるために、影響力を行使しつづけるであろう。

どちらの側も相手に対するこうした期待に失望するようなことがない限り、両国政府は正常で好ましい関係を維持するために努力すべきであると私は言った。これまでと同様に、文化関係を発展させ、居住、旅行、行動などの面で互いに相手国市民に与えられている待遇が現状よりも悪くなることはなく、経済関係は促進される。そしてこのような関係を支持し、究極的には適当な当局者の儀礼的訪問を行うようにするため努力すべきである。

チトーとの会話の実際のやりとりについてはくわしいノートをとっていないし、また私はチトー大統領の反応を系統だてて書こうとしているわけではない。彼が一時の興にかられて、こうした問題について自己の政府を代弁する権限のない一個人の瞑想の産物にすぎない一連の提議――しかもそれはこの時点では政府部内では支持を得られないことが余りにも明らかである――について、言質を与えるようなことが考えられないのは明らかであった。だが、もし両国政府がこのようにして、互いに相手に当然期待してもよいことの内容を明らかにするため努力をかさね、当然予期されるような事柄について抗議したり、さらにあれこれをすべきだとか、すべきではないといった正式の文書による約束に相手側を調印させようとしたりして時間を浪費するのをやめるならば、国際関係の成り行きは多くの場合もっとおだやかなものになっただろう。こうした意見を、いまも私は変えていない。

もしユーゴスラビア側が前述したような期待がもっともだとする態度をとるなら、アメリカ側もこれに答えてここに述べられたような期待に沿うようにしてもなんら失望することはなかったはずだと、当時、私は思ったのである。見方によれば、その後の数年間に、事態は結局こうした方向に動いていったと思う。しかし、すでに言ったように、当時の私は現実的な力を持っていない存在にすぎなかった。

私たち――妻、下の二人の子供、それに私――は、一九六三年七月二十七日、空軍武官の旧式のC47型機でベオグラードを離れ、ブリオニ（のチトー大統領）に最後の別れを告げ、つづいて西側へと向かった。ユーゴスラビアの最後の二、三日間の体験を、私はポケット日記に秘かに書きとめておいたが、今日感慨なしにこの日記を読むことはできない。職務上の失意にもかかわらず、この国で過ごした歳月は素晴らしいものであった。多彩で、さまざまな新しいものに触れ、温かで豊かな人間的な触れ合いに恵まれていたのである。そしてこの最後の数日は、この国と国民の性格のせいで、ふだんにもまして私にとっては、別れの辛さをしみじみと感じさせるものがあった。

今このことを思い起こすと、これらのさまざまな出来事は、それぞれが死という現象の小さな一面を形成しているように思われる。スコピエ地震が発生したのは私たちが出発するちょうど前日だった。わずか二週間足らず前にスコピエを訪れたばかりだったため、この悲劇はことに強く私たちを打ちのめした。このニュースを聞くとすぐに私は外出し、すでにベオグラード市内に設置されていた大きな市民献血センターの一つで献血をした。その最後の日の残りは、お別れの挨拶、訪問、贈り物のやりとりの合い間をぬって、大地震についてワシントンに電報を打ったり、西ドイツ駐留のアメリカ軍から緊急野戦病院を即時派遣してもらう手続きに忙殺された（この努力は成功し、野戦病院部隊の到着、スコピエへの移動、作業開始までに見せたスピードと効率的な動きを、私は大変誇りに思っている）。

最後の数時間の模様については、まったくそっけない調子ではあるが、日記をそっくり引用しよう。

一九六三年七月二十七日

荷物は荷づくりされ、トラックで運び去られた。空港に到着、別れの挨拶を述べる。人々はスコピエ地震の大きさに心痛の面持ちだった。

ホワイト大佐の指揮する空軍武官専用機でブリオニに向かう。十二時三十分、同地（陸地側）到着。空港でクリウン（大統領補佐官）に出迎えられ、ブリオニ島の船付き場でソルダチッチ（大統領府儀典長）に迎えられた。他のものが泳ぐ間、私は眠った。午後遅くになって、私たち全員はローマ時代の建物の遺跡を歩いて見物に行き、その周辺を散歩した。

ホテルの夕食会――スコピエ惨事のため、ごく非公式のもの――で、コーチャ（コーチャ・ポポビッチ、パルチザン戦争の有名な軍事指導者であり、長年つとめたユーゴスラビア外相の地位から退く直前だった）、ポポビッチ夫人、それにレキッチ（ユーゴスラビアの外交官で、間もなく国連大使として赴任する予定だった）とその夫人が同席した。万事、湿ったような空気だった。コーチャは日にやけ、存分に休暇を楽しんだせいかいささか疲労気味で、夕食会出席もお義理からといった風情。

七月二十八日

午前中の大部分をホテルで過ごし、ベオグラードに電話をする。前夜、スルチン病院に野戦病院部隊が到着したことを知り、喜ぶ。十二時二十五分、私たち——家族一同——は車でブリオニ島の大統領公邸に向かい、なかば正式の昼食会に招かれた。同席者は、大統領とチトー夫人に加えて、カルデリ（副大統領）夫妻、ゴシニャーク（国防相）夫妻、レキッチ夫妻、それにソルダチッチ。子供たちも席についたが、大変行儀がよかった。チトーは乾杯に当たって手短ながら、やさしいお別れの挨拶をしてくれ、私のことを「ナウチニク」（学者）と呼んだ。私の返礼の挨拶は非常にまずかった。災害が昼食会に暗い影を投げかけ、話題もこの点に集中しがちだった。

午後三時三十分、われわれはブリオニの陸地側に戻り、空港に到着。クリストファー（十三歳）がカメを捨てるべきかどうかをめぐってひと悶着あったが、彼はカメへのその執着をなんとかおし通せた。

午後四時三十分、ベネチア到着。

こうして——心中に穏やかでない複雑なものを抱きながら、いささか竜頭蛇尾の観はあったが、しかし思ったよりも早目に——多くの外交的任務の最後のものが終わった。

この経験には小さな後日談があった。ちょうどベオグラードを離れる頃に、国務省がチトー大統領をアメリカ訪問に招く計画をたてていることを耳にした。これは私にはまったく無関係のことだった。私自身も両国の関係が健全な基礎の上におかれるようになれば、いずれ高い水準の当局者による訪問を考えてはいた。だが当時は、昔からの通商条約の破棄とおそらく最恵国待遇の拒否がやがて現実のものになろうとしていただけに、私は訪問の時期にふさわしいとは思わなかった。

私が抱いた疑問は——結局、この疑問が正しいことが判明したが——われわれが、ユーゴスラビアの国家元首に対し、それにふさわしい威厳にみちた歓迎を与えられる立場にあるかという点だった。察するに、この訪問計画は国務省が発案したに違いないが、国務省を知ること三十五年を経た当時でも、私にはこうした問題に対する彼らの思考方法を読みとることはできなかった。国務長官のディーン・ラスク氏はこの年の春ベオグラードを訪れたが、その目的がチトーの訪米招請にあったのは、私には明瞭だった。この構想は、多分彼の発案によるものであったのだろう。私の判断する限り、当時の国務省はステーツマンシップを発揮することの代わりとして、このチトー招待を考えていたようだ。

いずれにせよ、チトーはブローズ夫人と通常の公式随員を同行して、一九六三年十月なかばにアメリカに到着した。新しい駐ユーゴスラビア大使がまだ任命されていなかったので、一行がアメリカ訪問の最初のもてなしを受けることになっていたウィリアムズバーグまで来たところで、私たち夫妻は大統領に代わって一行を歓迎し、また一行のワシントン訪問に同行するように大統領は私たち夫妻に依頼してきた。私たちは大統領の依頼に応じた。チトーとその一行は私たちを旧友として遇し、私たちは彼らと一緒になれたことを喜びあった。また一行のアメリカにおける最初のもてなし役を演じた由緒あるウィリアムズバーグは、その役目を立派に果たした。

しかしこの訪問には、不安と不快をもたらす強い底流――時には底流以上のもの――があった。ユーゴスラビア代表団の一行は、彼らがウィリアムズバーグに泊められたのは、彼らがワシントンで敵意にみちたデモ、侮辱、あるいはそれ以上にひどいことに、さらされないように彼らを守る能力も、あるいはその意思もわが政府にはないからであるということをよく知っていた。翌日、ケネディ大統領との会談のために、一行をウィリアムズバーグからホワイトハウスの庭まで、直接ヘリコプターで運ばねばならなかった。その時でさえも、完全なナチの制服姿のものを交えた敵対的なデモ隊が、ホワイトハウスから道一つへだてたところに群がっていたのである。そのひどい叫び声や歌は、歓迎の式典で両国国歌が演奏される緊張した瞬間にも聞こえてきた。招かれたユーゴスラビア側の人々が理解できなかったことは――今日に至るまで私にも理解できないが――われわれのかつての敵の制服を着た連中が、われわれと手を結んでその敵と闘った国家の元首に対し、なぜホワイトハウスから数メートルと離れていないところで反対のデモをするのを、このように許さねばならなかったかということである。

私はユーゴスラビア代表団のニューヨーク訪問には同行しなかったが、ニューヨークではもっとひどかったと聞いている。私の記憶が正しければ、一行はウォールドーフ・アストリア・ホテルに宿泊した。その外の街頭ではデモ隊がひきもきらず、デモ隊の多くはアメリカ市民ではなかったようだ。ユーゴスラビア代表団のご婦人たちは、ホテルのコーヒー・ショップでものを食べることさえできない羽目になった。デモ隊はコーヒー・ショップの中に自由に入り、椅子の上に立って侮辱と呪いの言葉――「売春婦」を形容する言葉さえも――をこの外国の賓客に投げつけたが、こうした行動がニューヨーク警察の取締まりの寛大さと同情の下で行われたのは明らかだった。こうした出来事に、ひとしお強い心痛を覚えるのは、問題の賓客が――彼女たちを知るものなら誰でも証言できることだが――偉大な資質と精神の持ち主の女性たちであり、その大部分は対ドイツ闘争でパルチザン部隊の一員として戦った人々であるということだ。彼女たちがこのような仕打ちに慣れていないことは明らかで、容易にはそれを忘れることはないであろう。

この点に関連して当然思い出されることだが、私自身がその少し前にユーゴスラビア国内を数千マイルも旅行したさい、しばしば住民たちとこの上ない親密な触れ合いを味わい、親切と好意で迎えられなかったことは一度もなかった。

幸いにも、われわれの不幸な賓客たちにとって少なくとも楽しい一日があった。それは、彼らがプリンストン大学の賓客としてプリンストンで過ごした一日である。再び私たち夫妻は、自動的に一行に加わり、彼らに随行した。東部海岸の秋は、まさにたけなわの時で、豊かなプリンストンの木々の葉は美しく色づいていた。大学当局の主人役ぶりは、格式ばらない温かさにあふれ、人々は道路から一行に笑顔を送り、こぶしを振り上げたり、呪いの言葉を投げるものはいなかった。ユーゴスラビアの友人たちは、アメリカ国内で少なくとも一か所だけは、彼らを礼儀正しく迎えてくれる場所があったことを知って帰国できるだろうという思いに、私はほっとしたのである。

しかし私には当時も現在も、チトー招待計画の全般については、それを実現させるだけの理由があったのかどうか解しかねるものがある。この訪問で、ユーゴスラビアとアメリカの関係が改善されたとは信じがたい。そしてまた不可解なのは、ある偉大な国の考え方と習性のどこに過ちがあったために、自国の大統領の個人的賓客がその国内に滞在している間、最も嫌悪すべき侮辱と困惑に直面しないようにすることを保証できなかったのか、という点なのである。客人は招かなくともよいのである。しかしいったん招待し、客人が訪れてきた場合、その客人にふさわしい待遇をうけられるようにするのは招待者の義務である。この小さな例から、さらにもっと大きな多くの事例の場合と同じように、私は、こうしたことをうまくやれない国には、国際問題で重要かつ積極的な役割を演ずる能力に、一定の限度のあることを認めるべきではないのか、という疑問にとらわれ勝ちなのである。

チトー大統領に付き添ってホワイトハウスを訪れた日、私がケネディ大統領のために起草した昼食会の演説内容を政治的な敏感さと巧みさをもって、大統領が練り直し、さらに彼がこの異例の賓客を機知にとんだ礼儀正しさでもてなしていたことに感銘をうけた。もちろん、これが大統領と会う最後の機会になるだろうなどとは、考えもしなかった。

最恵国待遇問題をめぐる意見の対立にもかかわらず、大統領との個人的関係は相変わらず良かった。私が書いたものに彼がいつも関心を払ってくれていたことに、私は常に感謝していた。私のベオグラード在勤中に、大統領は私からの重要なメッセージはすべてホワイトハウスに回付するように命じており、明らかに彼はこれらのメッセージに忠実に目を通していた。私はまた何度となく彼に会う機会があったが、そのたびに彼が物静かながら、若々しい勇気をもって、大統領職の緊張に耐えている様子に称賛の念を禁じえなかった。彼は常に年長の私に対して、礼儀正しく敬意をこめた好奇心の入りまじった態度で接していた。

ユーゴスラビアとアメリカの関係が多難な時期に、大統領が私を援助してくれなかったことについて、私は何の悪感情も抱いていなかった。彼がどのような政治問題をかかえているかを想像できた。私には、大統領が他の人々――ことに内政面での助言者たち――からどのような助言を受けていたかは、わかっているように思えた。彼が自ら私の外交官としての経歴をミルズ氏の祭壇に捧げざるをえなくなったとき、彼の胸中をよぎったのが幸福感ではなかったことを私は確信していた。大統領はじめ他の人々に、ユーゴスラビアに対し非現実的な期待をかけるのを思い止まらせようと常に努めてきた私だけに、同じような非現実的な期待を大統領にかけられる立場にはなかったのである。

こうした経験について、およそ三年後にプリンストンで、私は親友の故ルイス・フィッシャーから、ジョン・F・ケネディ図書館の「オーラル・ヒストリー・プロジェクト（口述による伝記の計画）」のためにインタビューを受けた。その際にルイスから受けた質問は、「英明、緻密、魅力的な行動様式、男らしい容姿、さらに大統領としての業績」（以上はルイスの言葉）にもかかわらず、ケネディが「冷たい」と感じはしなかったかというものだった。

私の回答は、録音記録の写しによれば、次のようなものだった。

ルイス、冷たいというわけではなかったね。私はそうは感じなかった。彼はある種の本当の温か味を持っていたが、ある意味では内気で、非常に結びつきの強い大家族の人々に時として見られるように、彼の家族的背景のせいで幾分打ちとけないところがあったと思う。言い換えるなら、圧倒的に濃密な家族関係を持った人は――彼はこういう関係を持っていたと思うが——しばしば、この家族関係だけで人生に不足はないと考えるのだろう。そしてその人にとっては、家族関係のほかに真の友情を求めるのはたやすいことではないと思う。これは私の感じだが、彼の人生のこの段階で彼の親密な人間関係の中には、第三者は誰一人として入りこめなかった。……もちろん、彼には政治家——俳優としての一面もあった。フロイトのいう「ペルソナ」——「エゴ（自我）」とは区別される外見的人格——が、彼には強く発達していた。政治舞台に登場している大半の人の場合と同じように、彼も見方によれば自分の役割を演技して過ごすことが多かった。しかし彼は常に私や、彼と一緒にいるところを私が見た限り他の人々にも、……親切な態度で接しており、決して冷たくはなかった。その底に、軽侮、無情、残酷さがかくされているなどと感じたものはいなかった。

チトー訪問直後の十月二十二日、まさに大統領が暗殺されるちょうど一か月前に、チトー訪問についての私の印象を綴った手紙を大統領に送った。私が大統領にホワイトハウスで最後に会ったのはチトー訪問のさいのことだが、苛酷な圧力と困難な選択の暗い森を、なんとも言いようもない勇気をもってつまずきながら進んでいく大統領のことを考えて、私は、短い個人的な覚書を付加する思いにかられ、これを公の書簡の中に同封した。私の覚書は、次のようなものだった。

親愛なる大統領閣下

閣下は多くの批判にさらされる反面、また同調や激励の言葉もきかれるでしょうが、しかしこれらすべては、純粋な動機に基づくものではありますまい。私は今や完全に引退し、選挙や任命による公職につく意思は毛頭ないのであります。従って、ここで閣下に激励の言葉を差し上げても、私の誠意は認めていただけると思います。

私は歴史家として、また外交官の経歴を持つものとして、自分の精通している外交政策上の諸問題に対する閣下の真剣な取り組み方に、深い敬意を抱いているものでありま す。今世紀に入って、ホワイトハウスで現在以上にすぐれた為政者精神を見ることはなかったかと存じます。閣下が強い意思を保たれ、大統領職の持つ恐るべき圧力や、あるいは政府の他の部門における愚かさや妨害などによっても、決して気を落とされることのないように希望いたします。私はじめ他の多くのものが、勇気、忍耐、知性をもって閣下が職務を遂行されていることに、深く感謝していることをご承知願いたいと存ずる次第であります。

敬具

彼は十月二十八日、初めて「親愛なるジョージ」という呼びかけで始まる返事をくれた。

あなたが十月二十二日に送ってくれた手書きの覚書は、辛い日々の心の支えにするため、手元にとっておくつもりです。あなたのようなすぐれた外交官、歴史家からの支持は、大いなる励ましでありあります。そして大変ご親切にもあなたが、こうした個人的な方法で手紙をくださったことに感謝いたします。

その後、わずか四週間足らずでこの世を去った大統領から、この個人的な手紙を受けとったことは、楽しかるべきこの外交官の任務にまつわるさまざまな失望を、大いにつぐなってくれるものであった。

エピローグ

役人としての経歴をめぐる主要なエピソードの記述は、これで終わりである。ユーゴスラビアでの任務は、こうしたエピソードの最後のものであった。公職が終わったことによってあとは、アメリカの国内と国外で、なかば公の人物とでも呼んだらよいような立場での通常の生活を今後続けるだけである。この暮らしは、手紙を書き、訪問者を受け入れ、講演をし、会議へ参加することなどだが、こうしたことがどれほど有益であるかを測れるのは神のみであり、それをしている当の本人にはまったく判らない。

以上書きつらねてきたことを通読してみると、これらさまざまなエピソードの記述は、概して憂鬱な解釈を生み出しているように思われる。従って、この回想録を書き終える前に、こうした影響を――ことに外交官生活に関しては――できる限り是正しておきたい。

アメリカの職業外交官の機能が、ある種の悲劇的矛盾につきまとわれているのは確かである。外交官というものは、対外関係において国家的利益——つまり国家全体としての利益——に奉仕しているのだと信ずるように教え込まれ、そう信ずるように仕向けられている。にもかかわらず彼は、国家的利益がその主要な関心事ではない人々のために、自分が働いているのに気づく。これらの人々の主たる関心事は国内政治であり、彼らがこの活動分野で追求している利益は、単にしばしばというだけでなく、いつも微妙な国家外交の要請と対立するものなのである。アメリカの国内政治の争いに参加する人々が自己中心主義であるために、対外関係の分野で彼らがなんらかの行動——あるいは一般に声明を出す——をする場合それは、彼らにとっては主として政治的舞台においてあれこれの効果を作り出すための手段と化してしまう。その結果、アメリカの外交はその本来の目的と思われることだけのために行われることは、きわめてまれになってしまう。

争点となっている問題が、激しい国内政治上の問題と関係がない場合には、外交が本来の姿で行われることもしばしばある。また、それ相応の限度内においてではあるが、戦時、あるいは大きな国家的危機の時期にもそうである。しかしその他の場合には、ワシントン当局は世界の他の場所で起きていること、あるいは実際にアメリカと他の世界との関係よりも、国内関係で起きていることの方をはるかに重視しがちである。その結果として、アメリカ外交の目標——職業外交官が目標とするよう訓練されてきたもの——と、外交官が本国政府から受ける訓令の中にしばしば反映されているものとの間に、食い違いを生じがちになってくる。そして外交官というものは、政府の支持なしには、自らの目標と考えるものを達成することができないので、その目標自体ほとんど達成されないことになる。

もしこうした矛盾が受け入れられるものならば、それはそれでおそらくさほど悪いことではないともいえるだろう。しかし、これは外交任務の本質そのものにほかならず、この矛盾を容認するわけにはいかない。対外関係を国内政治の政争のために利用しようとすれば、それを成功させるには、まさに本来あるべきものの否定を前提にしなければならない。国内で政治的効果をあげるには、内政的観点からの発想にもとづく外交政策といえども、形の上ではいかにもそれが本当の外交政策として立派なものであるかのように見せかけねばならなくなる。たとえ、外交陣容がワシントンの指導的当局者たちの政治的側近やその支持者だけで固められ、これら当局者たちの政治的将来の強化だけをめざしたものであっても、なおその活動は国家的利益の促進をめざすもののようにみせかけねばならないだろう。

一九四五年から四九年までの期間は、平和時におけるアメリカ外交の活動がまさに外交政策の遂行にふさわしい筋道の通ったものであったと言ってよい珍しい時期の一つだった(第一次大戦後の短期間を除いて、他にこうした時期があったかどうか、私には確信が持てない)。これは疑いもなく、ある程度は、戦時外交を特徴づけた献身的な国家奉仕の雰囲気——もちろん、いくつかの過ちはあったものの——の名残のせいであった。ジョージ・マーシャル将軍、ヘンリー・スチムソン（訳注　ルーズベルト政権の陸軍長官）、ジェームズ・フォレスタル（訳注　トルーマン政権の海軍長官、国防長官）、ロバート・ラベット（訳注　トルーマン政権の国防長官）、ジョン・C・マックロイ（訳注　駐ドイツ高等弁務官、世銀総裁などを歴任）——彼らは例外なしに、ある意味では政府というぶどう園における自発的で非政治的な働き手だった——といったような人物が引き続き健在で、そしてある場合には彼らの精神が引き継がれ、それらが、当時なおワシントンの舞台を支配していたのである。

そして、戦後期のきびしい変動と全般的な不安定の中で、スターリン主義的共産主義が提起した挑戦は、いや応なしにワシントン全体に外交政策を最優先視させるだけの強い作用を及ぼしていたのである。しかし、ハリー・トルーマンが一九四八年に自力で大統領に選ばれるとともに、すべては一変した。このような事態の発展とともに、国内政治面での貪欲な人々が群れをなして再登場し、もはや対外関係は国内での政治権力をめぐる争いに介入を許されるほど重要ではないと主張し、彼らが長い間奪われていた当然の分け前を与えるように要求するに至った。こうして常態に復することになったのである。

この回顧録の下巻の中で述べた経験は、すべて、このように事態が変わってから起こったことなのである。そこから不可避的にこれらの経験は、すべて、これまでに述べた矛盾を反映していたのである。そして、そこに反映されたものは私の場合には、私の側にアメリカの国内政治の動きをまったく無視する傾向（弱点ともいえよう）があったため一層苦痛にみちたものであった。他の人は、由々しき大問題と喧伝《けんでん》されている諸問題の中で、当面の外交課題よりも優先的取り扱いを受けるべき世界的に重要な問題を見分ける力をもっていた。またこれらの人の考えによると、アメリカ以外の国々としても、アメリカの国内政治においてどの主張が勝利を収めるかに、その死活的な利益がかけられていたのである。従って、これらの人々はアメリカ外交の背後に横たわる動機としてのこれらの主張に優先権を与えることを、理解とまではいえなくても、あきらめの気持ちで眺めることができたのである。

私には、そうはできなかった。行政的論理へのよりきびしい見方、任務と責任の分担をめぐる律義な身の処し方、機能を正確かつ綿密に分割することへの必要感、妥協や操作に対し階級制と権威を優先させる態度、アメリカ政治のやり方の混沌《こんとん》たる無秩序に対する恐怖心に近いまでの嫌悪感。こうしたことすべてが、政治的ワシントンに対する私の見方に影響を与えていた。私は、アメリカ政治の名においてまかり通るこの憂鬱な混乱が不可避なものかどうかについては、疑問を発しなかった。この混乱に加わった人々について、その行いを責めたりしなかった。誰かが、そうした行いをしなければならなかった。それは、気質の問題である。彼らの中のあるものには、私は強い敬意すら抱いていた。にもかかわらず、私はそうした行いを、人間の性格的な弱さに対する遺憾な——不可避的かもしれないが――譲歩だと思っていた。そして、人間は物ごとについて自らを偽ったり、過大な期待を抱くべきではないとの思いにもとらわれていた。

舞台の上で見せ場たっぷりに大問題が解決されようとしていると、他の人が感じるときでも、私は、野放図にふくれ上がった利己主義の間で演じられる浅ましい、終わることのないばか騒ぎしか感じなかった。私には、こうしたことからきわめて建設的な、あるいは価値ある何かが生まれてくるなどという期待をあえてかける気にはなれなかったのである。こうした諦観のせいか、政争が外交政策に絶えず介入してくることに対し、私は苦い思いを抱きながらも、正面から反発することはなかった。

われわれの機能、つまり職業外交官の機能なるものは純粋であるように、私には思われたのである。それは義務、献身、理性、誠実さの問題であった。内政の在り方に対し嫌悪感を抱きながらも、これらの歳月の間、われわれの国家目標の基本的な適切さ、われわれが他者から尊敬と理解を受けることの望ましさ、われわれが世界で有益かつ建設的な役割を演じ得る可能性、そしてそうしたことを目指すわれわれの努力の正しさを、私はかつて疑ったことがなかった。平和と世界の進歩の大義は、われわれが世界的国家として行動できるような指導性と構想の健全さに、大いに――それだけではないにせよ――左右されるだろうという考え方を、全面的に受け入れる気持ちが私にはあった。従って、世界の諸問題におけるわれわれの役割の重要性について、私は決して冷笑的だったことはない。また政策の個々の要素についてはこの上なくけわしい意見の対立がある際でも、われわれが世界情勢の中で善者の立場にたつ力になれるし、ならなければならないこと、われわれの外交の全般的な展開が否定的ではなく積極的な意義を持っていること、他国とわれわれの関係の改善と強化に努めることが良き目的への奉仕に通じることを、私は決して疑わなかった。

実際、この最後の点は、私にとっては、最も厳粛な責任を反映するもののように思えたし、国内政争の中にあらわれる個人的野心や党派的利益とは、比較にならないほど、重要なものに思えた。従って、こうしたたぐいの野心、利益が——しばしばそうであったように——外交活動の中に入り込んできた時には、私は、外交の本質である誠実さが、許しがたいまでに腐敗させられたような気分にさせられたのである。そのとき私は、手術教室にいる人々へ格好よく見せかけるためにメスの使い方をずらし、患部でない場所を切開するよう命ぜられた場合の外科医の心中が察せられるような気持ちがした。

従って、もし外交面における私の努力と仕事が全般的に失敗に終わったように見えるなら、この失敗はこうした私の個人的性癖に照らして判断しなければならない。そして、その失敗の深刻さは、個人的な不満と同様に、決して過大評価されてはならない。私が語りたいことのすべては、これだけではない。生涯の仕事としての外交が、悲劇的であるのはその結果においてだけであって、ふだんの経験が悲劇的なわけではない。三十有余年に及ぶ外交官生活の間には、生きる喜びと外国の景観に心を奪われて大使館に向かった朝、机の上に横たわっている国務省からの愚劣な電報に笑ったり怒ったりした朝、本国政府の無理解を巧妙な機略で克服したことで勝利感を味わった朝、些細な任務に仕事のやり甲斐と喜びを感じた朝、そしてとりわけ同僚の友情とつき合い――言うまでもないことだが、家庭でも夫婦の間で問題、勝利、不満を分かち合うといった、職業にからむ思いやりと心づくしを味わってきたが、他の職業ではこうはゆくまい――に心を温められ、人生の意義を見出した朝、そうした朝を迎えた日々が何千日もあった。広くみれば困惑と混乱があったにせよ、私の外交官生活は細かな点では豊かであった。それにもまして、この生活は、他の職業ではほとんど例をみないほど教えられる点が多く、後年私が選んだ学者としての生活への準備としては、無価値だなどとはとても言えなかった。

個人にとって、自己の業績を客観的に明確に測定するのが不可能なことを認める時、つまり先人の言葉を借りれば、神の抱かれる目的は、本来、目に見えないものであるが、たとえ目に見えたとしても、それがわれわれ自身の目的と同一である可能性は少ないことを認めるなら、自己の外交官生活の有益さを、たとえ心の中ですら、自らおし測ろうとする気にはとてもなれない。老境に入った人々の生涯と同様に、私の生活にも、振り返ってみればほかに方法があったのではないかと思われるような、多くのエピソードが含まれている。発言したことは、発言しない方がよかったのではないか、無視したことは無視しない方がよかったのではないか、実行したことは、ほかのやり方で手をつけるか、まったく手をつけずにおいた方がよかったのではないか——。

しかしそれを全体として見るとき、私には心残りのものは何もない。大部分の人々にくらべて、充実さが足りなかったなどとも思ってはいない。

かつてあるフランスの作家は、フランス語に特有の素晴らしい簡潔さでこう書いた。「人間の事柄においては、人は滅多にすべてのことをなし得ない。人にできることは、過小である。そしてこの過小なことをなしとげるのが、一つの人生のすべてなのである＊」

＊　Baul Marin, *Français et Russes vis à vis la Triple Alliance*. Paris, 1890.

この回顧録は、私にとっての「過小」なるものの記述である。読者がそれ以上のものを期待されないことを希望している。

付録

D　ソ連と大西洋条約（外交報告一一六号、一九五二年九月八日　在モスクワ・アメリカ大使館から国務省へ）

NATOの政策、活動がソビエトに与える影響をめぐって発生している諸問題の重要性が増しつつある兆候や、さらにはこれらの問題が間もなく、わが政府内で慎重な検討の対象にならざるをえないかもしれないという蓋然《がいぜん》性にかんがみ、北大西洋条約がソビエトの思考の中で占める位置、ならびにそれがソビエトの政策に及ぼす影響について、この時点で若干の全般的考察を提示することは有益であるかと思う。

第二次世界大戦が終結したとき、ソビエトの指導者はその後長期間にわたって、新たな大きな対外戦争に直面することを望んでいなかった。大戦は、ソビエト内部に、それに付随する大きな疲弊と物質的破壊を残した。加えて、そうした事態は、伝統的なロシア領を強力な軍事・工業センターに生まれ変わらせようとするソビエト指導者の努力にとって、およそ十年間の逆戻りを意味したのである。戦争の破壊と疲弊からの回復がなしとげられた場合でも、ロシアが依然として、十分なエネルギー基盤と近代的な輸送網を欠き、その工業基盤が未発達で不均衡な国であることは明らかだった。最後に、新しく獲得した衛星諸国地域でも、クレムリンは、古い影響力のある階級と政治グループの除去、新しい行政階級の訓練、新しい警察、軍隊の結成などを含め、その権力を固めるための恐るべき問題に直面していた。

これらすべてのことは、当然時間を要することであった。資本主義国からの大規模な援助がない場合、ソビエトに近代的な輸送網を建設することは、それだけで最小限十年乃至《ないし》十五年間の作業を意味していた。こうした任務を完成させる計画の核心に打撃を与えるような大規模な軍事紛争にまたも巻き込まれることは、この上ない破壊的かつ望ましからざる結果を生むことは明白であり、場合によってはソビエト権力の安全にとって危険ですらあった。こうしたあれこれの国内事情のすべてから、第二次大戦の終了時にクレムリンの指導者は、予見しうる将来――このことはソビエトの政策決定の点からすれば十五年間から二十年間を意味した――に、再度大きな対外戦争に巻き込まれることを望んではいなかったのである。

あるいは、一九四五―四六年にソビエトの指導者は、差し迫った将来の時期にこうした戦争が彼らに押しつけられる公算があるとは、考えていなかったと結論を下しても差し支えはあるまい。西側民主主義諸国も、長い戦いのため同様に疲弊していた。アメリカは急速に動員を解除していた。日本では、ソビエトは対日管理で直接の発言を排除されてはいたものの、占領軍はさまざまな理由から、多くの面でモスクワが要望したであろうようなものとさして変わらない政策を遂行し、ことに日本の完全非武装化と軍事・工業的な潜在力の急速な解体と取り組んでいた。なかんずく、ソビエトの安全保障という観点からいかなる国よりも重要なドイツは、まったく力をなくしており、占領され、解体され、分割されていた。領土と軍事的潜在力のかなりの部分が、ソビエトあるいはその衛星諸国に実際に割譲され、さらに他の部分がソビエトの占領下に入っていた。こうした状況下では、ソビエトを脅かすような外国の軍事連合が結成されることは、ソビエト側から見ても可能性のありそうな事態とは思われなかった。クレムリンとしては、いずれにせよ多年の歳月がたってからでなければ、外国から戦争をしかけられることを恐れるようなことにはなるまい、と期待しえたのである。

第二次大戦の終了時における戦争か平和かという問題をめぐるクレムリンの見解についてのこの論議から離れる前に、彼らの見解が意味しなかった二つの事柄を取り急ぎ確認しておきたい。

第一に、これは、クレムリンの側が今後さらにその権力を拡大するという望みを放棄したことを意味しなかった。われわれがここで記憶しておかねばならないのは、ボルシェビキの指導者たちが、ソビエトによる資本主義世界への正面からの軍事攻撃をもって、共産主義の権力の拡大という任務に対する有望な、あるいは正しいアプローチ、ましていわんや唯一の可能なアプローチであるなどと見なすことを決して教えられてはいなかった点である。これは、良心的などがめという理由からではなく、他の多くの理由のせいである。その中には、大陸国としての気風から抜けない、なかば東洋的なロシアの政治家が先天的にもつ警戒心があった。共産主義は資本主義の主要勢力よりまだ弱体で、当然の用心としてこれら勢力との公然かつ全面的な抗争は避けねばならない、という当時までは支配的であった独特の計算もあった。

結局のところ、資本主義世界はいやしがたい弱味、分裂、病根にむしばまれており、たとえ〝社会主義〟〝資本主義〟両勢力の間の大規模な軍事闘争がなくても、苛酷な論理のおもむくところ資本主義世界の結束と力は弱まっていくだろう、という信念があった。

こうした状況下で、さらには革命当初以来の正統的な共産主義者の戦略は、資本主義国との公然たる全面的な軍事対決を求めることではなく、むしろまさしくそうした対決を避け、より慎重な方法で資本主義世界に攻撃を加えることであった。それは、レーニンが「半戦争状態」と呼んだもので、欺瞞《ぎまん》、ひそかな浸透と破壊工作、心理戦争、そしてなんずく考えうるあらゆる形の資本主義社会の分裂——国際的規模たると、資本主義諸国の国内的枠組みの中であるとを問わず——を巧妙に利用することなどを中心にした、さまざまな広範な戦術を弾力的かつ機に応じて用いることだった。こうした方法で、共産主義と資本主義の全面戦争にはつねに付きまとうと思わざるをえない絶滅の危険をソビエトは避けられるものと考え、しかも資本主義世界がかかえる弱点、分裂、疾病を最大限に利用して資本主義世界をその餌食《えじき》にすることができると考えられていた。

実際に、第二次世界大戦が終わったときの諸条件は、こうした戦術を成功させる点で、きわめて有望であるかに見えた。ナチの占領国支配がその国の社会構造に与えた影響、さらにはドイツ自体への影響は、これら諸国の伝統的制度を弱体化し、いずれにせよこれら諸国の内部的抵抗を弱めて少数派である共産主義者による権力掌握をはかるため共産主義者が遂行しようと思っていた多くのことを、そのナチの統治がなしとげていたのである。あらゆる地域の人々の間で、戦後の疲弊と困惑が残っていたことは、共産主義者の圧力と詐術につけ入れられるもろさを大きくしていた。大戦の最終局面における赤軍の進出によって東ヨーロッパでかちえたその地歩、加えてヤルタ協定、ポツダム宣言に基づいてソビエトがドイツの将来の決定に主要な発言権を獲得し、しかもそれが四国外相理事会における拒否権によって保護されたことから、ソビエトの条件に基づかないような形で西ヨーロッパ地域に活力、希望、経済力が復活することはありえないように、モスクワには見えたのである。そしてクレムリンの考えでは、こうした条件は、ソビエト支配下の勢力の勝利を不動のものにするような一連の条件を軸にして整えられるものであった。

さらにフランス、イタリアでは、共産主義者たちは政治、軍事、経済各面のあらゆる要点に浸透をはかる目的のために、対ドイツ抵抗とその後のドイツからの解放を利用するのに成功し、こうして影響力のある立場を占めるに至ったが、それは混乱や内戦なしには彼らをこの立場から追いのけることはとてもできそうには思えないほどまでになっていたのである。こうした事態の下では、クレムリンが、比較的短期間に——いうならば三年とか五年以内に——ソビエトが新たな軍事的努力をしなくても、西ヨーロッパ地域全般に共産主義の権力確立、あるいは少なくとも共産主義の支配を広げることができると期待しても、別に不思議ではなかった。モスクワの見るところでは、このような事態の発展によって、世界の軍事・工業力の主力は、ソビエトの支配下に集中されることになるだろう。その場合イギリスはせいぜい孤立したちゃちな工業力を持つにすぎず、それも英仏海峡をへだてた共産主義支配下のヨーロッパ大陸に多分に依存せざるをえなくなるだろう。中国における共産主義制覇の可能性——ここでは、モスクワの側の努力は皆無だったにもかかわらず、差し当たり求められていた「帝国主義者追放」の段階が、ほとんど信じがたいほどうまく進展していた——とあいまって、万事は、世界情勢で支配的かつ向かうところほとんど敵のないような立場にクレムリンが急速に近づくという見通しは決して悪くないことを意味していた。こうした新たな大規模な対外戦争を望みも、期待もしていなかったことは、モスクワが戦後期にボルシェビキ権力の拡大への希望をもっていなかったことを意味するものではなかった。

第二点は、ドイツに対する大きな軍事闘争が終わった時点で、こうしたソビエトの戦争観の中には、西側で遂行されつつあった動員解除にくらべ、ソビエトの軍事力を急速に動員解除する必要性が暗示されていなかったことである。現実にはソビエトでもかなりの動員解除が行われていたが、その軍事体制は世界の非共産主義地域のいずれをもはるかにしのぐ——ことに、地上部隊の兵員数と戦力で——ものを保持しつづけていた。

これには多くの理由があった。大戦終結時におけるソビエトの海、空軍力は西側の海、空軍力にくらべはるかに劣勢と見なされていたため、モスクワにおいては海、空軍の拡大継続と懸命に取り組む以外の政策は考えられていなかった。他の理由としては、平和時において、不気味なほどの、外見からすれば過大に見える地上軍を保持することは、ソビエト政府にとってだけでなく、昔からロシアの政府にとっては伝統的なものであった。十九世紀の年代記は、ツァー政府のこの種の政策に対する他国からの苦情に満ちている。同様なことが、今世紀の二十年代、三十年代にも繰り返された。当時、ソビエトの地上軍は一般に、数の上ではヨーロッパのほかのどこの地上軍よりもはるかに優勢で、こうした状態は、三〇年代の終わりにドイツ再軍備が完了するまでつづいた。従って第二次世界大戦後に、こうしたパターンが急速によみがえったことは、ソビエトの指導者にとってはまったく正常と思える行動に復帰したことを意味している。

この行動の心理的基盤に目を移すと、それにからむさまざまな考慮、状況説明といったものが見出せるのである。さまざまな理由から、ロシアの軍隊は一般に、ロシア内部の支配者にとってよりも、外部の者にとってより巨大なものに見えてきた——そして実際にしばしば計画的にそう見えるようにさせられてきた——ことにその攻撃的役割という観点からして、巨大に見えてきたのである。ロシアの政治指導者は通常、国内の政治、経済情勢をめぐる不安と懸念を背景にして行動してきたが、これはまた彼らのもつ先天的な不安感を高め、軍事力の点で、ロシア以外のところでは到底必要とは考えられないほどの、数的な安心感を求めさせるに至ったのである。ロシアでは地上軍を保持することは財政的には概して安あがりであり、この地上軍が青年男子のかなりの部分を組織にはめ込み、統制された立場に閉じこめておけるという点で、国内政治の上でも若干の利点を持っていた。

結局、ソビエトの指導者は、全面的戦争にいたらない措置で彼らの真の権力を拡大させることに関心を抱いており、他地域の人々の政治的行動に影響を与える手段として、脅威、脅迫のたぐいのことをする可能性——つまり、軍事力の実体よりも、軍事力の影法師を使う可能性——を忘れてはいなかった。第二次世界大戦のあとも引きつづき、大規模な地上軍（その師団の規模を縮小することで、師団数はいく分多くなっていた）を保持することは、とくに、西ヨーロッパの人々が戦争のショックと恐怖から極端に神経質になっていただけに、ソビエトがこのような目的を果たすのにまったく効果的であった。

ここで、戦後期における大規模な戦争と平和の見通しについてのソビエトの立場を要約するならば、——いうならば一九四六年の初めにはそのような立場だったのであるが——およそ次のようになるだろう。

第三次大戦は望ましくないし、今後長い間は発生しそうもない。この間ソビエトは、うむことなくしかも成功への十分な可能性を伴いつつ、西側社会に対する「半戦争状態」を続けるだろう。伝統的理由から、そして政治闘争への効果的な促進剤として、クレムリンは大規模な軍事力を保持しつづけるとともに、できるだけすみやかに、共産主義者によって支配され、共産主義者の息のかかった衛星諸国の軍隊によって、このソビエト軍を補強しようとするだろう。

一九四七年と四八年の最初の数か月の間に、ソビエトの観点からすれば予想外な不快な多くの現象が生まれた。まず第一に西側諸国は、衛星諸国との平和条約に同意した。これによってこれら諸国におけるソビエトの権力構造は無傷のまま残されることにはなったが、ソビエトの権力あるいは影響力をドイツ、オーストリアに永久に確立させることを認めるような、両国との平和条約に同意するのを拒否した。両国に関して西側諸国は、四大国外相理事会におけるソビエトの拒否権をなんとか迂回するために、西側諸国のそれぞれの管理地域で民衆の生活と希望を再生させるための独自の措置をとる努力を開始したのである。これは、政治戦争に賭けたソビエトの希望への、最初の大きな打撃であった。

次に、一九四七年の春、アメリカがギリシャ向け援助の責任を引き受けたことは、ヨーロッパで政治的拡張をめざすソビエトに深刻かつ不吉な挑戦をつきつけることになった。やがて間をおかずに、マーシャル将軍のハーバード大学での演説と、マーシャル・プランの開始という猛烈な衝撃に見舞われたのである。これらの出来事は、一九四八年春の危機に直接関連してくる。この危機を特徴づけたのは、アメリカ議会が最初の正規のERP（ヨーロッパ復興計画）立法を最終的に採択したこと、暫定的援助の第一陣の大量の物資がヨーロッパに到着したこと、フランスで共産主義者が唱道したストライキの波と市民生活秩序に対する挑戦が失敗したこと、同年春のイタリア総選挙で共産党が進出できなかったことなどであった。

ベルリン封鎖の実施、ソビエトがチェコスロバキアに加えた痛棒は、ともに冷戦におけるモスクワのこうした挫折に対する反応であった。この両者のうち、西側の反応という観点から格別の重要性を持つのは、チェコスロバキアでの事態の発展だった。一九四五年にベネシュ政権が復帰して以後ずっと実際にはチェコスロバキア情勢は完全にモスクワの統制下に置かれてきた。クレムリンの見方では、一九四六―四七年の間はチェコスロバキア共産党に焦らずに物ごとをすすめさせた方が得策だったし、この時期まではチェコスロバキアに表向きはある程度の自由を与えていた。その理由は一つには、事態をかなりの程度まで舞台裏で思うように進めることができたし、一つには西ヨーロッパ知識人に、共産主義によるある国の支配が必ずしも極端にかつ即座にソビエト化することを意味しないし、かえって〝自由な〟人々でも安心して考え、受け入れることのできる事態を意味するものだ、という誤った考え方に導こうという期待からであった。

こうした相対的に穏健で自由な政策は、モスクワが西ヨーロッパで政治的攻勢に出ている限り、成功の見通しがあったたし、割合安心してすすめることができたのである。前述したように、共産主義者の計画を完成させるには西ヨーロッパ大衆の寛容と協力が必要だったし、そのために西ヨーロッパ大衆をあざむくか、大衆に安心できる要素を与えておかねばならなかった。この政策には若干の危険と不利が伴っていたのであるが、もしそれ以後の成功が危ないということになっていたら、共産主義者はこうした危険、不利な点を難なく克服していたであろう。だが、共産勢力がいったん西ヨーロッパで守勢に立たされるや――事実、一九四七年の夏にマーシャル・プランが実行に移されるや、彼らは守勢に立たされた――相対的にかなり大幅な表面的な自由と寛容さをチェコスロバキアに与えつづけることは、モスクワにとって危険なものになってきた。政治的に攻勢にある場合には、自己の防衛線の背後に大きな孤立した敵の勢力があるのを無視することもできようが、守勢にまわった場合には、こうした敵を持つことは許されなくなる。チェコスロバキアと西ベルリンは、このような敵勢力の孤立地点に当たっていた。従って、一九四八年にソビエトがチェコスロバキアに下した痛棒は、マーシャル・プラン開始の論理的帰結であり、実際にそうなる六か月前に、アメリカ政府の観測者たちは、確信をもってこのことを予測していた。

以上のことから明らかなように、一九四八年にチェコスロバキアで突然、共産政権が確立されたことは、別に「新しいソビエトの侵略性」を示す兆候でもなければ、西側に対しソビエトが軍事的攻勢に乗り出すというソビエトの決定などとはなんの関係もないことであった。にもかかわらず、一九四八年の春、とくにチェコの政変の直後から、西ヨーロッパ諸国全般にわたって強い軍事的不安の波が高まり、ことにベルリンにいる西側観測筋の報告に基づいて「戦争恐怖症」に類するものさえ生まれてきたのである。

今日にいたるまで、当時モスクワが西側に対する軍事攻勢を考えていたとか、あるいはモスクワのこの問題に関する考え方が私の説明してきたものと異なっていたことを、確認するような証拠は一つとしてない。しかし、西側筋の間では、ソビエトの攻撃の危険が存在するという意見が固まりつつあった。そしてこの意見は、過去一年間に西側が獲得した政治成果を確保し、西ヨーロッパの関係諸国に相応の経済復興をもたらすことと結びつけてこれら諸国の共産党を抑圧することよりも——あるいは少なくともこうしたことと並行しつつ——ソビエトに対抗する西側軍事同盟の結成に進むべきであるという感情に変わっていった。この点は改めて後述するつもりだが、こうした方向をめざす交渉、つまり大西洋条約をめざす交渉は、一九四八年六月に開始され、同年十二月に交渉がまとまったのである。

私には、大西洋条約の締結を正当化する理由はなかったなどと言うつもりはない。西ヨーロッパとアメリカのいずれにおいても、多くの人々はソビエトの浸透と「半戦争」のテクニックを理解したり、あるいはこうしたテクニックでものを考える能力を欠いていた。彼らは国際情勢の動きについて全面戦争か全面平和かという古くさい型でしか、考えることができなかったのである。彼らにとって、外国軍隊が国境を越えて進撃してくるという形式をとらないで、彼らの国の独立が現実にかつ深刻に脅かされる場合がありうるなどということは考えられなかった。そこから当然のことながら、彼らが外国の脅威と考えるものに対抗しようとするためには、彼らは軍事同盟という旧式で、型にはまった手段に訴えざるをえなかった。彼らは、脅威が存在することは理解していた。しかし、この脅威の性質を理解していなかったし、また理解する能力もほとんどなかったのである。

とは言え、彼らの考えが全面的に間違っているという主張は、誰にもできない。第一に、暴力の使用はソビエトの権謀術数の手段の中には決して否定されていないどころか、実際に暴力はこうした手段の中では目立った地位を占めていたのである。国際的暴力、すなわち戦争が完全に否定されているということはなおさらできない。ソビエトの見解では、一定の状況の下では国際的規模の暴力の使用は依然として認められている。この特定の時期に、大戦争を扇動する計画を持たなかったのは、主としてこうした計画に見込みがないばかりか不得策だったという、当時の特異な状況のせいであった。もし西側世界が、安上がりの侵略を容易に、じかに招くような、軍事的に弱体の状態に陥っておれば、ソビエトが考えを変える可能性は多分にあった。あるいは、政治戦争がソビエトの観点からして有利に進展しておれば、政治作戦の成功につづいて、決定的なダメ押しのために、あるいはさしたる犠牲なしに掃討作戦を行うために、赤軍を使用する決定が下される可能性は常にあった。冷戦の諸条件や成り行きが急激に変われば、たとえそれがソビエトの利益、不利益のいずれかの方向に変わろうとも、戦争に関するソビエトの態度を変更させる作用を実際にもたらしたかもしれない。

さらに、共産圏と非共産圏の軍事力が後者の不利になるような形ではっきり不均衡の状態になれば、クレムリンがこれを無慈悲に、巧妙に利用するのは明らかであった。そのさいの目的は、西ヨーロッパ諸国民に恐怖感を抱かせ、これら諸国民に不安感を与え、共産主義の政治圧力に抵抗するさいの自信を喪失させることである。事実、こうした不均衡が存在するだけで、これをソビエト側があからさまかつ計画的に利用しようとしなくとも、このような効果をもたらしただろう。従って西側が強力な軍事力を持つことは、明白、正当、かつ否定できない必要事であった。このことは、近代的軍備という点から言えば、多くの方法で軍事的資源と地域的な施設をプールする取り決めを意味したが、こうした取り決めは西側諸国が一団となって大規模な近代戦を遂行するためには必要だったのである。だから、戦争はソビエトの思考の中にはまるで入っていないと主張したり、こちら側に強力な軍事態勢の必要がなかったなどと主張することは不可能であった。しかし、大西洋条約の構想の提示され方およびそれの西側社会での受け入れられ方には、疑いもなくある種の力点の置き方の間違いと、均衡の欠如がみられたのである。決定的な事実は、西側の再武装と同盟には正当かつ健全な理由があったにもかかわらず、当時の状況の下では西ヨーロッパが攻撃される可能性はなかったという点につきる。こうした攻撃に訴えてまで、当時のソビエトは自己の権力を西ヨーロッパに拡大することを希望もしていなければ、期待もしていなかった。西ヨーロッパ諸国民の頭上に脅威がおおいかぶさっていたことは疑いないし、西ヨーロッパ民衆の間でも広くそのことは認識されていたが、その脅威の力点は赤軍による公然たる侵略の可能性にあったのではなく、さまざまなより陰険で巧妙きわまりない手段を使って政治的強圧を加えつづける点にあったのである。こうした諸手段の性質からして、西側諸国が軍事的防衛の目的のために結束するという決定では、これにたいする完全な、あるいは決定的な対応策にはならなかったのである。

こうした決定にただ一つの重要な直接的効果があったとすれば、それはある程度クレムリンから軍事的脅迫の武器を奪い去ることであった。この武器は、「半戦争」におけるクレムリンの力の重要な一つの要素ではあったが、唯一の要素でもなければ、中心的な要素でさえも決してなかった。にもかかわらず、大西洋条約の構想を当初推し進める段階で、こうしたことは世界の世論に対して決して十分には説明されなかったのである。

こうした理由のすべてから、西側諸国が一九四八年に軍事同盟締結へと進んで行ったその出方は、クレムリンにいくらか驚きと奇異の感を与えたにちがいないと思う。このやり方は、当時アメリカが着手し始めたばかりで、初期の段階ではめざましい政治的成功を収めていた経済援助計画をも、ある程度妨げかねないものであった。ソビエトの指導者は、自分たちの軍事問題への取り組み方の性質を知っているだけでなく、西側諸国もこの性質を知っているものと想定していた。それだけに彼らにとっては、西側諸政府が防衛的考慮だけから、西ヨーロッパでの政治闘争の成り行き（この点にモスクワはすべてを賭けていた）と多くの点で無関係で、ソビエトの真の意図に対する回答としては——モスクワの考えでは——部分的にしか正当化できないような計画に、相対的に力点をおくなどということは、理解しがたいものであっただろう。

ソビエト側のこうした反応はおそらく、鳴り物入りで同条約をめぐって西側諸国の交渉が進められたことや、西側各国の議会が同条約を支持するために用いられた議論などによって、いっそう強められたことだろう。同盟条約をソビエトの脅威に対する回答として正当化するためには、この脅威の性質を過度に単純化したり、ある程度それを歪曲することが、どうしても必要だった。ソビエトの心理からすれば、こうした状況には疑惑を捨て切れまい。クレムリンの指導者たちは、あらゆる可能な方法で、非共産圏の構造を弱体化し破壊しようと企図していたのである。こうした努力の過程で、彼らは西側政治家に強い不満を抱かせる原因となるような、多くのことをしてきた。それに相応した西側の反応があったところで、クレムリン指導者は驚かなかったことだろう。しかし彼らは、なぜ自分たちがやっていないこと、つまり公然たる、いわれのない西ヨーロッパへの侵略を実施する計画をたててもいないのに、そのことのために非難されねばならないのかという疑問を抱いたのではないか。どうして彼らの意図について見当ちがいの非難を加えることが、西側再武装の理論的根拠になるのか。このことは——共産主義者の信ずるところでは——資本主義勢力という網の目の中心につねに腰を据え、意のままに資本主義の広範な体制の中に衝撃を引き起こそうと狙っているクモにも似た謎と悪意にみちた勢力の側に、何か隠された目的があることを意味するのではないか。

大西洋条約に基づいて作成された軍事計画が具体化し始めるにつれ、クレムリンと西側諸国の間のこの種の途方もない誤解は、西側の再武装の開始につきまとっていたソビエト兵力に対する全般的な過大評価のために、いっそう深められたのである。この点で、ソビエト指導者はある程度までは、自ら秘密とこけ脅しに熱心だった結果その犠牲者となったといえる。なぜなら、彼らはさまざまな手段を通じて、外国の情報機関に対し、たしかに実際よりもかなり誇張された形で、自らの軍事力の全体像を伝えることに、まさに成功していたからである。だが同時に、西側にもソビエトの力についていくぶん誇張されたイメージを作り出し勝ちな傾向があった。軍事計画立案者としては、慎重に計画をたてようとすれば、常に最も悲観的で不利な仮説を立てるほかない立場にあること。全般的な政治・軍事的考慮よりも軍事的計算を優先させて歳出をきめるべきだという要求を正当化する傾向。この二つが、誇大イメージを創出するのに役立った。

さらにソビエト軍の実際の兵員数、装備が歪められたのに加えて、徐々にソビエト軍の戦闘準備体制についても同様な曲解が生まれだした。一九五〇年に北朝鮮が、予測されなかった戦闘行為を開始し、それに伴って事情を知らない人々の間で、これを予測できなかった情報機関を責める傾向が生まれたことは、まさにこのような結果をもたらしたのである。そこから、西側の情報機関は以来、わが身を守るために、反対のことが立証されない限り（実際にはどこでも立証されなかったが）ソビエトとその支配下の軍隊は常時、考えられるあらゆる形の作戦を展開できる完全な臨戦体制――それ以上の準備の必要もなく、また西側に対しはっきりといかなる形の警告をもすることなしに――にあるとみなす立場をとらざるをえなくなった。だが、こうしたイメージは、ロシアの伝統、現実にまったく合致しないだけでなく、同時に疑いもなく歪曲であり、誇張であった。

従って、一般的にいえることだが、各層の人々――政府当局者、議員、ジャーナリスト、世論に影響を与えるような立場の者――の了解と合意のうえで、西側が再軍備への集団的努力を進める過程で、国際世論の前に、常にソビエトの脅威の性質について正確なイメージを作り出し、その納得をうるために必要な措置と細心のアプローチをとることは不可能だったのである。そして、こうした正確なイメージに代わって、西側の議会や世論の間ではかなり、過度に単純化された不正確なイメージが現れ、その中では、ソビエトの意図と力の双方についての実際の姿はゆがめられてしまった。

この結果、ソビエトの指導者——彼ら自身も、多くの点で対外環境に対し、筋の通らない態度をとってはきたが——は、自分たちが対決している西側諸国の政策路線が、適切な理論的根拠を欠いたものであることを見出したのである。もし彼らが、西側社会の性質について注意深く、冷静な検討を加えられるような人々であったなら、彼らの「半戦争」行為に驚きと怒りを抱いた西側大衆の反応は、公然たる侵略への防衛を目的とした軍事同盟という伝統的な形式に落ちつかざるをえないという論理の働きを理解できたことだろう。ソビエトの指導者はまた、再軍備をめざす西側の集団的努力がなぜ、主要な潜在的敵国の意図と力についての大幅な歪曲を伴わざるをえなかったか、を理解したことであろう。しかしソビエト指導者は、この種の人々ではなかったし、自らを取りまく国際環境にこうした分析を加える能力もなかった。資本主義世界は陰謀の巣であり、その頭目は「ウォール街」のどこか奥深くにひそむごく少数の権謀にたけた策士たちであるという信念が、ソビエトの心理に深く刻まれていたのである。この信念は、彼らの心理構造の中で、また彼らなりの行為のパターンの中で圧倒的な部分を占めていたので、彼らにとってこの信念を捨てることはできなかった。西側世界は陰謀をめぐらしているとする信念。大西洋条約

（それが提示された形においては）が、政治戦争のために彼らの相手である資本主義世界がとった措置であることについて、十分に納得できる理由づけが見出せなかったこと。同条約がある点では実際に、西側諸国での確固たる政治的士気を——盛り上げるのではなく——破壊するものだとみたこと。そして、同条約が一般の支持を受けた背後には、ソビエトからすれば完全に正確とは認められない、ソビエトの意図と力に対する見方があったという考え。

こうした諸点からソビエトの指導者が、大西洋条約の計画について、これには大衆に明らかにされていないかくされた意図があり、こうした意図からすれば、西側諸国は自らに必要な力ができ上がり次第、ソビエトとの軍事対決を考える決意であるに違いないとの結論を簡単に下したとしても、決して不思議ではない。

ここで指摘しておかねばならないが、疑い深いソビエトにとって、こうした結論を裏づけるさまざまなことがあったことである。例えば、アメリカの新聞が、原爆能力についてセンセーショナルな扱いをしたこと、アメリカの戦略爆撃用の兵器にとって攻撃可能なソビエトの諸都市の地図が公表されたこと、爆弾を政治的脅迫の手段として使用することの是非が公然と議論された（「言うことを聞くか、でなければ爆弾を落とすぞ」）こと、民間防衛やレーダー網について、アメリカ国内で民衆がかなり狂気じみた関心を示したこと……などである。この結論はさらに、マルクス・レーニン主義のイデオロギー的教義によっても裏打ちされていた。この教義はこのさい奇妙なまでの予言者的正確さのよそおいを伴っていたが、これによると、資本主義は革命の進展によって窮地に追いつめられると、社会主義を破壊するために武力行使という最後の絶望的な発作にとりつかれるというのである。

一九一八年にレーニンは、「この野獣、資本主義」が「死に直面したさいの、奇怪で残忍な狂暴さ」に言及したことがある。そして一九三二年にスターリンは「ソビエト国家の力の成長は、死滅しつつある階級の最後の残りかすの抵抗を強めることを、われわれは心にとめておかねばならない。彼らが一つの形式の攻撃から、他の形式の攻撃へと、より先鋭な形式の攻撃に移ってゆくのは……まさに、彼らが死滅しつつあるからにほかならない*」といった。

＊　両者の引用句の出典は、Nathan Leites, *The Operational Code of the Politburo*, p. 59, New York: McGraw-Hill, 1951.

「敵対者間の誤解」とでも呼ぶべき、この種の事態をいっそう悪化させたのは、朝鮮戦争の発生だった。この問題に関しては、双方とも相手側の行動の底にある動機を十分に理解していたことを示す証拠がないからである。

朝鮮における冒険の開始は、モスクワにとっては主として「相殺」措置とでも呼ぶべきものであった。その時期を決定させた主因はおそらく、日本と単独平和条約を結び、講和以後の時期にも日本列島に軍隊を残そうとするアメリカの意図を示す証拠が、いよいよはっきりしてきたことであろう。朝鮮戦争が、全世界パターンのもとに計画されたソビエトの軍事行動の一部であるとか、ソビエト側の「新しい侵略性」なるものの産物であるといった証拠はない。これは単に、（「半戦争」における一つの措置として考えられた）軍事・政治行動の開始にすぎず、クレムリンはこの行動を過去数年間にわたって熱心に、しかもそれをほとんど隠そうともせずに準備してきたのであり、また、この行動を本来の目的に役立たせようとすれば、北朝鮮が南朝鮮に対し最大限の軍事優位を保持し、再建され再武装された日本が朝鮮情勢に再び登場しうるようになる前の時期を選んで、それを開始せねばならないのは明らかだった。さらに、形のうえでは、朝鮮における行動はモスクワからみれば第三国の内戦であり、従ってソビエト政府、あるいはソビエト軍にとって公式に責任を負わずにすむことであった。少なくとも当時までは、モスクワは、第三国で内戦を扇動しそれを成功させることは、完全に公正かつ是認できる政治的方策にほかならず、そうするだけの腕と計画があれば、誰でもこの政治的方策に訴える権利があると考えていたのである。モスクワは、内戦が国際法の発動、あるいは国連による措置の対象としてふさわしいものとは考えていなかった（ソビエトは国連でこの趣旨の抗議を真剣に行ったのである）。ことにソビエトは、どのような政治勢力によって内戦が引き起こされようと、それは国連には関係のないことだと思っていた。

一方のアメリカでは、北朝鮮の攻撃は自由世界に対するソビエトの綿密な武装侵略計画の第一弾にすぎないという見方に、世論が急速にまとまりだした。やがて、アメリカ当局者の発言の中で、この攻撃が新しいソビエトの「侵略性」の一例であると大っぴらに引き合いに出されるようになった。こうしたことは、ソビエトの考えからすれば予想外のことだったに違いない。なぜなら、この冒険はモスクワの見解では、共産主義者が懸命になってつくり上げようとしてきた政治的有利さを利用する試みにすぎず、完全にゲームのルールの枠内のことと思われていたからである。

ここで強調したいのは、前述したような形の誤解を生み出した原因が、朝鮮への兵力派遣というアメリカの行動にあるのではないことだった。アメリカの介入は、ソビエト指導者がそれを予測していなかっただけに、クレムリンとしては戦術的には不意をつかれた形であった。しかし、ソビエトの考え方によれば、こうした介入にはそれなりの根拠があるのは明らかだし、決して例外的なことではなかった。ソビエトから見て、不可解で、陰険で、そしておそらく他の意図をおおいかくしているように思えたのは、われわれが内戦を国際的侵略行為として扱い、それに基づいて国連の権威を発動しようという決定を下した点だった。

同じような反応が、西側諸国、ことにアメリカが、ドイツと日本の処理をめぐってモスクワから見て現実的と思われるような妥協案を求めようとせず、代わりに日本と西ドイツの再軍備を進めるという決定を下した場合にも、ソビエトの指導者たちの間に生じたことであろう。ソビエトの指導者が非武装、非占領下の日本を公式に承認する用意をしていたのは、ほとんど間違いないところだったし、また日本がその共産党を統制下におきつづけている限り、そして世界情勢に激変がない限り、公然たる軍事行動で日本を攻撃することも多分なかっただろう。ドイツの非軍事化の継続と、ドイツ内部での政治活動に真の自由を与えることを条件に、ドイツから軍隊を引き揚げることをソビエト指導者に実際に認めさせられたかどうかについては、はっきりとは言えないが、おそらく受けいれさせることはできなかったであろう。

しかし、同じように、われわれがまさにこうした解決策を押してみなかったことに、多分ソビエトの指導者は戸惑わされたことと思われる。もし状況が逆であって、われわれではなく、彼らの主張が疑問の余地のないほどドイツ人の圧倒的多数から政治的に支持されていたとしたら、彼らは間違いなく、大胆にかつ絶えず軍隊の引き揚げ、ドイツ分割の除去、ドイツの自由な政治活動の即時開始を、叫びつづけたことだろう。ソビエトから見れば、ドイツではわれわれが途方もなく有利な政治的立場にあるように見えたに違いないのだが、それでもわれわれがこうした行き方をとらずに、代わりに西ドイツの再軍備と「統合」の道を選んだことは、ソビエトの気持ちからすれば、単なる臆病さとか慎重さだけでは説明のつかない政策に思えたにちがいあるまいし、さらには他のいっそう悪意ある考えから発案された政策とみられたに違いあるまい。

こうした考察から、アメリカに対してソビエトが表明した疑念のすべてが真剣なものだったとか、あるいはその疑念のすべてが大西洋条約の締結とか朝鮮あるいは西側の対ドイツ政策などから出てきたのだという誤った結論を引き出してはならない。ソビエトの態度の中で最も混乱した側面の一つは、この態度がしばしば、真剣さと不誠実さ、正直と不正直、真実と見せかけの混じり合ったものであることだ。資本主義諸国の動機に対する疑惑と冷笑的態度は、ソビエト共産主義に最初から付きまとっていた先天的なものだった。また見のがせない重要なことだが、ソビエトのこれまでの歴史の中で、実際にソビエトが外部からうけた脅威の度合いと、ソビエト政府が自らの国民に植えつけようとしてきた外部からの脅威のイメージとが、合致することは、決してなかったのである。ある時点で現実にそうであろうとなかろうと、外部世界を脅威の対象として描き出すことは、ソビエト支配の常套手段の一つだった。しかし、こうした一貫した素直でない政策の背後では、当然のことながらソビエト指導者はあらゆる局面で、外部脅威の真の度合いを計算していたのであり、この計算の結果は、時と状況の差異によって大きく違っていた。前述したソビエトの反応に関する証拠からはひとえに――ソビエトの発言、態度に通常つきまとう外国の意図に対する過度の宣伝的な歪曲、中傷の数々をもし取り除いてみることができるなら

――近年においてソビエト側に西側の意図の邪悪さに対する固い信念の核が存在していたこと、さらにこのような信念が、全面的にではなくても、かなりの部分まで一九四八年から現在にいたる西側の政策をソビエトが誤って解釈したことの結果であることが見出せるように、私には思えるのである。

では、西側の侵略的意図に対するソビエトの言い分にある程度のまじめさが含まれているという考えを認めた場合、これがソビエトの政策、行動にどのような影響を与えてきたであろうか。これは、クレムリンにどの程度まで現実に不安感を与えてきただろうか。そしてこれは、外部からの脅威、乃至は西側の拡張に対するソビエトの我慢の限界にどのような変化を生じさせたであろうか。

こうした問いに答えるのは、至難の業である。こうした問題にからむ証拠はきわめて不十分であり、場合によっては証拠自体が矛盾し合っているため、こうした問題はソビエト支配層自体の内部で大きな意見対立とためらいの対象だったのではないかとの疑問すら起きる。回答について何らかの考えをまとめようとするには、おそらくまず、ソビエトの反応の中で若干の識別可能か、あるいは計算可能な要素を取り出してみることが最善だろう。この範疇《はんちゅう》の中には、次の諸点が含まれよう。

1　西側の再武装が進み、問題の軍事側面を重視することにモスクワが注目し、心を奪われるにつれ、疑いもなく、それに応じてソビエト筋の間でも東西間の抗争については、政治的側面を犠牲にしても、軍事面に重点をおこうとする傾向が出てきたに違いない。西側政策の発展は、結局は第三次世界大戦が起きることになりそうだという見方をモスクワで絶えず強める結果になったに違いない。このことは、逆にかなりの程度まで、ソビエトの考え方と行動に影響を及ぼしたにちがいあるまい。

ソビエトの権力構造は、議会制度や自由な新聞の圧力にさらされてはいないが、それにもかかわらず政治情勢を貫く法則の作用の影響からは完全に免れているわけではない。この法則に基づいて、軍事準備は自らのはずみを得るのであり、また彼らが――どこの政府も常にそういうのだが――相手に思い止まらせ、阻止しようと考えていること、まさにそうしたことを逆に、実現させる可能性を増大させるに至るのである。あらゆる政府にとって、軍事対決の可能性を計算することは、磁場の性質をもったものを作り上げることになり、ひいてはそれが行動に影響するのである。是非、善悪を別にして、戦争の可能性を信じることは――戦争に代わる方策を無視し、もし戦争が必至とみたときに取らざるをえない方策の要請に、かなり、深入りすることを意味する点で――ある程度まで、実際に戦争の可能性を増大させるような振る舞いをすることに通じる。

従って、一九四五―四六年の時期に、ソビエトの態度に関していわれたことは、もはや一九五〇―五一年のソビエトの態度にはまったく当てはまらない。五〇―五一年の時期までにクレムリンは、大戦争は近い将来に発生しそうなこととして考える必要はないという当初の考え方を、大きく変えてしまったにちがいない。そしてその政策と計画を、戦争が起こるかも知れないという見通しの方にますます合わせていくことを余儀なくされたに違いない。言い換えるなら、ソビエトの政策もまた、戦争の可能性の相対的増大を信じ込むという磁場に、ある程度引き寄せられていたに違いないのである。さらに、戦争への準備をすることが、きわめてしばしば戦争回避をめざす努力の敵になってしまうものである以上は、将来の戦争回避を目指した政策を遂行するソビエトの能力も、それに応じて、打撃を受けたにちがいないだろう。

答えのまだでていない大問題は、このようにして、ソビエトの政策が受けたと思われるその影響の度合いである。言い換えるなら、ソビエトの指導者が三、四年以内に大戦争が起こりそうである、あるいはそれが不可避とどの程度までみなすに至っていたのか、そしてこうした見通しにどの程度までその政策をコミットさせていたかという点である。この問題は最高の重要性を持っている。と言うのは、戦争の早期発生が不可避だと明白に信じているのなら、クレムリンは奇襲という要素を利用する決定を下し、自己の選んだ時期と方法で戦争を開始させかねないからである。

しかしモスクワが、ここまで来ているという証拠はない。私の推測では、この問題ついてなおソビエトの考えは、相対的に弾力的であって不決断の状況にあると思う。ソビエトの政策作成のシステムからして、その政策立案者たちはこの問題について会合を開いたり書類をつくったりする必要はなく、この点で、彼らがわれわれにくらべて、事態分析の仕事をするうえで、著しく助けられていることは疑いない。思うに、彼らはわれわれにくらべて、国際情勢における行動と反応の相互作用、いろいろな出来事が相互にからみ合い、反映し合う仕方、数年後の情勢決定に当たっては多くの可変要素があること、などについてはるかによく自覚しているようである。そして、こうした理由のゆえに、彼らは遠い将来の戦争の可能性について、現時点で明確な、あるいは最終的な判断を下さねばならないという義務感を、あまり感じていない。

このような枠の中での私の推測では、おそらくは差し迫った将来ではないにしても、彼らは今後数年内のある時点でわれわれとの戦争に、それも多分彼らよりは、われわれのイニシアチブによって、巻きこまれる可能性があるだけでなく、おそらくそうなりそうだと考えているようだ。しかし、このことは、われわれが考えるほどの影響を、彼らの政策に与えることはあるまい。その理由は、戦争が発生しそうな時期が来るまでの間に起きることの重要性、さらにこの間、ソビエトに好都合のように政治戦争の成り行きをもってゆけば、われわれの側の実際の戦争遂行能力が大幅に変わる可能性、についてソビエトの指導者たちは非常によく自覚しているからである。

2　もちろんソビエトの指導者は、西側の政策が純軍事的な危険性を過度に重視していることを利用して、どの程度までアメリカへの信頼と西側陣営の結束を突き崩せるかを、敏感に感じとっていた。過去三年間、ソビエト政策の主要な側面の一つが「平和」というテーマの利用であり、ソビエト自身の政治戦争の政策をおおいかくすために世界的規模で「平和」運動を盛り上げることであったとするなら、それはまさしく、彼らの理解する通りに、この問題が西側諸国の方からすでにお誂え向きの形で彼らに提示されていたからである。彼らは、世間にまったく知られずに、また議会の圧力を克服する必要もなしに軍事準備をすすめることができたので、西側世界に向かってあたかも平和の擁護者であるかのように身構える有利な立場に立てた。その西側世界では、議会に軍事支出を認めさせるには、絶えず軍事的危険と戦争が起こりそうなことを強調する以外に方法はなかった。西側民主主義国は、その再軍備と軍事同盟の必要性を、より巧みに、正確に世論に訴える能力を示さず、その結果、戦争の見通しを過度に強調することになったが、そのために払った代価こそ一九五二年のソビエト平和会議だったのである。

3　クレムリンは疑いもなく、西側で起こっていることに対抗するため、能力の限りをつくして軍事的準備の水準を高めたのである。しかしこの努力は、鳴り物入りの強調もなければ、ソビエトが平和時の開発計画から著しく逸脱したという印象を与えることなしにつづけられた。ソビエトは自国民や国際世論の一部に対して、他の側が軍備に狂奔し、戦争論議にふけっているのに、ソビエトは自信をもって平和的建設の道を歩み、運河や水力発電所の建設に取り組み、植樹や灌漑《かんがい》の作業をすすめ、大地の実り豊かさと平和目的のための生産力を増大させているという印象を与えようと努めた。

4 ソビエトの指導者は、西側諸国と軍事衝突が起こりそうな地点のすべてにかなり強力な部隊を配置し、また自国国境を侵犯させないために、極端なまでに神経質で冷酷な警戒心を示していた。こうした態度を彼らに取らせたのは、西側の再武装によってびくついてはいないし、またソビエト領あるいはソビエト軍に対するいかなる悪ふざけをも座視するつもりのないことを誇示したかったからに違いない。彼らは、強さ、あるいは弱さの証拠が持つ力学を十分に自覚しており、ことに、強者がそのもてる力を発揮しもしないのに、相手側が強者に対して公然と譲歩、あるいは譲歩する素振りをみせる場合には、脅しが成立する可能性のあることを知っている。

彼らは、優勢な力に直面した際には、多くの場合、折れるであろう。しかし、譲歩することによって、彼らに加えられた圧力が緩和されることがない限り、また同じような圧力に対しさらに譲歩を求められたり、譲歩のくり返しを要求されることはないという保証が与えられない限り、彼らは決して折れることはないだろう。言い換えるなら、圧力への屈服が、際限のない屈服への道への第一歩であると感じた場合には、彼らは決して折れてこないだろう。こうした理由から、彼らは自国の領土保全のような事柄に対する手出しは、決して許さないであろう。また自らの国境の防衛のための警戒心を保ちつづけるだろう。この警戒心は、たとえ軍事均衡が変化しても、それに伴って変化をみせるというたぐいのものではあるまい。

5　以上のような推論に従って、さらには自国に向け強力な軍事力が展開されているという自覚が深まるにつれ、彼らは海上の境界線に対し極度に敏感になっていることを示すに至った。海上の境界線は、例の傀儡諸国のベルトをつくるというやり方では、防衛することができない。黒海とバルト海を実質的にソビエトの内水として承認させたいという希望は、陸上境界線の周囲に緩衝国を求めるのと、同じ心理状態から生まれている。この目的が達成できずにいるという事実から、彼らは極端に神経質になっているのである。海上問題に不慣れな大陸気質の国として、彼らにとっては外国の航空機や軍艦がなんら懲罰をうけることなく、自国の沿岸施設の数マイル以内まで接近できるなどということは、実際、不合理きわまりないことに思えた。こうした理由から、彼らは海上境界線に対し極度の、ほとんど病的なまでの、敏感さを示してきたし、今後も示しつづけるだろう。

6　こうしたきわどい問題や、格別微妙な点があったにもかかわらず、ソビエト指導者はこれまでのところベルリン封鎖でも朝鮮戦争でも、目立った自制のほどを示すとともに、この時点で西側諸国との大規模な軍事対決には巻き込まれたくないという傾向を明白に示してきたのである。

7　本当の意味では、ソビエトは西側世界との外交関係をすでに断絶していたと言える。ソビエトが西側の外交使節団のモスクワ駐在を認め、また西側の各首都にソビエト外交使節団が駐在しているということは、なにもこの断絶状態という事実を変えるものではない。モスクワの西側外交使節は、まるで戦時下の敵国内にいるかのように、完全に、効果的に孤立させられていた。彼らはソビエト政府から、西側政府との真の意見交換のための仲介者とは見なされていないし、そのような扱いも受けていない。こうした状態は、これら使節団の技術的施設を使って、示威的な性質の意思疎通――その目的は、相手国政府の考えに真に影響を与えることではなく、国際世論の前で相手国を困惑させることだけにある――が行われていたからと言って、変わるものではない。事実、過去数年間においては、正常かつ伝統的な意味での外交関係――こうした関係は、一九二〇年代、三〇年代と第二次世界大戦中にソビエトと西側諸国の間で、部分的規模と不完全な形で存在していた――は、全く存在しなくなっていたのである。

これは、衝撃とその反応の間にもはや通常の外交的緩衝剤が存在しなくなったという意味で、軍事的な出来事や刺激をめぐるソビエト、西側諸国双方の反応ぶりに重大な影響を及ぼすものである。例えば、西側のモスクワ駐在外交代表にとって、西側の個々の軍事的動きの意味を正常な方法で説明する機会も、このような動きをめぐってソビエト側に重大な誤解が生じつつあることを知る機会も失われていたのである。もしこのためソビエトが平和に現実的危険をもたらすような対抗措置をとったところで、情勢悪化を阻止するために、外交官にできることはほとんどなかったのである。さらに、正常な外交的影響力が行使できなくなっていたので、西側諸国としては、ある争点をめぐってソビエト政府に圧力をかけるには、戦争に訴える用意を誇示する以外にないという立場に、容易に陥りかねない状態になっていたのである。

こうした状況は、平和時における軍事準備に関するあらゆる問題に、ことに第三国の領土使用にからむ問題に、新たな、独特の微妙さをつけ加えることになった。というのは、外交的説明がないので、このような動きとそれに対する反応が、それ自体、両陣営間の意思疎通の形式となり、そこには誤解への機会が充満しているからである。

8　ソビエトの宣伝機関は、ソビエトや衛星諸国の有力で責任ある党幹部に対し、西側の再武装は西方民主主義がかかえる弱み、分裂、疾病という致命的な負担を軽減しないだけでなく、実際にこうした条件をいっそう悪化させ、モスクワでいわれている〝資本主義の全般的危機〟なるものにはずみを増した、という考え方を吹き込みつづけてきた。こうした状況の下では、この種の見方が多分にソビエト最高当局の考えをも示していたと想像しても、まず間違いはあるまい。

これらの諸点に立脚してわれわれの分析をすすめるなら、以下の文章は、最近の西側の諸政策、わけてもNATOの活動に対するソビエトの反応のおおよそのところを説明するのに役立つだろう（現実感をもたせるために、私はこの文章を、ソビエト指導者が使用するだろうと予想されるような言いまわしで、記述することにした）。

西側指導者は再武装し、できれば究極的には軍事衝突でわれわれを全滅させようと決意した。これは、彼らが政治戦争において劣勢であることの自覚を反映するものである。これは、資本主義が病んでおり、その政治的能力がますます不毛化しているというマルクス主義的分析を確認するものである。同時に、資本主義は自己の立場の悲惨さと自らの衰退という非情な実体に直面した場合、一転して野獣と化し、上げ潮の社会主義勢力に絶望的な一撃を加えようとするだろう、とのレーニン主義的分析を確認するものである。

われわれはつねに資本主義者を嫌悪し、彼らの権力破壊に専念してきた。多年にわたって彼らはこのことを十分認めたがらなかったので、われわれは彼らのなかば盲目的状態を利用し、彼らを油断させ、外交的に取引をするという政策で彼らの経済的資源を吐き出させる方がわれわれにとっては都合がよかったのである。しかし今日では、彼らもまたわれわれと彼らを分け隔てているのが何であるかを自覚するに至り、ついにわれわれを彼らの敵と見なすことを学んだのである。そこでわれわれとしては今後、国際関係の伝統的な仕組みに参加するというみじめな茶番には、もう何の価値も認めないであろうし、外交水準においても資本主義諸国をあたかも戦争状態にあるような形で扱い続けるつもりである。

軍事的危険については、われわれは細心で用心深くなくてはならないが、当面のところ、目立って神経質になったり、あるいは唐突な行動をとる必要はない。アメリカはまだその準備ができておらず、彼らの再軍備は依然として初期の段階を越えていない。われわれが適切な警戒心と決意を示し、アメリカに対し容易に成功をもたらせるような方策にでない限り、彼らはこの時点で計画的にわれわれを攻撃したりしないであろう。もちろん、彼らとしてもある時点では、われわれを攻撃し、破滅させたいと思っているだろうが、問題は、彼らがそうした力を持てるかどうかである。彼らにとって、攻撃をした方が有利だし、都合がよいと判断するような時が、果たして来るであろうか。戦争というものが、この上なく重大な問題で、軽々しく考えることのできないことは明らかである。戦争はわれわれに大きな危険あるいは、大きな機会をもたらしうるものだが、それを左右するのは、戦争が発生するさいの状況、われわれの敵が果たして過ちをおかすかどうか、さらには軍事作戦の性格などであろう。しかし、現在の見通しは、重大ではあるものの、あからさまに神経質になっている兆候をみせるべき場合ではない。われわれは、工業力と軍事力の両面で、着実に力を伸ばしている。アメリカは主として原子爆弾と戦略的爆撃の能力に依拠している。しかしわれわれも、独自の原子兵器を開発中であり、やがて彼らも、双方が大量破壊兵器を大量に持つようになれば、これら兵器が互いに相殺作用をもつことを悟るであろう。一方、彼ら自身の矛盾は、その意思と行動を妨げつづけ、結局はそれを駄目にしてしまうであろう。かくて、彼らの武器、つまり戦略空軍力がわれわれの報復力の発展につれ収穫逓減《ていげん》の法則にとらわれるのに対し、われわれの兵器、つまり政治戦争はますますその力と効果を発展させていくだろう。

最大の危険はもちろん、朝鮮あるいはドイツに関するなんらかの争点をめぐって、戦争が時期尚早のうちに、また偶発的に起こりかねない点である。われわれは、このような事態が発展しないように努めるであろうが、さりとてそれを防止するために、重大な点でわれわれの政策を修正するつもりもない。そうなるのがやむをえなければ、それに直面しよう。それは深刻で危険に満ちているが、しかしヒトラーの侵略にくらべればそれほどではない。アメリカには、ヒトラーの持っていた地上軍の能力が欠けている。ヒトラーと同じように、彼らも過ちをおかすだろうし、われわれはこの誤ちを逆手にとるつもりだ。彼らは多分、われわれを爆撃できるであろう。しかし彼ら自身も重大な損失を受けることになり、われわれの軍事能力に対するその影響もおそらく致命的なものにはなるまい。もし彼らが、最も防備の薄い経済的拠点を狙う代わりに、われわれの諸都市に対する空襲に力を集中——彼ら自身の特異な理由からそうするかも知れない——するならば、その場合われわれの非戦闘員に対して加えられる損害は、実際にはわが国の民間人の士気を悪化させるどころか、逆に向上させることになるだろう。

一方、わが国の地上軍は手をこまぬいているわけではなく、外国の共産党も座視していないだろう。われわれは、ある程度の爆撃をうけないわけにはいくまいが、彼らはヨーロッパの大部分の地域を破棄せざるをえなくなるかもしれないのである。

いかなる大戦争といえども、われわれの観点からすれば、この種の戦争にもまして、望ましくないものはない。なぜならば、こうした戦争がなければ、恐らくわれわれは大戦争に伴う損害をうけることなしに、いずれはヨーロッパを手にいれることになるだろうからである。だが、大戦争が起こらざるをえないのなら、われわれは受けて立つことができる。だが、このような戦争の危険は、われわれが国民に対し、戦争の準備、あるいは動員計画に着手したとの印象を与える必要があるほどには大きくはない。これとは反対の印象を与えることによって、われわれは平和のチャンピオンとして身構え、何よりも安全と暴力の不在をひたすら希求している世界において、そこから政治的利益を引き出しつづけるであろう。

実際、こうした要約の仕方は、おそらく、ソビエトの考え方についてなんとなくあまりに大胆で割り切りすぎたイメージを与えるかもしれない。この中の若干の要素、とくに西側が早期に攻撃を加える可能性、こうした攻撃の持つ危険、さらに西側諸国との間で真の外交折衝らしいものを再開させることで、ソビエトの利益を促進しようとすることが有利なのか不利なのか、といった点については、ソビエト権力構造の内部で——単に個々人やグループの間だけでなく、個々の人間の胸中でさえも——かなりの逡巡《しゅんじゅん》、疑念、対立があることだろう。これら諸点をめぐる疑惑、恐怖、希望、勇気は、国際的出来事のバロメーターにしたがって強まったり、弱まったりするものだ。そしてこのバロメーターは西側社会自体の発言、行動に敏感に反応しているのである。前述したソビエトのイメージは、ここ数か月のソビエトの行動と発言から生ずるように思われるものを示すにすぎないのである。だからといって、こうしたソビエトの思考方法が多くの点で、ことに西側世界の動向をめぐる解釈の点で、実際にかなりの論議の的になっている様子はないなどと言うつもりはなく、また事態の成り行きと西側諸国の決定、行動によってこの思考方法を実質的に変更させることはできない、というつもりもない。

以上のことを念頭におきつつ、われわれは最後の問題に直面しよう。それは、軍事分野でソビエトの力との全面的対決を避け、政治分野でソビエトに打ち勝つ（西側の政策を大ざっぱに要約すれば、こうした表現になると思う）ことを目的として、NATO共同体にとって事態処理に際しての最善の指標となる全般的原則は何かということである。これまで述べてきた考察から引き出せる以下の諸点は、この問題に対する回答になるように、私には思われる。

1　NATO諸国は、急速かつ精力的な再軍備への主張に固執しながらも、軍事的な危険に対する一切の過大視、あらゆる種類の好戦的な態度、ソビエトへの軍事行動の脅威と映るような声明、戦争の不可避性あるいは可能性を信じていることの示唆と受けとられる恐れのある言動を避けるために、慎重かつ組織的な努力をかさねねばならない。西側諸国民に対し、ソビエトが展開しているような型の政治戦争に西側が対抗するには、再軍備と同盟が重要で不可避の要素をなすことを理解させるため、大きな努力を払わねばならない。このことは、われわれがしばしばそうしているように、おそらくソビエトは西側への攻撃を計画している——こうした可能性は全面的に除外すべきではないが——と想定しているように思われる声明を行ってはならない、ということを意味する。そして、それにもかかわらずどうして、再軍備が必要であるかを一般民衆に理解させるようにしなければならないことを、意味している。同時にわれわれは注意深く、再軍備がわれわれの回答の一部にすぎないこと、そして他の多くの要素、例えば経済的健全さ、政治的な自信、平和な未来への信念と希望などをもって、再軍備との間に均衡をとらなければ、実際には再軍備は西側による抵抗の全体的な構造を破壊しかねないことを、強調しておかねばならない。こうしたことがなされうる限りにおいては、つまり再軍備と同盟は、われわれは依然として確信をもって期待している平和で建設的なものを守るためのものであって、絶望の余り進めている戦争準備のためではない、という風に説明できるようになるならば、「平和」の切り札をソビエトの手から奪い、政治戦争におけるソビエトの成功を減殺できるようになるだろう。

2

軍事準備の特定のパターンは、常に大衆の目には、特定の計算と意図のパターンを反映するものとして映るものなのだ。重要なのは、NATO機構の建設が、戦争を不可避視し、大急ぎでそれに備えている人々の熱狂的な準備ではなく、ただ単に垣根をつくろうとしている人々の冷静で分別のある措置として反映するようにすることである。そして、この垣根は他のだれかがそれをぶち壊しにくるだろうという考えからではなく、むしろ双方の立場を明確にし一切の誤解を防ごうという正常で、賢明な希望から、作らねばならない。こうした考えには、できるだけ早い時期に、理想的な軍事的態勢を築き上げようという観点からすれば、ある程度の不利がつきまとうのは避けられない。しかし、理想的な軍事的態勢を築く目標と、政治戦争——この戦争は現に進行中だし、われわれに残された選択は戦いつづける以外にない——に勝つという目標の間には、若干の点で埋めがたい矛盾があることは、認めなくてはならないし、忘れてもならない。

　この軍事的ないしは政治的な取り組み方のいずれかが要請するものを、極限にまで推し進めてゆけば、他の取り組み方が要請するものは目茶目茶になってしまうだろう。しかも、その一方が目茶目茶にされれば、どちらもうまくはいかなくなってしまう。もし問題に政治的立場からだけ直面するならば、それに伴う実際の軍事準備はいったん戦争が現実に起きたさいの戦争目的のためには、まったく不十分なものになるだろう。一方、もし職業的な軍事計画者たちに、ソビエトの力に対する十分な軍事態勢の準備という観点から彼らが望むものすべてが、与えられるなら、西側諸国民の政治的抵抗にとってまったく破壊的な結果がもたらされかねないのである。

　従って、われわれが直面しているのは、この二つの要請の間に道理にかなった、思慮ある妥協点を見出す必要である。そしてこの妥協点が見出されるのは、西側の再軍備が一般大衆にとって、誤解、偶発事件、悪意に対する確固たる合理的な予防措置を反映するもので、軍備競争の力学への絶望的なかかわり合いの反映ではないと、思われるあたりにあるように思われる。われわれが避けねばならないのは、軍事的方程式という冷酷で、欺瞞《ぎまん》的な論理に幻惑され、とりこにされたかのように見られることである。民衆に示さねばならないのは、われわれが軍事的、政治的緊張の過程を支配する主人であって、その奴隷ではないということだ。

3　NATO共同体が念頭におかなければならないことだが、ソビエト指導者は、彼らの胸中に、われわれからして合理性と呼べる領域もあるがまったくの非合理的な他の領域もあるという極めて不思議な人々なのである。彼らはいくつかの機会に自制心を示したし、最近では武力衝突を実際に望んでいるような兆候をみせたこともない。しかし彼らは、秘密主義的であり、しばしば突飛な反応を見せてきており、彼らの神経のぴりぴりした点や、非理性的な点にいつ触れるかを、予測するのは容易なことではない。彼らが自分たちの権力の境界線、ことに海上から接近可能な境界線に対し、敏感になっているのは明らかである。

また当然のことながら、明らかに彼らの領土への浸透という目的のもとに形成された空軍基地の輪によって包囲されていることに、彼らは敏感になっているのである。軍事的考慮において、攻撃と防衛の間に明確な一線を引けないのは明らかである。われわれの防衛措置の多くは、ソビエトからすれば攻撃的な動機にもとづくものと見えるにちがいない。だからといって、このために西側の適切な防衛態勢をめざす全面的な努力を麻痺させてよいという理由にはならないことも、明白である。だがここでも「欲張りすぎれば、元も子もなくす」という言葉が生きてくる。軍事基地と軍事施設をソビエト国境に向かって進めつづければ、やがてはこれら基地、施設によって回避しようとめざした、まさにそのことが生まれる事態になるのは、否定できない。アメリカ基地網の包囲に直面しながら、ソビエトが無限の忍耐を示すだろうなどと考えてはならない。政治的考慮はさておき、いかなる大国——平和的にせよ侵略的にせよ、あるいは理性的であるにせよ、非理性的であるにせよ——といえども、自国の国境が競争相手である大国の軍事施設によって徐々に埋められようとしていることを、無関心のまま座視しておれるわけはない。

ここでもまた、妥協点を見出さねばならないが、その妥協点が軍事上の理想からほど遠いものになるのはやむをえまい。この妥協点は、ロシアの特異な心理と伝統を考慮して、見出されねばならない。いまわれわれがソビエトの指導者に意思を伝えうるほとんど唯一の言語は、公然たる軍事的、政治的行動という形の言語であることを忘れてはならない。われわれが最終的決着を政治分野でつけ、そしてこの分野で勝利を収めることを依然として期待しているのならば、この独特な言語でわれわれがしゃべる言葉づかいはあくまで、戦争の不可避性という考えを受け入れているすべての人々にとってと同じように、ソビエトの指導者にとっても唯一の問題は、戦争が「起きるかどうか」ではなくて「いつ起きるか」であるかのような、心理状態に彼らを陥れないようにしなければならない。

結論として、私は以下のことを申し上げてペンをおきたい。

現在の状況は、昔ならば大戦争の発生をもたらしたような、いくつかの大きなジレンマを内在させており、こうしたジレンマを非軍事的手段によって解決できる見通しは、いまのところまだ視野に浮かんできていない。こうした状況の中では、戦争の不可避性を主張し、それに魂を売り渡すことは容易である。疑いもなく、過去四、五年間の出来事は、戦争をその可能性のある範囲内にまでもたらし、すぐにも戦争が勃発する危険を増大させた。だがこれは、いずれかの側が、戦争発生を故意に望んでいる結果ではなく、一定の緊迫状態が起こった場合、戦争に代わる受諾可能な解決策を人々が見出せない状態にある、との結果なのである。にもかかわらず、モスクワの実情を精密に検討するならば、戦争が不可避であるとの考えに陥る理由はないし、こうした考えに魂を売り渡す人々の行動を正当化することもできない。

圧倒的に重要な事実は、ソビエトの指導者——たとえ西側への憎悪にとりつかれ、理性の声に耳をかさなくとも——が、新たな世界大戦に伴う混乱と苦痛を、彼らの願望を達成する絶好の環境だとみなしている証拠のないことであり、これはわれわれの安心感のよりどころになるものである。それに現代の兵器開発の状況からして、彼らをそうした方向に追いやることは、まずあるまい。差し当たり、彼らはその奇妙な「半戦争」の水準で争いをつづけることに満足しているようである。そして私個人としては、この分野で彼らがわれわれと十分にたち打ちできないだろうなどと、信ずる気にはなれない。「半戦争」が彼らに不利になった場合、果たして彼らが競争の舞台を政治水準に限定しつづけるかどうか、あるいはそうした態度がいつまでつづくのか――この点については、私には何とも言えない。しかし私の考えでは、彼らについていま言えるのは――これは、彼らがわれわれについても言えることだが――もし政治的な敗北によって彼らが自暴自棄の状態にまで追いこまれることになれば、その時までには彼らの軍事力も実際の戦闘能力を大幅に骨抜きされているであろう。そしてその場合も彼らは一転して窮地に追いつめられた動物のようにはげしく、しかし望みのない闘争をしかけてくるだろうということである。

こうした理由から、戦争が起こらない可能性に応じつつ、同時に戦争発生にも応じた政策の継続を、私は進言したい。もし先例や経験に基づいて、こうした相対的な楽観論に反対する懐疑的な意見があるならば、現代の特異性の下では、われわれには過去の経験がもつ極端に楽観的な含蓄よりも、極端に悲観的な含蓄の方を当然視できるような権利はない、と改めて申し上げておきたい。人類の歴史は、国際情勢に関して数限りない記録を残しているが、一九五二年の共産圏と非共産圏の間の闘争に完全に当てはまる先例になるものは何一つないのである。

ジョージ・F・ケナン
大使

訳者あとがき

ジョージ・F・ケナン回顧録下巻（一九五〇―六三）の意図については、著者がその序文で明らかにしており、駄足を加える要はあるまい。一九五〇年賜暇をえてプリンストンの高等学術研究所に入る前後から、一九六三年ユーゴスラビア駐在大使を辞任するまでが、本書の対象期間となっている。この十三年間は、一九四〇年代後期に始まった冷戦が、いわばその激しさを加えていた時期である。もちろん、この全期間を通じてケナンは公職を離れていたわけではない。しかし、一九四〇年代末いらい次第に米国務省主流との見解の相違を強めていたケナンの眼は、当然のことながら第三者的である。

冷戦下に展開された米外交の軌跡を系統的に振り返って見ることは、それほど難しくはないかも知れない。だが、その裏面で苦悩し、懐疑し、批判的な眼を光らせていたケナンの考え方を知るならば、その意義は一段と深まるであろう。

当時の主要問題であった対日単独講和、朝鮮戦争、ドイツ問題、核兵器をめぐる政策など、具体的な外交政策についての彼の考えに、今日においてもすべての人が同意するかどうかはわからない。また、これらの問題に関しケナンの提示している見解が、もし政策化されていたならば、世界情勢がどのように変わっていただろうかと考えるのも、アカデミックにすぎるだけでなく、必ずしも有益とはいえないであろう。よかれ悪しかれ、一九七三年の世界の現実は動かしえないものだからである。

だが、戦後の一時期にアメリカ外交の政策立案に明らかに主要な役割を果たした彼の考え方をある程度詳しく知ることは、戦後史を理解する上で大いに有益なものがあるように思える。

とくに、アメリカによる対日単独講和推進の動きと朝鮮戦争との間に、微妙な関連をよみとっているくだりは、多くの日本の読者にとって強い関心をひかずにはおくまい。

コンテーンメント・ポリシーの提唱者として広く知られるケナンは、いうまでもなくアメリカ切っての、ロシアないしソ連通といっても差し支えあるまい。ソビエトの脅威についての彼の分析が、説得力をもって読者に迫ってくるのも当然といえよう。「ロシアと冷戦」の章や、「ソ連と大西洋条約」と題する付録などで詳述しているように、当時たしかにソビエトの脅威は存在していたが、西側はその脅威の性格を十分理解せず、従ってそれへの対応の仕方が不適切であったという点は、彼の見解の核心的要素をなすものといってよい。

彼によれば、ソビエトの西側にたいする脅威は軍事的なものより政治的な側面が強いという。それを逆に受けとめて、軍事的対応策の強化に奔走することになり、それがまたクレムリンの西側にたいする疑心をかきたてるという結果をきたしたことは、争い難いところであると指摘しているのである。

朝鮮戦争に、ロシアとの戦争の悪夢を彼がかい間見たのも、そのせいであろう。アメリカの政策における政治的、軍事的考慮のバランスの欠如、さらには国内政治と対外政策との深いからみ合いについての主張も示唆的である。

一般にどこの国においても、国内政治と対外政策との微妙な関連は避け難いことかも知れない。しかし、アメリカの国際的な地位を考える時、この問題はまた新たな重要性をもつものといえるであろう。国内の政争が外交政策に絶えず介入してくることの悲哀は、ケナンならずとも、外交当局者としては共感しうるところがあるに違いない。

冷戦外交に痛烈な批判を加えたからといって、彼は決していわゆる理想主義者ではなく、常に現実的な立場から事態を見つめることで知られている。彼にとって大切なのは、外交政策の対象となるべき「現実」であり、彼が問題にしてきたのは、権力者の意図よりも、どちらかといえば、その意図を実現する方法にあるといえるかも知れない。ソビエトの脅威を前にして、NATO（北大西洋条約機構）の必要性を認めながらも、NATOの一般世論への提示のされ方に関し、大いに異議を唱えているのもその一つの現れであろう。

「リース講義」の章で述べているように、ドイツ問題と核兵器に関する彼の考え方には、たしかに議論の余地が大いにあったであろう。ことに、東西ドイツ間に基本条約が成立し、ベルリン協定がすでに出来上がり、ブラント西ドイツ首相の東方外交が華々しく展開されている今日から振り返っていえば、その感が深いともいえる。だが、ドイツ統一に関し、ソビエトに向かって当時、西側の指導者が交渉のテストを一度も加えなかったことは彼の指摘する通りである。

ケナンは、核兵器に関連して「政治活動の真の目的はつまるところ、人の心の奥深くにあるものをゆり動かすことにある。原爆にはこうしたことはできない。この兵器のもつ自殺的性格は、外交的制裁としても、同盟の基礎としても不向きである」といっている。現実的であるとともに真に理性的な彼の考え方の、真骨頂がここに現れているといえるのではないか。

読者をひきつけるのは、ケナンの明確な思案だけではない。その秀れた筆力と、対象と目標に、猟犬のように知的に迫っていくその能力によるところも、大きいことはいうまでもない。加えて、「好ましからざる人物」としてソビエトから追放された経験も含め、数多くのエピソードを通じて、その思案を展開しているところにこの回顧録の特色があるといえそうである。

一九五二年から五四年にかけ、訳者は読売新聞社のニューヨーク特派員として、アメリカの空気の一端にふれた経験がある。当時すでにマッカーシズムがはびこっており、やがて、それが下火に向かう頃であった。それだけにマッカーシズムの章については、格別の感慨をおぼえるものがあった。他者への非難、攻撃に参加することで、自らの反共への誠意を示そうとしたそのころの空気に、ケナンが痛烈な批判を加えているのを読んで、暗い疑心の時代を想起したのである。

今日、外見的には、回顧録下巻でふれている時代とは余りにも異なってきている。互に戦争の危機を意識し合っていた米ソ両国は、それぞれ最高指導者の相手国への相互訪問を実現し、共存体制もほぼ確立された感がある。事実、ケナン自身、昨年「フォリン・ポリシー」誌で、世界革命はいまやソビエト外交の具体的目標から消滅したといっているのである。とはいえ、一九五〇年から六三年にかけて、アメリカの外交政策とその背後にあった必ずしも理性的とはいえない、さまざまな要素にたいするケナンの批判の効用は、すでに消滅してしまったとはいえまい。

終わりに、アイゼンハワー、ケネディ、ダレス、アチソン氏らをはじめ、オッペンハイマーその他プリンストンの高等学術研究所所員についての人物評は、アメリカ雑感とともにケナンならではの感を抱かせるものがあることに、ふれないわけにはいくまい。

第八章「引退」からあとの訳出は、北村文夫氏の協力によるものである。むろん、全巻を通じ訳文に適切を欠くものがあるとすれば、小生の責任であることはいうまでもない。

なお回顧録下巻の翻訳については、読売新聞社の二宮出版局長、松田図書編集部長の支援とくに図書編集部の土屋英三氏の協力によるところが大きいことを付記したい。

奥畑稔

一九七三年十月六日

解説　ケナンの語る冷戦史

西崎文子

ジョージ・ケナン（一九〇四―二〇〇五）は二十世紀アメリカを代表する外交官であり、知識人であった。プリンストン大学卒業後、一九二六年に外交官となった彼は、ベルリンでロシア語とロシア史を学んだ後、ラトヴィアの首都リガの大使館に赴任する。米ソ国交樹立を控えた一九三三年にはモスクワの大使館開設にあたり、三七年まで滞在した後、本国に戻った。第二次世界大戦下の一九四四年に再びモスクワに戻るが、その間にもナチス占領下のプラハや、戦時下のベルリンでも大使館に勤務した。一九四七年以降国務省に配属され、一九五二年には駐ソ大使として赴任、しかしソ連を批判した発言を問題視され、「好ましからざる人物」として国外退去を命じられる。その後一九六一年から一九六三年にかけてユーゴスラヴィア大使をつとめた後、外交官を引退し、学究生活に入った。

ケナンが生涯にわたって残した著作は膨大である。『ロシア、戦争を離脱する』（一九五

六、ピューリッツァー賞・全米図書賞受賞)、『レーニン、スターリンと西方世界』(一九六一、未来社、一九七〇)といった歴史書の他、シカゴ大学での講演をもとにした『アメリカ外交五〇年』(一九五一、岩波現代文庫、二〇〇〇)、時論集『危険な雲』(一九七七、朝日イブニングニュース社、一九七九)、『核の迷妄』(一九八三、社会思想社、一九八四)など、邦訳されたものも多い。また晩年にも『二十世紀を生きて——ある個人と政治の哲学』(一九九三、中公クラシックス、二〇一五)などの回顧録を出版し、最晩年まで書きためた日記も残している。これに、彼の筆になる外交書簡を加えるならば、歴史家にとっては渉猟し尽くせないほどの資料が残されたことになる。

この『回顧録』(第一部は一九五八年にピューリッツァー賞と全米図書賞を受賞)は、その中でも傑出したものである。その理由の一つは、第二次世界大戦前夜から一九六〇年代初頭までの時期に展開された、超大国アメリカの外交形成過程が活写されていることにある。その中にはドイツ占領政策やマーシャル・プランなどヨーロッパをめぐる外交だけでなく、対日政策や朝鮮戦争など、アジアを舞台とした政策も含まれている。もう一つの理由は、外交官として、あるいは国務省の役人として政策立案の中枢にあったケナンが、同時に観察者としてアメリカ外交の特質を分析するという独特の視点が魅力的だからであろう。出版以来、『回顧録』が第二次世界大戦後のアメリカ外交史やアメリカ外交論を理解する上での必読書としての地位を保っているのはそれ故である。

さらに、ケナンの『回顧録』を際立たせているのは、その表現力豊かな文章である。ドイツ文学やロシア文学に親しみ、チェーホフの伝記を書きたいと考えていたケナンは、文筆家としての腕前をここで遺憾なく発揮している。外交官の仕事のかたわら、彼は戦時下のベルリンやモスクワの人々の生活を観察し、地方を旅行してまわった。ヨーロッパのみならず、アメリカ国内やラテンアメリカの印象を書き留めた文章は、しばしば感傷的で強い偏見にも満ちているが、ケナンの人柄を窺わせる興味深いものである。なかでも、革命前のロシアを想起させる景観や人々の生活を深い共感をこめて描いている箇所は、ロシアの文化や歴史に愛着を持ち続けたケナンの面目躍如たるところであろう。彼は、自動車に溢れ高層ビルが立ち並ぶアメリカの都会を嫌い、田園の広がるロシアやユーゴスラヴィアの地方こそが自分のくつろげる場所であると信じていた。

「封じ込め」の提唱者として

その幅広い功績の中で、ケナンを最も有名にしたのは、一九四〇年代後半にアメリカの対ソ政策の形成に果たした役割であった。なかでも一九四六年二月、当時駐ソ代理公使であったケナンが国務省に宛てて送った「長文の電報」と、一九四七年七月に外交専門誌『フォーリン・アフェアーズ』に匿名で発表したいわゆる「X論文」とは、アメリカ政府の対ソ認識を決定づけた文書であったといってよい。「X論文」で使われた「封じ込め

(containment)」という言葉が、長きにわたりアメリカ冷戦政策の柱として定着していった事実がそれを示している。ちなみに「冷戦」という表現が米ソ敵対関係を示すものとして使われるきっかけとなったのは、ジャーナリストであるウォルター・リップマンによる「X論文」批判であった。

第二次世界大戦終結直後のアメリカ政府内では、ソ連に対する外交姿勢をめぐって混乱が見られた。枢軸国と戦った米英ソの大同盟の間には、戦後処理に関して亀裂が深まっていた。三国の代表たちはドイツの占領政策や賠償の問題、原子力国際管理のあり方、あるいはポーランドなど東欧諸国へのソ連の介入をめぐって激しく対立する。しかし、アメリカ国内には、ソ連との協調に期待をかける人たちも少なからず存在していた。

スターリンによる大粛清の時代をモスクワで過ごしたケナンは、ソ連とアメリカの間に民主主義や平和に関する共通理解が成り立つとは考えなかった。本国の対ソ認識の不十分さを憂慮するケナンが、自らの見解を披瀝する機会がほどなく訪れる。ソ連による世界銀行と国際通貨基金への加盟拒否をうけ、この非妥協的な姿勢を説明するよう求められたケナンは、長文の電報をしたため、クレムリンが西側諸国を敵視する背景には、外部世界に対するロシアの伝統的・本能的な不安感があると記した。外の世界に対する劣等感に苛《さいな》まれるロシアの支配者たちは、自らの独裁的な権力や残虐性を正当化するためにも、外部世界がソ連に対し根深い敵意を抱いていることを強調するのである。そしてケナンは、資本主義世界との共存は不可能だとするマルクス主義イデオロギーは、ロシアの民衆に権力の正当性を信じさせるためにソビエト指導者にとって不可欠なものとなったと断言した。この電文は、フォレスタル海軍長官をはじめ対ソ強硬路線へと傾きつつあったワシントンの政府関係者に強い感銘を与え、共感を生みだした。

一九四六年にワシントンに呼び戻されたケナンは、新設の国務省政策企画室の室長として外交政策形成の中枢を担うことになる。翌年には、前述のようにXという匿名で「ソビエトの行動の源泉」と題された論文を発表し、あらためて西側世界に対する敵意はソビエト指導部の権力維持に不可欠な要素であり、彼らが外からの論理や説得に耳を傾けることはありえないと断言した。ただし、彼らは力の論理には敏感であり、あえて危険を冒そうとはしない。したがって、アメリカが取るべき政策は、ソ連の拡張主義的行動に対し、持続的に、忍耐強く、油断なくこれを「封じ込める」ことであると結論づけた。

この時期、政策企画室の主導のもと成立した欧州復興計画、いわゆるマーシャル・プランは、ケナンが提唱した「封じ込め」政策の具体化であった。ヨーロッパの経済復興が進まない中、ケナンはイタリアやフランスで共産主義の勢力伸張が見られることを危惧していた。また、占領下のドイツで非ナチ化や民主化が優先され経済復興が遅れるならば、ソ連につけ込むすきを与えると考えた。状況の悪化を恐れたケナンは、ヨーロッパ諸国のイニシアティブで復興計画を作成させ、アメリカがこれを援助するという提案をしたのである。この提案はソ連と東欧諸国にも参加を呼びかけていたが、その背景には敢えて拒絶させることで、ソ連側の狭量さを印象づける狙いが隠されていた。

同じ頃、ケナンはアメリカの対日占領政策の転換を進言しているが、これも「封じ込め」の発想に基づいていたと言える。ケナンはマッカーサー将軍指揮下の占領軍が日本の民主化と非軍事化を重視し、財閥解体や広範な公職追放を進めているのに懸念を示していた。このような政策は日本を弱体化させ、占領軍が引き上げた後に共産主義者の政権奪取を可能にしかねない。それにソ連が補助的な役割を果たすこともありえよう。一九四八年以降、対日占領政策の重点を民主化・非軍事化から経済復興へと転換させたのは、ケナン率いる政策企画室であった。

このようにして、ケナンは一九四〇年代後半のアメリカ外交形成過程で決定的な役割を果たすことになった。ソ連の思想的・イデオロギー的脅威を強調し、ヨーロッパやアジアにおける共産主義の勢力伸長を警戒し、それに対抗するために敗戦国や占領地域の経済復興を優先させるケナンは、確かにアメリカ冷戦政策の立役者であった。

「封じ込め」をめぐる対立

ところが、『回顧録』から読み取れるのは、クレムリンの頑迷さを非難し、対ソ強硬姿勢を提唱したケナンが、その後の「封じ込め」政策の展開に対し強い違和感を抱いていく様子である。一九五〇年代から六〇年代にかけてアチソン元国務長官やボーレン元駐ソ大使らとともに「賢人（wise men）」として政府に助言する立場にありながら、ケナンはしばしば自分の意見が無視されたり、曲解されたりすることに苛立ちを隠さなかった。また自らの非力に深い失望を漏らすことも少なくなかった。

こういった違和感は、『回顧録 本文庫版、Ⅱ巻』の第一五章「X論文」に関する叙述にも明らかである。ケナンの知名度を決定的にしたのは「X論文」であったが、『回顧録』執筆の時点で彼自身はこの論文の意義がすでに失われていると認めるのに吝《やぶさ》かではなかった。それは、この論文の理論的根拠が消滅していたからである。ケナンによれば、ソ連の勢力拡大を注意深く「封じ込める」必要性があるのは、あくまでもクレムリンが「一枚岩の権力機構」を維持し、「高度に訓練された共産党の組織網を通じて、……世界のあらゆる国に浸透して」いるという前提があっての話であった（本文庫版、Ⅱ巻、一九八）。しかし、スターリンは一九五三年に死去し、ユーゴスラヴィアは共産主義国でありながらモスクワと一線を画し、中ソの対立が進展するなど、共産主義世界は大きく変貌していた。そのような中で、世界各地の共産主義勢力の伸張は、すべてクレムリンの勢力拡大を意味するとの前提に立っていた「封じ込め」政策に意義を見出すのは難しい。このように分析したケナンは、状況の変化にもかかわらず、「封じ込め」の理念（doctrine）のもとに推進される政策に、自分は直接の責任を持ち得ないと言い切ったのである（同、二〇〇）。

さらにケナンを不安にさせたのは、「封じ込め」を軍事政策として捉える傾向が強まっていたことである。中でも彼が強く批判したのは北大西洋同盟であった。ケナンはソ連がもたらす真の脅威は、政治的手段による共産主義勢力の拡大にあり、西側諸国に対する軍事行動ではないと考えていた。したがって、北欧諸国やポルトガルを含む「反共主義国」との軍事同盟は、効果が薄いばかりでなく、ソ連を挑発する危険がある。西ヨーロッパの軍事化はまた、マーシャル・プランによる経済復興に水を差しかねない。ケナンは、「封じ込め」政策が、ソ連の国境付近にまで軍事同盟を広げるという発想に結びつけられたことに深く失望した（同、二七一）。

北大西洋同盟をめぐる見解の相違は、トルーマン政権やアイゼンハワー政権とケナンとの溝を象徴するものであった。ケナンはソ連、なかんずくスターリンと理解し合うのは不可能であると断じたが、戦争は不可避ではなく、緊張緩和のための粘り強い交渉が必要だと考えていた。また、ソ連指導部が西側世界に全面戦争を仕掛ける可能性は低く、彼らの軍事目的は限定的であると捉えていた。その状況で、軍事同盟を拡大・強化していくならば、ソ連はかえって攻撃的な行動を取りかねない（同、二五三）。

だからこそ、ケナンは一九五〇年代に、ドイツ中立化構想の熱心な推進者となったのである。米ソの核軍拡競争が激化する中で、彼は核戦争に対する強い恐怖心を抱いていた。そして、それを誘発しかねないヨーロッパの分割を克服することが、彼の最大の関心となっていく。その実現には、米軍とソ連軍の双方がドイツ中心部から引き上げる「兵力引き離し（disengagement）」政策が必要であろう。そうケナンは考えたのである。

一九五七年秋、北大西洋条約機構がドイツを含む西ヨーロッパに核を導入することを議論していたまさにそのとき、ケナンはＢＢＣを通じて放送された「リース講義」で、ドイツにおける兵力引き離し案と北大西洋同盟への核の配備反対とを提唱した。さらに、ヨーロッパ大陸諸国の防衛の問題は、第一義的にはこれらの社会の健全さにかかっており、防衛に関しては治安警察などの準軍事組織が最も妥当であろうと主張した。東西対立が常態化する中で、異端とも言えるこの提言には、ダレス国務長官やアチソンらアメリカ政府高官だけでなく、アデナウアー大統領など独仏の政治家や知識人からも痛烈な批判が浴びせられ、ケナンは深く傷つくことになった。

他方、「封じ込め」政策をめぐるケナンとアメリカ政府との見解の対立は、朝鮮半島や日本をはじめとする東アジア政策でも露呈していた。日本占領の終了が近づく中で、ケナンは米軍の日本駐留が日本国内の反米勢力を刺激し、民主主義の成長を阻害することを懸念し、沖縄を除いて米軍が日本から撤退するという「中立化」構想を抱いていた。一九五〇年に朝鮮戦争が勃発した後もケナンはこの構想を捨てず、朝鮮半島からソ連が軍事撤退するのと引き換えに、日本から米軍が引き上げる「兵力引き離し」案を提唱した。さらに、共産中国が台湾に代わって国連での代表権を得ることに対しても、アメリカは「反対せず」という姿勢をとるべきだと考えていた。ケナンから見れば、「封じ込め」政策の目的は、国連を反共主義の同盟にすることではなく、中ソの離間を利用して共産主義諸国の結束を緩めることによってこそ、よりよく実現されるものだったのである。(同、四〇六)

しかし、朝鮮戦争の勃発を東アジアへの冷戦の波及と解釈し、対日占領終了後は、日米安保条約によって米軍の日本駐留を永続化させようと考えていたアメリカ政府や軍当局は、ケナンの考えに反発した。すでに戦争勃発前の一九五〇年一月には、国家安全保障会議が、ソ連脅威論を強調し、米国および同盟国の急速な軍備増強を提唱するＮＳＣ68を採択していた。そのような中で、ケナンの提唱する「中立化」や「兵力引き離し」は、危険もしくは見当違いなものと受け止められるようになっていたのである。

「法律主義的・道徳主義的アプローチ」批判

ケナンの政策提言が次第に受け入れられなくなった背景には、外交のあり方をめぐる認識の相違が存在していた。国家利益に奉仕するのが職業外交官の仕事であると自負するケナンは、政府関係者たちがしばしば外交を国内政治の駆け引きの道具とし、世論におもねることに批判的であった。また、戦時下のプラハやベルリン、ソ連などで外交官生活を送ったこともあり、ケナンにはアメリカ外交を外から捉える「観察者」の眼が備わっていた。それは、例えば他国の行動をアメリカ自身の行動に対する「リアクション」として説明すンる姿勢に特徴的にあらわれている。一九四八年に起こったチェコのクーデターやベルリン封鎖は、北大西洋条約の締結や東西ドイツの分割推進など西側諸国の一連の行動が招いたものではないか。ソ連が北朝鮮の侵攻を容認したのは、講和後も日本に駐留し続けようとするアメリカを牽制するためだったと考えられないであろうか。このようにしてケナンは、一般的にはソ連の一方的かつ攻撃的姿勢と解釈される行動を、敢えて「防衛的反応」だと指摘したのである。しかし、アメリカの行動こそが防衛的だと主張する政府のなかで、ケナンは次第に孤立していくことになる。

ただ、「封じ込め」と並んで、ケナンの名を高めたのが、このようなアメリカ外交批判であったことは注意すべきであろう。とりわけ一九五〇年冬に国務省から休暇をとったケナンが、シカゴ大学で行った六回の講義は有名である。この講義の中でケナンは、米西戦争から門戸開放宣言、第一次世界大戦参戦など、二十世紀前半の歴史的な事例を分析しながら、アメリカ政府が国益に基づく関係国相互の利害を調整し、国際秩序を維持しようと努力するよりも、普遍的に適用できる規範や規則を発見し、これを当てはめれば秩序が生まれるといった前提で外交を行っていることを批判した。そして、アメリカ外交の伝統には「法律主義的・道義主義的なアプローチ」が赤い血脈のように織り込まれていると述べたのである。ケナンから見ると、仲裁裁判条約や国際連盟、国際連合への期待や、憲章五一条に基づく普遍的同盟条約網などはその典型であった。しかも、規則や法を重視する姿勢は、一旦これが破られると道義的な怒りを誘発することになる。その結果、アメリカは法に悖《もと》る相手の無条件降伏まで戦おうとするのであった。この時の講義録（前出、『アメリカ外交五〇年』）は、理念や理想を掲げるアメリカ外交に対するリアリストの批判として、ケナンの著書の中でも広く読み継がれるものとなる。

『回顧録』にも、このようなアメリカ外交の特徴に対する苛立ちは、率直に記されている。トルーマン・ドクトリンのように、本来個別的・限定的な政策として採択された援助計画が、普遍主義的な言葉で説明され、その後のアメリカ外交を拘束しかねないことに、ケナンはとりわけ批判的であった（本文庫版、Ⅱ巻、一二三―六）。また、『回顧録』の最後をしめくくるユーゴスラヴィア大使としての経験を語った部分も、外交官としてのケナンとアメリカ政府との対立を象徴する印象深いものである。ケナンは、「囚われた諸国民の週間」を毎年宣言し、共産主義支配下の民衆の解放を求めるという一九五九年の議会決議を、現実性がないばかりか、ソ連や他の共産主義国に対していたずらに挑戦的なものだと捉えていた。また、ユーゴスラヴィアに認めていた最恵国待遇を、この国が共産圏に属するという理由で撤廃しようとする当時の議会の動きにも反対であった。東側にありながらソ連からの自立を掲げる国への理不尽な懲罰であり、議会の目的はアメリカ国内で反ソ・反共姿勢をアピールすることに過ぎないと考えたからである。しかし、ケネディ大統領は国内世論に押されて宣言を発表し、議会も最恵国待遇の撤廃を決定する。

国内世論や議会が外交に介入する中で、自分の有用性は消滅したと認識したケナンは、辞任までの数ヶ月、一個人としてチトー大統領らユーゴスラヴィアの政府関係者と接することになる。当時を振り返ってケナンは、本国に対して無力であるが故に、彼らは個人的な友人として自分を遇してくれたと述べている（本文庫版、Ⅲ巻、四六八－九）。それは、冷戦初期のアメリカ外交を牽引する役割を果たした外交官ケナンにとって悲痛な幕切れであった。

その後

『回顧録』上巻が出版された一九六七年頃、アメリカはベトナム戦争に深く介入していた。トンキン湾事件をきっかけに、ジョンソン政権は一九六五年、地上軍を本格的にベトナムに派遣し、北爆を開始した。ベトナム介入は、当時のアメリカ政府の論理では、まさしく「封じ込め」政策の求める戦略であった。共産主義がドミノ倒しのように東南アジアに広まるのを阻止するのが目的とされたからである。したがって、一九六〇年代半ば以降、ベトナム戦争反対の声が高まると、その批判の矛先は、硬直化した冷戦政策を遂行した歴代政権や外交エリートたちに向かうことになる。その中には当然、ソ連脅威論を真っ先に打ち出したケナンも含まれていた。

しかし、当のケナンは一九六五年にはベトナム介入への反対姿勢を明確にし、翌一九六六年二月にはフルブライト上院議員の主導で開催された上院外交委員会公聴会でベトナムからの撤退を提言している。冷戦政策の立役者であった彼が、明確な反対を唱えたことは、ベトナム戦争がアメリカ社会にもたらした亀裂を示していた。ただし、ケナンが一九五〇年の時点でフランスのインドシナからの撤退を忠告しており、また一般的にも、外国の政治体制に介入し、影響を及ぼす試みに否定的であったことを考えると、彼のベトナム介入批判は予測の範囲内だったと言える（同、九六―七、二六九―七〇）。

公聴会がテレビ放映されたこともあり、ケナンの発言は大きな反響を呼び起こした。彼は、アメリカ人が貧しく力のない人々、それも人種や肌の色の異なる人々を攻撃する光景は、アメリカのイメージに致命的な打撃を与えると述べ、間違った政策を覚悟と勇気とをもって放棄するほうが、無謀で効果も望めない目的を頑固に追求するよりも尊敬を得られるであろうと語った。そして、ジョン・クインジー・アダムズ大統領の次の演説を引用した。「アメリカは、自由と独立を求めるすべての人々の幸運を祈る。しかし、真の闘士であり擁護者であるのは、自分自身の自由と独立のためだけである」。ジョンソン政権のベトナム政策に深く失望した彼は、一九六八年の大統領予備選挙で、ベトナム反戦を掲げて旋風を巻き起こしたユージン・マッカーシー上院議員への支持を明らかにした。

『回顧録』が示すのは、「封じ込め」の提唱者として知られるケナンが一貫してこだわったのが「選ばれざる道」だったことである。ケナンはアメリカの最大の失敗は、軍事的な

「封じ込め」にこだわり、ソ連との対話の道を開かなかったことにあると考えていた（本文庫版、Ⅱ巻、一九七―八）。しかし、ドイツや日本の「中立化」構想や、ソ連を含む共産主義陣営との積極的な交渉などの提案は、アメリカ政府からすれば危険なものであり、受け入れられる余地はほとんどなかった。

もちろん、ケナン自身が問題を作り出した点がなかったわけではない。実際、「長文の電報」を含め、ケナンの残した文書は時に冗漫で、誤解を招きやすいものであった。「長文の電報」については、ケナン自らが、愛国的団体の発行した「共産主義の陰謀の危険を市民に訴えた入門書の一つにそっくりである」と述べているほどである（本文庫版、Ⅱ巻、八〇）。ソ連指導部の西側世界に対する敵意を「伝統的・本能的」要因に帰し、共産主義勢力の非公式活動の脅威を強調するこの文書から、読み手がソ連との対話は不可能であると結論づけたとしても不思議はない。また、ケナン自身が共産主義に対抗する隠密作戦の主唱者だったことも忘れてはならないであろう。一九四七年、政策企画室長であったケナンは、新設の中央情報局（ＣＩＡ）が秘密工作に着手することを推奨した。（後にケナンはこれをおそらく自分の最大の失敗であったと述べている。Gaddis, *George F. Kennan*, 318）ソ連脅威論に加え、隠密な情報作戦が、硬直化した反共主義を政府内外に拡散させた可能性は否定できない。

結局のところ、ケナンは、「封じ込め」という言葉が一人歩きして、彼の忌避する普遍主義的な善悪二元論に転化するのを阻止できなかった。アメリカ外交の「法律主義的・道義主義的アプローチ」を批判し、このアプローチが「総力戦」や「完全勝利」の概念と結びつくことを懸念したケナンは、「封じ込め」政策が、核軍拡競争を含む「総力戦」の様相を帯びていくのを、恐怖をもって眺める他はなかった（『アメリカ外交五〇年』、一〇一、二六〇）。そしてさらなる皮肉がやってくる。冷戦が終焉しソ連が崩壊した時、多くの識者や歴史家たちは、これを「封じ込め」政策の完全な勝利と見なし、ケナンをその立役者として賞賛したのである。（*Gaddis, George F. Kennan*, 697）

しかし、ケナン自身は、このような勝利言説を強く否定した。一九九二年十月、ニューヨーク・タイムズ紙への寄稿で、彼は「冷戦で勝利したものは誰もいなかった——どの国も、どの政党も、どの人物も」と述べた。確かに、払った犠牲はソ連の方が大きかったかもしれない。しかし、冷戦は、互いに相手の意図や力を過大評価し、政治的解決よりも軍事的対決を優先し、不必要に対立を長引かせた結果、双方の経済や社会を疲弊させたのである。その八年後には、ケナンは「リース講義」を思い起こしながら、自分がなぜ、米英仏政府からの批判を賭してでも、ソ連との全面的な軍事対決を避け、早急にヨーロッパ問題を解決する道を探るよう努力してきたのかを後世の歴史家たちは理解できないのではないかとの不安を日記に残している。しかし、ケナンの『回顧録』が読まれ続ける限り、「冷戦の勝利」という言説の裏に隠されがちな「選ばれざる道」を、そして冷戦の中で支払われた様々な代償を冷静に振り返る手立ては残されている。その意味でも冷戦史を振り返るうえで、この回顧録ほど意義深い書物は数少ないといえよう。

参考文献

John Lewis Gaddis, *George F. Kennan: An American Life* (2011)
George F. Kennan, *The Kennan Diaries*, Frank Costigliola, ed. (2014)
George F. Kennan, *American Diplomacy*, expanded edition (1985)
George F. Kennan, "Introducing Eugene McCarthy," *New York Review of Books*, April 11, 1968
George F. Kennan, "The G.O.P Won the Cold War? Ridiculous," *New York Times*, October 28, 1992

（東京大学教授）

全巻索引

＊Ⅰ、Ⅱ、Ⅲは巻数を示す。→は参照を示す。

【あ 行】

あ

【か　行】

か

き

く

【さ　行】

さ

し

す

【た　行】

ち

【ま 行】

ま

【や　行】

や

ゆ

よ

【ら　行】

ら

り

る

【わ　行】

わ

本書は『ジョージ・F・ケナン回顧録　～対ソ外交に生きて～』（読売新聞社、上巻〔清水俊雄訳〕／一九七三年一二月二〇日刊、下巻〔奥畑稔訳〕／同三〇日刊）を三分冊して再刊するものです。

Ⅰでは上巻第一章～第九章および下巻付録のABを、Ⅱでは上巻第十章～第二十章と「訳者あとがき」および下巻付録のCを、Ⅲでは下巻収録のうち付録ABCを除いた全文と文庫解説を収録しました。

中公文庫

ジョージ・F・ケナン回顧録《かいころく》Ⅲ

2017年2月25日　初版発行

著　者　ジョージ・F・ケナン

訳　者　清《し》水《みず》俊《とし》雄《お》
　　　　奥《おく》畑《はた》稔《みのる》

発行者　大橋善光

発行所　中央公論新社
〒100-8152　東京都千代田区大手町1-7-1
電話　販売 03-5299-1730　編集 03-5299-1890
URL http://www.chuko.co.jp/

印　刷　三晃印刷
製　本　小泉製本

Published by CHUOKORON-SHINSHA, INC.
Printed in Japan　ISBN978-4-12-206371-6 C1131

中公文庫既刊より

各書目の下段の数字はISBNコードです。978－4－12が省略してあります。

ケ-7-1
ジョージ・F・ケナン回顧録Ⅰ
ジョージ・F・ケナン
清水俊雄
奥畑稔 訳

封じ込め政策を提唱し冷戦下の米国政治に決定的な影響を与えた外交官ケナン。米国外交形成過程を活写した本書はその代表作にして歴史的名著である。

206324-2

ケ-7-2
ジョージ・F・ケナン回顧録Ⅱ
F・ケナン
清水俊雄
奥畑稔 訳

本書はケナンの名を一躍知らしめた「X－論文」とそれがトルーマン政権下で対ソ政策の基調となり冷戦が始まる時代を描く。日本問題への考察も重要だ。

206356-3

マ-10-3
世界史（上）
W・H・マクニール
増田義郎
佐々木昭夫 訳

世界の各地域を平等な目で眺め、相関関係を分析しながら歴史の歩みを独自の史観で描き出した、定評ある世界史。ユーラシアの文明誕生から紀元一五〇〇年までを彩る四大文明と周縁部。

204966-6

マ-10-4
世界史（下）
W・H・マクニール
増田義郎
佐々木昭夫 訳

俯瞰的な視座から世界の文明の流れをコンパクトにまとめ、歴史のダイナミズムを描き出した名著。西欧文明の興隆と変貌から、地球規模でのコスモポリタニズムまで。

204967-3

マ-10-5
戦争の世界史（上）技術と軍隊と社会
W・H・マクニール
高橋均 訳

軍事技術は人間社会にどのような影響を及ぼしてきたのか。大家が長年あたためてきた野心作。上巻は古代文明から仏革命と英産業革命が及ぼした影響まで。

205897-2

マ-10-6
戦争の世界史（下）技術と軍隊と社会
W・H・マクニール
高橋均 訳

軍事技術の発展はやがて制御しきれない破壊力を生み、人類は怯えながら軍備を競う。下巻は戦争の産業化から冷戦時代、現代の難局と未来を予測する結論まで。

205898-9

ハ-12-1
改訂版 ヨーロッパ史における戦争
マイケル・ハワード
奥村房夫
奥村大作 訳

中世から現代にいたるまでのヨーロッパの戦争を、社会・経済・技術の発展との相関関係においても概観した名著の増補改訂版。〈解説〉石津朋之

205318-2

ク-5-1
ドイツ第三帝国
グラーザー
関 楠生 訳
第三帝国が夢想した世界観や組織論を第一級史料を駆使しながら多角的に分析、思想と行動、宣伝機構やナチス芸術・文学などについて論じた不朽の名作。
205078-5

チ-2-1
第二次大戦回顧録 抄
チャーチル
毎日新聞社 編訳
ノーベル文学賞に輝くチャーチル畢生の大著のエッセンスをこの一冊に凝縮。連合国最高首脳が自ら綴った、第二次世界大戦の真実。〈解説〉田原総一朗
203864-6

ハ-16-1
ハル回顧録
コーデル・ハル
宮地健次郎 訳
日本に対米開戦を決意させたハル・ノートで知られ、「国際連合の父」としてノーベル平和賞を受賞した外交官が綴る国際政治の舞台裏。〈解説〉須藤眞志
206045-6

マ-13-1
マッカーサー大戦回顧録
マッカーサー
津島一夫 訳
日米開戦、屈辱的なフィリピン撤退、反攻、そして日本占領へ。「青い目の将軍」として君臨した一軍人が回想する「日本」と戦った十年間。〈解説〉増田 弘
205977-1

ケ-5-1
ケネディ演説集
高村暢児 編
上院議員時代と大統領就任から暗殺直前まで、冷戦下にあって平和のための戦略の必要性を訴えた最重要演説18編を網羅。『ケネディ登場』を改題。
205940-5

ケ-6-1
13日間 キューバ危機回顧録
ロバート・ケネディ
毎日新聞社外信部 訳
互いに膨大な核兵器を抱えた米ソが対立する冷戦の時代。勃発した第三次大戦の危機を食い止めた両国首脳ケネディとフルシチョフの理性と英知の物語。
205942-9

カ-2-2
ガンジー自伝
マハトマ・ガンジー
蠟山芳郎 訳
真実と非暴力を信奉しつづけ、祖国インドの独立に生涯を賭したガンジー。民衆から聖人と慕われた偉大なる魂が、その激動の生涯を自ら語る。〈解説〉松岡正剛
204330-5

カ-5-1
カーネギー自伝
カーネギー
坂西志保 訳
貧しい移民の子から鉄鋼王へ。社会福祉に全力を注ぎ、富の福音を説いたカーネギー。アメリカン・ドリームはいかにしてなったのか。〈解説〉亀井俊介
203984-1

各書目の下段の数字はＩＳＢＮコードです。978－4－12が省略してあります。

ク-8-1
リンカーン（上）大統領選
グッドウィン
平岡　緑　訳
政敵を巧みに操り、合衆国分裂の危機を乗り越えた稀代の大統領の知られざる政治手腕を描く決定版評伝。上巻では、揺るがない信念で政界進出を果たす。
205763-0

ク-8-2
リンカーン（中）南北戦争
グッドウィン
平岡　緑　訳
南部連合軍が要塞を襲撃、戦争が勃発する！　膠着する戦線や混迷する政局の実態、微妙に揺れ動く閣僚の家族の心情までをも第一次史料から克明に活写。
205764-7

ク-8-3
リンカーン（下）奴隷解放
グッドウィン
平岡　緑　訳
激戦の最中に最高の理想を掲げるという賭けにでる。再選後は、憲法修正条項の成立に向けて邁進するも、戦争終結直後に凶弾に倒れる。〈解説〉土田　宏
205765-4

モ-5-4
ローマの歴史
I・モンタネッリ
藤沢道郎　訳
古代ローマの起源から終焉までを、キケロ、カエサル、ネロら多彩な人物像が人間臭い魅力を発揮するドラマとして描き切った、無類に面白い歴史読物。
202601-8

キ-6-1
戦略の歴史（上）
ジョン・キーガン
遠藤利國　訳
先史時代から現代まで、人類の戦争における武器と戦術の変遷と、戦闘集団が所属する文化との相関関係を分析。異色の軍事史家による戦争の世界史。
206082-1

キ-6-2
戦略の歴史（下）
ジョン・キーガン
遠藤利國　訳
石・肉・鉄・火という文明の主要な構成要件別に「兵器と戦術」の変遷を詳述。戦争の制約・要塞・軍団・兵站などについても分析した画期的な文明と戦争論。
206083-8

コ-7-1
若い読者のための世界史（上）原始から現代まで
E・H・ゴンブリッチ
中山典夫　訳
歴史は「昔、むかし」あった物語である。さあ、いまからその昔話をはじめよう――若き美術史家ゴンブリッチが、やさしく語りかける、物語としての世界史。
205635-0

コ-7-2
若い読者のための世界史（下）原始から現代まで
E・H・ゴンブリッチ
中山典夫　訳
私たちが知るのはただ、歴史の川の流れが未知の海へ向かって流れていることである――美術史家が若い世代に手渡す、いきいきと躍動する物語としての世界史。
205636-7

マ-10-1
疫病と世界史(上)
W・H・マクニール
佐々木昭夫 訳
疫病は世界の文明の興亡にどのような影響を与えてきたのか。紀元前五〇〇年から紀元一二〇〇年まで、人類の歴史を大きく動かした感染症の流行を見る。
204954-3

マ-10-2
疫病と世界史(下)
W・H・マクニール
佐々木昭夫 訳
これまで歴史家が着目してこなかった「疫病」に焦点をあて、独自の史観で古代から現代までの歴史を見直す好著。紀元一二〇〇年以降の疫病と世界史。
204955-0

タ-7-1
愚行の世界史(上) トロイアからベトナムまで
B・W・タックマン
大社淑子 訳
国王や政治家たちは、なぜ国民の利益と反する政策を推し進めてしまうのか。世界史上に名高い四つの事件を詳述し、失政の原因とメカニズムを探る。
205245-1

タ-7-2
愚行の世界史(下) トロイアからベトナムまで
B・W・タックマン
大社淑子 訳
歴史家タックマンが俎上にのせたのは、ルネサンス期教皇庁の堕落、アメリカ合衆国独立を招いた英国議会の奢り。そして最後にベトナム戦争をとりあげる。
205246-8

か-80-1
兵器と戦術の世界史
金子常規
古今東西の陸上戦の勝敗を決めた「兵器と戦術」の役割と発展を、豊富な図解・注解と詳細なデータにより検証する名著を初文庫化。〈解説〉惠谷 治
205857-6

も-33-1
馬の世界史
本村凌二
人が馬を乗りこなさなかったら、歴史はもっと緩やかに流れていただろう。馬と人間、馬と文明の関わりから、「世界史」を捉え直す。JRA賞馬事文化賞受賞作。
205872-9

カ-6-1
塩の世界史(上) 歴史を動かした小さな粒
M・カーランスキー
山本光伸 訳
人類は何千年もの間、塩を渇望し、戦い、求めてきた。古代の製塩技術、各国の保存食、戦時の貿易封鎖とともに発達した製塩業……壮大かつ詳細な塩の世界史。
205949-8

カ-6-2
塩の世界史(下) 歴史を動かした小さな粒
M・カーランスキー
山本光伸 訳
悪名高き塩税、ガンディー塩の行進、製塩業の衰退と伝統的職人芸の復活。塩からい風味にユーモアをそえておくる、米国でベストセラーとなった塩の世界史。
205950-4

各書目の下段の数字はISBNコードです。978－4－12が省略してあります。

モ-5-5
ルネサンスの歴史（上） 黄金世紀のイタリア
I・モンタネッリ
R・ジェルヴァーゾ
藤沢道郎訳

古典の復活はルネサンスの一側面にすぎない。天才たちが活躍する社会的要因に注目し、史上最も華やかな時代を彩った人間群像を活写。〈解説〉澤井繁男

206282-5

モ-5-6
ルネサンスの歴史（下） 反宗教改革のイタリア
I・モンタネッリ
R・ジェルヴァーゾ
藤沢道郎訳

政治・経済・文化に擾乱と咲き誇ったイタリアは、宗教改革と反宗教改革を分水嶺としてヨーロッパ史の主役から舞台装置へと転落する。〈解説〉澤井繁男

206283-2

フ-14-1
歴史入門
F・ブローデル
金塚貞文訳

二十世紀を代表する歴史学の大家が、その歴史観を簡潔・明瞭に語り、歴史としての資本主義を独創的に意味付ける、アナール派歴史学の比類なき入門書。

205231-4

ホ-1-3
中世の秋（上）
ホイジンガ
堀越孝一訳

二十世紀最高の歴史家が、中世人の意識をいろどる絶望と歓喜、残虐と敬虔との対極的な激情をとらえ中世文化の熟しきった華麗な全体像を精細に描く。

200372-9

ホ-1-4
中世の秋（下）
ホイジンガ
堀越孝一訳

二十世紀最高の歴史家が、中世文化の熟しきった華麗な全体像を精細に描く。本巻では「信仰の感受性と想像力」「生活のなかの芸術」「美の感覚」などを収録。

200382-8

ミ-1-3
フランス革命史（上）
J・ミシュレ
桑原武夫／多田道太郎／樋口謹一訳

近代なるものの源泉となった歴史的一大変革と流血を生き抜いた「人民」を主人公とするフランス革命史の決定版。上巻は一七九二年、ヴァルミの勝利まで。

204788-4

ミ-1-4
フランス革命史（下）
J・ミシュレ
桑原武夫／多田道太郎／樋口謹一訳

下巻は一七九二年、国民公会の招集、王政廃止、共和国宣言から一七九四年のロベスピエール派の全員死刑までの激動の経緯を描く。〈解説〉小倉孝誠

204789-1

ロ-6-2
砂漠の反乱
T・E・ロレンス
小林元訳

第一次世界大戦の最中、ドイツと同盟するトルコ帝国を揺さぶるべく、アラビアの地に送り込まれた青年ロレンスが自らの戦いを詳細に記した回想録。

205953-5